Achtung

Dieses Buch ist nicht verheftet!
Bitte lesen Sie die allgemeinen Hinweise
am Anfang des Buches.

Schuldrecht

Besonderer Teil

in programmierter Form

von

Dr. Hermann Dilcher
o. Professor an der Ruhr-Universität Bochum

gemeinsam mit
Norbert Berger, Wilm Brepohl, Ludwig Jörder,
Heinz Klinkhammer, Dr. Harald Kunst, Jürgen Körnig,
Dirk Olzen, Lothar Peter und Jochen Spilker

1974

Walter de Gruyter · Berlin · New York

ISBN 3 11 004618 0

Printed in Germany

Satz und Druck: Mercedes-Druck, 1 Berlin 61
Buchbinderei: Wübben & Co., 1 Berlin 42

INHALTSVERZEICHNIS

VORWORT

Das programmierte Schuldrecht (Besonderer Teil) wendet sich an Leser, die bereits Grundkenntnisse des Allgemeinen Teils und des Allgemeinen Schuldrechts besitzen und die sich erstmals mit den Problemen des Besonderen Schuldrechts befassen wollen. Ihnen soll der Zugang zu diesem Rechtsgebiet durch die Programmierung des Stoffes erleichtert werden. – Das programmierte Schuldrecht ist jedoch nicht ausschließlich für Studenten bestimmt. Außerhalb des Rechtsunterrichts an der Universität soll es für Akademieabsolventen, Studierende an Fachhochschulen und andere Personengruppen von Nutzen sein, die sich mit den oben bezeichneten Vorkenntnissen dem Besonderen Schuldrecht zuwenden wollen.

Die Programmierung des Stoffes dient der Erleichterung des Verständnisses und der Selbstkontrolle des Verstandenen; sie folgt Prinzipien, welche von den Verfassern seit 1968 bei zwei Auflagen des programmierten Sachenrechts erprobt wurden. Hinzu kamen vielfältige Anregungen aus dem Leserkreis und durch programmierte Lehrbücher anderer Autoren. Außerdem wurde der vorliegende Text des Schuldrechts während zweier Semester mit jeweils 80 Studenten der Ruhr-Universität Bochum mit dem Ziel überprüft, Verständnisschwierigkeiten aufzudecken. Die Ergebnisse der in Fragebogen und Gruppengesprächen geäußerten Kritik sind im vorliegenden Text berücksichtigt. – Der Dank der Verfasser gilt allen Bochumer Studenten, die an der Erprobung des Entwurfs mitgewirkt haben und besonders Fräulein Regina Wiggershaus, die die umfangreichen Schreibarbeiten betreut hat.

Manche wertvolle Anregung, wie z. B. die einer farblichen Hervorhebung wichtiger Begriffe, konnte aus Kostengründen nicht verwirklicht werden. – Bei der Erprobung des Programms wurde ein Kapitel den Studenten in gemäßigter Kleinschreibung vorgelegt. Die Benutzer gaben durchweg an, mit gemäßigter Kleinschreibung keine besonderen Schwierigkeiten gehabt zu haben. Die Verfasser haben sich dennoch nicht dazu entschließen können, den gesamten Text in gemäßigter Kleinschreibung herauszugeben, da sie es nicht als ihre Aufgabe ansahen, einer allgemeinen Neuregelung der Rechtschreibung in einem juristischen Lehrbuch vorauszueilen.

Gesetzgebung, Rechtsprechung und Literatur sind bis zum Stand vom 1. Juli 1974 berücksichtigt. Für den Abschnitt über den Wohnraumkündigungsschutz wurde auch der Regierungsentwurf zum Zweiten Wohnraumkündigungsschutzgesetz herangezogen.

Da der vorliegende Text weiterentwickelt werden soll, werden die Leser des programmierten Schuldrechts herzlich eingeladen, ihre Kritik und eventuelle Verbesserungsvorschläge an die Verfasser (unter der Adresse: Professor Dr. H. Dilcher, 4630 Bochum, Ruhr-Universität) zu richten.

EINLEITUNG

Die im Inhaltsverzeichnis genannten *einzelnen Schuldverhältnisse* des Besonderen Schuldrechts dienen unterschiedlichen Zwecken; danach kann man zwei Hauptgruppen unterscheiden:

Die *vertraglich begründeten Schuldverhältnisse* zielen auf eine *gewollte Gestaltung* der Wirtschafts- und Sozialbeziehungen. Sie ermöglichen die Verpflichtung zu

a) *Umsatzgeschäften,* besonders durch den Kaufvertrag,
b) *Sach- und Kapitalüberlassungen,* besonders durch Miete und Darlehen,
c) *Produktions- und Dienstleistungen,* besonders durch den Werkvertrag,
d) sowie *Sicherungsgeschäften,* besonders durch die Bürgschaft.

Die *gesetzlich begründeten Schuldverhältnisse* hingegen dienen dem *Interessenausgleich* mangels gewollter Bestimmung von Rechtsfolgen. Hierher gehören

a) die *Geschäftsführung ohne Auftrag,*
b) die *ungerechtfertigte Bereicherung* und
c) die *unerlaubten Handlungen.*

Einige Schuldverhältnisse des Besonderen Schuldrechts wurden in das folgende *Programm nicht aufgenommen,* obwohl sie im BGB geregelt sind. Dies gilt für Schuldverhältnisse, die in ihrer praktischen Relevanz die Zusammenhänge des Schuldrechts weit überschreiten, so daß eine auf das BGB beschränkte Darstellung ihrer Problematik nicht gerecht würde:

So wurde auf die Programmierung des *Dienstvertrages* (§§ 611 - 630 BGB) verzichtet: Infolge der industriellen Veränderungen hat sich das Arbeitsrecht als ein weit über das BGB hinausreichendes, selbständiges Rechtsgebiet entwickelt; zahlreiche Sondergesetze (z. B. Gewerbeordnung, Tarifvertragsgesetz, Kündigungsschutzgesetz, Betriebsverfassungsgesetz) überschreiten schon deshalb den Rahmen der §§ 611 ff. BGB, weil diese Vorschriften bei Abfassung des BGB auf heute nicht mehr in der damaligen Form bestehende Wirtschafts- und Gesellschaftsverhältnisse ausgerichtet waren.

Nicht programmiert sind ferner die Vorschriften über *Gesellschaft* und *Gemeinschaft* (§§ 705 - 758 BGB). Sie erlangen ihre praktische Bedeutung vor allem im Zusammenhang mit dem handelsrechtlichen Gesellschaftsrecht und der Erbengemeinschaft.

Auch die Vorschriften über *Anweisungen und Inhaberschuldverschreibungen* (§§ 783 - 808 BGB) wurden nicht programmiert. Sie gehören in den Zusammenhang des Wertpapierrechts, dessen Regeln ebenfalls beträchtlich über das BGB hinausreichen.

Die *Amtshaftung* des § 839 BGB ist nicht in das programmierte Schuldrecht aufgenommen worden, weil sie heute ihren Platz im umfangreichen System der öffentlich-rechtlichen Ersatzleistungen hat.

Schließlich wurde wegen zu geringer praktischer Bedeutung auf eine programmierte Darstellung von Auslobung (§§ 657 - 661 BGB), Leibrente (§§ 759 - 761 BGB), Spiel und Wette (§§ 762 - 764 BGB) und Vorlegung von Sachen (§§ 809 - 811 BGB) verzichtet. Hier genügt die Lektüre der gesetzlichen Vorschriften, um ein erstes Verständnis ihres Rechtsgehaltes zu gewinnen.

Es ist noch darauf hinzuweisen, daß eine Reihe von Schuldverhältnissen in der folgenden Programmierung deshalb nicht dargestellt werden, weil sie nicht im Besonderen Schuldrecht des BGB geregelt sind. Dies gilt vor allem für das Schuldverhältnis aus geschäftlicher Kontaktaufnahme, bei dem eine Pflichtverletzung als *culpa in contrahendo* bezeichnet wird. – Ferner sind Schuldverhältnisse auf der Grundlage des Sachenrechts, des Familienrechts, des Erbrechts, des Handelsrechts und weiterer Spezialgesetze (z. B. des Verlagsgesetzes) nicht in das Programm aufgenommen worden, weil sonst der Rahmen des Buches gesprengt worden wäre.

HINWEISE ZUR TECHNIK DES PROGRAMMIERTEN LERNENS

Viele Programmbenutzer werden zum ersten Mal mit einem programmierten Lerntext arbeiten. Deshalb werden einige Hinweise vorangestellt:

Das Programm ist eingeteilt in XV Kapitel. Jedes *Kapitel* des Programms besteht aus durchschnittlich 30 *Lernelementen.*

Jedes dieser Lernelemente ist so aufgebaut, daß dem Bearbeiter zunächst eine *Information* gegeben wird. Sie enthält einen abstrakten juristischen Lehrsatz, der – soweit es den Verfassern erforderlich schien – durch Beispiele verdeutlicht wird. Der Informationstext ist auf den *Einstieg* des Lesers in die Problematik ausgerichtet. Er bietet deshalb, unter Vereinfachung der praktisch zu jeder Rechtsfrage bestehenden Meinungsvielfalt, dem Bearbeiter eine Grundlage; deren Ausbau muß mit Hilfe der zu jedem Kapitel gegebenen *Vertiefungshinweise* erfolgen. Fast alle Informationen beziehen sich auf Paragraphen, die der Bearbeiter anhand des Informationstextes in ihrer Tragweite richtig zu verstehen lernen soll. Es genügt also nicht, den vereinfachten Informationstext begriffen zu haben. Vielmehr muß der Programmleser durch Gesetzeslektüre überprüfen, ob er die in der Information behandelten *Gesetzesstellen handhaben* kann; dasselbe gilt für die *Vertragsformulare,* die einigen Kapiteln beigegeben sind. – Um schon vor dem Lesen der Information eine erste Orientierung zu ermöglichen, sind jeder Information (rechts oben) ein *Leitwort* und diejenigen Paragraphen vorangestellt, von denen die nachfolgende Information ausgeht.

An den Informationstext schließt sich eine *Frage* an (im Druck mit dem Buchstaben F gekennzeichnet); gelegentlich werden auch zwei Fragen zu einer Information gestellt. Die Fragen sollen den Bearbeiter veranlassen, den abstrakten Inhalt der Information in seiner Antwort zu konkretisieren. Sie sollen dem Bearbeiter unmittelbar im Anschluß an das Aufnehmen der Information zeigen, ob er deren Inhalt umsetzen kann. Die Fragen haben also nicht die Funktion einer „Prüfung“, sondern sind ein wesentlicher Teil des Lernstoffes selbst; sie sind deshalb so gewählt, daß sie anhand der vorangehenden Informationen und des bis dahin bekannten Stoffes beantwortet werden können.

Unten auf jeder Seite ist Raum für die *Niederschrift der Antwort.* Nach allen Erfahrungen mit programmiertem Lernen wird nur bei schriftlich fixierten Antworten die Umsetzung der abstrakten Information in ihre konkrete Anwendung exakt und nicht nur unbestimmt vollzogen; es gilt der Satz: „Nur was niedergeschrieben wurde, wird behalten“. Deshalb sollte auch, soweit dies nach Art der Frage möglich ist, Ihre schriftliche Antwort eine *kurze Begründung* enthalten, in welche die für die Begündung maßgeblichen Paragraphen eingefügt sind.

Hinweise zum programmierten Lernen

Um dem Programmbearbeiter die *Selbstkontrolle* zu ermöglichen, ob seine Antwort richtig und damit seine Lernleistung erfolgreich war, ist auf dem folgenden Blatt oben (im Druck mit dem Buchstaben A gekennzeichnet) von den Verfassern eine *Musterantwort* vorgegeben. Ihr sollte die vom Bearbeiter niedergeschriebene Antwort *sinngemäß entsprechen.* – Ist dies nicht der Fall, müßten Information und Frage anhand der jetzt bekannten Musterantwort erneut durchdacht werden, um so den Fehlschluß sogleich zu berichtigen. Kommt der Bearbeiter auch dabei zu keinem anderen Ergebnis, empfiehlt es sich, das Problem mit anderen Programmbearbeitern zu besprechen oder die am Ende des Kapitels angeführte Vertiefungsliteratur zu Rate zu ziehen.

Damit der Bearbeiter die Musterantwort während seiner Beschäftigung mit der gestellten Frage nicht gewollt übersehen muß, sondern sie erst auf dem nächsten Blatt vorfindet, ist das Lernprogramm in der Anordnung eines *„scrambled book"* gedruckt. Das bedeutet, daß sich der Programmbearbeiter *nur mit der jeweils rechten Seite* des aufgeschlagenen Buches zu befassen hat, während sich links ein auf dem Kopf stehender Text befindet. Von der Hälfte des Programmstoffes an wird das *Buch gedreht,* so daß nunmehr dem Leser der weitere Text ebenfalls auf der rechten Seite des aufgeschlagenen Buches vorliegt.

Die Verfasser empfehlen, bei der Bearbeitung des Lernprogramms folgende *Regeln* zu beachten:

1. Lesen Sie den *Informationstext* und schlagen Sie die darin genannten Paragraphen auf jeden Fall im Gesetz nach. – Sodann durchdenken Sie beides; versuchen Sie, sich die neuen Begriffe und Definitionen einzuprägen.

2. Die anschließende *Frage* müßten Sie nun beantworten können. – Scheuen Sie nicht die Mühe, *Ihre Antwort* im dafür vorgesehenen Raum auf der unteren Seitenhälfte *niederzuschreiben,* weil sich dadurch die Problematik besser einprägt und das Behalten des neuen Stoffes gefördert wird. Nur auf diese Weise wird die erstrebte Selbstkontrolle des Lernerfolges gewährleistet. (Sollten Sie eine mehrfache Benutzung des Programmtextes bzw. einen Weiterverkauf beabsichtigen oder ein in der Bibliothek entliehenes Exemplar benutzen, so können Sie Ihre Antworten natürlich auch auf einem besonderen Blatt niederschreiben.)

3. Blättern Sie erst jetzt zur folgenden Seite weiter, auf der Sie oben eine *Musterantwort* finden. Wenn Sie diese vor Ihrer Beantwortung der Frage lesen, bringen Sie sich selbst um den Lernerfolg! – War Ihre Antwort sinngemäß richtig, so wissen Sie nun, daß Sie die Information verstanden haben. Sie können sich Information, Frage und Antwort nochmals genau einprägen, damit sie Ihnen in Zukunft geläufig bleiben. – Andernfalls sollten Sie den Fehler durch Rückschlüsse aus der vorgegebenen Antwort beseitigen und sich dann das richtige Ergebnis sorgfältig einprägen.

4. Nach jeweils einigen Lernelementen finden Sie *Wiederholungsfragen* eingeschoben. Diese sind keine Zusätze für besonders eifrige Bearbeiter, sondern notwendige Bestandteile des Grundlernstoffes. Sie ermöglichen dem Bearbeiter nach zwischenzeitlicher Beschäftigung mit anderen Fragen die Kontrolle, ob er den Stoff früherer Informationen richtig behalten hat und bewirken mit ihrem Rückgriff auf früheren Lernstoff eine Art Intervalltraining für das Gedächtnis.

5. Dasselbe gilt für die *Zusammenfassungen* am Ende jedes Kapitels. Auch sie dienen der notwendigen Abrundung des Lernvorgangs und sollten daher keinesfalls überschlagen werden. – Wenn Sie bei Bearbeitung der Zusammenfassung feststellen, daß Sie eine der dort gestellten Fragen nicht richtig beantworten können, so finden Sie bei der Musterantwort *Hinweise* auf diejenigen Informationen des Kapitels, aus denen Sie die gesuchte Antwort

herleiten können. Sie sollten sich dann den nicht voll verstandenen oder zu rasch wieder vergessenen Stoff nochmals einprägen.

6. Nach den bisherigen Erfahrungen mit programmierten Texten sollten Sie *keinesfalls mehr als ein Kapitel* in einem Zuge durcharbeiten. Die reine Bearbeitungszeit für den Stoff eines Kapitels beträgt durchschnittlich etwa vier Stunden. – In jedem Falle sollten Sie nach höchstens einer Stunde Arbeitszeit sowie bei Beginn von Ermüdung oder Unlust eine Pause einlegen. Lernarbeit ohne entsprechende Aufnahmefähigkeit ist Zeitverschwendung.

7. Nach Maßgabe Ihrer Zeitdispositionen müssen Sie jeweils nach einem Kapitel oder nach Durcharbeitung des ganzen Programms von der zu den einzelnen Kapiteln angegebenen *Vertiefungsliteratur* Gebrauch machen und die angegebene Rechtsprechung nachlesen. Erst sie kann Ihnen die erforderliche Vollständigkeit des Wissens verschaffen!

   Folgende Werke werden empfohlen:
   J. Esser, Schuldrecht, Besonderer Teil, 4. Auflage, 1971,
   W. Fikentscher, Schuldrecht, 4. Auflage, 1973,
   K. Larenz, Lehrbuch des Schuldrechts, Band II, 10. Auflage, 1972,
   D. Medicus, Bürgerliches Recht, 6. Auflage, 1973.

8. Nach Bearbeitung eines Kapitels – und vielleicht einem ersten Blick in die Vertiefungsliteratur – sollten Sie sich mit anderen Programmbearbeitern in einer *Arbeitsgruppe* von etwa 3 - 7 Teilnehmern zusammenfinden, um die Ihnen diskussionsbedürftig erscheinenden Punkte des Programms und der Vertiefungsliteratur zu besprechen. Sie werden feststellen, wie nutzbringend das gemeinsame Durchdenken der einzelnen Fragen sein kann.

Die Verfasser wünschen Ihnen einen guten Lernerfolg.

Kapitel I

DER KAUFVERTRAG

Vertragsgegenstand und Pflichten der Beteiligten

Der Kaufvertrag ist das häufigste Rechtsgeschäft des täglichen Lebens. Er begründet gemäß § 433 BGB die Verpflichtung zum Austausch von Ware gegen Geld, dient also in erster Linie dem Warenumsatz.

In der Sprache des täglichen Lebens versteht man unter dem Begriff „Kauf" alle Vorgänge von den Vertragsverhandlungen bis zur Übergabe von Ware und Geld. Rechtlich ist jedoch scharf zu trennen zwischen dem Verpflichtungsgeschäft dei Beteiligten, dem Kaufvertrag, und dessen Erfüllung durch Austausch der Leistungen.

So ist beim Kauf einer Sache das Schuldverhältnis „Kaufvertrag" in den §§ 433 ff. BGB, also im Schuldrecht, geregelt; danach ist der Verkäufer zur Lieferung der Ware und der Käufer zur Zahlung des Kaufpreises verpflichtet. – Die gemäß § 433 Abs. 1 S. 1 BGB zur Erfüllung der Verkäuferverpflichtung erforderliche Eigentumsübertragung an der Sache und die nach § 433 Abs. 2 BGB zur Erfüllung der Käuferpflicht erforderliche Eigentumsübertragung am Geld hingegen sind nach den §§ 929ff. BGB, also nach sachenrechtlichen Regeln, vorzunehmen.

Das Kaufrecht wird in den folgenden drei Kapiteln dargestellt:

Im Kap. I werden die möglichen Kaufgegenstände und die Pflichten von Käufer und Verkäufer behandelt. Inhalt des Kap. II ist die Haftung des Verkäufers wegen der Lieferung mangelhafter Ware. Das Kap. III ist den Sonderproblemen des Kaufs, insbesondere dem Kauf unter Eigentumsvorbehalt und dem finanzierten Kauf gewidmet. Hierbei wird auch auf das Abzahlungsgesetz eingegangen, welches das Kaufrecht des BGB für Ratenkäufe ergänzt.

Sonderregeln nach den §§ 373ff. HGB (im Schönfelder abgedruckt unter Nr. 50) gelten unter Kaufleuten. Die Spezialfragen des Handelskaufs werden im Schuldrechtsprogramm jedoch nur insoweit erwähnt, als sie von allgemeiner Bedeutung sind.

Von großer praktischer Auswirkung ist es, daß die Verkäufer wegen der Vielzahl und der juristischen Gleichartigkeit der Verkaufsvorgänge ihrem Geschäftsverkehr meist ein von ihnen bestimmtes und auf ihre Interessen ausgerichtetes Vertragsmuster, ihre Allgemeinen Geschäftsbedingungen (AGB), zugrunde legen. Durch Bezugnahme auf die Allgemeinen Geschäftsbedingungen im Einzelvertrag werden diese jeweils zum Vertragsinhalt und setzen nach dem Grundsatz der Vertragsfreiheit (in den Grenzen der §§ 138 und 242 BGB) die Regeln der §§ 433ff. BGB weitgehend außer Kraft. In Kap. II geht das Programm auf Einzelheiten Allgemeiner Geschäftsbedingungen ein.

Inhaltsübersicht:

1. § 433 Abs. 1

Gegenstand eines Kaufvertrages können Sachen und Rechte sein, § 433 Abs. 1 BGB.

Sachen sind, entsprechend der Definition in § 90 BGB, alle körperlichen Gegenstände; sie müssen räumlich abgrenzbar und menschlich beherrschbar sein. Der Begriff umfaßt sowohl unbewegliche Sachen (Grundstücke) als auch bewegliche Sachen, gleichgültig in welchem Aggregatzustand sie sich befinden.

Als Rechte kommen insbesondere Forderungen und Urheberrechte in Betracht.

F: Unter welcher Voraussetzung kann „Berliner Luft", d. h. Luft aus Berlin, Gegenstand eines Kaufvertrages sein?

A: Berliner Luft kann gemäß § 433 Abs. 1 S. 1 BGB als Sache Gegenstand eines Kaufvertrages sein; dies setzt gemäß § 90 BGB voraus, daß sie sich in räumlich abgegrenztem und beherrschbarem Zustand befindet, z. B. in einer Dose.

2.

Kaufgegenstände können ferner, über den Wortlaut des § 433 Abs. 1 BGB hinaus, alle im Rechtsverkehr anerkannten Güter sein. Hierunter fallen z. B. Sachgesamtheiten (Warenlager), Unternehmen oder eine Anwaltspraxis.

So kann beim Verkauf eines Unternehmens das gesamte Geschäftsvermögen durch einen Kaufvertrag erfaßt werden; hierzu gehören die Grundstücke, die Maschinen, das Warenlager, die Forderungen sowie wirtschaftliche Werte wie Reklameideen und Fabrikationsgeheimnisse.

Bei der Erfüllung dieses Kaufvertrages müssen dann jedoch die einzelnen Güter nach den jeweils für ihre Veräußerung geltenden Grundsätzen übertragen werden, Sachen also nach Sachenrecht, Forderungen durch Abtretung.

F: V will seine chemische Fabrik verkaufen und schließt mit K einen Kaufvertrag hierüber ab. Könnte auch das bisher geheimgehaltene Rezept für ein in der Fabrik hergestelltes Schönheitsmittel zu den Kaufgegenständen des Vertrages gehören?

A: Ja; über den Wortlaut des § 433 Abs. 1 BGB hinaus können alle im Rechtsverkehr anerkannten Güter Kaufgegenstände sein, also auch ein Fabrikationsgeheimnis.

3.

Da der Kaufvertrag für den Verkäufer eine Verpflichtung begründet, können auch solche Gegenstände verkauft werden, die sich der Verkäufer erst noch beschaffen muß. – Kaufgegenstand kann auch eine künftige Sache sein, die erst noch geschaffen werden muß.

Beachten Sie jedoch § 306 BGB: Nichtig ist der Kaufvertrag dann, wenn Sachen verkauft werden, deren Leistung von Anfang an für jedermann unmöglich ist.

F: Der Großhändler G verkauft dem Supermarkt S 100 kg Apfelsinen, lieferbar in einer Woche. Warum ist der Kaufvertrag gültig, obwohl G die Apfelsinen nicht am Lager hat, sondern sie erst von seinem Lieferanten erwerben will?

A: Weil auch Waren, die erst noch beschafft werden müssen, Gegenstand eines Kaufvertrages sein können; § 306 BGB steht nicht entgegen, da die Leistung nicht objektiv unmöglich ist.

4.

Der Kaufvertrag verpflichtet, sofern der Kaufgegenstand überhaupt existieren kann, den Verkäufer unabhängig von seiner Liefermöglichkeit. Deshalb ist bei mehrfachem Verkauf einer Sache, die der Verkäufer bereits hat oder sich noch verschaffen kann, jeder Vertrag wirksam. – Da jedoch nur ein Vertrag erfüllt werden kann, haftet der Verkäufer dem Partner des anderen Vertrages nach Maßgabe des § 325 BGB.

F.: Der Gebrauchtwagenhändler V verkauft dem K am 1. 3. vormittags einen Wagen für 6 000,– DM; K will den Wagen am nächsten Tag übernehmen. Am Nachmittag des 1. 3. schließt V mit dem X, der 7 000,– DM bietet, einen Kaufvertrag über diesen Wagen ab; X nimmt Wagen und Papiere sofort mit. Ist der Kaufvertrag des K mit V noch gültig?

A: Ja; da der Kaufvertrag den Verkäufer unabhängig von seiner Liefermöglichkeit verpflichtet, sind mehrere Kaufverträge über einen Kaufgegenstand gültig. Hieran ändert sich, wie § 325 BGB zeigt, nichts, wenn einer der Verträge nicht mehr erfüllt werden kann.

5.

Bezieht sich der Kaufvertrag auf ein genau bezeichnetes Kaufobjekt, z. B. den Volkswagen mit der Fahrgestellnummer 876 543, so liegt ein Stückkauf (Spezieskauf) vor.

Wird dagegen der Kaufgegenstand nur nach Gattungsmerkmalen bestimmt, etwa nach Maß, Zahl oder Gewicht, so handelt es sich um einen Gattungskauf, z. B. über zehn Zentner Kartoffeln. Der Gattungskauf kommt meist bei Bestellungen nach Katalog oder Liste vor sowie bei Verkäufen der Großhändler an Einzelhändler.

F: K steht am Marktstand des Obsthändlers V und will eine Melone kaufen. Mit welchen Worten (etwa) würde er das Angebot formulieren

a) zu einem Stückkauf,

b) zu einem Gattungskauf?

A: a) Ein Stückkauf kommt zustande, wenn K auf eine Melone deutet und sagt: „Ich möchte diese Melone kaufen".

b) Ein Gattungskauf kommt zustande, wenn K zu V sagt: „Eine Melone bitte".

6. § 243

Beim Gattungskauf schuldet der Verkäufer dem Käufer die Leistung eines Stückes mittlerer Art und Güte aus der vereinbarten Gattung, § 243 Abs. 1 BGB.

Zum Zwecke der Erfüllung muß dann die Leistungspflicht auf bestimmte Stücke der Gattung konkretisiert werden: Dies geschieht nach § 243 Abs. 2 BGB dadurch, daß der Verkäufer bei einer Holschuld die Stücke ausgesondert bereitstellt und dem Käufer zur Abholung anbietet (§ 295 S. 1 BGB); bei einer Bringschuld muß ein tatsächliches Angebot beim Käufer erfolgen (§ 294 BGB).

F: Der Autohändler V hat 20 fabrikneue blaue Volkswagen im Hof aufgestellt. K kommt zum Autokauf und schließt mit V einen Kaufvertrag über einen neuen blauen VW ab. V stellt dann einen der neuen Wagen ordnungsgemäß vor dem Bürogebäude zur Abholung bereit und benachrichtigt den K vereinbarungsgemäß, daß der Wagen abholbereit sei. Wenig später beschädigt ein Kunde des V durch unvorsichtiges Fahren den bereitgestellten Wagen. K erhebt daraufhin gegen V Anspruch auf Lieferung eines anderen blauen VW. Mit Recht?

A: Nein; da V den Wagen bereits ausgesondert und den K benachrichtigt hatte, ist seine Gattungsschuld auf den gekennzeichneten Wagen konkretisiert, §§ 243 Abs. 2, 295 S. 1 BGB. → (Die Rechte des K bestimmen sich nach Maßgabe der §§ 323ff. BGB).

7.

Das Angebot zum Abschluß eines Kaufvertrages kann sowohl ausdrücklich, z. B. durch Bestellung, als auch durch schlüssiges Verhalten (konkludent) erfolgen, z. B. durch Zusendung unbestellter Waren.

Bloßes Schweigen auf ein Angebot ist normalerweise nicht als Annahme zu bewerten. – Eine Ausnahme gilt gemäß § 362 Abs. 1 HGB unter Kaufleuten.

Die Auftragsbestätigung enthält die Annahme eines Käuferangebots durch den Verkäufer.

F: K erkundigt sich im Geschäft des V nach den Preisen von Radiogeräten. Später schickt ihm V unaufgefordert ein Radiogerät „zur Probe" in die Wohnung. Da dem K der Preis zu hoch ist, nimmt er es nicht in Gebrauch. Ist zwischen V und K ein Kaufvertrag zustandegekommen?

A: Nein, da das Schweigen des K auf ein Angebot des V keine Annahme bedeutet.

8.

Das sog. Bestätigungsschreiben soll den Inhalt eines mündlich abgeschlossenen Kaufvertrages für Beweiszwecke festhalten. – Weicht das Bestätigungsschreiben vom vereinbarten Vertragsinhalt ab, so ist es als Angebot auf Abänderung des geschlossenen Vertrages zu werten.

Schweigt ein Kaufmann auf ein solches Angebot, so bedeutet dies analog § 362 Abs. 1 HGB seine Annahme; der Kaufvertrag entspricht nunmehr dem Inhalt des Bestätigungsschreibens. – Dies gilt nicht, wenn das Bestätigungsschreiben den Vertragsinhalt arglistig verfälscht oder vom vorher vereinbarten Vertragsinhalt soweit abweicht, daß der Absender nicht mehr mit einer Billigung durch den Empfänger rechnen konnte.

F: Der Verwaltungsbeamte K kauft am 1. 10. in mündlicher Abrede von dem Autohändler V einen Pkw zur Lieferung am 1. 3., wobei ihm V zusagt, daß im Falle verspäteter Lieferung ein dem K entstehender Schaden ersetzt werde. Am 5. 10. bestätigt V den Autokauf unter Bezugnahme auf seine AGB (auf der Rückseite des Briefes); dort ist ein Ersatz von Verspätungsschäden ausgeschlossen, ebenso die Gültigkeit abweichender mündlicher Abreden. K antwortet hierauf nicht. – Der Pkw kann erst am 15. 3. ausgeliefert werden, wodurch dem K ein Schaden von 500,– DM entsteht. Hat der Kaufvertrag zwischen K und V den Inhalt der Abrede vom 1. 10. oder des Schreibens vom 5. 10.?

A: Der Vertrag hat den am 1. 10. mündlich vereinbarten Inhalt. Das Schweigen des K (der nicht Kaufmann ist) auf die erst später mitgeteilten Allgemeinen Geschäftsbedingungen des V hat nicht zu einer Vertragsänderung geführt.

9. § 313

Um den Warenumsatz zu erleichtern, ist der Abschluß von Kaufverträgen grundsätzlich formfrei.

In Einzelfällen ist jedoch eine notarielle Beurkundung des Kaufvertrages gesetzlich vorgeschrieben, z. B. für Grundstückskaufverträge in § 313 BGB und für den Verkauf einer Erbschaft in § 2371 BGB. In diesen Fällen müssen alle Vertragsabreden beurkundet werden, insbesondere auch der richtige Kaufpreis.

F: V will dem K ein Grundstück zum Preis von 50 000,– DM verkaufen. Zur „Ersparnis" von Beurkundungskosten geben V und K bei der notariellen Beurkundung des Kaufvertrages nur einen Kaufpreis von 20 000,– DM an. – Alsdann will V das Grundstück nicht an K übereignen. Warum kann K aus dem Kaufvertrag keinen Auflassungsanspruch herleiten? (Ziehen Sie bei der Beantwortung die §§ 117 und 125 BGB heran.)

A: Der beurkundete Vertrag ist gemäß § 117 Abs. 1 BGB nichtig, weil die Erklärungen über den Kaufpreis nur zum Schein abgegeben sind. – Das Scheingeschäft verdeckt einen Kaufvertrag, für den nach § 117 Abs. 2 BGB die allgemeinen Regeln gelten: Da für den Kaufpreis von 50 000,– DM das Beurkundungserfordernis des § 313 BGB nicht eingehalten wurde, ist der verdeckte Vertrag nach § 125 S. 1 BGB nichtig.

Wiederholungsfragen:

1. Gegenstand eines Kaufvertrages können Sachen, Rechte und alle im Rechtsverkehr ______________ ________ sein.

2. Welcher der folgenden Kaufverträge ist nichtig?
   a) Verkauf einer Sache, die einem Dritten gehört,
   b) Verkauf einer Sache, deren Beschaffung jedermann unmöglich ist,
   c) mehrfacher Verkauf derselben Sache durch einen Verkäufer.

3. K hat bei dem Möbelhändler V eine Zimmereinrichtung ausgesucht. Einige Tage später erhält er von V eine Auftragsbestätigung, in welcher statt des ausgesuchten Schrankes für 500,– DM ein anderer Schrank zum Preis von 800,- DM aufgeführt ist. Nach welcher Vorschrift des Allgemeinen Teils ist diese Änderung zu beurteilen?

A 1: anerkannten Güter

A 2: Nur der Vertrag b) ist gemäß § 306 BGB wegen objektiver Unmöglichkeit nichtig.

A 3: Da die Auftragsbestätigung als Annahme zu bewerten ist, handelt es sich bei dem Schreiben des V gemäß § 150 Abs. 2 BGB um ein neues Angebot an K.

10. § 433 Abs. 1

Der Verkäufer einer Sache ist gemäß § 433 Abs. 1 S. 1 BGB verpflichtet, dem Käufer die Sache zu übergeben und ihm das Eigentum daran zu verschaffen. Soweit nichts anderes vereinbart ist, erstreckt sich diese Verpflichtung gemäß § 314 BGB auch auf das Zubehör (§ 97 BGB) der Kaufsache.

Übergabe bedeutet, daß der Käufer an der Kaufsache die tatsächliche Sachherrschaft, also Besitz im Sinne des § 854 BGB, erhält. Es kann jedoch auch ein Übergabeersatz vereinbart werden. (Einzelheiten hierzu sind im Sachenrecht geregelt).

Die Pflicht zur Eigentumsverschaffung erfüllt der Verkäufer, indem er die Handlungen vornimmt, die gemäß §§ 929 ff. BGB bei beweglichen Sachen und gemäß §§ 873 ff. BGB bei Grundstücken zum Eigentumserwerb des Käufers führen. (Auch hierzu werden die Einzelheiten im Sachenrecht behandelt).

F: V verkauft dem K einen VW-Pritschenwagen; auf dem Wagen liegt eine dem Schutz der Ladung dienende Plane. Als K am folgenden Tag den Wagen abholen will, sieht er, daß die Plane entfernt ist. K verlangt von V auch die Übergabe der Plane. Mit Recht?

A: Ja; die Plane ist Zubehör des Wagens nach § 97 BGB. Gemäß § 314 BGB erstreckt sich der Kaufvertrag auch auf dieses Zubehör.

11. § 433 Abs. 1 S. 2

Wird ein Recht verkauft, z. B. eine Geldforderung, so hat der Verkäufer dem Käufer gemäß § 433 Abs. 1 S. 2 BGB dieses Recht zu verschaffen.

Bei einer Forderung erfüllt der Verkäufer seine Verschaffungspflicht durch Abtretung der Forderung gemäß § 398 BGB. – Zur Übertragung eines anderen Rechts (z. B. eines Urheberrechts) muß gemäß § 413 BGB ein entsprechender Vertrag geschlossen werden.

F: Der D schuldet dem V 500,– DM. V verkauft diese Forderung an den K; dabei sind sich V und K einig, daß die Forderung sofort auf den K übergehen soll. – Wird K Inhaber dieser Forderung

a) durch den Abschluß des Kaufvertrages,

b) durch den (hier zusammen mit dem Kaufvertrag geschlossenen) Abtretungsvertrag,

c) erst aufgrund beider Verträge?

A: K erwirbt die Forderung nur durch den Abtretungsvertrag gemäß § 398 BGB. Der Kaufvertrag begründet lediglich die Verpflichtung hierzu.

12.

Sind nicht Sachen oder Rechte, sondern andere verkehrsfähige Güter (vgl. S. 4) verkauft worden, für die keine speziellen Übertragungsregeln bestehen, so muß der Verkäufer dem Käufer diejenige Stellung an diesen Kaufgegenständen einräumen, die er vorher innehatte. Die im einzelnen dazu erforderlichen Handlungen bestimmen sich nach dem verkauften Gut; so wird z. B. ein verkauftes Fabrikationsgeheimnis durch Mitteilung aller wissenswerten Tatsachen auf den Erwerber übertragen.

F: Der Lebensmittelhändler V verkauft sein Geschäft, dessen Kunden sich in erster Linie aus den Bewohnern der umliegenden Häuser zusammensetzen, an K.

a) Warum kann V auch den „Kundenstamm" seines Geschäftes an K mitverkaufen?

b) Was müßte V (beispielsweise) tun, um dem K den Kundenstamm seines Geschäfts zuzuführen?

A: a) Der Kundenstamm eines Unternehmens wird im Rechtsverkehr als verkehrsfähiges Gut und damit als Kaufgegenstand anerkannt.

b) V muß alles tun, um seine bisherigen Kunden dem K zuzuführen, z. B. durch Empfehlung des neuen Inhabers, durch entsprechende Zeitungsinserate oder ähnliches.

13. § 440 Abs. 1

Kommt der Verkäufer seinen Verpflichtungen zur Übergabe und Eigentumsverschaffung bzw. zur Rechtsverschaffung nicht oder nicht rechtzeitig nach, so verletzt er eine Hauptpflicht. Er haftet dann dem Käufer gemäß § 440 Abs. 1 BGB nach Maßgabe der §§ 320 ff. BGB.

Die Einzelheiten der §§ 320 ff. BGB können hier nicht dargestellt werden. – Zur Wiederholung sei jedoch darauf hingewiesen, daß der Verkäufer gemäß § 275 BGB von seiner Leistungspflicht frei wird, wenn die Lieferung der verkauften Sache unmöglich wird.

Hat der Verkäufer die Unmöglichkeit zu vertreten, so kann der Käufer unter den vier Möglichkeiten des § 325 BGB wählen.

Kommt der Verkäufer mit der Lieferung in Verzug, so kann der Käufer gemäß § 286 BGB Ersatz des ihm entstandenen Verspätungsschadens verlangen. Ferner kann er eine Nachfrist mit Ablehnungsandrohung setzen und danach gemäß § 326 BGB vom Vertrag zurücktreten oder Schadensersatz wegen Nichterfüllung verlangen.

F: K hat von V einen gebrauchten Fernsehapparat gekauft. Kurz vor dem vereinbarten Übereignungszeitpunkt zerstört V den Apparat mutwillig. Nach welchen Vorschriften kann K von V Schadensersatz wegen Nichterfüllung verlangen?

A: K kann von V gemäß §§ 325 Abs. 1 S. 1, 440 Abs. 1, 433 Abs. 1 BGB Schadensersatz wegen Nichterfüllung verlangen.

14.

Da § 440 Abs. 1 BGB ausdrücklich auf die §§ 323–325 BGB verweist, sind deren Regeln, die ihrem Wortlaut nach nur für nachträglich eintretende Leistungsstörungen gelten, auch bei anfänglichem Unvermögen des Schuldners anwendbar. Dies gilt z. B. in dem Fall, daß die verkaufte Sache dem Verkäufer nicht gehört (und der Eigentümer nicht zur Veräußerung bereit ist), weil dann dem Verkäufer schon vor Vertragsabschluß die Erfüllung seiner Eigentumsverschaffungspflicht nach § 433 Abs. 1 BGB unmöglich war.

F: Der Fotohändler V repariert auch Fotoapparate. Als K bei V einen Fotoapparat kaufen will, verkauft ihm V versehentlich ein Gerät, das der X zur Reparatur gebracht hatte; das Gerät war dem E gestohlen. E weigert sich, seinen Apparat an K zu übereignen. Nach welchen Vorschriften kann K von V Schadensersatz wegen Nichterfüllung verlangen?

A: Da V an einer gestohlenen Sache seiner Übereignungspflicht nicht nachkommen kann, E aber dem K das Eigentum verschaffen könnte, handelt es sich um einen Fall des anfänglichen Unvermögens. Dieses verpflichtet den V gemäß §§ 325 Abs. 1 S. 1, 440 Abs. 1 BGB zum Schadensersatz.

15. § 437 Abs. 1

Beim Kauf eines Rechtes läßt sich aus der Verweisung des § 440 Abs. 1 BGB auf § 437 BGB entnehmen, daß wegen der in § 437 Abs. 1 BGB bestimmten Garantiehaftung der Vertrag über den Kauf eines nicht bestehenden Rechtes – entgegen § 306 BGB – trotz anfänglicher Unmöglichkeit gültig ist, also eine Schadensersatzpflicht auslöst. Dies gilt jedoch nur, wenn die Entstehung eines Rechtes der verkauften Art möglich und denkbar ist.

F: Infolge eines Fehlers seiner Buchhaltung nimmt V an, daß ihm der D noch 300,– DM schuldet; in Wirklichkeit hat D jedoch bereits gezahlt. V, der die Eintreibung bei D scheut, verkauft die angebliche Forderung gegen D zum Preis von 200,– DM an den K. Als K das Geld von D fordert, weist dieser eine Quittung des V vor. Daraufhin verlangt K von V Schadensersatz wegen Nichterfüllung. Aufgrund welcher Anspruchsgrundlage ist dies möglich?

A: V haftet dem K gemäß §§ 325 Abs. 1 S. 1, 440 Abs. 1, 437 Abs. 1 BGB auf Schadensersatz wegen Nichterfüllung.

16.

Neben den in § 433 Abs. 1 BGB aufgeführten Hauptpflichten, deren Verletzung die auf S. 16 genannten Folgen hat, treffen den Verkäufer weitere Pflichten, deren Umfang und Inhalt sich nach dem jeweiligen Vertrag richten. Dabei unterscheidet man (zum Teil in unterschiedlicher Terminologie) zwei Arten:

Die Nebenleistungspflichten sind auf andere Leistungen als Übereignung und Übergabe gerichtet; ihre Einzelheiten werden in Inf. 17 dargestellt. – Sind sie vertragsgemäß für den Käufer von so großer Bedeutung, daß er seine Kaufpreiszahlung von ihrer Erfüllung abhängig machen würde, wird ihre Nichterfüllung nach den §§ 320 ff. BGB beurteilt. Andernfalls gelten die §§ 280 ff. BGB.

Die reinen Nebenpflichten, auch Schutz- und Sorgfaltspflichten genannt, beziehen sich auf das vom Schuldner im Zusammenhang mit der Erfüllung seiner Leistungspflichten zu beachtende Verhalten; Einzelheiten werden in Inf. 18 behandelt. – Ihre schuldhafte Verletzung stellt eine positive Vertragsverletzung dar.

F: Aus welchen Vorschriften ergibt sich der Schadensersatzanspruch des Käufers

a) bei Verletzung einer Hauptpflicht,

b) bei Verletzung einer reinen Nebenpflicht?

A: a) Bei Verletzung einer Hauptpflicht entsteht ein Schadensersatzanspruch nach den §§ 325 oder 326 BGB;

b) bei Verletzung einer reinen Nebenpflicht entsteht ein Schadensersatzanspruch wegen positiver Vertragsverletzung analog §§ 280, 286, 325, 326 BGB.

17. §§ 444, 448 Abs. 1

Gesetzliche Nebenleistungspflichten regelt § 444 BGB; danach hat der Verkäufer dem Käufer über alle rechtlichen Verhältnisse des Kaufgegenstandes Auskunft zu geben und ihm alle beweiserheblichen Urkunden auszuhändigen. – Die Nichterfüllung der letztgenannten Pflicht führt normalerweise nicht zu den Folgen der §§ 320 ff. BGB (vgl. S. 19). Beim Autokauf jedoch löst die Nichtaushändigung des Kraftfahrzeugbriefes die Folgen der §§ 320 ff. BGB aus.

Eine weitere gesetzliche Nebenleistungspflicht bestimmt § 448 Abs. 1 BGB, wonach der Verkäufer die Kosten der Übergabe einschließlich der Kosten für Verpackung und Versendung zum Erfüllungsort zu tragen hat. Das Eigentum an der Verpackung geht (nach § 929 BGB) auf den Käufer über, sofern nichts anderes vereinbart ist, z. B. bei Bierfässern.

Andere Nebenleistungspflichten des Verkäufers können vertraglich vereinbart werden.

F: Der Elektrohändler V verkauft dem K eine Waschmaschine, die in Originalverpackung in die Wohnung des K geliefert wird. Als einige Tage später die Rechnung des V bei K eintrifft, sind Transportkosten vom Laden des V zur Wohnung des K in Höhe von 80,– DM gesondert ausgewiesen. Muß K diesen Betrag bezahlen, wenn Erfüllungsort die Wohnung des K sein sollte?

A: Nein, da mangels anderer Abrede gemäß § 448 Abs. 1 BGB die Kosten der Versendung zum Erfüllungsort den Verkäufer treffen.

18.

Die reinen Nebenpflichten des Verkäufers leiten sich aus § 242 BGB her und begleiten die Erfüllung der Leistungspflichten; sie zielen vor allem darauf ab, daß der Käufer den Kaufgegenstand sachgemäß verwenden kann.

So hat ein Verkäufer, der als fachmännischer Berater auftritt, den Käufer über den Kaufgegenstand zu unterrichten, z. B. durch Hinweise auf die Verderblichkeit der Ware oder durch eine Bedienungsanleitung. – Ferner hat der Verkäufer den Käufer bei der Erlangung behördlicher Genehmigungen, welche für die Verwendung der Kaufsache erforderlich sind, zu unterstützen. – Außerdem hat der Verkäufer den Kaufgegenstand bis zum Liefertermin pfleglich zu verwahren.

F: V verkauft der K einen gebrauchten Sportwagen; die Bedienungsanleitung ist nicht mehr vorhanden. V unterläßt es, die K auf die Notwendigkeit hinzuweisen, den Wagen mit Superbenzin zu fahren. Da die K aus Sparsamkeit Normalbenzin verwendet, entsteht ein Motorschaden. Haftet V der K auf Schadensersatz, wenn er sich auf den Verkauf gebrauchter Sportwagen spezialisiert hat?

A: V haftet der K wegen Verletzung seiner Unterrichtungspflicht auf Schadensersatz aus positiver Vertragsverletzung.

Wiederholungsfragen:

1. Wie kommt der Verkäufer einer Forderung seiner Verschaffungspflicht aus § 433 Abs. 1 S. 2 BGB nach?

2. Der V hat sein Eheanbahnungsinstitut an den K verkauft. Die zu Hause aufbewahrte Klientenkartei will V dem K nicht übergeben, weil er meint, dies gehöre auf keinen Fall zu seinen Verkäuferpflichten.

   a) Warum hat V unrecht?

   b) Handelt es sich bei der Pflicht zur Übergabe der Kartei um eine

   - ☐ Hauptpflicht,
   - ☐ Nebenleistungspflicht,
   - ☐ reine Nebenpflicht des V?

A 1: Beim Verkauf einer Forderung geschieht die Übertragung auf den Käufer durch Abtretung gemäß § 398 BGB.

A 2: a) Zum verkauften Unternehmen gehört auch der Klientenkreis. V ist also verpflichtet, alles zu tun, um dem K den Kontakt mit diesem Personenkreis zu ermöglichen; deshalb muß er die Klientenkartei übergeben.

b) Kaufgegenstand ist beim Kauf eines Eheanbahnungsinstitutes auch der Klientenkreis. Die Zuführung der Klienten ist bei einem so kundenabhängigen Unternehmen eine Hauptpflicht des Verkäufers.

19. § 433 Abs. 2

Gemäß § 433 Abs. 2 BGB trifft den Käufer die Hauptpflicht, den vereinbarten Kaufpreis zu bezahlen.

Die Höhe des Kaufpreises ist der Vereinbarung der Parteien überlassen; die Grenze ergibt sich aus § 138 BGB. – Wird kein Zeitpunkt für die Kaufpreiszahlung festgelegt, so entsteht die Zahlungspflicht des Käufers mit Vertragsschluß, § 271 Abs. 1 BGB.

Im Geschäftsverkehr gibt es eine große Zahl von Preisklauseln, welche die Zahlungspflicht des Käufers näher bestimmen; so besagt z. B. die Klausel „rein netto Kasse", daß sofort nach Erhalt der Ware ohne Abzug zu zahlen ist.

F: Der K kauft bei dem Importeur V in Hamburg 200 Ballen Baumwolle, die sich noch auf See befinden. Als Kaufpreis vereinbaren V und K den am Ankunftstag des Schiffes an der Baumwollbörse notierten Preis. Als das Schiff einläuft, ist aufgrund starker Nachfrage der Baumwollpreis um mehr als 20% über den von K erwarteten Betrag gestiegen. Ist K zur Zahlung des höheren Preises verpflichtet?

A: Ja; gemäß § 433 Abs. 2 BGB ist er verpflichtet, den vereinbarten Preis zu zahlen; dies ist der erhöhte Preis.

20.

Der Kaufpreis ist grundsätzlich bar zu zahlen. Der Käufer ist verpflichtet, die Geldmittel dem Verkäufer zu übereignen; er trägt gemäß § 270 Abs. 1 BGB die Übermittlungsgefahr, z. B. bei einer Postanweisung bis zur Auszahlung.

Abweichende Vereinbarungen über die Zahlung, z. B. durch Scheckannahme, sind zulässig. -- Bei einer Überweisung hat der Käufer erst mit der Gutschrift erfüllt. – Die Angabe einer Kontonummer auf der Rechnung des Verkäufers bedeutet dessen einseitiges Einverständnis mit bargeldloser Überweisung des Kaufpreises auf dieses Konto; eine Verpflichtung des Käufers zur bargeldlosen Zahlung kann nur vertragsmäßig begründet werden.

Wird vom Verkäufer eine Sache in Zahlung genommen, z. B. ein Altwagen vom Autohändler, so handelt es sich insoweit normalerweise um eine Leistung des Käufers, die an Erfüllungs Statt nach §§ 364 Abs. 1, 365 BGB angenommen wird.

F: K kauft bei dem Elektrohändler V einen Plattenspieler. Als K nach einigen Tagen die Rechnung des V erhält, ist dort die Nummer eines Bankkontos angegeben. K möchte die Überweisungskosten sparen und will im Geschäft des V bar bezahlen. Ist er hierzu berechtigt?

A: Ja; die einseitige Angabe einer Kontonummer durch den Verkäufer berechtigt den Käufer zur bargeldlosen Überweisung; sie kann ihn aber nicht dazu verpflichten.

21. § 433 Abs. 2

Neben der Zahlungspflicht trifft den Käufer gemäß § 433 Abs. 2 BGB die Pflicht, die gekaufte Sache abzunehmen. – Die Abnahme kann von einem Abruf durch den Käufer abhängig gemacht werden.

Abnahme bedeutet hier nur die tatsächliche Entgegennahme der Sache, nicht auch ihre „Billigung" im Sinne des § 464 BGB; die Abnahme als solche beeinträchtigt also die Gewährleistungsansprüche des Käufers nicht (Einzelheiten werden in Kap. II behandelt). – Nach herrschender Meinung kann der Käufer die Abnahme verweigern, wenn die angebotene Sache nicht von vertragsgemäßer Beschaffenheit ist.

F: Der Händler K hat bei V eine Wagenladung Einkellerungskartoffeln gekauft. Als V die Kartoffeln liefert, stellt K fest, daß sie weitgehend verfault sind. Ist er zur Abnahme der bestellten Menge dennoch verpflichtet?

A: Nein; die Abnahmepflicht gemäß § 433 Abs. 2 BGB besteht nicht, wenn die Sache nicht von vertragsgemäßer Beschaffenheit ist. Diese ergibt sich hier aus § 243 Abs. 1 BGB (vgl. S. 8).

22.

Bei verspäteter Abnahme oder verspätetem Abruf durch den Käufer ist nicht nur die Abnahmepflicht verletzt, so daß Schuldnerverzug nach den §§ 284 ff. BGB entstehen kann. Vielmehr gerät der Käufer als Gläubiger der Übergabepflicht des Verkäufers auch in Gläubigerverzug nach den §§ 293 ff. BGB, weil er die Erfüllung der Übergabepflicht des Verkäufers verzögert.

Wichtig wird der Gläubigerverzug, wenn die Kaufsache jetzt untergeht, ohne daß der Verkäufer dies zu vertreten hat; dann bleibt der Käufer gemäß § 324 Abs. 2 BGB zur Kaufpreiszahlung verpflichtet.

Gemäß § 300 Abs. 1 BGB hat der Verkäufer während des Annahmeverzuges des Käufers nur Vorsatz und grobe Fahrlässigkeit zu vertreten.

F: Der Elektrohändler V hat dem K ein Radiogerät verkauft; K verpflichtet sich, es am nächsten Tag bei V abzuholen. Als K jedoch erst eine Woche später kommt, ist das Gerät inzwischen durch leichte Fahrlässigkeit eines Gehilfen des V zu Boden gestürzt und dadurch zerstört worden. Kann V von K Kaufpreiszahlung verlangen?

A: Ja; da sich K gemäß §§ 293, 296 S. 1 BGB in Annahmeverzug befindet, und V die von seinem Gehilfen nur leicht fahrlässig verursachte Unmöglichkeit gemäß §§ 300 Abs. 1, 278 BGB nicht zu vertreten hat, steht dem V gemäß § 324 Abs. 2 BGB der Anspruch auf den Kaufpreis zu.

23. §§ 448 Abs. 1, 449 Abs. 1

Mangels anderer Vereinbarung treffen den Käufer die Kosten der Abnahme, § 448 Abs. 1, zweite Alternative BGB. Im Unterschied zu den Übergabekosten, die den Verkäufer treffen (vgl. S. 20), entstehen Abnahmekosten erst, wenn sich die Sache in der Verfügungsgewalt des Käufers befindet; so z. B. die Kosten für die sachgerechte Aufstellung eines Konzertflügels. – Auch die Kosten einer Versendung über den Erfüllungsort hinaus hat der Käufer gemäß § 448 Abs. 1, zweite Alternative BGB zu tragen.

Bei Grundstückskäufen treffen den Käufer die Beurkundungs- und Eintragungskosten, § 449 Abs. 1 BGB.

Weiter ist der Käufer verpflichtet, von der Sachübergabe an den noch nicht gezahlten Kaufpreis zu verzinsen, §§ 452, 446 Abs. 1 S. 2 BGB.

F: Der in Düsseldorf wohnende K hat bei dem Versandhaus V in Bochum eine Fernsehtruhe gekauft; Erfüllungsort ist Bochum. Als K Lieferung und Rechnung erhält, weist die Rechnung u. a. einen Posten für den Transport vom Auslieferungslager des V in Bochum nach Düsseldorf aus. K ist der Ansicht, daß er diesen Rechnungsposten nicht zu bezahlen brauche. Trifft dies zu?

A: Nein; den Transport von Bochum nach Düsseldorf muß K gemäß § 448 Abs. 1, zweite Alternative BGB bezahlen, weil es sich um eine Versendung über den Erfüllungsort hinaus handelt.

24.

Abnahme, Abruf und Kostentragung sind Nebenleistungspflichten des Käufers, deren Verletzung normalerweise nicht zu den Folgen der §§ 320 ff. BGB führt (vgl. S. 19).

Hat jedoch der Verkäufer ein besonderes Interesse an der Erfüllung dieser Pflichten, z. B. an der Abnahme, weil er sein Lager räumen muß oder wegen Verderblichkeit der Ware, so führt die Verletzung der Pflichten zur Anwendbarkeit der §§ 325 und 326 BGB.

F: V hat dem Großhändler K zum 1. 6. zehn Zentner frische Erdbeeren verkauft. Als K am 2. 6. die Ware noch nicht abgenommen hat, fordert ihn V telefonisch auf, das Obst bis zum Nachmittag des nächsten Tages abzuholen; andernfalls werde er die Erdbeeren anderweitig verkaufen. Warum macht sich V gegenüber K nicht ersatzpflichtig, wenn er am folgenden Abend vom Vertrag zurücktritt und die Erdbeeren an den X verkauft?

A: Bei leichtverderblicher Ware ist V infolge des Käuferverzuges gemäß § 326 Abs. 1 BGB zum Rücktritt berechtigt.

25.

Geht die Kaufsache zwischen dem Kaufabschluß und der Erfüllung aus einem Grund unter, den Verkäufer oder Käufer nicht zu vertreten haben, so entsteht die Frage, ob der Kaufpreis dennoch zu zahlen ist. Dasselbe gilt bei einer zufälligen Verschlechterung der Sache. – Dieses Risiko bezeichnet man als Preisgefahr oder Gegenleistungsgefahr.

Gemäß der Grundregel in § 323 Abs. 1 BGB wird bei zufälligem Untergang oder zufälliger Verschlechterung der Kaufsache der Käufer von der Zahlungspflicht frei; danach trägt der Verkäufer die Preisgefahr.

Dem Untergang der Kaufsache wird ein Diebstahl dann gleichgestellt, wenn mit dem Wiederauffinden der Sache in absehbarer Zeit nicht gerechnet werden kann.

F: V hat mit K einen Kaufvertrag über zwei antike Vasen abgeschlossen; Erfüllungsort soll die Wohnung des K sein. Als sich V auf der Fahrt zu K befindet, wirft der X von einer Brücke einen dicken Stein auf die ordentlich gesicherte Ladefläche des Transporters; dadurch werden die Vasen zerstört. Kann V von K den Kaufpreis verlangen?

A: Nein; da der Untergang der Leistung weder vom Verkäufer noch vom Käufer zu vertreten ist, trägt gemäß § 323 Abs. 1 BGB der V die Preisgefahr.

26. § 446

In Abweichung von § 323 BGB geht beim Kauf die Preisgefahr bereits mit Übergabe der Kaufsache (vgl. oben S. 13) auf den Käufer über, auch wenn der Verkäufer seine Eigentumsverschaffungspflicht noch nicht erfüllt hat, § 446 Abs. 1 S. 1 BGB.

Beim Grundstückskauf geht die Preisgefahr sogar schon auf den Käufer über, wenn die Eintragung des Erwerbers im Grundbuch vor der Übergabe erfolgt, § 446 Abs. 2 BGB.

F: K hat am 1. 3. von V einen Pkw gekauft und sogleich in Gebrauch genommen; Kaufpreiszahlung und Übereignung sollen am 1. 4. erfolgen. Am 10. 3. wird K ohne sein Verschulden in eine Massenkarambolage verwickelt; dadurch entsteht Totalschaden am Wagen. K weigert sich nunmehr, den Kaufpreis zu zahlen, weil ihm der V kein Eigentum mehr am Wagen verschaffen könne. Ist K zur Kaufpreiszahlung verpflichtet?

A: Ja; da dem K die Kaufsache übergeben worden ist, ist gemäß § 446 Abs. 1 S. 1 BGB die Preisgefahr auf ihn übergegangen. K muß den Kaufpreis zahlen, selbst wenn ihm V kein Eigentum mehr verschaffen kann.

27. § 447

Die Preisgefahr geht beim Verkauf einer beweglichen Sache schon vor der Übergabe auf den Käufer über, wenn der Verkäufer die Sache auf Verlangen des Käufers vom Erfüllungsort nach einem anderen Ort versendet, § 447 Abs. 1 BGB. Es liegt dann ein sog. Versendungskauf vor. – Da der Erfüllungsort beim Verkäufer liegt und dieser die Versendung der Sache als eine Nebenleistungspflicht übernommen hat, handelt es sich um eine Schickschuld.

Beim Versendungskauf geht die Preisgefahr mit Auslieferung der der Sache an den Beförderer, z. B. den Spediteur oder die Bahn, auf den Käufer über.

§ 447 Abs. 1 BGB gilt auch bei Versendungen innerhalb desselben Ortes. Ebenso gilt § 447 Abs. 1 BGB, wenn der Verkäufer eigene Leute bei der Versendung einsetzt. – Allerdings kann es sich in diesen Fällen aus dem Vertrag ergeben, daß eine Bringschuld vereinbart war, bei der § 447 BGB nicht eingreift.

F: K, der in Lübeck wohnt, bestellt bei der Firma V in Hamburg einen Kühlschrank; als Erfüllungsort ist Hamburg vereinbart. V hat die Versendung des Kühlschrankes nach Lübeck übernommen. Der Kühlschrank wird von der Firma D in Bremen hergestellt. V läßt den Transport von Bremen zu seinem Lager in Hamburg von dem Spediteur S ausführen. Kurz vor Hamburg wird der Lastwagen des S ohne dessen Verschulden in einen Unfall verwickelt und dabei der Kühlschrank zerstört. Muß K den Kaufpreis an V bezahlen?

A: Nein; da der Unfall vor dem Erfüllungsort Hamburg geschah, ist die Preisgefahr nach § 447 Abs. 1 BGB noch nicht auf K übergegangen.

28.

Wenn der Verkäufer im Einverständnis mit dem Käufer die Sache nicht vom Erfüllungsort an den Käufer versenden läßt, sondern von einem dritten Ort, z. B. dem Hafen oder einem Lieferwerk, bezeichnet man dies als Direktversand.

Dabei kann es sich um eine Bringschuld handeln, insbesondere, wenn die Versendung vom dritten Ort überwiegend im Interesse des Verkäufers erfolgt, der den Transport zu seinem Geschäftslokal ersparen will. – Ist keine Bringschuld vereinbart worden und erfolgt die Versendung vom dritten Ort auch im Interesse des Käufers, so wird § 447 Abs. 1 BGB analog angewendet.

F: V hat dem K einen Posten Seehundfelle verkauft; Erfüllungsort ist Frankfurt. Da K die Felle dringend in München benötigt, soll unmittelbar nach dem Eintreffen der Ware im Hamburger Hafen der Spediteur S sie von dort direkt zu K bringen. Beim Autobahntransport der Felle wird S ohne sein Verschulden in einen Unfall verwickelt, bei dem seine Ladung zerstört wird. Muß K den Kaufpreis an V zahlen?

A: Ja; da die Versendung ab Hamburg im Interesse des Käufers erfolgt ist, gilt § 447 BGB analog. Während dieses Transportes hatte K demnach die Preisgefahr zu tragen.

29.

Entsteht beim Versendungskauf an der Kaufsache vor dem Eintreffen beim Käufer durch Verschulden eines Dritten, z. B. des Transportunternehmers, ein Schaden, so ergibt sich für die Abwicklung der Schadensersatzansprüche folgendes Problem:

Den Verkäufer, der gegen das Transportunternehmen einen Schadensersatzanspruch aus dem abgeschlossenen Transportvertrag hätte, trifft kein Schaden, da ja die Preisgefahr nach § 447 Abs. 1 BGB übergegangen ist und der Käufer damit zur Zahlung des Kaufpreises verpflichtet bleibt.

Der Käufer hat zwar einen Schaden, weil er den Kaufpreis zahlen muß. Er kann sich jedoch für einen Schadensersatz auf keine vertragliche Anspruchsgrundlage stützen, und ein deliktischer Anspruch des Käufers scheitert oft daran, daß das Eigentum an der Sache noch dem Verkäufer zusteht. (Die Lösung dieses Problems wird in Inf. 30 erläutert.)

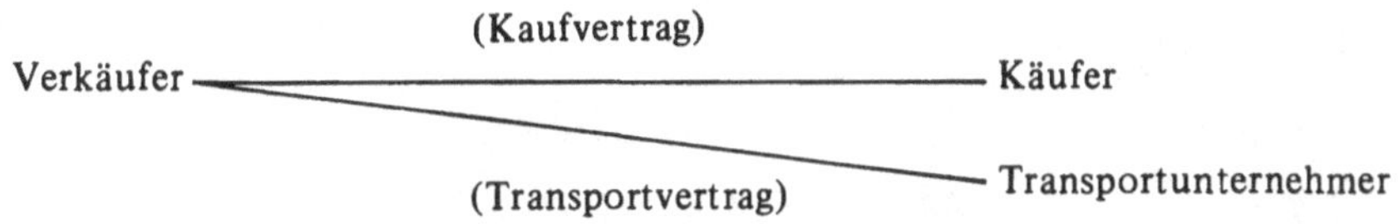

F: Warum befindet sich der Käufer bei Vereinbarung einer Bringschuld in einer besseren Lage, obwohl ihm auch hier bei Transportschäden kein Vertragsanspruch gegen den Spediteur zusteht und das Eigentum an der Kaufsache noch nicht auf ihn übergegangen ist?

A: Da bei einer Bringschuld der Erfüllungsort beim Käufer liegt, trifft ihn während der Versendung die Preisgefahr nicht.

30.

Um dem Käufer bei Schäden im Falle des Versendungskaufs dennoch einen Ausgleich zu verschaffen, wendet die Rechtsprechung das Prinzip der Drittschadensliquidation an: Es besagt, daß der Verkäufer den Schaden des Käufers in dessen Interesse gegenüber dem Transportunternehmer geltend machen kann. – Geschieht dies nicht, so kann der Käufer vom Verkäufer die Abtretung dieses Rechts verlangen oder aber eine Ermächtigung zu seiner Geltendmachung.

(Die übrigen Fälle der Drittschadensliquidation werden im Allgemeinen Schuldrecht behandelt).

F: Nach welcher Vorschrift des Allgemeinen Schuldrechts hat der Käufer gegen den Verkäufer einen Anspruch auf die Herausgabe des Ersatzes, den der Verkäufer beim Spediteur liquidiert hat?

Kap. I. Kauf.

A: Gemäß § 281 Abs. 1 BGB kann der Käufer vom Verkäufer den beim Spediteur liquidierten Ersatzbetrag herausverlangen.

Wiederholungsfragen:

1. Darf der Käufer den Kaufpreis gegen den Willen des Verkäufers auf ein ihm bekanntes Konto des Verkäufers überweisen?

2. Der Übergang der Preisgefahr auf den Käufer beweglicher Sachen erfolgt

   entweder bei __________ gemäß § 446 Abs. 1 BGB

   oder bei __________ gemäß § 447 Abs. 1 BGB.

   Beide Vorschriften sind Ausnahmen zu dem Grundsatz, daß der Schuldner die Gegenleistungsgefahr bis zur vollen Erfüllung seiner Pflicht trägt, wie dies in § __________ BGB vorgesehen ist.

3. Die Abnahme der Kaufsache ist im Regelfalle eine __________-pflicht des Käufers. Sie kann jedoch für den Käufer von so großer Bedeutung sein, daß im Falle ihrer Nichterfüllung die §§ __________ ff. BGB Anwendung finden.

A 1: Nein; der Käufer schuldet gemäß § 433 Abs. 2 BGB Barzahlung; nur wenn der Verkäufer damit einverstanden ist, kann der Kaufpreis unbar gezahlt werden.

A 2: Übergabe
Versendung
323 Abs. 1

A 3: Nebenleistungs(pflicht) 320

31. Zusammenfassung

a) § 433 Abs. 1 BGB nennt Sachen und Rechte als Kaufgegenstände. Auch ein Unternehmen kann Verkaufsgegenstand sein, weil es im

______________________________ als Verkaufsgegenstand anerkannt ist.

b) Hauptleistungspflichten des Verkäufers einer Sache sind gemäß § 433 Abs. 1 S. 1 BGB die

________________ der Kaufsache und

die ______________________________ an der Kaufsache.

c) Beim Verkauf eines Unternehmens erfolgt die Erfüllung des Kaufvertrages

☐ durch einheitlichen Übertragungsakt für alle betroffenen Sachen, Rechte und Güter

☐ durch einzelne Übertragungsakte nach den für Sachen, Rechte und andere Güter geltenden Regeln.

d) Die Nichterfüllung der für den Verkäufer gemäß § 433 Abs. 1 BGB bestehenden Hauptpflichten führt über § ________ Abs. ____ BGB zu den Rechtsfolgen der §§ 320 ff. BGB.

Kap. I. Zusammenfassung

A: a) Rechtsverkehr (Inf. 2)

b) Übergabe
Eigentumsverschaffung (Inf. 13)

c) Beim Verkauf eines Unternehmens erfolgt die Erfüllung durch einzelne Übertragungsakte. (Inf. 2)

d) 440 1 (Inf. 13)

e) Ob die Verletzung einer Nebenleistungspflicht die Folgen der §§ 325 und 326 BGB auslöst, hängt davon ab, ob die Parteien der Erfüllung der Nebenleistungspflicht dieselbe Bedeutung wie der Erfüllung einer

________________ beimessen.

f) Als Hauptpflicht trifft den Käufer die Pflicht zur ________________.

Regelmäßig als Nebenleistungspflicht besteht für den Käufer die Pflicht

zur __________ der Kaufsache.

g) Löst die Verweigerung der Abnahme durch den Käufer die Folgen des Gläubigerverzuges nur dann aus, wenn zugleich Schuldnerverzug des Käufers eintritt?

h) V verkauft dem in Dortmund wohnenden K ein Fernsehgerät, das er auf Verlangen des K nach Frankfurt verschickt. Nachdem V dem Spediteur F das Gerät am Erfüllungsort Bochum übergeben hat, wird es auf dem Transport bei einem von F verschuldeten Unfall völlig zerstört. Ist V von seiner Pflicht zur Leistung freigeworden?

A: e) Hauptpflicht (Inf. 16)

f) Kaufpreiszahlung
Abnahme (Inf. 19 + 21)

g) Nein; der Gläubigerverzug bestimmt sich allein nach den §§ 293 ff. BGB. Die Frage, ob die Verletzung der Abnahmepflicht durch den Käufer zugleich Schuldnerverzug begründet, wird davon nicht berührt. (Inf. 22)

h) Ja; der Leistungsanspruch des K aus § 433 Abs. 1 BGB ist gemäß § 275 BGB erloschen.

i) Warum hat V gegen K einen Anspruch auf die Kaufpreiszahlung?

k) Auf welchem Wege kann K Ersatz für den ihm durch die Kaufpreiszahlung ohne Sachleistung entstandenen Schaden erlangen?

Kap. I. Zusammenfassung

A: i) Da gemäß § 447 Abs. 1 BGB die Preisgefahr mit Übergabe der Sache an den Spediteur auf K übergegangen ist, bleibt er gemäß § 443 Abs. 2 BGB zur Kaufpreiszahlung verpflichtet. (Inf. 27)

k) Nach den Regeln über die Schadensliquidation im Drittinteresse kann K von V die Abtretung seiner Rechte gegen F verlangen, oder die Ermächtigung zur Geltendmachung dieser Rechte gegen F, sofern V den Schaden des K nicht selbst gegenüber F geltend macht. (Inf. 29 + 30)

Zur Wissensvertiefung für den Stoff des ersten Kapitels wird empfohlen:

Fikentscher, a. a. O., §§ 66 und 67,
Esser, a. a. O., §§ 60–63 (außer § 62 II).

Besonders wichtig sind die Fragen der Preisgefahr; hierzu wird

Fikentscher, § 67 IV, empfohlen.

Ein Sonderproblem des Gattungskaufs entsteht, wenn die Lieferung in Teilen erfolgen soll; dann kann ein sog. Sukzessivlieferungsvertrag vorliegen. Hierzu wird auf Fikentscher a. a. O., § 8, 7c, hingewiesen.

Kapitel II

DER KAUFVERTRAG

Die Gewährleistung des Verkäufers

Die dem Käufer gelieferte Sache kann in rechtlicher oder tatsächlicher Hinsicht von den Vertragsbedingungen abweichen. Dementsprechend unterscheidet das BGB Rechtsmängel und Sachmängel des Kaufgegenstandes.

Ein Rechtsmangel liegt vor, wenn der Verkäufer dem Käufer das Eigentum nicht oder nicht frei von Rechten Dritter verschafft hat. – Ein Sachmangel ist gegeben, wenn die gelieferte Sache in ihrer Beschaffenheit für den Käufer nachteilig von den vereinbarten Vertragsbedingungen abweicht.

Aufgrund der Vertragsfreiheit sind die gesetzlichen Regeln über die Rechts- und Sachmängelhaftung weitgehend abdingbar. Dies geschieht meist durch Allgemeine Geschäftsbedingungen des Verkäufers, in denen die Rechte des Käufers eingeschränkt werden. (Vgl. das Muster S. 80.)

Inhaltsübersicht:

1. §§ 433 Abs. 1, 440 Abs. 1

Grundlage der Rechtsmängelhaftung des Verkäufers ist § 433 Abs. 1 BGB, wonach er verpflichtet ist, dem Käufer an der verkauften Sache Eigentum, bzw. das verkaufte Recht zu verschaffen (vgl. S. 13 und 14). Der Käufer hat also hierauf den Erfüllungsanspruch.

Ist der Verkäufer zur Erfüllung nicht oder nicht rechtzeitig in der Lage, so kann der Käufer gemäß § 440 Abs. 1 BGB nach den Regeln der §§ 320 ff. BGB vorgehen.

Der Verkäufer hat aber seine Verschaffungspflicht auch dann erfüllt, wenn er selbst zwar nicht der Eigentümer oder Inhaber des verkauften Gegenstandes war, der Käufer diesen aber gutgläubig erwerben konnte. – Vorschriften über den gutgläubigen Erwerb beweglicher Sachen enthalten die §§ 932–935 BGB; für Grundstücke gelten die §§ 892 und 893 BGB, für Forderungen ist § 405 BGB einschlägig.

F: Der Lebensmittelhändler K bestellt bei V einen Posten Süßwaren zur Lieferung sechs Wochen vor Ostern. Unmittelbar nachdem V an K geliefert hat, werden die Süßwaren als gestohlenes Gut identifiziert. (Dies bedeutet nach § 935 BGB, daß der K nicht gutgläubig das Eigentum daran erworben hat). K muß deshalb seinen Bedarf bei D decken; dessen Preis ist um 5% höher. Aufgrund welcher Vorschriften kann K von V Ersatz verlangen?

A: Gemäß §§ 325 Abs. 1 S. 1, 440 Abs. 1, 433 Abs. 1 BGB kann K Schadensersatz verlangen, da V seiner Eigentumsverschaffungspflicht nicht nachgekommen und dem K deshalb ein Schaden in Höhe der Mehrkosten entstanden ist.

2. § 434

Der Verkäufer ist ferner gemäß § 434 BGB verpflichtet, dem Käufer den verkauften Gegenstand frei von Rechten Dritter zu verschaffen. – Das Eigentum eines anderen als des Verkäufers ist kein „Recht eines Dritten" in diesem Sinne; für die Eigentumsverschaffung gilt § 433 Abs. 1 S. 1 BGB.

Nach § 434 BGB muß der Kaufgegenstand frei sein von beschränkt dinglichen Rechten Dritter. Unter dieser Bezeichnung sind Belastungen des Eigentums zu verstehen, z. B. durch Pfandrechte oder Nießbrauch (Einzelheiten hierzu werden im Sachenrecht behandelt). § 434 BGB verpflichtet also den Verkäufer, bestehende Rechte dieser Art zu beseitigen, sofern nicht der Käufer mit ihrem Weiterbestehen einverstanden ist; andernfalls gilt auch hier § 440 Abs. 1 BGB.

F: V hat dem K eine Sache verkauft, die dem Eigentümer X gestohlen worden ist; ein Eigentumserwerb des K kraft guten Glaubens ist somit gemäß § 935 BGB nicht möglich. Ist dies ein Fall, in welchem sich K gegenüber V auf § 434 BGB berufen kann?

A: Nein; V ist hier seiner Verpflichtung zur Eigentumsverschaffung, die sich aus § 433 Abs. 1 BGB herleitet, nicht nachgekommen.

3.

§ 434 BGB gilt auch für schuldrechtliche Ansprüche Dritter, die den Käufer an der Ausübung seiner vollen Rechte behindern. Solche Ansprüche Dritter entstehen z. B. aus Miet- oder Pachtverträgen, die der Verkäufer über den Kaufgegenstand geschlossen hat.

F: V verkauft sein im Gebirge gelegenes Ferienhaus an den K. Dabei verschweigt er, daß über das Haus mit M noch ein Mietvertrag für die nächsten zwei Jahre besteht. Als K dies erfährt, verlangt er von V Schadensersatz. Auf welche Vorschriften kann sich K stützen?

A: Gemäß §§ 325 Abs. 1, 440 Abs. 1, 434 BGB besteht ein Schadensersatzanspruch des K, weil V ihm die Kaufsache nicht frei von Rechten Dritter verschafft hat.

4. § 436

Dagegen haftet der Verkäufer eines Grundstücks gemäß § 436 BGB nicht für dessen Freiheit von öffentlichen Lasten, die nicht im Grundbuch eingetragen werden; dies sind z. B. Grundsteuern und Anliegerbeiträge. Mit derartigen Belastungen muß der Käufer rechnen.

Öffentlichrechtliche Baubeschränkungen, z. B. fehlende Bebaubarkeit aufgrund des Bebauungsplanes, stellen keinen Rechtsmangel, sondern einen Sachmangel dar, da sie sich aus der tatsächlichen Beschaffenheit des Grundstücks, hier aus seiner Lage, ergeben.

F: K kauft von V ein Baugrundstück zum Preise von 50 000,– DM; diesen Preis hat er im Hinblick auf seine Baupläne scharf kalkuliert. Er verläßt sich darauf, daß das Grundstück lastenfrei ist. Nach einiger Zeit werden ihm von der Gemeinde 20 000,– DM Straßenbaukosten für den noch vor dem Eigentumserwerb des K erfolgten Ausbau der Zufahrtstraße abgefordert. Könnte K diesen Betrag von V auch dann ersetzt verlangen, wenn eine positive Vertragsverletzung des V als Anspruchsgrundlage ausscheidet?

A: Nein; V hat gemäß § 436 BGB für die Freiheit des Grundstücks von öffentlichen Lasten nicht zu haften.

5. §§ 437, 438

Da beim Kauf eines Rechts sich der Käufer häufig nur schwer von der Existenz des verkauften Rechtes überzeugen kann und deshalb in besonderem Maße von den Behauptungen des Verkäufers abhängig ist, soll der Verkäufer eines Rechts an der von ihm übernommenen Leistungspflicht auch beim Nichtbestehen des verkauften Rechts festgehalten werden (vgl. S. 18). Die §§ 437 Abs. 1, 440 Abs. 1 BGB begründen die Gewährleistung des Verkäufers für das Bestehen des verkauften Rechtes. Man bezeichnet dies als Haftung für die Verität des verkauften Rechts.

Für die Zahlungsfähigkeit des Schuldners einer verkauften Forderung dagegen braucht der Verkäufer, wie § 438 BGB zeigt, nur aufgrund besonderer Vereinbarung einzustehen. Dies bezeichnet man als Haftung für die Bonität.

F 1: Am 2. 5. verkauft und überträgt der V dem K eine fällige Pachtzinsforderung von 10 000,– DM gegen den D. Am 5. 5. fällt D aufgrund mißglückter Spekulationen in Konkurs, bevor K die Forderung einziehen konnte. K will sich nunmehr nach Gewährleistungsvorschriften an V halten. Mit Recht?

F 2: Nach welcher Vorschrift hat V die Pachtzinsforderung auf K übertragen?

A 1: Nein; § 437 BGB greift nicht ein, weil die abgetretene Forderung bestand und eine Haftung für die Bonität des D von V nicht übernommen wurde.

A 2: V hat dem K die Forderung gemäß § 398 BGB abgetreten (vgl. S. 14).

6. § 440 Abs. 2 und 3

Die Schadensersatzpflicht des Verkäufers wegen Rechtsmängeln wird beim Verkauf beweglicher Sachen durch § 440 Abs. 2–4 BGB eingeschränkt. Der Verkäufer haftet erst dann auf Schadensersatz, wenn dem Käufer aufgrund des Rechtsmangels die Sache (bzw. ihr Wert) entzogen wird. Dies bezeichnet man als Eviktionsprinzip. – Einzelheiten dazu werden in den Informationen 6–8 behandelt.

Gemäß § 440 Abs. 2 BGB kann der Käufer Schadensersatz nach §§ 325 Abs. 1 S. 1, 440 Abs. 1 BGB nicht schon bei Entdeckung des Rechtsmangels, sondern erst dann verlangen, wenn er die Sache einem berechtigten Dritten, z. B. dem Eigentümer, herausgegeben hat.

Gleichgestellt ist der Herausgabe gemäß § 440 Abs. 3 BGB, wenn der Käufer dem Dritten eine Abfindung gezahlt hat, so daß dieser auf das Eigentum verzichtet. – Dasselbe gilt, wenn der Käufer den gekauften Gegenstand anderweitig erwirbt, z. B. durch Schenkung, und dadurch endgültig zum unbeeinträchtigten Eigentümer wird.

F: K hat von V eine seltene Briefmarke gekauft, die dem Eigentümer E gestohlen war. Als sich der Diebstahl herausstellt, zahlt K, da er die Marke gern in seiner Sammlung behalten möchte, dem E einen hohen Betrag zum Erwerb des Eigentums. Als K diesen Betrag von V ersetzt verlangt, beruft dieser sich darauf, daß K die Briefmarke nicht herausgegeben habe, so daß gemäß § 440 Abs. 2 BGB keine Ersatzpflicht entstanden sei. Zu Recht?

A: Nein; gemäß § 440 Abs. 3 BGB steht der Erwerb vom Eigentümer einer Herausgabe gemäß § 440 Abs. 2 BGB gleich. K kann also von V Schadensersatz wegen Nichterfüllung nach §§ 325 Abs. 1, 440 Abs. 1, 433 Abs. 1 BGB verlangen.

7. § 440 Abs. 2 und 4

Die Voraussetzungen der Eviktion sind auch dann erfüllt, wenn der Käufer die Sache dem Verkäufer zurückgewährt hat, § 440 Abs. 2 BGB.

Der Rückgewähr an den Verkäufer gleichgestellt ist in § 440 Abs. 4 BGB die Abtretung eines Herausgabeanspruches, den der Käufer gegenüber dem jetzigen Besitzer der Sache hat, z. B. weil er ihm die Sache vermietet hat.

(Abtretung als Rückgewähr)

Verkäufer ——— Käufer

(Herausgabeanspruch)

Mieter

F: V verkauft dem K eine Schreibmaschine, die dieser an D verleiht, der sie zur Anfertigung einer Hausarbeit benötigt. Da die Maschine gestohlen war, konnte V dem K kein Eigentum daran verschaffen. Als der Diebstahl dem K bekannt wird, tritt er dem V seinen Herausgabeanspruch als Verleiher gegenüber D ab und verlangt von V Schadensersatz. V meint jedoch, K müsse ihm dann zuerst gemäß § 440 Abs. 2 BGB die Maschine zurückgeben. Ist V im Recht?

A: Nein; gemäß § 440 Abs. 4 BGB kann K die Rückgewähr der Sache durch die Abtretung seines Herausgabeanspruches gegenüber D ersetzen. Damit steht ihm Schadensersatz nach den §§ 325 Abs. 1, 440 Abs. 1, 433 Abs. 1 BGB zu.

8.

Schließlich sind die Voraussetzungen der Eviktion auch erfüllt, wenn die Kaufsache untergegangen ist, § 440 Abs. 2 BGB.

Allerdings genügt nach herrschender Meinung nicht der Sachuntergang als solcher für einen Ersatzanspruch des Käufers. Vielmehr muß infolge des Rechtsmangels bereits vor dem Untergang der Sache ein Schaden des Käufers entstanden sein, z. B. durch einen Ersatzanspruch des Eigentümers oder eines Abnehmers aus Weiterverkauf. Nur für diesen Fall soll der Käufer seinerseits durch einen eigenen Ersatzanspruch geschützt werden, nicht hingegen, wenn er den Schaden auch bei ordentlicher Erfüllung selbst hätte tragen müssen.

F: K hat von V einen gebrauchten Fernsehapparat gekauft. Bei einem Gewitter schlägt der Blitz in das Haus des K, so daß das Gerät zerstört wird. Kurze Zeit darauf erfährt K, daß der Apparat gestohlen war. Er verlangt nunmehr von V gemäß §§ 325 Abs. 1, 440 Abs. 1 und 2 BGB Schadensersatz, weil der V seiner Rechtsverschaffungspflicht nicht nachgekommen ist. Zu Recht?

A: Nein; da K den Schaden des Sachverlustes nicht infolge des Rechtsmangels erlitten hat, kann er von V keinen Schadensersatz verlangen.

9. §§ 350, 351

Will der Käufer wegen eines Rechtsmangels nach den §§ 325 Abs. 1, 440 Abs. 1 BGB vom Kaufvertrag zurücktreten, so sind die §§ 350 und 351 BGB zu beachten:

Ein zufälliger Untergang der Sache schließt gemäß § 350 BGB den Rücktritt nicht aus. – Wohl aber steht nach § 351 BGB ein vom Käufer verschuldeter Untergang der Sache oder eine anderweitige Unmöglichkeit der Rückgabe dem Rücktritt entgegen.

Als „Verschulden" des Käufers im Sinne des § 351 BGB ist vor Kenntnis des Rechtsmangels, d. h. solange er an sein unbeeinträchtigtes Eigentum an der Sache glaubt, nach herrschender Meinung nur die grobe Verletzung von Eigeninteressen zu bewerten, z. B. die Zerstörung der Sache im Rausch. – Nach Entdeckung des Rechtsmangels muß der Käufer die Sache mit normaler Sorgfalt behandeln.

F: K hat von V einen Pkw gekauft. Nach einiger Zeit erweist sich, daß der Wagen gestohlen war. K gibt ihn an den Eigentümer heraus und tritt vom Kaufvertrag mit V zurück. Nunmehr beruft sich V darauf, der K habe sich die Erfüllung seiner Rückgabepflicht schuldhaft unmöglich gemacht, so daß der Rücktritt ausgeschlossen sei. Ist V im Recht?

A: Nein; K war dem Eigentümer zur Herausgabe verpflichtet, so daß ihm kein schuldhaftes Verhalten im Sinne des § 351 BGB vorzuwerfen ist.

10. §§ 439, 443

Der Verkäufer haftet nicht für solche Rechtsmängel, die der Käufer bei Vertragsschluß kannte, § 439 Abs. 1 BGB; grob fahrlässige Unkenntnis schadet dem Käufer nicht. – Die Kenntnis des Käufers muß sich auf den Rechtsmangel selbst beziehen; es genügt nicht, daß er nur die Tatsachen kennt, aus denen der Rechtsmangel hätte gefolgert werden können.

Die Rechtsmängelhaftung des Verkäufers kann auch durch Vereinbarung ausgeschlossen werden; eine solche Vereinbarung ist jedoch unwirksam, wenn der Verkäufer den Rechtsmangel arglistig verschwiegen hat, § 443 BGB.

F: K kauft von V eine goldene Armbanduhr zu besonders günstigem Preis. Deswegen kommen ihm Zweifel, ob V wirklich der Eigentümer der Uhr ist; K stellt jedoch hierzu keine Fragen. Nach einer Woche muß er die Uhr an den Eigentümer E herausgeben. K verlangt nunmehr von V Schadensersatz. V weigert sich mit der Begründung, K habe angesichts des niedrigen Preises von dem Rechtsmangel wissen müssen. Ist die Auffassung des V zutreffend?

A: Nein; gemäß § 439 Abs. 1 BGB steht allein die Kenntnis des Rechtsmangels den Gewährleistungsansprüchen des Käufers entgegen. Solange K nur im Zweifel war, schadet ihm das nicht.

Wiederholungsfragen:

1. Wofür haftet der Verkäufer einer Sache dem Käufer nach den §§ 440 Abs. 1, 320 ff. BGB?
   (Bitte kreuzen Sie die richtigen Antworten an)
   - ☐ Für die Verschaffung des Eigentums,
   - ☐ für die Freiheit der Sache von dinglichen Rechten Dritter,
   - ☐ für die Freiheit eines Grundstücks von nicht im Grundbuch eingetragenen öffentlichen Lasten,
   - ☐ für die Freiheit der Sache von obligatorischen Rechten Dritter, die den Eigentümer beeinträchtigen.

2. Das Eviktionsprinzip beschränkt beim Verkauf von
   - ☐ Grundstücken
   - ☐ beweglichen Sachen
   - ☐ Rechten

   - ☐ den Schadensersatzanspruch des Käufers
   - ☐ das Rücktrittsrecht des Käufers

3. K kauft von V eine gestohlene Maschine, die ihm übergeben wird. K weiß nicht, daß die Maschine gestohlen ist. Als sich der Eigentümer E bei K meldet und die Sache zurückverlangt, kann K ihn bewegen, ihm die Maschine gegen Mietzahlungen zunächst noch weiter zu belassen. Kann K gemäß §§ 325 Abs. 1, 440 Abs. 1, S. 1, 433 Abs. 1 BGB von V Schadensersatz wegen Nichterfüllung verlangen?

A 1: Der Verkäufer haftet dem Käufer in allen genannten Punkten.

A 2: Das Eviktionsprinzip gilt nur beim Verkauf beweglicher Sachen; es betrifft nur den Schadensersatzanspruch des Käufers.

A 3: Nein; die Mietzahlungen des K an den Eigentümer sind keine „Abfindung" im Sinne von § 440 Abs. 2 BGB, weil sie nicht dem endgültigen Erwerb der Sache dienen. Somit steht § 440 Abs. 2 BGB dem Schadensersatzanspruch des K entgegen.

11.

Für die Praxis bedeutsamer als die Rechtsmängelhaftung ist die Haftung des Verkäufers dafür, daß die gelieferte Sache keine Mängel aufweist. – Nach herrschender Meinung ist die Lieferung einer mangelfreien Sache Teil der Erfüllungspflicht des Verkäufers; jedoch werden die allgemeinen Nichterfüllungsregeln der §§ 320 ff. BGB bei Sachmängeln modifiziert durch die Vorschriften über die Gewährleistung des Verkäufers.

Diese Vorschriften stehen für den Spezieskauf in den §§ 459 ff. BGB, für den Gattungskauf (vgl. S. 7) in § 480 BGB. – Zunächst wird der Spezieskauf behandelt:

Beim Spezieskauf muß die Fehlerfreiheit der Kaufsache im Zeitpunkt des Gefahrübergangs vorliegen, § 459 Abs. 1 S. 1 BGB.

F: Der Gefahrübergang erfolgt grundsätzlich bei __________ der Sache, § 446 Abs. 1 S. 1 BGB; eine Ausnahme gilt z. B. gemäß § _____ Abs. 1 BGB beim Versendungskauf.

A: Übergabe
447

12. § 459 Abs. 1

Fehlerhaft im Sinne des § 459 Abs. 1 BGB ist die gelieferte Sache, wenn sie in ihrer Beschaffenheit von der vertraglich geschuldeten Sache für den Käufer nachteilig abweicht. Diese Definition im Sinne des sog. subjektiven Fehlerbegriffs entspricht der herrschenden Meinung. (Zu den Einzelheiten des Theorienstreites zu dieser Frage vgl. die am Ende dieses Kapitels angegebene Vertiefungsliteratur).

In Betracht kommen für eine nachteilige Abweichung alle wertbildenden Eigenschaften der Sache. Dies sind ihre physischen Qualitäten, z. B. die Echtheit eines Gemäldes, richtiger Kilometerstand beim Kraftfahrzeug, sowie die tatsächlichen oder rechtlichen Verhältnisse, z. B. die Lage eines Grundstücks in einem Gebiet mit Bebauungsbeschränkungen (vgl. S. 44).

F: K hat für Fahrten zur Arbeitsstelle von V einen gebrauchten Pkw gekauft. Die Zulassung des Wagens wird ihm wegen Radierstellen im Kraftfahrzeugbrief verweigert, so daß K den Pkw nun nicht benutzen kann. Ist die Kaufsache fehlerhaft?

A: Ja; die legale Benutzbarkeit eines Pkw auf öffentlichen Straßen ist eine wertbildende Eigenschaft. Durch das Zulassungshindernis weicht der gelieferte Wagen von der vertraglich geschuldeten Leistung für den K nachteilig ab.

13.

Eine Sachmängelhaftung des Verkäufers wird aber gemäß § 459 Abs. 1 BGB nur dann ausgelöst, wenn die Sache wegen des Fehlers nicht zum gewöhnlichen oder zum vertraglich vorausgesetzten Gebrauch tauglich ist:

Tauglichkeit zum gewöhnlichen Gebrauch muß bestehen, wenn der Käufer die künftige Verwendung der Sache nicht zum Vertragsinhalt gemacht hat. Die Sache muß in diesem Falle eine normale, verkehrsübliche Beschaffenheit aufweisen.

Unerhebliche Minderungen der Brauchbarkeit bleiben gemäß § 459 Abs. 1 S. 2 BGB außer Betracht; es handelt sich um Fehler, die unschwer oder mit ganz geringem Zeit- und Kostenaufwand beseitigt werden können.

F: K kauft ein Jagdgewehr, um eine Wand damit zu dekorieren; hierüber spricht er beim Abschluß des Kaufvertrages mit V nicht. Als K dann seine Pläne ändert und mit dem Gewehr jagen will, bemerkt er, daß der Verschluß defekt und damit ein Gebrauch als Schußwaffe ausgeschlossen ist. Er fragt an, ob das Gewehr fehlerhaft im Sinne des § 459 Abs. 1 BGB ist.

A: Ja; obwohl K das Gewehr (für V nicht erkennbar) zu Dekorationszwecken gekauft hatte, kann er beim Kauf eines Jagdgewehrs erwarten, daß es in verkehrsüblicher Beschaffenheit als Schußwaffe geeignet ist.

14.

Hat der Käufer seine Anforderungen an die Kaufsache zum Vertragsinhalt erhoben, so muß Tauglichkeit der Sache zu diesem vertraglich vorausgesetzten Gebrauch bestehen. So ist es z. B. ein Sachmangel, wenn ein als Bauland gekauftes Grundstück wegen schlechter Untergrundbeschaffenheit nicht bebaubar ist.

Ein Fehler liegt nach dem subjektiven Fehlerbegriff der herrschenden Meinung auch dann vor, wenn die verkaufte Sache einer anderen Sachgattung als vertraglich geschuldet angehört; so finden die Gewährleistungsvorschriften Anwendung, wenn der verkaufte Goldring nur vergoldet ist.

F 1: K kauft einen elektrischen Ventilator und baut dessen Motor in einen von ihm gebastelten Heizlüfter ein. Dadurch wird der nur für niedrige Betriebstemperaturen konstruierte Motor überhitzt und zerstört. War der Motor mit einem Fehler i. S. des § 459 BGB behaftet?

F 2: Wie wäre es, wenn K einen „Motor für Heizlüfter" gekauft und einen Motor erhalten hätte, der nur für niedrige Betriebstemperaturen geeignet ist?

A 1: Nein; der Motor war für den gewöhnlichen Gebrauch im Ventilator tauglich.

A 2: In diesem Falle läge ein Fehler vor, da eine Abweichung der Sache vom vertraglich vorausgesetzten Gebrauch besteht, § 459 Abs. 1 S. 1 BGB.

15. § 459 Abs. 2

Unabhängig von den Fehlertatbeständen des § 459 Abs. 1 BGB kann gemäß § 459 Abs. 2 BGB jede beliebige Eigenschaft der Sache zur Grundlage der Gewährleistung gemacht werden, indem der Verkäufer eine entsprechende Zusicherung abgibt.

Die Zusicherung muß ernstlich und vertraglich bindend erfolgen, also auch in der für den Vertrag vorgeschriebenen Form. – Äußerungen im Rahmen üblicher Reklame oder bloßer Warenbeschreibung reichen nicht aus. Dies gilt z. B., wenn von einer Sache gesagt wird, sie sei „in gutem Zustand".

Auch stillschweigende Zusicherungen sind möglich; sie sind aus den näheren Umständen des Verkaufs abzuleiten. So sind z. B. beim Bestehen von Handelsklassen (bei landwirtschaftlichen Produkten) die Eigenschaften der verkauften Klasse zugesichert.

F.: K kauft von V ein Miethaus. Im Rahmen der mündlichen Vorverhandlungen versichert V dem K, daß die Mieteinnahmen monatlich 1 500,– DM betragen. In den notariellen Kaufvertrag wird diese Zusicherung nicht aufgenommen. Später stellt sich heraus, daß die Mieteinnahmen nur 1 000,– DM monatlich ausmachen. Kann K sich auf das Fehlen einer zugesicherten Eigenschaft berufen?

A: Nein. Die Zusicherung im Sinne des § 459 Abs. 2 BGB ist Vertragsbestandteil; sie muß also beim Grundstückskauf in der Form des § 313 BGB erfolgen. Dies ist hier nicht geschehen.

16. § 460

Gewährleistungsansprüche des Käufers sind gemäß § 460 S. 1 BGB ausgeschlossen, wenn er den Mangel der Kaufsache bei Vertragsschluß kennt oder infolge grober Fahrlässigkeit nicht erkannt hat, z. B. weil er beim Hauskauf keine Besichtigung des Kaufobjektes vorgenommen hat. – Hat jedoch der Verkäufer zugesichert, daß der Mangel nicht vorhanden sei, entfallen die Ansprüche des Käufers nur bei Kenntnis des Mangels, § 460 S. 2 BGB.

Dasselbe gilt, wenn der Verkäufer den Mangel arglistig verschwiegen hat, z. B. daß dem verkauften Pkw die Achse eines Unfallwagens eingebaut wurde. – Arglist des Verkäufers liegt vor, wenn er mit der Unwissenheit des Käufers rechnet und annimmt, daß dieser bei Kenntnis des Mangels den Kaufvertrag nicht abschließen würde. Für Arglist seiner Gehilfen muß der Verkäufer nach § 278 BGB einstehen.

F: K kauft von V einen gebrauchten Pkw, dessen Karosserie deutliche Spuren einer größeren Reparatur erkennen läßt. K verläßt sich auf die Zusicherung des V, es handele sich um ein unfallfreies Fahrzeug; die Karosseriereparaturen hätten lediglich der Beseitigung von Rostschäden gedient. Alsbald muß K jedoch feststellen, daß infolge eines schweren Unfalls das Fahrgestell verzogen ist. Er möchte nun nach den §§ 459 ff. BGB gegen V vorgehen; dieser macht geltend, er hafte nicht, weil K das Vorhandensein eines Unfallschadens leicht selbst hätte erkennen können. Ist V im Recht?

A: Nein; da V die Unfallfreiheit des Wagens ausdrücklich zugesichert hat, steht auch grobe Fahrlässigkeit des K seinem Gewährleistungsanspruch nicht entgegen, § 460 S. 2 BGB.

17. § 464

Der Käufer verliert seine Gewährleistungsansprüche gemäß § 464 BGB, wenn er die Sache in Kenntnis des Mangels annimmt, ohne sich seine Rechte vorzubehalten, z. B. durch einen Vermerk auf dem Lieferschein. – Annahme bedeutet hier die Billigung der Sache als vertragsgemäße Leistung. Der Begriff ist nicht identisch mit der Abnahme gemäß § 433 Abs. 2 BGB (vgl. S. 25).

Ein Verlust der Gewährleistungsansprüche tritt auch ein, wenn der Käufer bei späterer Entdeckung des Mangels die Sache ohne Anzeige des Mangels weiterbenutzt und damit konkludent seinen Verzicht auf Gewährleistung zum Ausdruck bringt.

Für Kaufleute begründet § 377 HGB eine Untersuchungs- und Rügepflicht. Danach muß ein Kaufmann als Käufer die gelieferte Sache unverzüglich untersuchen und eventuelle Fehler dem Verkäufer anzeigen; andernfalls verliert er seine Gewährleistungsansprüche.

F: K kauft bei V am 1. 12. ein Transistorradio, das er seinem Sohn zu Weihnachten schenken will. Deshalb wird das Gerät erst zu Weihnachten in Betrieb genommen. Dabei zeigt sich, daß der Senderwahlmechanismus nicht funktioniert. V verweigert die Gewährleistung, weil der Schaden nicht alsbald nach Übergabe der Sache festgestellt worden sei. Hat K seine Gewährleistungsansprüche deshalb verloren?

A: Nein; im BGB ist (anders als im HGB) dem Käufer keine Pflicht zur unverzüglichen Untersuchung der Sache auferlegt. Bei Annahme der Sache hatte K keine Kenntnis vom Mangel, so daß § 464 BGB nicht eingreift.

18. § 476

Die gesetzlichen Gewährleistungsansprüche können vertraglich ausgeschlossen werden. Ein solcher Ausschluß wird Freizeichnung genannt; er erfolgt z. B. durch die Klauseln „wie die Sache steht und liegt" oder „ohne Garantie".

Der vereinbarte Gewährleistungsausschluß ist unwirksam, wenn der Verkäufer den Mangel arglistig verschwiegen hat, § 476 BGB. – Dasselbe gilt, wenn die Freizeichnungsklauseln (vor allem in Allgemeinen Geschäftsbedingungen) gegen § 138 BGB verstoßen, weil sie sämtliche Ansprüche des Käufers ausschließen.

F: V hat den Rahmen seines Mopeds nach einem Unfall schweißen lassen. Um es besser verkaufen zu können, überklebt er die Schweißnaht mit Zierfolie. Dann verkauft er das Moped an K, der die Schweißnaht nicht entdeckt. In den schriftlichen Vertragsbedingungen steht, daß K das Moped „wie besehen und probegefahren" kaufe. – Bald darauf bricht der Rahmen des Mopeds und K entdeckt die Schweißnaht. Als er deshalb von V Gewährleistung verlangt, verweigert dieser sie mit dem Hinweis auf den vereinbarten Ausschluß. Hat V recht?

A: Nein; der vertragliche Gewährleistungsausschluß ist gemäß § 476 BGB unwirksam, da V den Mangel arglistig verschwiegen hat (vgl. S. 57).

Wiederholungsfragen:

1. V verkauft dem K einen mit Steinen besetzten Armreif für 20 000,– DM. Später stellt sich heraus, daß die Steine unecht sind und der Armreif daher nur 1 000,– DM wert ist. Kann sich K darauf berufen, die Echtheit der Steine sei ihm zugesichert worden?

2. Wann ist nach herrschender Meinung, die vom subjektiven Fehlerbegriff ausgeht, eine Kaufsache fehlerhaft?

3. Wie unterscheidet sich der Ausschluß der Rechtsmängelhaftung nach § 439 Abs. 1 BGB vom Ausschluß der Sachmängelhaftung nach § 460 BGB, wenn Sie auf die Kenntnis des Käufers vom Mangel abstellen?

A 1: Ja; obwohl die Echtheit der Steine nicht ausdrücklich zugesichert wurde, ist die Forderung eines Kaufpreises, der normalerweise für echte Steine bezahlt wird, als konkludente Zusicherung der Echtheit auszulegen.

A 2: Nach der herrschenden Meinung ist die Kaufsache fehlerhaft, wenn sie von der vertraglich geschuldeten Sache für den Käufer nachteilig abweicht.

A 3: Nach § 460 BGB genügt vielfach bereits grobe Fahrlässigkeit des Käufers, um seine Ansprüche auszuschließen; nach § 439 Abs. 1 BGB schadet dem Käufer nur die Kenntnis des Rechtsmangels.

19. § 462

Sind die Voraussetzungen der §§ 459 ff. BGB erfüllt, so hat der Käufer – unabhängig von einem Verschulden des Verkäufers – Gewährleistungsansprüche:

Er kann gemäß § 462 BGB wahlweise Wandelung oder Minderung verlangen. – Wandelung bedeutet die Rückgängigmachung des Kaufvertrages, Minderung die Herabsetzung des Kaufpreises.

Ist die Kaufsache mit mehreren Mängeln behaftet, so bestehen die Gewährleistungsansprüche des Käufers nach Maßgabe des § 475 BGB wegen jedes Mangels.

F: K hat am 1. 7. wegen eines Schadens an der Tür seines Kühlschrankes gemindert. Als sich danach herausstellt, daß das Gefrierfach nicht die erforderliche Temperatur erreicht, möchte K nunmehr wandeln. Der Verkäufer V hält dies für ausgeschlossen, weil K bereits gemindert habe. Ist die Ansicht des V zutreffend?

A: Nein; durch die Minderung vom 1. 7. wegen des Schadens an der Tür wurden die Gewährleistungsansprüche des K hinsichtlich weiterer Mängel der Sache nicht ausgeschlossen, § 475 BGB. K kann demnach wegen des weiteren Mangels gemäß § 462 BGB wandeln.

20. § 467

Durch die Wandelung wird aus dem Kaufvertrag gemäß § 467 BGB ein Rückgewährschuldverhältnis.

Eine Streitfrage geht dahin, ob dieses Rückgewährschuldverhältnis durch einseitige Erklärung des Käufers entsteht (sog. Herstellungstheorie, für die § 462 BGB angeführt wird) oder erst durch das Einverständnis des Verkäufers mit dem Verlangen des Käufers (sog. Vertragstheorie, für die § 465 BGB angeführt wird). – Die Rechtsprechung gewährt ohne Entscheidung des Theorienstreites dem Käufer einen direkt einklagbaren Anspruch auf Rückzahlung des Kaufpreises.

F: K hat von V einen Gebrauchtwagen gekauft, der entgegen der Zusicherung des V ein Unfallwagen ist. Als K dies nach einer Woche entdeckt, schreibt er dem V, daß er den Wagen zur Verfügung stelle und den gezahlten Kaufpreis zurückverlange. V antwortet hierauf nicht. Ist bei dieser Sachlage ein Rückgewährschuldverhältnis entstanden

☐ nach der Herstellungstheorie,

☐ nach der Vertragstheorie?

A: Das Rückgewährschuldverhältnis entsteht durch einseitige Wandelungserklärung des Käufers nur nach der Herstellungstheorie.

21. §§ 346 ff.

Gemäß § 467 S. 1 BGB ist das Rückgewährschuldverhältnis entsprechend den Rücktrittsregeln der §§ 346 ff. BGB abzuwickeln.

Danach ist die Wandelung ausgeschlossen, wenn der Käufer die Sache schuldhaft verschlechtert oder veräußert hat, §§ 351 und 353 BGB. – Wie beim Rücktritt wegen Rechtsmängeln (vgl. S. 49) ist als „Verschulden" des Käufers im Sinne des § 351 S. 1 BGB vor der Entdeckung des Mangels nur der grobe Verstoß gegen das Eigeninteresse zu bewerten, z. B. durch mutwillige Zerstörung der Sache.

Eine Verarbeitung der Sache schließt gemäß § 352 BGB die Wandelung aus, sofern sich nicht der Mangel gerade bei der Verarbeitung gezeigt hat, § 467 S. 1 BGB.

F: K hat bei V ein Campingzelt gekauft, das er im Urlaub benutzt. In der dritten Nacht stellt sich heraus, daß die Leinwand wasserdurchlässig ist. Als K deswegen wandeln will, beruft sich V darauf, daß die dreitägige Benutzung des Zeltes eine Verschlechterung der Sache bedeute, die gemäß §§ 467, 351 S. 1 BGB eine Wandelung ausschließe. Ist V im Recht?

A: Nein; die normale Benutzung des Zeltes durch K vor der Entdeckung des Mangels stellt keine schuldhafte Verschlechterung im Sinne des § 351 BGB dar.

22. § 472

Wählt der Käufer die Minderung, so wird der Kaufpreis entsprechend dem Minderwert der Kaufsache herabgesetzt, § 472 Abs. 1 BGB. Danach ergibt sich folgendes Berechnungsverhältnis:

$$\frac{\text{geminderter Kaufpreis}}{\text{vereinbarter Kaufpreis}} = \frac{\text{objektiver Wert der mangelhaften Sache}}{\text{objektiver Wert der mangelfreien Sache}}$$

Hat der Käufer den Kaufpreis bereits voll gezahlt, so kann er den überzahlten Betrag analog § 346 BGB vom Verkäufer zurückverlangen.

F: K kauft bei dem Gebrauchtwagenhändler V einen Pkw für 4 200,– DM. Nach drei Wochen stellt sich bei einer Inspektion heraus, daß der Wagen früher einen Unfall hatte und objektiv mit dem Unfallmangel nur 3 000,– DM wert ist. Ein Sachverständiger bestimmt für den Verkaufszeitpunkt den Wert des Wagens ohne Unfall auf 3 600,– DM. K verlangt von V 1 000,– DM zurück. Entspricht dieser Betrag den Berechnungsgrundsätzen des § 472 BGB?
(Bitte stellen Sie eine genaue Berechnung an).

A: Nein; der geminderte Kaufpreis (= x) errechnet sich gemäß § 472 Abs. 1 BGB in der Weise

$$\frac{x}{4\,200} = \frac{3\,000}{3\,600} \qquad x = 3\,500$$

K kann demnach 700,– DM herausverlangen.

23. § 463

Fehlt der Kaufsache eine zugesicherte Eigenschaft oder hat der Verkäufer den Mangel arglistig verschwiegen, so kann der Käufer statt Wandelung oder Minderung auch Schadensersatz wegen Nichterfüllung verlangen, § 463 BGB. – Dem arglistigen Verschweigen eines Fehlers wird das arglistige Vorspiegeln einer Eigenschaft gleichgestellt.

Will der Käufer die Sache behalten, so richtet sich sein Anspruch auf Ersatz des Wertunterschiedes zwischen mangelfreier und mangelhafter Sache; dieser Unterschied wird häufig durch die erforderlichen Reparaturkosten bestimmt. Ein Anspruch auf Beseitigung des Mangels besteht nicht. – Statt dessen kann der Käufer dem Verkäufer auch die Sache zur Verfügung stellen und Schadensersatz wegen Nichterfüllung des ganzen Vertrages verlangen.

F: V entdeckt an seinem Rasenmäher einen für Dritte schwer erkennbaren Schaden an der Messerführung und verkauft deshalb den Rasenmäher an K, der den Fehler erst bei der Benutzung bemerkt. K, der den Rasenmäher behalten will, verlangt von V gemäß § 463 BGB die Bezahlung der Reparaturkosten für die Instandsetzung des Rasenmähers. Unter welcher Voraussetzung besteht dieser Anspruch?

A: V hat den Fehler arglistig verschwiegen, so daß K gemäß § 463 BGB Schadensersatz verlangen kann. Da K die Sache behalten will, steht ihm die Wertdifferenz zwischen mangelfreier und mangelhafter Sache zu. Sofern die Reparaturkosten diese Differenz ausmachen (was angenommen werden kann), ist der Anspruch des K begründet.

24. § 463

Der Schadensersatzanspruch des Käufers gemäß § 463 BGB bemißt sich in erster Linie nach dem unmittelbar aus dem Sachmangel entstandenen Schaden, dem sog. Mangelschaden; praktisch ist dies der Minderwert der Sache. – Schäden, die aufgrund des Mangels mittelbar an anderen Rechtsgütern des Käufers entstehen, bezeichnet man als Mangelfolgeschäden. So ist z. B. bei einem fehlerhaften Fahrradrahmen das Zusammenbrechen des Rades ein Mangelschaden, während die bei dem Sturz eintretenden Körperschäden des Fahrers Mangelfolgeschäden darstellen.

Ob Mangelfolgeschäden nach § 463 BGB zu ersetzen sind, ist streitig: Nach überwiegender Auffassung fallen sie nur dann unter § 463 BGB, wenn sich durch Vertragsauslegung ergibt, daß eine Zusicherung des Verkäufers gerade den Zweck verfolgte, den Käufer gegen auftretende Mangelfolgeschäden abzusichern. – Andernfalls müssen Mangelfolgeschäden nach herrschender Meinung aufgrund positiver Vertragsverletzung, die ein Verschulden des Verkäufers verlangt, geltend gemacht werden.

F: Der Fachhändler V verkauft dem K einen Klebstoff und sichert dem skeptischen K die Brauchbarkeit zum Verlegen von Wandfliesen ausdrücklich zu. Eine Woche nach den Verlegearbeiten fallen die Fliesen von der Wand, weil der Klebstoff nicht geeignet war. Kann K von V nach § 463 BGB Ersatz für die beim Herunterfallen zerstörten Fliesen verlangen?

A: Ja; es handelt sich bei den zerstörten Fliesen um einen Mangelfolgeschaden, den K gemäß § 463 BGB von V ersetzt verlangen kann, weil die Zusicherung der Klebetauglichkeit nur den Sinn haben konnte, für die Folgen einer Untauglichkeit des Klebstoffes einzustehen.

25.

Häufig wird in Allgemeinen Geschäftsbedingungen dem Käufer anstelle der gesetzlichen Gewährleistungsansprüche nur ein Nachbesserungs- oder Umtauschrecht eingeräumt (vgl. die auf S. 80 wiedergegebenen AGB, § 4). Dies ist aufgrund der Vertragsfreiheit möglich.

Soweit aber die Gewährleistung des Verkäufers auf Nachbesserung beschränkt ist und diese sich als nicht ausführbar erweist oder vom Verkäufer verweigert wird, führt dies entweder gemäß § 138 BGB zur Unwirksamkeit der Beschränkungsklausel (vgl. S. 59) oder aber gemäß § 242 BGB zu ihrer Unanwendbarkeit. Damit stehen dem Käufer die gesetzlichen Gewährleistungsansprüche wieder zu.

F: K hat bei V am 1. 6. einen Staubsauger erworben; dem Vertrag liegen die auf S. 80 wiedergegebenen Geschäftsbedingungen zugrunde. Am 1. 7. treten bei dem Gerät Motorstörungen auf, die auf einem Materialfehler beruhen. K zeigt dies dem V am 2. 7. an; V schickt darauf seinen Techniker T, der das Gerät instandsetzt. Bald danach treten die gleichen Störungen wieder auf; mehrmalige Reparaturversuche bleiben ohne Erfolg. Deshalb erklärt K die Wandelung. V verweist demgegenüber auf seine Geschäftsbedingungen. Ist V im Recht?

A: Nein; da die in den Geschäftsbedingungen ausschließlich vorgesehene Nachbesserung nicht zum Erfolg führt, kann K die gesetzlichen Gewährleistungsansprüche geltend machen. Er kann demnach Wandelung verlangen.

Wiederholungsfragen:

1. Mit vollzogener Wandelung entsteht zwischen dem Verkäufer und dem Käufer ein sog. ______________________ , das nach Rücktrittsvorschriften abgewickelt wird; diese sind in den §§ ____ ff. BGB enthalten.

2. Einen Schaden, der über den unmittelbar aus dem Sachmangel entstandenen Schaden hinausgeht, bezeichnet man als ________________.

3. Wenn der Verkäufer eine Zusicherung über Eigenschaften der Kaufsache gerade im Hinblick darauf abgegeben hat, dem Käufer für Mangelfolgeschäden zu haften, werden diese Schäden durch § ____ BGB erfaßt .– Andernfalls sind sie aufgrund ________________________________ geltend zu machen; dies erfordert, daß ein __________ des Verkäufers nachgewiesen werden kann.

A 1: Rückgewährschuldverhältnis
346

A 2: Mangelfolgeschaden

A 3: 463
positiver Vertragsverletzung Verschulden

26. § 480

Die Sachmängelhaftung des Verkäufers beim Gattungskauf ist umfassender als die beim Spezieskauf: Erweist sich die gelieferte Sache als nicht von mittlerer Art und Güte (§ 243 Abs. 1 BGB) oder sonst mangelhaft, so kann der Käufer statt Wandelung, Minderung oder Schadensersatz die Lieferung einer neuen, mangelfreien Sache verlangen, § 480 Abs. 1 S. 1 BGB. Dieser Nachlieferungsanspruch wird, obwohl es sich um den ursprünglichen Erfüllungsanspruch des Käufers handelt, gemäß § 480 Abs. 1 S. 2 BGB nach den Regeln für die Gewährleistungsansprüche abgewickelt.

F: Einen weiteren Unterschied zwischen der Sachmängelhaftung beim Gattungskauf und der beim Spezieskauf erkennen Sie bei Beantwortung der folgenden Frage:

Wann muß gemäß § 463 S. 1 BGB beim Spezieskauf und wann gemäß § 480 Abs. 2 BGB beim Gattungskauf die zugesicherte Eigenschaft der Sache vorhanden sein?

A: Beim Spezieskauf muß die zugesicherte Eigenschaft gemäß § 463 S. 1 BGB bei Vertragsschluß vorhanden sein, beim Gattungskauf gemäß § 480 Abs. 2 BGB erst zur Zeit des Gefahrübergangs, normalerweise also bei der Übergabe (vgl. S. 30).

27.

Erfolgt beim Gattungskauf die Lieferung aus einer anderen als der vereinbarten Gattung, so wird ein sog. aliud geliefert. – Es handelt sich dabei, anders als beim Spezieskauf (vgl. S. 55) nicht um einen Sachmangel, sondern um eine Falschlieferung. Die Falschlieferung ist nicht als Erfüllung anzusehen, so daß die §§ 320 ff. BGB gelten, nicht aber § 480 BGB.

Abweichend hiervon gilt für Kaufleute § 378 HGB, wonach nur eine Falschlieferung, die vom Kaufvertrag offensichtlich so erheblich abweicht, daß der Verkäufer nach Treu und Glauben nicht mit ihrer Genehmigung durch den Käufer nach § 377 Abs. 2 HGB rechnen konnte, als Nichterfüllung anzusehen ist. Eine „genehmigungsfähige" Falschlieferung hingegen wird durch § 378 HGB den Vorschriften über die Sachmängelhaftung unterstellt, insbesondere also der Rügepflicht nach § 377 Abs. 1 HGB (vgl. S. 58).

F: K hat bei dem Brennstoffhändler V zehn Zentner Koks bestellt. V liefert statt dessen zehn Zentner Braunkohlenbrikett. Kann K deshalb wandeln,

a) wenn er die Falschlieferung nach § 364 Abs. 1 BGB genehmigt hat?

b) wenn er sie nicht genehmigt?

A: a) Wenn K die Falschlieferung nach § 364 Abs. 1 BGB genehmigt, liegt kein Mangel der gelieferten Sache vor.

b) Wenn K die Falschlieferung nicht genehmigt, kann er von V nur Erfüllung verlangen, nicht aber Gewährleistung.

28. § 477 Abs. 1

Die Rechte des Käufers wegen Sachmängeln an beweglichen Sachen verjähren sechs Monate nach Übergabe der Kaufsache; für Mängel an Grundstücken gilt eine einjährige Verjährungsfrist, § 477 Abs. 1 S. 1 BGB. – Nach herrschender Meinung gelten diese kurzen Verjährungsfristen auch für Mangelfolgeschäden, die der Käufer aus positiver Vertragsverletzung ersetzt verlangt.

Diese Verjährungsfristen können vertraglich verkürzt und verlängert werden, §§ 225 S. 2, 477 Abs. 1 S. 2 BGB.

Hat jedoch der Verkäufer den Mangel arglistig verschwiegen, so verjähren die Ansprüche des Käufers erst nach dreißig Jahren, §§ 477 Abs. 1 S. 1, 195 BGB.

F: In welcher Vorschrift des Allgemeinen Teils des BGB ist die Wirkung der vollendeten Verjährung geregelt?

A: Gemäß § 222 Abs. 1 BGB kann der Schuldner nach vollendeter Verjährung seine Leistung verweigern.

29. §§ 477 Abs. 2, 478

Um seine Gewährleistungsansprüche zu wahren, kann der Käufer nach den allgemeinen Vorschriften (§§ 477 Abs. 2, 208, 209, 217 BGB) eine Unterbrechung der Verjährung herbeiführen, z. B. durch Klageerhebung.

Hat der Käufer vor Eintritt der Verjährung dem Verkäufer den Mangel angezeigt oder zumindest die Anzeige abgesendet, so wird dadurch zwar die Verjährung nicht unterbrochen, der Käufer kann aber trotz des Ablaufs der Verjährungsfrist gemäß § 478 S. 1 BGB die Zahlung des Kaufpreises noch insoweit verweigern, als er ohne Verjährung dazu aufgrund der §§ 459 ff. BGB berechtigt gewesen wäre.

F 1: K kauft bei V eine Gesamtausgabe von Goethes Werken. Nach 5 1/2 Monaten bemerkt er, daß ein Teil der Seiten nicht bedruckt ist. Er möchte deshalb von V einen entsprechenden Teil des gezahlten Kaufpreises zurückverlangen. Daraus entsteht ein mehrwöchiger Schriftwechsel, der nicht zu einer Einigung führt. Als K nunmehr gegen V klagt, beruft sich dieser auf die inzwischen eingetretene Verjährung. K hingegen ist der Ansicht, daß durch den Schriftwechsel die Verjährungsfrist unterbrochen worden sei, so daß er auch jetzt noch mindern könne. Ist K im Recht?

F 2: Welche Rechte hat K gegenüber V, wenn er den Kaufpreis noch nicht voll gezahlt hatte?

A 1: Nein; die Verjährungsfrist wurde durch einfachen Schriftwechsel nicht unterbrochen, § 208 BGB. Der Anspruch des K auf Minderung ist demnach verjährt.

A 2: Gemäß § 478 S. 1 BGB kann K auch nach eingetretener Verjährung die Kaufpreiszahlung in Höhe des Minderungsbetrages verweigern, da er vor Ablauf der Verjährung dem V den Mangel angezeigt hatte.

30.

Die Gewährleistungsvorschriften enthalten Sonderregeln; für die Zeit nach dem Gefahrübergang schließen sie für den Käufer die allgemeinen Bestimmungen, insbesondere die §§ 323 ff. BGB, aus. – Dasselbe gilt für die Ansprüche des Käufers aus culpa in contrahendo oder positiver Vertragsverletzung, soweit sie sich auf Tatbestände stützen, die im Gewährleistungsrecht geregelt sind. Demnach ergibt sich z. B. keine Haftung des Verkäufers aus dem fahrlässigen Verschweigen eines Fehlers vor Vertragsschluß.

Auch die Anfechtung des Kaufvertrages wegen Irrtums über Eigenschaften der Sache nach § 119 Abs. 2 BGB ist dem Käufer versagt, wenn sich der Irrtum auf einen im Gewährleistungsrecht geregelten Tatbestand bezieht.

Bei arglistiger Täuschung über Eigenschaften der Sache kann der Käufer zwischen Anfechtung des Kaufvertrages nach § 123 BGB und den Rechten aus §§ 459 ff. BGB wählen, weil die Sachmängelvorschriften nicht dazu bestimmt sind, den Verkäufer insoweit zu begünstigen.

F: K kauft bei V eine einwandfreie Drehbank. Weil die von V vertraglich mitgelieferte Bedienungsanleitung unvollständig war, entsteht ein erheblicher Schaden; K möchte gegen V vorgehen. Dieser weist darauf hin, daß K wegen der Fehlerfreiheit der Maschine keine Gewährleistungsansprüche erheben könne; dementsprechend sei auch ein Anspruch aus positiver Vertragsverletzung ausgeschlossen. Ist V im Recht?

A: Nein; da die Pflichtverletzung des Verkäufers keinen Gewährleistungstatbestand betrifft, kann der K aus positiver Vertragsverletzung (wegen Verletzung der Unterrichtungspflicht, vgl. S. 21) gegen V vorgehen.

31.

Vor dem Gefahrübergang (vgl. S. 30 + 31) gelten auch für den Käufer grundsätzlich die allgemeinen Vorschriften der §§ 320 ff. BGB. – Außerdem braucht der Käufer eine mangelhafte Sache nicht abzunehmen.

Soweit der Mangel nicht behebbar ist, wird dem Käufer wahlweise zu den §§ 320 ff. BGB gestattet, analog §§ 459 ff. BGB die Gewährleistungsansprüche geltend zu machen. – Auch die Anfechtung nach § 119 Abs. 2 BGB wird dem Käufer vor dem Gefahrübergang von der herrschenden Meinung zugebilligt.

F: K hat bei V ein Fernsehgerät gekauft. Bei Anlieferung wird durch Nachlässigkeit des Gehilfen G (des V) das Gehäuse verkratzt. K bemerkt dies noch bevor das Gerät aufgestellt wird. Kann K vor der Abnahme die Instandsetzung des Gerätes verlangen?

A: Nein; vor Abnahme hat K den Erfüllungsanspruch auf Lieferung einer mangelfreien Sache. (Bei einem Spezieskauf oder nach Konkretisierung kann der V diesen Anspruch nur erfüllen, wenn er die Sache repariert).

Wiederholungsfragen:

1. Der Autohändler V verkauft dem K einen Gebrauchtwagen, wobei er ihm trotz wiederholter Nachfrage verschweigt, daß es sich um ein Unfallfahrzeug handelt. Als K sieben Monate später das Fahrzeug beim TÜV vorführt, erfährt er von dem verdeckten Unfallschaden. Er möchte deshalb wandeln; V hält ihm jedoch entgegen, daß die Gewährleistungsfrist abgelaufen sei. Mit Recht?

2. Der V verkauft dem K am 1. 2. einen Gasbadeofen. Am 1. 11. explodiert der Badeofen infolge eines schon bei der Übergabe vorhandenen technischen Defektes. K verlangt von V Schadensersatz wegen der Schäden an der Badezimmereinrichtung; V beruft sich demgegenüber auf den Ablauf der Verjährungsfrist von sechs Monaten. Greift die Verjährungseinrede des V durch?

3. Wenn der Verkäufer den Käufer über einen Mangel der Kaufsache arglistig getäuscht hat, entstehen für den Käufer nach dem Gefahrübergang

   - ☐ nur Gewährleistungsrechte, da die §§ 459 ff. BGB insoweit eine vorrangige Regelung enthalten,
   - ☐ nur das Anfechtungsrecht gemäß § 123 BGB, da dieser Fall in den §§ 459 ff. BGB nicht geregelt ist,
   - ☐ wahlweise Sachmängelansprüche oder das Anfechtungsrecht nach § 123 BGB?

A 1: Nein; da V den Mangel arglistig verschwiegen hat, beträgt die Verjährungsfrist für Gewährleistungsansprüche des K dreißig Jahre, §§ 477 Abs. 1 S. 1, 195 BGB.

A 2: Ja; K macht einen Mangelfolgeschaden geltend, für den nach herrschender Meinung die kurze Verjährungsfrist des § 477 BGB entsprechend gilt.

A 3: Dem Käufer stehen wahlweise Sachmängelansprüche oder das Anfechtungsrecht nach § 123 BGB zu.

32. Zusammenfassung

a) Die Haftung des Verkäufers wegen Rechtsmängeln der Kaufsache bestimmt sich grundsätzlich nach § ____ Abs. 1 BGB, in Verbindung mit den dort genannten weiteren Vorschriften.

Die Schadensersatzpflicht des Verkäufers wird bei beweglichen Sachen eingeschränkt durch das Eviktionsprinzip gemäß § 440 Abs. __ bis __ BGB.

b) Beim Verkauf eines Rechts haftet der Verkäufer gemäß § ____ Abs. 1 BGB dem Käufer für den rechtlichen Bestand des Rechts; diese Regelung weicht ab von der Grundregel der Nichtigkeit wegen anfänglicher (objektiver) Unmöglichkeit in § ____ BGB.

c) Beim Spezieskauf hat der Verkäufer dem Käufer gemäß § 459 Abs. 1 BGB dafür zu haften, daß die Sache keine Fehler aufweist, die ihre Tauglichkeit zum ____________ oder im ________ vorausgesetzten Gebrauch aufheben oder mindern.

Ferner haftet der Verkäufer dem Käufer für die ____________________ ____________________ der Sache.

Kap. II. Zusammenfassung

A:	a) 440		(Inf. 1)
	2 (bis) 4		(Inf. 6–8)
	b) 437		(Inf. 5)
	306		(Kap. I, Inf. 15)
	c) gewöhnlichen	Vertrag	(Inf. 13 + 14)
	zugesicherten Eigenschaften		(Inf. 15)

d) Beim Spezieskauf kann der Käufer wegen eines Sachmangels ________ oder ________ verlangen. Dies ergibt sich aus § 462 BGB.

Beim Fehlen einer zugesicherten Eigenschaft steht dem Käufer stattdessen auch ein Schadensersatzanspruch gemäß § _____ BGB zu.

Beim Gattungskauf hat der Käufer außerdem wahlweise einen Anspruch auf ____________ gemäß § 480 Abs. 1 BGB zu.

e) Die Gewährleistungsregeln enthalten Spezialvorschriften. Sie gehen deshalb einigen der nachgenannten Vorschriften vor, soweit Schäden aus Tatbeständen des Sachmängelrechts in Frage stehen. – Nach dem Gefahrübergang schließen die Gewährleistungsvorschriften aus

☐ a) Ansprüche des Käufers aus culpa in contrahendo,

☐ b) Ansprüche des Käufers aus § 325 BGB,

☐ c) Ansprüche des Verkäufers aus § 325 BGB,

☐ d) Ansprüche des Käufers aus positiver Vertragsverletzung,

☐ e) die Anfechtung des Verkäufers nach § 119 Abs. 2 BGB,

☐ f) die Anfechtung des Käufers nach § 123 BGB.

A: d) Wandelung Minderung (Inf. 19)
463 (Inf. 23)
Nachlieferung (Inf. 26)

e) Die Gewährleistungsregeln schließen die unter a), b) und d) genannten Käuferansprüche aus. (Inf. 30 + 31)

Der nachstehende klausurmäßige Sachverhalt soll Ihnen Gelegenheit geben, das erworbene Wissen in einer etwas schwierigen Fallgestaltung anzuwenden. Ihre Antwort sollten Sie möglichst in Form einer gutachtlichen Lösung formulieren:

K kauft von V einen Tiefkühlschrank, der ihm am 1. 4. geliefert wird. In dem Kaufvertrag hat V eine Kühltemperatur von minus 20 Grad zugesichert und K die Zahlung des Kaufpreises von 4 000,– DM in monatlichen Raten zu 250,– DM eingeräumt. Ferner heißt es: „Während einer Garantiezeit von 6 Monaten – gerechnet vom Tage der Lieferung – werden Konstruktions- und Fabrikationsmängel unentgeltlich nachgebessert. Darüber hinausgehende Gewährleistungsansprüche bestehen nicht“. Schon bald stellt sich heraus, daß nur eine Kühltemperatur von minus 10 Grad erreicht wird, worauf K den V mit Schreiben vom 24. 4. hinweist. Alle Reparaturversuche des V bleiben erfolglos. Ab Oktober stellt K die Ratenzahlung unter Berufung auf den Fehler des Gerätes ein. V will darauf den Tiefkühlschrank gegen Rückzahlung der bereits erhaltenen 1 500,– DM zurücknehmen. K meint, er brauche nach Ablauf von 6 Monaten seit der Übergabe das Gerät nicht mehr zurückzugeben. Kann V von K nach Kaufrecht die Rückgabe verlangen?

Kap. II. Zusammenfassung

Lösungsskizze:

Ein Anspruch des V auf Rückgabe des Schrankes könnte sich aus den §§ 346, 467, 462, 459 BGB herleiten. Dann müßte zwischen V und K ein Rückgewährschuldverhältnis begründet worden sein (vgl. S. 63). Da dem Schrank eine zugesicherte Eigenschaft fehlt, ist K gemäß §§ 459 Abs. 2, 462 BGB zur Wandelung berechtigt (vgl. S. 56 + 61). Die Geschäftsbedingungen des V stehen dem Wandelungsrecht nicht entgegen, da der Ausschluß der Wandelung infolge der gescheiterten Nachbesserungsversuche von V gemäß § 242 BGB nicht mehr geltend gemacht werden kann (vgl. S. 67). – Die Wandelungserklärung des K, die nicht in der Fehleranzeige vom 24. 4. zu sehen ist, erfolgte erst im Oktober. Zu dieser Zeit war zwar die sechsmonatige Verjährungsfrist bereits verstrichen (vgl. S. 71). Dennoch konnte die Erklärung des K ein Rückgewährschuldverhältnis begründen, weil die vollendete Verjährung nur dem V das Recht gibt, einem Wandelungsbegehren des K entgegenzutreten (vgl. die Frage auf S. 71). Da jedoch der V mit der verspäteten Begründung des Rückgewährschuldverhältnisses einverstanden ist, kann er von K die Rückgewähr des Schrankes gegen Rückzahlung der geleisteten Raten verlangen.

Zur Wissensvertiefung für den Stoff des zweiten Kapitels wird empfohlen:

Fikentscher aaO., §§ 68–70,

Esser aaO., §§ 62 II und 64,

Medicus aaO., § 15.

Besonders wichtig sind die Fragen der Gewährleistungstatbestände; hierzu wird verwiesen auf

Esser, § 64 II,

Fikentscher, § 70 II, sowie

BGHZ 16, 54 (subjektive Theorie)
47, 312 (Bedienungsanleitung)
50, 200 (Mangelfolgeschäden)
60, 319 (fahrlässige Falschangaben).

Zu den Problemen der Lieferung eines „aliud" wird
Fikentscher, § 70 II 2,
empfohlen, zur Rechtsnatur der Wandelung

Larenz, § 41 II a.

Geschäftsbedingungen

§ 1 Bis zur vollständigen Bezahlung des Kaufpreises einschl. Mahn-, Prozeß- und Interventionskosten sowie Zinsen (einschl. Teilzahlungszuschlag, Vertragsgebühren und Nebenspesen), bei Hingabe von Wechseln bis zu deren Einlösung, bleiben die gekauften Gegenstände

Eigentum des Verkäufers.

§ 2 Während des Bestehens des Eigentumsvorbehalts trägt der Käufer die Gefahr des zufälligen Untergangs oder der Beschädigung der ihm gelieferten Gegenstände. Er ist verpflichtet, diese sorgsam und pfleglich zu behandeln. Beschädigungen sind dem Verkäufer unverzüglich schriftlich anzuzeigen, desgleichen jeder Wohnungswechsel sowie jede anderweitige Verbringung der gekauften Gegenstände.

Im Falle einer Pfändung oder sonstigen Beschlagnahme ist der Käufer verpflichtet, den Vollstreckungsbeamten auf das Eigentum des Verkäufers hinzuweisen u n d dem Verkäufer innerhalb von drei Tagen unter Übersendung einer Abschrift des Pfändungsprotokolls davon Mitteilung zu machen. Der Käufer trägt die Kosten einer etwaigen Intervention.

§ 3 Der Verkäufer ist berechtigt, die Erfüllung dieses Vertrages abzulehnen, wenn die Auskunft über die Person eines Käufers oder eines Bürgen, insbesondere über deren Zahlungsfähigkeit, nicht befriedigend ausfällt. Sowohl in diesem Fall als auch in dem Fall, in dem sich nach Unterzeichnung des Vertrages vor Lieferung herausstellt, daß der Käufer durch unwahre oder verschleierte Angaben den Verkäufer getäuscht hat, hat der Verkäufer das Recht, nur in Höhe der geleisteten Anzahlung zu liefern. Die Lieferung erfolgt alsdann nach Wahl des Verkäufers möglichst aus Teilen der bestellten Gegenstände. Ein Anspruch des Käufers auf Rückgabe der Anzahlung besteht in diesem Falle nicht.

Der Verkäufer ist — ohne Bestimmung einer Frist — berechtigt, mindestens 25 % des Kaufpreises als Schadenersatz wegen Nichterfüllung zu fordern, falls

a) der Käufer seinen Zahlungsverpflichtungen hinsichtlich der ihm noch nicht übergebenen Gegenstände nicht vereinbarungsgemäß nachkommt oder sie ernstlich leugnet oder

b) der Käufer die Abnahme der gekauften Gegenstände verweigert.

§ 4 Der Verkäufer leistet unter ausdrücklichem Ausschluß der Ansprüche des Käufers auf Wandlung und Minderung des Kaufpreises Garantie für die Brauchbarkeit der verkauften und gelieferten Gegenstände in folgendem Umfange:
Schäden, die infolge mangelhafter Ausführung oder durch Verwendung minderwertigen Materials nachweislich vor Lieferung vorhanden waren, werden durch Nachbesserung beseitigt, oder es wird - nach freiem Ermessen des Verkäufers - für den mangelhaften Gegenstand Ersatz geliefert. Zur Vornahme dieser Handlungen hat der Käufer dem Verkäufer die erforderliche Zeit und Gelegenheit zu geben; die Nachbesserung erfolgt in den Werkstätten des Verkäufers. Kommt der Käufer diesen Verpflichtungen zur Mitwirkung nicht nach, so wird der Verkäufer von jeder Haftung frei. Bei Arbeiten nach Farb- und Beizproben sowie bei Lieferung von Ergänzungsstücken wird eine Garantie für völlig gleiche Tönung und Holzstruktur nicht übernommen. Werden jedoch Beanstandungen des Käufers berücksichtigt, ohne daß eine Rechtspflicht hierzu besteht, so können aus diesem Entgegenkommen Rechte irgendwelcher Art nicht hergeleitet werden.

Die Garantie erstreckt sich nicht auf solche Schäden, die beim Käufer durch natürliche Abnutzung, Feuchtigkeit, starke Erwärmung der Räume sowie sonstige Witterungs- und Temperatureinflüsse oder Mottenfraß entstehen. Die Garantie erstreckt sich ferner nicht auf Waren, für die handelsüblich keine Garantie übernommen wird, beispielsweise auf Spiegel, Gläser, Maser- und Wurzelfurniere, Textilien usw. Die Garantiefrist beginnt mit der Ablieferung, bei Einlagerung mit dem Tage des Kaufabschlusses. Die Garantieansprüche verjähren mit der gesetzlichen Frist für Mängelhaftung.

Der Verkauf erfolgt nach Mustern; diese sind - falls schriftlich nicht etwas anderes ausdrücklich vereinbart wird - nicht Gegenstand des Kaufvertrages. Geringfügige Abweichungen der gelieferten Gegenstände von den Mustern in Konstruktion, Abmessung, Form und Farbe berechtigen nicht zu irgendwelchen Beanstandungen.

Mängelrügen müssen binnen e i n e r Woche seit Lieferung schriftlich geltend gemacht werden; sie berechtigen nicht zur völligen oder teilweisen Nichtzahlung (Einbehaltung, Kürzung oder Aufrechnung) des Kaufpreises. Eine teilweise oder völlige Nichtzahlung des Kaufpreises entbindet den Verkäufer von jeder Pflicht zur Mängelbeseitigung.

§ 5 Die jeweils eingehenden Zahlungen sind zuerst auf die Prozeßkosten und auf die Kosten der Intervention, alsdann auf Zinsen einschl. des Teilzahlungszuschlages sowie der Vertragsgebühren und Nebenspesen und schließlich auf den Kaufpreis zu verrechnen. Soweit Zahlungen auf den Kaufpreis erfolgen, sind diese, sofern sich unter den verkauften Gegenständen Ausstattungsgegenstände wie Bettvorlagen, Steppdecken, Teppiche, Dekorationen usw. oder Auflagematratzen oder nach Zeichnung speziell angefertigte Gegenstände, desgleichen Beleuchtungskörper jeder Art befinden, zunächst auf den Kaufpreis dieser Gegenstände und im übrigen auf das ganze jeweilige Guthaben des Verkäufers aus den sämtlichen Kaufgeschäften anzurechnen. Es ist jedoch dem Verkäufer das Recht eingeräumt, die Zahlungen auch in anderer Weise anzurechnen, insbesondere auch beim Verkauf mehrerer Gegenstände - auch in mehreren Verträgen - zu bestimmen, daß die Zahlungen zunächst und ausschließlich auf eine bestimmte Sache verrechnet werden sollen.

Soweit Zahlungen nicht pünktlich entrichtet werden, ist als Verzugsschaden mindestens monatlich 0,8 Prozent des gesamten Kaufpreises abzüglich der vor Lieferung geleisteten Anzahlung zu entrichten.

Schecks und Wechsel werden nur zahlungshalber hereingenommen und erst nach Einlösung als Zahlung gutgebracht.

Der Käufer ist nicht berechtigt, gegen Forderungen des Verkäufers aus diesem Vertrag eigene Forderungen irgendwelcher Art - auch aus dem vorliegenden Kaufvertrag - aufzurechnen.

§ 6 Sollte eine der vorstehend vereinbarten Zahlungen nicht pünktlich geleistet werden, so ist der Verkäufer nach seiner Wahl berechtigt, ohne Setzung einer Nachfrist

1. vor Lieferung der Möbel
   a) vom Vertrage zurückzutreten,
   b) Schadenersatz wegen Nichterfüllung zu fordern, und zwar in Höhe von mindestens 25 Prozent des vereinbarten Kaufpreises,
2. nach Lieferung der Möbel vom Vertrage zurückzutreten und folgende Ansprüche geltend zu machen:

Der Verkäufer darf sich folgende Beträge berechnen:

a) die infolge des Vertrages gemachten besonderen Aufwendungen (anteili Geschäftsunkosten, Transport-, Erhaltungs-, Versicherungskosten usw.) sow den Ersatz für solche Beschädigungen anrechnen, die durch ein Verschuld des Käufers oder durch einen sonstigen von ihm zu vertretenden Umsta verursacht sind und soweit sie nicht durch die Versicherung gedeckt werd

b) Außerdem darf sich der Verkäufer eine Vergütung für die Gebrauchsüb lassung und die infolgedessen eingetretene Wertminderung berechnen. [Vergütung der Gebrauchsüberlassung errechnet sich im Regelfall nach folg den Richtlinien:

I. Für Möbel mit Ausnahme von polierten Zimmern, Schlafzimmern, Küch und Polsterwaren,

II. für polierte Schleiflackzimmer, Schlafzimmer und Küchen,

III. für Polsterwaren mit Ausnahme von Matratzen:

bei Rückgabe und Rücktritt

	I	II	III
innerhalb des 1. Halbjahres	25 v. H.	30 v. H.	35 v. H. des Kassaprei
innerhalb des 2. Halbjahres	35 v. H.	35 v. H.	45 v. H. des Kassaprei
innerhalb des 3. Halbjahres	45 v. H.	45 v. H.	55 v. H. des Kassaprei
innerhalb des 4. Halbjahres	55 v. H.	55 v. H.	70 v. H. des Kassaprei
innerhalb des 3. Jahres	60 v. H.	60 v. H.	80 v. H. des Kassaprei
für jedes weitere Jahr mehr	5 v. H.	5 v. H.	10 v. H. des Kassaprei

IV. Matratzen und Teppiche sind für den Verkäufer wertlos. Bei ihnen ist Falle der Zurücknahme der volle Kassapreis zu ersetzen.

Bei Nichtzahlung von zwei aufeinanderfolgenden Teilzahlungen kann der Verkäuf falls der rückständige Betrag mindestens den zehnten Teil des Gesamtkaufpreis ausmacht, Zahlung der gesamten Restschuld sofort vom Käufer verlangen.

Etwaige Mahngebühren betragen pro Mahnung 0,80 DM und sind vom Käufer zahlen.

§ 7 Die Angaben über den Liefertermin werden nach Möglichkeit eingehalten, sind jedoch nur annähernd und können vom Verkäufer bis zu drei Monaten üb schritten werden. Betriebsstörungen jeder Art, höhere Gewalt oder sonstige U stände irgendwelcher Art, welche die Lieferung verzögern, unmöglich machen o erheblich verteuern, befreien den Verkäufer von der Lieferverpflichtung unter A schluß aller Schadenersatzansprüche des Käufers. Bei Abrufaufträgen muß d Abruf mindestens 14 Tage vorher schriftlich erfolgt sein.

Für Aufträge, für deren Erfüllung Verkäufer auf Belieferung von Dritten angewies ist, kann vom Käufer Erfüllung oder Schadenersatz dann nicht verlangt werde wenn die Erfüllung dem Verkäufer durch Nichtbelieferung seitens des Dritten unmö lich gemacht wird. Beiden Parteien steht in diesem Fall das Recht zu, vom Ve trag, soweit er sich auf die nicht lieferbaren Gegenstände bezieht, zurückzutrete

Der Käufer ist verpflichtet, Teillieferungen anzunehmen.

Eine Einlagerung gekaufter Möbel erfolgt bis zu 6 Monaten kostenlos; nach A lauf von 6 Monaten werden dem Käufer Lagergebühren entsprechend den Sätz des Berliner Spediteurgewerbes in Rechnung gestellt, wobei es dem Verkäuf vorbehalten bleibt, die Ware bei sich selbst einzulagern oder einem Spedite zur Einlagerung zu übergeben.

§ 8 Sollten einzelne Bestimmungen dieses Vertrages unwirksam sein, so soll d Gültigkeit des übrigen Vertragsinhalts hiervon nicht berührt werden.

Nebenabreden und Änderungen dieses Vertrages bedürfen der Schriftform.

Nachbestellungen eines Käufers können mündlich oder schriftlich erfolgen u werden mit der schriftlichen Bestätigung des Verkäufers wirksam; diese Geschäf bedingungen gelten für derartige Nachbestellungen auch ohne ausdrückliche schri liche Vereinbarung.

Mitteilungen und rechtsverbindliche Erklärungen des Verkäufers an den Käuf gelten diesem als zugegangen. wenn sie vom Verkäufer mit der Post an die letz dem Verkäufer schriftlich mitgeteilte Wohnadresse des Käufers zur Absendu gekommen sind, und zwar innerhalb der Bundesrepublik Deutschland drei Ta darauf (Tage ohne Postzustellung ausgenommen).

§ 9 Erfüllungsort für beide Parteien ist die gewerbliche Niederlassung des Ve käufers, mithin Paderborn. Gerichtsstand ist je nach der Höhe des Streitwert das Amtsgericht Paderborn bzw. das Landgericht Paderborn.

§ 10 Ein zwecks Regulierung des Kaufpreises vom Käufer gleichzeitig mit diese Vertrag gestellter Antrag auf Kreditfinanzierung ist Vertragsgrundlage mit d Maßgabe, daß bei Ablehnung des Antrages von dem Kreditinstitut oder Verhi derung der Kreditgewährung durch den Käufer dieser dann nicht von diesem Ve trage entbunden ist, wenn Verkäufer sich bereit erklärt, die Finanzierung zu d bei ihm üblichen Teilzahlungsbedingungen selbst durchzuführen.

§ 11 Dieser für den Käufer verbindliche Auftrag gilt vom Verkäufer angenomme wenn nicht innerhalb einer Frist von 3 Tagen schriftlich von ihm widersproche wird.

Der Käufer bestätigt durch seine Unterschrift, daß er die vorstehenden Bedingunge durchgelesen und gebilligt hat.

§ 12 Tritt eine Ehefrau als Käuferin auf, so bestätigt sie durch ihre Unterschr ausdrücklich, daß sie zu dem Abschluß dieses Vertrages die ehemännliche G nehmigung und von ihrem Ehemann die Vollmacht erhalten hat, auch für i diesen Vertrag zu schließen. Sie verpflichtet sich, falls Verkäufer dies wünsc hierüber die schriftliche Bestätigung ihres Ehemannes beizubringen. Eheleute haft in jedem Fall als Gesamtschuldner.

Kapitel III

DER KAUFVERTRAG

Sonderprobleme des Kaufs

TAUSCH UND SCHENKUNG

Sonderprobleme entstehen beim Kauf auf Kredit. Zur Einführung in die Problematik soll folgender Fall dienen: Der K möchte einen Gebrauchtwagen kaufen. Er kann aber den Kaufpreis nicht auf einmal bezahlen und leistet deshalb zunächst nur eine Anzahlung. Die Bezahlung des Restkaufpreises kann nunmehr auf zwei Arten erfolgen.

Entweder vereinbart der K mit dem Autohändler V Ratenzahlungen: dann handelt es sich um einen Ratenkauf. – Dabei wird zur Sicherung des Verkäufers bis zur vollständigen Bezahlung des Kaufpreises meist ein Eigentumsvorbehalt an der Kaufsache vereinbart, so daß der Käufer zunächst nur Besitz und Nutzung erhält.

Oder der K wendet sich an eine Bank, bei der er den Restkaufpreis als Darlehen aufnimmt: Besteht dabei zwischen der Bank und dem Verkäufer keine Rechtsbeziehung, so spricht man von einem Anschaffungsdarlehen. – Stehen aber z. B. Verkäufer und Bank in einer auf die Finanzierung von Verkäufen des V gerichteten Geschäftsbeziehung und zahlt die Bank deshalb die Darlehenssumme direkt an den Verkäufer aus, so handelt es sich um einen finanzierten Kauf.

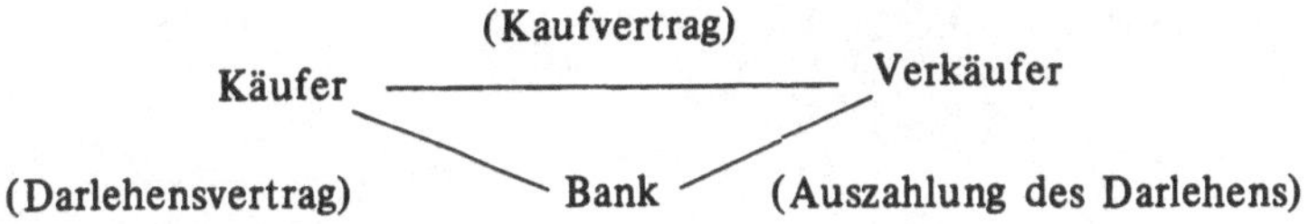

Wenn sich dann z. B. herausstellt, daß der gekaufte Gebrauchtwagen entgegen der Zusicherung des Verkäufers ein Unfallfahrzeug war, entsteht für den K die Frage, ob und gegebenenfalls wie er vom Autokauf bzw. von der Pflicht zur Ratenzahlung gegenüber der Bank loskommen kann. (Diese Fragen werden Sie nach Bearbeitung der Inf. 12 dieses Kapitels beantworten können).

Weitere Sonderprobleme des Kaufrechts entstehen beim Probekauf und beim Vorkaufsrecht.

Am Ende des dritten Kapitels werden die Vertragsarten Tausch und Schenkung behandelt.

Inhaltsübersicht:

1. §§ 1 Abs. 1, 8 AbzG

Wenn der Käufer einer beweglichen Sache mit dem Verkäufer einen Ratenkauf vereinbart, können neben dem BGB die Sonderregeln des Abzahlungsgesetzes (AbzG; abgedruckt im Schönfelder unter Nr. 24) eingreifen. Sie sollen dem Schutz des wirtschaftlich schwachen und geschäftlich ungeübten Käufers dienen; deshalb ist das Abzahlungsgesetz auf Kaufleute als Käufer nicht anwendbar, § 8 AbzG.

Das AbzG greift ein, wenn vereinbart ist, daß der Käufer den Kaufpreis in mindestens zwei Teilzahlungen leistet. Hiervon kann eine Teilzahlung bei Übergabe der Sache, die andere muß nach der Übergabe erfolgen. Dies ergibt sich aus § 1 Abs. 1 S. 1 AbzG, der von „Teilzahlungen für eine übergebene Sache" spricht.

Die Teilzahlungsabrede muß bereits vor Übergabe der Kaufsache getroffen sein, da andernfalls lediglich eine Stundungsvereinbarung vorliegt, jedoch kein Abzahlungsgeschäft.

F: Der K kauft bei dem Radiohändler V am 1. 6. eine Stereoanlage zum Preis von 1 500,– DM. Er zahlt bei Vertragsschluß 500,– DM an und vereinbart die Zahlung des Restkaufpreises zum 1. 7. Die Anlage wird am 10. 6. geliefert.

a) Warum unterliegt dieser Kaufvertrag nicht den Regeln des Abzahlungsgesetzes?

b) Warum greift das Abzahlungsgesetz ein, wenn K die Anlage am 1. 6. sogleich mitnimmt?

A: a) Da nach Übergabe der Sache nur noch eine Ratenzahlung erfolgen soll, sind die in § 1 Abs. 1 S. 1 AbzG genannten Voraussetzungen nicht erfüllt.

b) Die gleichzeitig mit der Übergabe erfolgte Anzahlung und die Restzahlung vom 1. 7. bilden zwei Teilzahlungen im Sinne des § 1 Abs. 1 S. 1 AbzG, so daß ein Abzahlungsgeschäft vorliegt.

2. §§ 1 a und b AbzG

Beim Abzahlungskauf bedarf gemäß § 1 a Abs. 1 AbzG die Willenserklärung des Käufers der Schriftform nach Maßgabe des § 126 BGB. In der Urkunde müssen der sog. Barzahlungspreis, der höhere Teilzahlungspreis, ein Teilzahlungsplan und der effektive Jahreszins ausgewiesen werden.

Sind diese Erfordernisse nicht gewahrt, kommt (abweichend von § 125 BGB) mit Übergabe der Kaufsache ein Kaufvertrag zum niedrigeren Barzahlungspreis bzw. Marktpreis zustande, § 1 a Abs. 3 AbzG.

Ein besonderer Schutz des Abzahlungskäufers wird dadurch erreicht, daß er seine Erklärung binnen Wochenfrist widerrufen kann, § 1 b AbzG.

F: K ist von V zu einer „Kaffeefahrt“ eingeladen worden und kauft dabei von V einen Staubsauger zu „12 bequemen Monatsraten á 24,– DM, zusammen 288,– DM“. V nimmt diese Formulierung in das Kaufvertragsformular auf, ohne einen Barpreis zu nennen. Eine Woche später wird der Staubsauger an K ausgeliefert. Bald danach entdeckt K den gleichen Staubsauger in den Schaufenstern der Fachgeschäfte zu Preisen, die sämtlich unter 200,– DM liegen. Muß K 288,– DM bezahlen?

A: Nein; weil im schriftlichen Kaufvertrag u. a. der Barzahlungspreis fehlt, wurde das Formerfordernis des § 1 a Abs. 1 S. 2 AbzG verletzt. (Deshalb ist mit Übergabe des Staubsaugers ein Kaufvertrag zum Barzahlungspreis zustandegekommen, § 1 a Abs. 3 AbzG; diesen muß V anhand seiner Kalkulation darlegen).

3. § 4 AbzG

Ist beim Abzahlungskauf für den Fall der Nichterfüllung von Käuferpflichten eine Vertragsstrafe (nach Maßgabe der §§ 339–345 BGB) von unverhältnismäßiger Höhe vereinbart worden, so kann diese auf Antrag gerichtlich herabgesetzt werden; § 4 Abs. 1 AbzG tritt insoweit an die Stelle von § 343 BGB.

Wurde vereinbart, daß Zahlungsverzug des Käufers die Fälligkeit der gesamten Restschuld auslöst, so tritt diese Folge gemäß § 4 Abs. 2 AbzG nur ein, wenn der Käufer mit mindestens zwei aufeinanderfolgenden Raten ganz oder teilweise im Rückstand ist und wenn der ausstehende Betrag wenigstens 10% des Teilzahlungspreises ausmacht.

F: K hat bei V eine beheizbare Rheumadecke auf Abzahlung gekauft. Im schriftlichen Vertrag ist vereinbart: „Ist der Käufer mit zwei Monatsraten in Verzug, so wird der gesamte Restkaufpreis fällig". – Infolge Nachlässigkeit versäumt der K, die zweite Rate zu zahlen. Auf Mahnung des V überweist er diesen Betrag zusammen mit der dritten Rate. Während seines Urlaubs vergißt er, die vierte Rate zu zahlen. Nunmehr macht V geltend, K sei bereits zweimal mit Raten in Verzug gekommen, der Rückstand mache mehr als 10% des Kaufpreises aus; deshalb sei der gesamte Restkaufpreis fällig geworden. Ist diese Ansicht zutreffend?

A: Nein; gemäß § 4 Abs. 2 AbzG müßte K mit zwei aufeinanderfolgenden Raten in Verzug geraten sein, damit Fälligkeit der Restschuld eintritt. Dies ist nicht der Fall.

4. §§ 1 und 2 AbzG

Wegen Pflichtverletzung des Käufers kann der Verkäufer ein kraft vertraglichen Vorbehalts oder kraft Gesetzes (z. B. nach § 326 Abs. 1 BGB) bestehendes Rücktrittsrecht ausüben und dementsprechend vom Vertrag zurücktreten, § 1 Abs. 2 AbzG. Er ist dann nach § 1 Abs. 1 S. 1 AbzG zur Rückgewähr der bereits empfangenen Kaufpreisraten verpflichtet.

Von den zurückzuzahlenden Kaufpreisraten kann jedoch der Verkäufer gemäß § 2 Abs. 1 AbzG folgende Beträge absetzen:

a) Aufwendungen für den Vertrag; hierunter fallen z. B. Transport- und Vertriebskosten;

b) Schäden an der zurückgegebenen Sache, die der Käufer zu vertreten hat;

c) eine Gebrauchswertvergütung für die Zeit der Sachüberlassung an den Käufer. Dieser Betrag wird normalerweise anhand des üblichen Mietpreises für eine vergleichbare Sache berechnet.

Diese Rechnungsposten können leicht dazu führen, daß der Käufer kein Geld zurückerhält (vgl. § 6 der Geschäftsbedingungen auf S. 80).

F: K hat bei V eine Musiktruhe auf Abzahlung gekauft. Bei den Kaufvertragsverhandlungen hatte V den K arglistig getäuscht. Als K dies merkt, ficht er den Kaufvertrag gemäß § 123 BGB an und verlangt von V die bereits gezahlten Raten zurück. V weigert sich mit der Begründung, daß die von K bisher gezahlten Raten gerade seine Aufwendungen, Verwaltungskosten und die Wertminderung gemäß § 2 Abs. 1 AbzG deckten. Greift diese Begründung durch?

A: Nein; § 2 Abs. 1 AbzG gilt nur im Falle eines Rücktritts, nicht auch bei Anfechtung des Vertrages.

5. § 6 AbzG

Um zu verhindern, daß der Verkäufer die Schutzbestimmungen des Abzahlungsgesetzes umgeht, gelten gemäß § 6 AbzG die vorgenannten Regeln auch für Umgehungsgeschäfte (sog. verdeckte Abzahlungsgeschäfte), die denselben Zweck wie Abzahlungsgeschäfte verfolgen, d. h. den dauernden Erwerb einer Sache gegen Geldzahlungen bezwecken. – § 6 AbzG gilt insbesondere für den sog. Mietkauf, bei dem die Sache dem Erwerber zunächst zu hohem Preis vermietet wird und das Eigentum nach Ablauf einer bestimmten Mietzeit auf ihn übergehen soll.

F: V hat dem K ein Fernsehgerät vermietet, an dem sich eine „Spardose" befindet, die durch Einwurf von Markstücken das Gerät in Betrieb setzt. K soll nach dem Vertrag Eigentümer des Gerätes werden, wenn der eingeworfene Betrag 900,– DM erreicht hat. Nach einiger Zeit, als K auf diese Weise bereits 660,– DM „gespart" hat, kann er aus finanziellen Gründen das Gerät nicht mehr benutzen. V holt es deshalb bei K ab und tritt vom Vertrag zurück; er verweigert jedoch jegliche Rückzahlung an K mit dem Hinweis, daß K Mietzahlungen geleistet habe, die nicht zurückzuerstatten seien. Ist diese Begründung zutreffend?

A: Nein; bei dem Vertrag handelt es sich um einen als Miete bezeichneten verdeckten Abzahlungskauf, weil K nach seinen Zahlungen das Eigentum erwerben soll. Gemäß § 6 AbzG gilt für solche Verträge das Abzahlungsgesetz: Da V vom Vertrag zurückgetreten ist, kann K gemäß § 1 Abs. 1 AbzG seine Leistungen zurückverlangen; allerdings darf V gemäß § 2 AbzG den Mietpreis für die Zeit abziehen, in der K das Gerät benutzt hat.

6. § 455

Wenn bei Auslieferung der Sache an den Käufer noch nicht der gesamte Kaufpreis gezahlt ist, entsteht für den Verkäufer das Bedürfnis nach Sicherung seiner Rechte im Falle einer Nichterfüllung der Käuferpflichten. Dem dient der Eigentumsvorbehalt des Verkäufers (vgl. § 1 der Geschäftsbedingungen auf S. 80).

Für den Kauf unter Eigentumsvorbehalt gelten die allgemeinen Regeln des Kaufvertrages mit der Besonderheit, daß die Erfüllung der Übereignungspflicht des Verkäufers aus § 433 Abs. 1 BGB hinausgeschoben wird. § 455 BGB bestimmt deshalb, daß der Eigentumsübergang auf den Käufer durch die vollständige Kaufpreiszahlung aufschiebend bedingt (§ 158 Abs. 1 BGB) ist. Eigentümer der Sache bleibt also bis zur vollen Bezahlung der Verkäufer.

(Die weiteren Einzelheiten des Eigentumsvorbehalts werden im Sachenrecht zu § 929 BGB behandelt; dies gilt vor allem für die Fragen der Eigentumsanwartschaft des Käufers).

F: V verkauft dem K am 1. 7. 71 unter Eigentumsvorbehalt eine Waschmaschine, deren Kaufpreis in zwölf Monatsraten entrichtet werden soll. Die Maschine wird am 15. 7. 71 ausgeliefert; K zahlt die letzte Rate an V am 1. 7. 72.
Erwirbt K das Eigentum an der Maschine

☐ bei Vertragsabschluß,

☐ bei Lieferung,

☐ bei Zahlung der letzten Rate?

A: Erst am 1. 7. 1972 ist mit Zahlung der letzten Rate an V die aufschiebende Bedingung für den Eigentumsübergang erfüllt; damit wird K Eigentümer, §§ 455, 158 Abs. 1 BGB.

7. § 5 AbzG

Kommt beim Kauf unter Eigentumsvorbehalt der Käufer mit seinen Zahlungen in Verzug, so kann der Verkäufer, abweichend von § 326 Abs. 1 BGB, ohne Fristsetzung vom Kaufvertrag zurücktreten, § 455 BGB.

Unterliegt der Kaufvertrag den Vorschriften des Abzahlungsgesetzes, so ist gemäß § 5 AbzG auch eine Rücknahme der Sache aufgrund des vorbehaltenen Eigentums als Rücktritt des Verkäufers anzusehen. – Der Rücknahme wird von der Rechtsprechung die Herausgabeklage des Verkäufers gegen den Käufer gleichgestellt.

F: K hat von V eine Gefriertruhe gegen Zahlung von 24 Monatsraten gekauft; V hat sich das Eigentum an der Truhe vorbehalten. Als K mit mehreren Ratenverpflichtungen in Verzug ist, läßt V als Eigentümer die Truhe bei K abholen. Warum besteht für K jetzt nicht mehr die Verpflichtung zur weiteren Ratenzahlung?

A: Die Rücknahme der Sache durch V ist als Rücktritt zu werten, § 5 AbzG. Damit ist an die Stelle des Kaufvertrages ein Rückgewährschuldverhältnis getreten (vgl. S. 86), aus welchem V keine Ansprüche auf Ratenzahlungen herleiten kann.

Wiederholungsfragen:

1. Der Verkäufer könnte bestrebt sein, den mit dem Abzahlungsgesetz beabsichtigten Schutz des Käufers zu vereiteln; er würde dann sein wirtschaftliches Ziel unter Verwendung anderer Rechtsformen zu erreichen suchen. Welche Vorschrift verhindert, daß der Schutzzweck des AbzG umgangen wird?

2. Beim Kauf unter Eigentumsvorbehalt ist die Erfüllung

   ☐ der Übergabepflicht

   ☐ der Übereignungspflicht

   des Verkäufers bis zur vollen Kaufpreiszahlung hinausgeschoben. Die vollständige Kaufpreiszahlung durch den Käufer wird als eine

   ________________ Bedingung des Eigentumsübergangs vereinbart.

3. Muß ein Verkäufer, der beim Kauf unter Eigentumsvorbehalt (§ 455 BGB) aufgrund Zahlungsverzugs des Käufers von diesem Schadensersatz wegen Nichterfüllung nach § 326 Abs. 1 BGB verlangen will, dem Käufer zuvor eine Nachfrist setzen?

A 1: § 6 AbzG unterwirft auch die sog. verdeckten Abzahlungsgeschäfte den Regeln des AbzG.

A 2: Die Erfüllung der Übereignungspflicht ist hinausgeschoben. aufschiebende

A 3: Ja; § 455 BGB erklärt die Nachfristsetzung nur für den Rücktritt des Verkäufers nach § 326 Abs. 1 BGB für entbehrlich, nicht auch für den Schadensersatzanspruch aus dieser Vorschrift.

8.

Soll die Abwicklung eines Ratenkaufs zwischen Käufer und Verkäufer vermieden werden, so kann der Käufer bei einem Kreditinstitut den fehlenden Betrag als Darlehen aufnehmen. (Die Einzelheiten des Darlehensvertrages gemäß §§ 607 ff. BGB werden in Kap. V dargestellt; ihre Kenntnis ist für die hier behandelten Fragen noch entbehrlich).

Läßt sich der Käufer das Darlehen vom Kreditinstitut unabhängig vom konkreten Kaufvertragsabschluß gewähren, so handelt es sich um ein sog. Anschaffungsdarlehen, das kaufrechtlich keine Besonderheiten aufweist.

Stehen dagegen der Darlehensvertrag und der Kaufvertrag in solchem Zusammenhang, daß der eine Vertrag nicht ohne den anderen geschlossen werden soll, spricht man von einem finanzierten Kauf (vgl. den Einleitungsfall S. 81).

F 1: Wer gewährt dem Käufer den erforderlichen Kredit

a) beim Abzahlungskauf,

b) beim finanzierten Kauf?

F 2: Wodurch unterscheidet sich der finanzierte Kauf vom Anschaffungsdarlehen?

A 1: a) Beim Abzahlungskauf gewährt der Verkäufer dem Käufer Kredit.

b) Beim finanzierten Kauf gewährt ein Kreditinstitut den Kredit.

A 2: Beim finanzierten Kauf steht das aufgenommene Darlehen in einem derartigen Zusammenhang mit einem konkreten Kaufvertragsabschluß, daß der eine Vertrag nicht ohne den anderen geschlossen werden soll; beim Anschaffungsdarlehen ist dies nicht der Fall.

9.

In der Praxis kommt dem finanzierten Kauf große Bedeutung zu. Mangels gesetzlicher Regelung haben sich im Geschäftsleben drei Formen entwickelt, die allgemein als A-, B- und C-Geschäft bezeichnet werden.

Beim A-Geschäft erhält der Darlehensnehmer vom Kreditinstitut „Kreditschecks", die er nur beim Verkäufer in Zahlung geben kann. – Beim B-Geschäft, dem häufigsten Fall, vermittelt der Verkäufer den Darlehensvertrag mit dem Kreditinstitut; dieses überweist die Darlehenssumme als Restkaufpreiszahlung (nach § 362 Abs. 2 BGB) unmittelbar an den Verkäufer. – Beim C-Geschäft geschieht dasselbe; zusätzlich werden aber über den Kreditbetrag noch Wechsel ausgestellt, wodurch eine verschärfte Haftung der Beteiligten begründet wird. (Näheres hierzu im Wertpapierrecht.)

F: K verfügt über Ersparnisse in Höhe von 3 000,– DM; er möchte eine Kücheneinrichtung kaufen, die 5 000,– DM kostet. Der Möbelhändler V ist bereit, die Kücheneinrichtung an K zu verkaufen, wenn sich K die fehlende Summe von der örtlichen Kundenkreditbank (KKB) besorgen kann. V hat aufgrund einer Abrede mit der Bank deren Kreditantragsformulare vorrätig und füllt ein solches Formular aus, das K unterschreibt. V leitet das Formular an die KKB weiter, die nach Überprüfung der finanziellen Situation des K den Darlehensbetrag an V auszahlt. Handelt es sich hierbei

☐ um ein Anschaffungsdarlehen, ☐ um ein C-Geschäft,

☐ um ein B-Geschäft?

A: Es liegt ein B-Geschäft vor, weil das Darlehen im Zusammenhang mit einem konkreten Kaufvertrag aufgenommen, vom Verkäufer vermittelt und die Darlehenssumme an ihn ausgezahlt wird. Es wurden keine Kreditschecks ausgegeben und keine Wechsel ausgestellt.

10.

Beim B-Geschäft sind Kaufvertrag und Darlehensvertrag rechtlich selbständige Verträge. – Dies bedeutet für den Darlehensvertrag, daß sich der (Käufer und) Darlehensnehmer gegenüber seiner Verpflichtung zur Darlehensrückzahlung nicht darauf berufen kann, der Verkäufer habe nicht oder nicht ordnungsgemäß geleistet.

Zum Ausgleich dieses Nachteils für den Käufer und Darlehensnehmer gibt es mehrere Möglichkeiten: Hat das Kreditinstitut den Darlehensnehmer vor Vertragsschluß nicht unter besonderer Hervorhebung, z. B. durch Fettdruck im Formulartext, auf die rechtliche Selbständigkeit der beiden Verträge unmißverständlich hingewiesen, so wird es wegen culpa in contrahendo schadensersatzpflichtig. Der Ersatzanspruch ist auf Befreiung von der Darlehensrückzahlungspflicht gerichtet; bereits bezahlte Raten können zurückgefordert werden. – Im Rahmen der culpa in contrahendo hat das Kreditinstitut für den Verkäufer nach § 278 BGB einzustehen.

F: K hat von dem Möbelhändler V eine Wohnzimmereinrichtung gekauft. Mit Hilfe des V beantragt er bei dem Finanzierungsinstitut B ein Darlehen in Höhe des Restkaufpreises. Auf der Rückseite des Antragsformulars steht u. a. klein gedruckt, daß Einreden aus dem Kaufvertrag dem Darlehensrückzahlungsanspruch nicht entgegengesetzt werden können. Nach Auszahlung des Darlehensbetrages an V fällt dieser noch vor Lieferung der Möbel in Konkurs. Das Finanzierungsinstitut verlangt dennoch von K Rückzahlung des Darlehens. Wie kann sich K hiergegen wehren?

A: Da das Finanzierungsinstitut den K auf die Rückzahlungspflicht auch bei Nichtlieferung nicht ausreichend deutlich hingewiesen hat, steht dem K deswegen ein Anspruch aus culpa in contrahendo zu, der auf Befreiung von der Rückzahlungspflicht gerichtet ist.

11.

Hat der Verkäufer den Käufer über die Bedingungen des Darlehensvertrages arglistig getäuscht, z. B. vorgespiegelt, daß die im Darlehensantrag betonte Selbständigkeit beider Verträge für den Käufer keine Nachteile bringe, so entsteht das Problem, ob der Käufer und Darlehensnehmer den Darlehensvertrag anfechten kann. Dem könnte § 123 Abs. 2 S. 1 BGB entgegenstehen, wenn der Verkäufer für die Parteien des Darlehensvertrages als „Dritter" anzusehen ist, von dessen Täuschungshandlung der Darlehensgeber nichts wissen mußte:

Sind Finanzierungsinstitut und Verkäufer dem Käufer in wirtschaftlichem Zusammenhang gegenübergetreten, so ist der Verkäufer nach der Rechtsprechung des BGH nicht als Dritter im Sinne des § 123 Abs. 2 S. 1 BGB anzusehen, so daß wegen einer Täuschungshandlung des Verkäufers der Darlehensvertrag anfechtbar ist.

F: K kauft bei V Möbel; zur Finanzierung will er einen von V vermittelten Darlehensvertrag mit der B-Bank abschließen. Als sich K nach der Bedeutung der im Vertragsformular der Bank sichtbar hervorgehobenen Klausel über die rechtliche Selbständigkeit von Kauf- und Darlehensvertrag erkundigt, erklärt ihm der dabeistehende Kunde X wider besseres Wissen, K könne deswegen völlig unbesorgt sein; der V schweigt zu diesem Gespräch. K unterschreibt daraufhin den Darlehensantrag, das Darlehen wird an V ausgezahlt. Als V dann eine völlig mangelhafte Ware liefert, fragt K an, ob er den Darlehensvertrag anfechten könne.

A: Der Kunde war Dritter im Sinne des § 123 Abs. 2 BGB; von seiner Täuschung mußte die Bank nichts wissen. – Wohl aber ist das Schweigen des V als arglistige Täuschung zu bewerten, weil er wissentlich gegen seine Aufklärungspflicht verstoßen hat (vgl. S. 21 und 57); da V nicht Dritter im Sinne des § 123 Abs. 2 BGB ist, kann K den Darlehensvertrag anfechten.

12.

Gemäß § 242 BGB gewährt der BGH dem Darlehensnehmer gegenüber dem Darlehensrückzahlungsanspruch auch die Einwendung, daß der Kaufvertrag wegen arglistiger Täuschung des Verkäufers wirksam angefochten wurde und daß die Rückzahlung des Kaufpreises vom Verkäufer nicht zu erlangen ist, z. B. weil er mit unbekanntem Aufenthalt verschwunden oder in Konkurs gefallen ist.

F: Im Eingangsfall auf S. 81 hatte der Käufer im Wege des B-Geschäftes einen Gebrauchtwagen erworben, der sich nach Überweisung des Kaufpreises an den Verkäufer als ein geschickt manipuliertes Unfallfahrzeug erwies. Welche Bedeutung hat die Anfechtung des Kaufvertrages wegen arglistiger Täuschung für die Darlehensrückzahlungspflicht des Käufers und Darlehensnehmers?

A: Grundsätzlich wird die Darlehensrückzahlungspflicht von der Anfechtung des Kaufvertrages nicht berührt; der Käufer muß den Kaufpreis vom Verkäufer zurückfordern. – Ist aber der Kaufpreis vom Verkäufer nicht mehr zu erlangen, kann die Darlehensrückzahlung gemäß § 242 BGB verweigert werden.

13.

Ebenso hat der BGH wegen des wirtschaftlichen Zusammenhangs zwischen Kauf- und Darlehensvertrag dem Darlehensnehmer gemäß § 242 BGB die Verweigerung der Darlehensrückzahlung zugebilligt, wenn der Kaufvertrag nicht ordentlich erfüllt wurde und der Käufer vom Verkäufer nichts mehr erlangen kann. Der Darlehensnehmer kann dann dem Darlehensrückzahlungsanspruch seine Einwendungen aus dem Kaufvertrag entgegensetzen, so daß praktisch das Kreditinstitut das Risiko der mangelnden Leistungsfähigkeit des Verkäufers zu tragen hat.

F: V verkauft dem K einen Schrank. Da K den Kaufpreis nicht sofort bezahlen kann, beantragt er durch Vermittlung des V bei der Bank B ein Darlehen in Höhe des Restkaufpreises. Als sich nach drei Monaten erhebliche Schäden am Schrank herausstellen, die den K zur Minderung berechtigen, kann K gegen V nicht mehr vorgehen, da V inzwischen in Konkurs gefallen ist. Kann K jetzt dem Darlehensrückzahlungsanspruch der B sein Minderungsrecht aus dem Kaufvertrag entgegenhalten?

A: Ja; weil von V infolge des Konkurses nichts mehr zu erlangen ist, kann K nach der Rechtsprechung des BGH gemäß § 242 BGB in Höhe des Minderungsbetrages die Rückzahlung des Darlehens verweigern.

14.

Schließlich finden gemäß § 1 c AbzG die Schutzvorschriften des Abzahlungsgesetzes auch zugunsten des (Käufers und) Darlehensnehmers Anwendung. So erstreckt sich z. B. das Widerrufsrecht gemäß § 1 b AbzG auch auf den Darlehensvertrag.

Außerdem greifen die §§ 1 c und 6 AbzG ein, wenn sich das Kreditinstitut vom Käufer und Darlehensnehmer die Kaufsache bis zur Rückzahlung des Darlehens zur Sicherung übereignen ließ. (Jetzt ist das Kreditinstitut Eigentümer der Sache, der Käufer und Darlehensnehmer bleibt Besitzer; Einzelheiten zur Sicherungsübereignung werden im Sachenrecht behandelt). Kommt der Darlehensnehmer mit der Rückzahlung in Verzug und verlangt der Darlehensgeber deshalb von ihm aufgrund seines Eigentums die Sache heraus, so gilt dies analog § 5 AbzG als Rücktritt vom Darlehensvertrag (vgl. S. 89).

F: V verkauft dem K einen Wohnwagen. Da K den Kaufpreis nicht sofort voll bezahlen kann, vermittelt V aufgrund entsprechender Vereinbarung mit der B-Bank dem K ein Darlehen dieser Bank in Höhe des Restkaufpreises. Die B-Bank läßt sich von K das Eigentum am Wohnwagen zur Sicherung übertragen. Als K mit mehreren Raten der Darlehensrückzahlung in Verzug gerät, verlangt die B von ihm aufgrund ihres Eigentums die Herausgabe des Wohnwagens. K fragt an, ob er trotz einer Herausgabe des Wagens an die B aus dem Darlehensvertrag zur weiteren Rückzahlung des Darlehens verpflichtet ist.

A: Nein; gemäß § 1 c AbzG findet auf das Darlehen § 6 AbzG entsprechende Anwendung. Demnach ist das Ansichnehmen durch die B analog § 5 AbzG als Rücktritt vom Darlehensvertrag zu bewerten.

Wiederholungsfragen:

1. Das B-Geschäft ist ein Fall des __________ Kaufs. Bei ihm schließt jemand mit verschiedenen Vertragspartnern je einen __________ und einen __________ ab.

   Die beiden Verträge des Käufers und Darlehensnehmers sind grundsätzlich

   ☐ rechtlich miteinander verknüpft,

   ☐ rechtlich selbständig.

2. Gegenrechte aus dem Kaufvertrag kann der Käufer und Darlehensnehmer grundsätzlich, d. h. bei bestehender Leistungsfähigkeit des Verkäufers,

   ☐ dem Darlehensrückzahlungsanspruch entgegenhalten,

   ☐ dem Darlehensrückzahlungsanspruch nicht entgegenhalten.

3. Wenn das Finanzierungsinstitut den Darlehensnehmer auf die Konsequenzen der rechtlichen Selbständigkeit beider Verträge nicht deutlich genug hingewiesen hat, wird es wegen ______ __ __________ schadensersatzpflichtig.

A 1: finanzierten Darlehensvertrag — Kaufvertrag rechtlich selbständig

A 2: dem Darlehensrückzahlungsanspruch nicht entgegenhalten

A 3: culpa in contrahendo

15. §§ 495, 496

Eine Sonderform des Kaufes ist der Kauf auf Probe:

Beim Kauf auf Probe wird gemäß § 495 Abs. 1 BGB der Kaufvertrag unter der Bedingung geschlossen, daß der Käufer den Kaufgegenstand billigt. – Die Billigung steht im freien Belieben des Käufers. Bei einer zur Besichtigung übergebenen Sache gilt Schweigen des Käufers als Billigung, § 496 S. 2 BGB.

Der gesetzlich nicht geregelte Kauf mit Umtauschvorbehalt unterscheidet sich vom Kauf auf Probe dadurch, daß bei der Umtauschvereinbarung der Käufer an den Kaufvertrag gebunden bleibt und nur den Kaufgegenstand austauschen darf.

F 1: K kauft bei V ein Lexikon, wobei vereinbart wird, daß er zehn Tage überlegen kann, ob er die Bände behalten will. Da K kurz darauf verreist, sendet er die Bände, die ihm nicht gefallen, erst nach vier Wochen zurück. Kann V von K die Zahlung des Kaufpreises verlangen?

F 2: Wie wäre es, wenn V dem K die Bände unbestellt zugesandt hätte mit der Aufforderung, sie bei Nichtgefallen innerhalb von zehn Tagen zurückzugeben?

A 1: Ja. V hat mit K einen Kauf auf Probe geschlossen. Gemäß § 496 S. 2 BGB bedeutet das Schweigen des K mit dem Ablauf der vereinbarten zehntägigen Überlegungsfrist seine Billigung der Kaufsache.

A 2: In diesem Falle wäre K nicht zur Zahlung verpflichtet, weil kein Kaufvertrag zwischen ihm und V zustande gekommen ist. Das Schweigen des K auf das Vertragsangebot des V bedeutet keine Annahme.

16. §§ 504 ff.

Ein besonderes Institut des Kaufrechts ist das Vorkaufsrecht. Es dient dem Interesse einer Person, sich die Möglichkeit eines künftigen Kaufvertragsabschlusses offenzuhalten: Ein solches Interesse entsteht, wenn jemand einen Gegenstand erwerben möchte, den der Eigentümer gegenwärtig noch nicht verkaufen will. In diesem Fall kann der Interessent mit dem Eigentümer (gegen Entgelt oder unentgeltlich) vereinbaren, daß er bei einem künftigen Verkauf berücksichtigt werden soll. – Die größte praktische Bedeutung hat das Vorkaufsrecht gegenwärtig im Grundstücksverkehr.

Das BGB kennt das obligatorische Vorkaufsrecht nach den §§ 504 ff. BGB, das nachfolgend behandelt wird, und das dingliche Vorkaufsrecht an Grundstücken nach den §§ 1094 ff. BGB, das im Sachenrecht dargestellt wird.

Für die Vereinbarung eines obligatorischen Vorkaufsrechtes zwischen dem Vorkaufsberechtigten und dem Verpflichteten (= dem späteren Verkäufer) gibt es keine speziellen Vorschriften. – Nach herrschender Meinung handelt es sich bei der Vereinbarung des Vorkaufsrechts um eine Sonderform des bedingten Kaufvertrages. Deshalb bedarf die Vereinbarung eines Vorkaufsrechts der für den späteren Kaufvertrag vorgeschriebenen Form.

F: K betreibt eine Tankstelle, die er um eine Autowaschanlage erweitern möchte. Das hierfür benötigte Nachbargrundstück will der Eigentümer V gegenwärtig nicht verkaufen; er verpachtet es aber dem K in mündlicher Abrede und sagt ihm ein Vorkaufsrecht für den Fall zu, daß er das Grundstück später doch veräußern wolle. Hat K ein Vorkaufsrecht erworben?

A: Nein; bei Vereinbarung eines Vorkaufsrechtes für ein Grundstück muß die Form des § 313 BGB beachtet werden.

17. §§ 504, 505 Abs. 1, 510

Der Vorkaufsberechtigte kann sein Vorkaufsrecht ausüben, sobald der Verpflichtete über den betroffenen Gegenstand mit einem Dritten einen Kaufvertrag abschließt, § 504 BGB. Dies bezeichnet man als den sog. Vorkaufsfall. – Damit der Vorkaufsberechtigte davon erfährt, müssen ihn der Vorkaufsverpflichtete oder der Dritte vom Vertragsabschluß unverzüglich in Kenntnis setzen, § 510 Abs. 1 BGB. Ob der Vorkaufsberechtigte dann von seinem Vorkaufsrecht Gebrauch machen will, steht in seinem Belieben.

Das Vorkaufsrecht wird durch fristgemäße formlose Erklärung gegenüber dem Verkäufer ausgeübt, §§ 505 Abs. 1, 510 Abs. 2 BGB.

F: V hat dem K an seinem Grundstück formgerecht ein Vorkaufsrecht eingeräumt. Als V das Grundstück dann an den D verkauft, teilt er dies dem K aus Nachlässigkeit erst sechs Wochen später mit. K hat gerade in dieser Zeit seine flüssigen Geldmittel für längere Zeit festgelegt und muß nunmehr, um das Vorkaufsrecht ausnutzen zu können, einen Überbrückungskredit zu hohen Zinsen aufnehmen; es entsteht ihm ein Schaden von 2 000,– DM. Mit welcher Begründung könnte er von V Schadensersatz wegen Vertragsverletzung verlangen?

A: Da V seine Pflicht zur unverzüglichen Benachrichtigung gemäß § 510 Abs. 1 BGB schuldhaft verletzt hat, muß er dem K den entstandenen Schaden nach den Regeln über die positive Vertragsverletzung ersetzen.

18. § 505

Durch die Ausübung des Vorkaufsrechts entsteht zwischen dem Verkäufer und dem Vorkaufsberechtigten ein eigener Kaufvertrag, § 505 Abs. 2 BGB. – Das bedeutet, daß über den betroffenen Gegenstand nunmehr zwei gültige Kaufverträge bestehen.

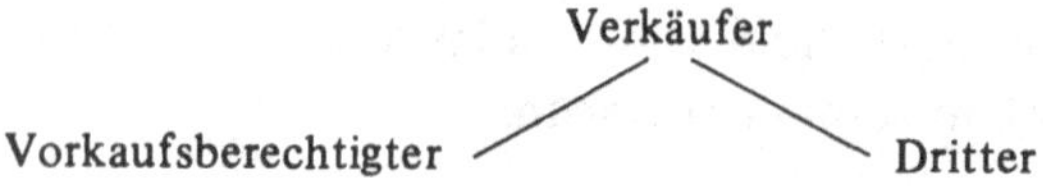

Der Verkäufer kann beliebig einen der beiden Kaufverträge erfüllen; aus dem nicht erfüllten Vertrag wird er schadensersatzpflichtig. – Gegenüber dem Dritten kann der Verkäufer eine Schadensersatzpflicht dadurch vermeiden, daß er sich für den Fall der Ausübung des Vorkaufsrechts den Rücktritt vorbehält oder eine entsprechende auflösende Bedingung vereinbart.

F: V hat dem K an seinem Grundstück ein Vorkaufsrecht eingeräumt; er verkauft das Grundstück an den D. Welche Ansprüche bestehen für D und K gegenüber V, wenn K sein Vorkaufsrecht ausübt

a) vor Übereignung des Grundstücks durch V an einen der beiden,

b) nach Übereignung des Grundstücks durch V an einen der beiden?

(Geben Sie bitte die anspruchsbegründenden Vorschriften an).

A: a) K und D haben aufgrund ihrer Kaufverträge gegenüber V den Erfüllungsanspruch gemäß § 433 Abs. 1 BGB.

b) Aus dem von V nicht erfüllten Kaufvertrag entstehen für K oder D Ersatzansprüche gemäß §§ 325 Abs. 1, 440 Abs. 1, 433 Abs. 1 BGB.

19. § 506

Der Kaufvertrag zwischen dem Verkäufer und dem Vorkaufsberechtigten hat gemäß § 505 Abs. 2 BGB denselben Inhalt wie der Kaufvertrag zwischen dem Verkäufer und dem Dritten.

Klauseln aus dem Vertrag des Verkäufers mit dem Dritten, die das Vorkaufsrecht vereiteln würden, sind gemäß § 506 BGB im Kaufvertrag zwischen dem Verkäufer und dem Vorkaufsberechtigten unwirksam. – Gegenüber dem Dritten bleiben jedoch solche Klauseln wirksam, so z. B. die Bedingung, daß der Vertrag von der Nichtausübung des Vorkaufsrechts abhängig sein soll. Nur so kann der Verkäufer eine Schadensersatzpflicht gegenüber dem Dritten vermeiden.

F: Für K besteht am Grundstück des V ein Vorkaufsrecht. V verkauft das Grundstück nunmehr an D; dabei wird die Ausübung des Vorkaufsrechtes durch K zur auflösenden Bedingung des Kaufvertrages erhoben. K übt sein Vorkaufsrecht aus, und D verlangt nunmehr von V Schadensersatz wegen Nichterfüllung; er beruft sich darauf, die Klausel über die auflösende Bedingung sei gemäß § 506 BGB ungültig. Zu Recht?

A: Nein; gemäß § 506 BGB ist die zwischen V und D vereinbarte auflösende Bedingung nur gegenüber dem K unwirksam. Im Verhältnis zwischen V und D bleibt sie gültig, so daß dieser Kaufvertrag mit der Ausübung des Vorkaufsrechtes wegfällt.

20. §§ 507, 512

Werden im Kaufvertrag zwischen dem Verkäufer und dem Dritten Nebenleistungen vereinbart, die der Vorkaufsberechtigte nicht erbringen kann, so sind diese Nebenleistungen in Geld auszugleichen, § 507 S. 1 BGB. – Ist allerdings der Wert einer Nebenleistung nicht in Geld zu berechnen, weil kein Dritter sie erbringen kann, z. B. bei der Verpflichtung zur verwandtschaftlichen Pflege des Verkäufers, so kann das Vorkaufsrecht gemäß § 507 S. 2 BGB nicht ausgeübt werden.

Das Vorkaufsrecht kann ferner nicht ausgeübt werden, wenn mit dem Dritten kein Kaufvertrag, sondern z. B. ein Tausch oder eine Schenkung vereinbart wurde; § 504 BGB verlangt ausdrücklich einen Kaufvertrag mit dem Dritten. – Schließlich versagt das Vorkaufsrecht gemäß § 512 BGB beim Verkauf im Rahmen der Zwangsvollstreckung oder des Konkurses.

F: V verkauft ein Grundstück, an welchem für K ein Vorkaufsrecht besteht, an den Gärtner D. Dieser verpflichtet sich, neben der Zahlung des Kaufpreises während der nächsten fünf Jahre die zahlreichen Obstbäume im Garten des V zu pflegen. Kann K, der als kaufmännischer Angestellter zu diesen Arbeiten nicht imstande ist, sein Vorkaufsrecht dennoch ausüben?

A: Ja; da der Geldwert der Nebenleistung des D zu bestimmen ist, gilt nicht § 507 S. 2 BGB. K muß nach Ausübung seines Vorkaufsrechts den Kaufpreis und die Kosten einer Baumpflege durch Dritte an V zahlen.

21. § 514

Das obligatorische Vorkaufsrecht ist nicht übertragbar, sofern nicht eine entsprechende Vereinbarung getroffen wurde, § 514 S. 1 BGB.

Im Falle seiner Nichtausübung erlischt das obligatorische Vorkaufsrecht; es gilt also nur beim ersten Verkauf des betroffenen Gegenstandes, nicht bei einem späteren Weiterverkauf durch den Erwerber. – (Anders kann es gemäß § 1097 BGB bei einem dinglichen Vorkaufsrecht vereinbart werden).

F: V hält die Aktienmehrheit der X-AG. Er hat an diesen Aktien dem K-Konzern ein Vorkaufsrecht eingeräumt. Als V dann diese Aktien an die B-Bank verkauft, erscheint dem K-Konzern der Kaufpreis zu hoch, so daß er von seinem Vorkaufsrecht keinen Gebrauch macht. Einige Zeit später sind die Aktien der X-AG beträchtlich gefallen. Als die B-Bank nunmehr das Paket weiterverkauft, erklärt der K-Konzern, daß er sein Vorkaufsrecht ausübe. Kommt damit ein Kaufvertrag zwischen der B-Bank und dem K-Konzern zustande?

A: Nein; durch die Nichtausübung des Vorkaufsrechts beim Eintritt des Vorkaufsfalles, d. h. beim Verkauf durch V, ist das Vorkaufsrecht des K-Konzerns gemäß § 504 BGB erloschen.

Wiederholungsfragen:

1. Ausgeübt wird das Vorkaufsrecht an einem Grundstück durch

   ☐ formlose Erklärung des Vorkaufsberechtigten,

   ☐ formgebundene Erklärung des Vorkaufsberechtigten.

   Voraussetzung für die Ausübung ist der Eintritt des Vorkaufsfalles; dieser liegt vor, wenn ____.

2. Durch die Ausübung des Vorkaufsrechtes

   ☐ tritt der Vorkaufsberechtigte in den Kaufvertrag des Dritten ein,

   ☐ entsteht zwischen dem Vorkaufsberechtigten und dem Verkäufer ein eigener Kaufvertrag.

3. Nach dem Sachverhalt in Frage 21 war das Vorkaufsrecht des K-Konzerns durch Nichtausübung erloschen. – Könnte sich K auf sein Vorkaufsrecht berufen, wenn V seinerzeit das Aktienpaket mit der B-Bank gegen andere Aktien getauscht hätte und die B jetzt das Paket weiterverkauft?

A 1: Das Vorkaufsrecht wird ausgeübt durch formlose Erklärung des Vorkaufsberechtigten.
der Vorkaufsverpflichtete mit einem Dritten einen Kaufvertrag über den betroffenen Gegenstand abschließt.

A 2: Mit Ausübung des Vorkaufsrechtes entsteht zwischen dem Vorkaufsberechtigten und dem Verkäufer ein eigener Kaufvertrag.

A 3: Nein; obwohl K bei dem Tausch zwischen V und B sein Vorkaufsrecht nicht ausüben konnte, weil kein Verkauf erfolgte (vgl. S. 104), ist mit dem Erwerb der Aktien durch die B das Vorkaufsrecht erloschen, weil die B gegenüber K nicht „Verpflichtete" gemäß § 504 BGB ist.

22. § 515

Der Tausch als schuldrechtlicher Vertrag unterscheidet sich vom Kauf dadurch, daß als Gegenleistung für den Erwerb eines Gegenstandes nicht Geld, sondern ein anderer Gegenstand vereinbart wird; statt „Ware gegen Geld" wie beim Kauf gilt hier „Ware gegen Ware".

Der Tausch ist heute nicht sehr häufig; der praktisch wichtigste Fall ist der Grundstückstausch. – Wird beim Erwerb einer neuen Sache eine andere Sache in Zahlung genommen, so handelt es sich normalerweise nicht um einen Tausch, sondern um einen Kauf, bei dem der Käufer für einen Teil des Kaufpreises eine andere Leistung an Erfüllungs Statt erbringen darf (vgl. S. 24).

Nach § 515 BGB gelten für den Tausch die Kaufvorschriften entsprechend.

F: Warum ergibt sich aus § 515 BGB, daß beim Tauschvertrag beide Vertragsparteien der Mängelhaftung unterworfen sind?

A: Beim Tausch gilt gemäß § 515 BGB das Kaufrecht entsprechend. Da beide Vertragsparteien eine Sachleistung erbringen, müssen auch beide hierfür Gewähr leisten.

23. §§ 516 Abs. 1, 517

Im Unterschied zu Kauf und Tausch besteht bei der Schenkung Einverständnis darüber, daß dem Empfänger ein Gegenstand unentgeltlich zugewendet wird, § 516 Abs. 1 BGB:

Zuwendung bedeutet, daß auf seiten des Schenkers eine Entreicherung, auf seiten des Beschenkten eine Bereicherung erfolgen muß: Eine Entreicherung liegt nur vor, wenn die Zuwendung das Vermögen des Schenkers mindert; hieran fehlt es gemäß § 517 BGB z. B., wenn auf künftigen Vermögenserwerb verzichtet wird. – Auch die menschliche Arbeitskraft wird nicht als Vermögensbestandteil gewertet.

F: A hat am Grundstück des B ein obligatorisches Vorkaufsrecht. Als B das Grundstück an K verkauft, übt A sein Vorkaufsrecht nicht aus; deshalb kann K das Grundstück erwerben. Warum hat A den K nicht beschenkt?

A: Die Nichtausübung einer Erwerbsmöglichkeit ist gemäß § 517 BGB keine Zuwendung des dadurch entgangenen Erwerbs an denjenigen, der ihn stattdessen vollzieht.

24.

Unentgeltlich ist eine Zuwendung nur, wenn vereinbart wurde, daß sie nicht wegen einer Leistung des Empfängers erfolgt.

Entgeltlich ist eine Zuwendung, wenn der Empfänger hierfür eine vereinbarte Gegenleistung erbringt oder erbracht hat, z. B. wegen früher geleisteter Arbeit ein Ruhegeld empfängt. – Entgeltlich ist eine Zuwendung aber auch dann, wenn ihretwegen vom Empfänger ein bestimmtes Verhalten erwartet wird, z. B. der Beitritt zu einem Verein.

Erwerbskosten des Empfängers, z. B. die Schenkungssteuer, stehen der Unentgeltlichkeit der Zuwendung nicht entgegen.

F: A ist in eine Angelegenheit verwickelt, in welcher sein Verhalten zwar nicht unerlaubt war, deren Bekanntwerden jedoch für ihn peinlich wäre. E weiß von der Sache. Damit E sein Wissen nicht preisgibt, zahlt ihm A 500,– DM. Warum handelt es sich dabei nicht um eine Schenkung?

A: Weil die Zuwendung des A zu dem Zweck erfolgt, den E zu einem Verhalten zu veranlassen, fehlt es an der Unentgeltlichkeit im Sinne des § 516 BGB.

25.

Die Unentgeltlichkeit der Zuwendung ist allein im Verhältnis zwischen dem Schenker und dem Beschenkten zu beurteilen. – Dies zeigt sich insbesondere beim Vertrag zugunsten Dritter (§§ 328 ff. BGB). Danach ist z. B. die Erlangung einer Versicherungssumme für einen Dritten als Empfänger unentgeltlich, obwohl der Versicherungsnehmer gegenüber der Versicherung Prämienzahlungen geleistet hat.

F: Die X hat die Krankenpflege des Y übernommen. Um sie dafür zu entlohnen, schließt Y zugunsten der X eine Aussteuerversicherung ab. Handelt es sich bei dem Betrag, welchen die X anläßlich ihrer Heirat von der Versicherung erhält, um eine unentgeltliche Zuwendung, weil die X keine Prämien an die Versicherung gezahlt hat?

A: Nein; die Unentgeltlichkeit der Zuwendung ist nach den Rechtsbeziehungen zwischen X und Y zu beurteilen. Danach erfolgte die Zuwendung der Versicherungssumme als Gegenleistung für erbrachte Dienste.

26. § 518

Wird eine künftige Leistung als Schenkung versprochen, so bedarf das Versprechen gemäß § 518 Abs. 1 BGB der notariellen Beurkundung. – Die Nichtbeachtung der Form wird durch Erfüllung des Versprechens geheilt, § 518 Abs. 2 BGB.

Wird dagegen eine Schenkung ohne vorangehendes Versprechen vollzogen, so handelt es sich um eine sog. Handschenkung. Für diesen Fall gilt das Formerfordernis des § 518 Abs. 1 BGB nicht. – In der Praxis überwiegt die Handschenkung bei weitem.

F: Der A wurde während längerer Krankheit von seiner Schwiegertochter B gepflegt. Deshalb verspricht er ihr in notarieller Urkunde zum nächsten Geburtstag einen wertvollen Ring. Kurze Zeit danach geraten der A und die B in Streit. Als die B am Geburtstag den Ring verlangt, weigert sich A zu leisten, weil seinerzeit nicht auch die Annahme des Schenkungsversprechens durch die B notariell beurkundet worden sei. Ist A im Recht?

A: Nein; da § 518 Abs. 1 S. 1 BGB nur die notarielle Beurkundung des Schenkungsversprechens verlangt, nicht aber auch die Beurkundung seiner Annahme, ist das Schenkungsversprechen gültig.

27. §§ 521, 523, 524

Für den Schenker besteht gemäß §§ 521–524 BGB eine geminderte Haftung, weil er seine Leistung ohne Gegenleistung erbringt:

Erleidet der Beschenkte durch das Verhalten des Schenkers, z. B. wegen Nichterfüllung der Schenkungsverpflichtung, einen Schaden, so haftet der Schenker nur für Vorsatz und grobe Fahrlässigkeit, § 521 BGB. – Die Haftungsmilderung gilt auch für Erfüllungsgehilfen gemäß § 278 BGB.

Rechts- und Sachmängel der geschenkten Sache begründen eine Schadensersatzpflicht des Schenkers grundsätzlich nur im Falle seiner Arglist, §§ 523 Abs. 1 und 524 Abs. 1 BGB.

F: S kauft sich einen neuen Pkw und schenkt den bisher benutzten, 10 Jahre alten Wagen dem B; bis zu diesem Zeitpunkt hatte S keine Schwierigkeiten mit dem alten Wagen gehabt. B verwendet das Geschenk sogleich zu einer Urlaubsreise; in Südfrankreich erweist sich die Bremsanlage als defekt. Kann B von S Ersatz der Reparaturkosten verlangen?

A: Nein; eine Sachmängelhaftung des S scheidet gemäß § 524 Abs. 1 BGB aus, da er nicht arglistig gehandelt hat.

28. §§ 528–534

Unter bestimmten Voraussetzungen ist eine Rückforderung der Schenkung möglich:

Eine Schenkung kann widerrufen werden, wenn der Beschenkte gegenüber dem Schenker oder dessen nahen Angehörigen grob undankbar ist, §§ 530–534 BGB. Grober Undank liegt z. B. bei schwerer körperlicher Mißhandlung des Schenkers vor. – Für den Fall der Ehescheidung gilt die Spezialvorschrift des § 73 Ehegesetz (im Schönfelder unter Nr. 43).

Außerdem kann der Schenker innerhalb von zehn Jahren nach der Schenkung das Geschenk oder dessen Wert vom Beschenkten zurückverlangen, wenn er inzwischen verarmt ist, §§ 528 und 529 BGB.

F: S hat seinem Neffen B im Jahre 1968 ein Grundstück geschenkt. Fünf Jahre später verliert der S infolge seiner Spielleidenschaft sein gesamtes Vermögen. Deshalb fordert er das geschenkte Grundstück von B zurück. Welche Vorschrift steht diesem Anspruch entgegen?

A: Da S seine Bedürftigkeit zumindest grob fahrlässig selbst herbeigeführt hat, ist sein Rückforderungsanspruch durch § 529 Abs. 1 BGB ausgeschlossen.

29.

Wird für den Erwerb eines Gegenstandes ein beträchtlich unter dem Marktpreis liegendes Entgelt gezahlt und sind die Parteien darüber einig, daß dem Erwerber die Differenz zum Marktpreis geschenkt werden soll, handelt es sich um eine sog. gemischte Schenkung.

Eine solche liegt also nicht vor, wenn der niedrige Preis in Kenntnis des Marktpreises als volles Entgelt gewollt ist, z. B. wenn ein Juwelier einem Verwandten einen Ring um 500,– DM unter dem Ladenpreis verkauft.

F: B interessiert sich für ein sehr altes Buch in der Bibliothek seines Freundes A. Der A überläßt es ihm gegen Zahlung von 200,– DM; er weiß dabei nicht, daß der Marktwert des Buches 1 000,– DM beträgt. Warum liegt hier keine gemischte Schenkung vor?

A: Weil kein Einverständnis über die unentgeltliche Zuwendung der Differenz zwischen Kaufpreis und Marktwert besteht, liegt keine gemischte Schenkung vor.

30.

Bei der gemischten Schenkung handelt es sich um ein einheitliches Rechtsgeschäft, das aber nach der von der herrschenden Meinung vertretenen Trennungstheorie aus einem entgeltlichen Teil besteht, der nach Kaufrecht beurteilt wird, und aus einem unentgeltlichen Teil, für den Schenkungsrecht gilt.

Ist für den unentgeltlichen Teil des Rechtsgeschäftes die Formvorschrift des § 518 Abs. 1 BGB nicht gewahrt, so ergreift die Nichtigkeit gemäß § 139 BGB grundsätzlich das gesamte Rechtsgeschäft; Erfüllung der versprochenen Leistung heilt entsprechend § 518 Abs. 2 BGB das gesamte Rechtsgeschäft.

Für Rechts- und Sachmängel entsteht eine Haftung nach Kaufrecht nur anteilmäßig in Höhe des entgeltlichen Teils des Rechtsgeschäftes. Für den unentgeltlichen Teil bleibt es bei den Ansprüchen nach den §§ 523 und 524 BGB. – Die Größe des entgeltlichen und des unentgeltlichen Teils wird nach der Differenz zwischen dem von den Parteien angenommenen Sachwert und dem vereinbarten Preis bemessen.

F: V möchte seinen Pkw für 1 800,– DM verkaufen. Sein Freund K ist sehr an dem Wagen interessiert, hat aber nur 1 500,– DM. Deshalb verkauft V ihm den Wagen mit der Erklärung, er schenke ihm 300,– DM des Preises; K zahlt 1 500,– DM. Nach kurzer Zeit stellt sich ein schon vorher vorhandener Motordefekt heraus. Der Wagen ist jetzt 1 200,– DM wert; ohne den Defekt wäre er 1 620,– DM wert gewesen. Was kann K von V zurückverlangen, wenn er mindert? (Beachten Sie dabei die Minderungsgleichung von S. 64).

A: Es handelt sich hier um eine gemischte Schenkung, bei der für den entgeltlichen Teil des Vertrages (= 1 500,– DM) Kaufrecht gilt, für den unentgeltlichen Teil des Vertrages (= 300,– DM) Schenkungsrecht. K ist nur nach Kaufrecht zur Minderung berechtigt; nach Schenkungsrecht gibt es keine Minderung. – Der Minderungsbetrag (= x) errechnet sich aus der allgemeinen Gleichung (vgl. S. 64),

$$\frac{x}{1\,500} = \frac{1\,200}{1\,620} \qquad x = 1\,111$$

K kann also in Höhe von 389,– DM (= 1 500 minus 1 111) mindern.

Wiederholungsfragen:

1. A will den B beschenken. Deshalb übergibt er ihm ein Sparbuch und tritt ihm die darin ausgewiesene Forderung gegen die Sparkasse ab. Bedarf dies der notariellen Beurkundung gemäß § 518 Abs. 1 BGB?

2. A erwirbt von X einen Hund, ohne zu wissen, daß das Tier gestohlen ist. Er schenkt den Hund der B, die für das Tier einen Zwinger erstellen läßt. Bald danach muß die B den Hund an den Eigentümer herausgeben. Kann die B von A Schadensersatz wegen des Zwingerbaus verlangen?

3. Damit eine gemischte Schenkung angenommen werden kann, müssen beide Parteien über die schenkweise Zuwendung der Differenz zwischen

_______________________________________ einig sein.

A 1: Nein; da mit der Abtretung die Schenkung unmittelbar vollzogen wird, handelt es sich um eine Handschenkung, die nicht der Form des § 518 Abs. 1 BGB bedarf.

A 2: Nein; gemäß § 523 Abs. 1 BGB käme ein Schadensersatzanspruch wegen des Rechtsmangels nur in Betracht, wenn A arglistig gehandelt hätte. Dies ist nicht der Fall.

A 3: dem Marktwert und dem vereinbarten Preis

31. Zusammenfassung

a) Der Abzahlungskauf, bei dem der Käufer nach Übergabe der Sache noch mindestens zwei Teilzahlungen auf den Kaufpreis zu erbringen hat, bedarf der Schriftform gemäß § ______ Abs. 1 S. 1 AbzG.

b) Zum Schutz des Käufers bestimmt das AbzG, daß

in der Vertragsurkunde sowohl der Barzahlungspreis als auch der höhere ____________________ sowie ein Teilzahlungsplan und der effektive Jahreszins enthalten sein müssen, § 1 a Abs. 1 S. 2 AbzG;

die Fälligkeit der gesamten Restschuld wegen Zahlungsverzuges des Käufers nur eintritt, wenn der ausstehende Betrag mindestens ___% des Teilzahlungspreises ausmacht und der Käufer mit wenigstens ___ aufeinanderfolgenden Raten ganz oder teilweise im Rückstand ist, § 4 Abs. 2 AbzG;

nach einem Rücktritt des Verkäufers die bereits gezahlten Raten zurückgewährt werden müssen; abziehen kann der Verkäufer allerdings seine Aufwendungen, sowie einen Ersatz für Schäden an der Kaufsache und eine ____________________ für die Zeit der Sachüberlassung an den Käufer, § 2 Abs. 1 AbzG.

Kap. III. Zusammenfassung

A: a) 1 a (Inf. 2)

b) Teilzahlungspreis (Inf. 3)
10
2
Gebrauchswertvergütung (Inf. 4)

c) Zum Schutze des Käufers bestimmt das AbzG, daß die Rücknahme der Sache aufgrund eines Eigentumsvorbehalts des Verkäufers als

_________________________ anzusehen ist, § 5 AbzG.

d) Beim finanzierten Kauf sind Kaufvertrag und Darlehensvertrag rechtlich selbständig. Unter den Voraussetzungen des § 1 c AbzG werden sie jedoch als einheitliches Rechtsgeschäft behandelt.

Außerdem bewirkt der wirtschaftliche Zusammenhang zwischen Kauf und Darlehen, daß der Darlehensnehmer gemäß § _____ BGB Gegenrechte aus dem Kaufvertrag auch gegenüber dem Finanzierungsinstitut geltend machen kann, wenn er eine Erfüllung seiner Käuferansprüche vom Verkäufer nicht mehr erlangen kann.

Ferner muß sich das Finanzierungsinstitut Handlungen des Verkäufers im Rahmen der Vorbereitung des Darlehensvertrages gemäß § _____ BGB anrechnen lassen. Veranlaßt der Verkäufer in diesem Zusammenhang durch eine arglistige Täuschung den Abschluß des Darlehensvertrages, so steht § _____ Abs. _____ BGB einer Anfechtung des Darlehensvertrages nicht entgegen, da der Verkäufer nicht Dritter im Sinne dieser Vorschrift ist.

A: c) Rücktritt vom Kaufvertrag (Inf. 7)

d) 242
278
123 2 (Inf. 10–13)

e) Ein obligatorisches Vorkaufsrecht muß in derselben Form vereinbart werden, die der ______ ____________ erfordert. Wenn der Verpflichtete die Sache an einen Dritten verkauft, tritt der ____________ ein. Wenn jetzt der Vorkaufsberechtigte das Vorkaufsrecht durch formlose Erklärung ausübt, entstehen zwei gültige Kaufverträge über denselben Gegenstand.

Da der Verkäufer nur einen der Verträge erfüllen kann, drohen ihm Schadensersatzforderungen. Diese kann er ausschließen durch eine entsprechende Vertragsklausel

☐ nur gegenüber dem Vorkaufsberechtigten,

☐ nur gegenüber dem Dritten.

Das Vorkaufsrecht kann nach den §§ 504 ff. BGB ausgeübt werden

☐ nur beim ersten Verkauf nach seiner Vereinbarung,

☐ auch noch bei einem späteren Verkaufsfall.

f) Kennzeichnend für den Tauschvertrag ist nicht das Prinzip „Ware gegen Geld“, sondern das Prinzip _____ ______ _____. Für den Tauschvertrag gilt gemäß § _____ BGB das Kaufrecht entsprechend.

A: e) künftige Kaufvertrag (Inf. 16)
Vorkaufsfall (Inf. 17)
Die Vertragsklausel wirkt nur gegenüber dem Dritten. (Inf. 19)
Das Vorkaufsrecht kann nur beim ersten Verkauf nach seiner Vereinbarung ausgeübt werden. (Inf. 21)

f) „Ware gegen Ware" (Inf. 22)
515

g) Als Schenkung bezeichnet man die ____________ Zuwendung eines Gegenstandes aus dem Vermögen desjenigen, der dadurch ____________ wird.

Der Formvorschrift des § 518 Abs. 1 BGB nicht unterworfen ist die sog. ____________.

Der Schenker hat gegen den Beschenkten Rückforderungsrechte wegen groben Undanks gemäß § ____ Abs. 1 BGB und wegen eigener ____________ gemäß § 528 Abs. 1 S. 1 BGB.

h) Für die rechtliche Beurteilung der sog. gemischten Schenkung gilt nach herrschender Meinung die Trennungstheorie. Sie besagt, daß der entgeltliche Teil des Geschäftes nach ________, der unentgeltliche Teil nach ____________ beurteilt wird.

Kap. III. Zusammenfassung

A:	g) unentgeltliche	(Inf. 23–24)
	entreichert	
	Handschenkung	(Inf. 26)
	530	
	Verarmung	(Inf. 28)
	h) Kaufrecht	
	Schenkungsrecht	(Inf. 30)

Zur Wissensvertiefung für den Stoff des dritten Kapitels wird empfohlen:

Fikentscher a. a. O., §§ 71–73,

Esser a. a. O., §§ 65–67,

Medicus a. a. O., § 16 II (Schenkung).

Besonders wichtig sind die Probleme des Abzahlungskaufs und des finanzierten Kaufs; hierzu wird hingewiesen auf

Esser, § 65 III,

Palandt, Anm. 2 zu § 6 AbzG und Anhang zu § 6 AbzG,

sowie auf die acht Entscheidungen in

BGHZ 47, 207–259.

Zur Abgrenzung von Tausch und Leistung an Erfüllungs Statt vgl.

BGHZ 46, 338.

Kapitel IV

DER MIETVERTRAG

Vertragsgegenstand und Pflichten der Parteien

Im Unterschied zu Verträgen, die auf eine endgültige Sachüberlassung abzielen (Kauf, Tausch, Schenkung), richten sich die folgenden Verträge auf eine zeitweilige Sachüberlassung:

Der Mietvertrag hat den Sachgebrauch gegen Entgelt zum Gegenstand, der Leihvertrag die unentgeltliche Überlassung des Sachgebrauchs. Beim Pachtvertrag ist entgeltlicher Sachgebrauch mit dem Recht zur Fruchtziehung aus der Sache verbunden. Der Darlehensvertrag regelt die zeitweilige Kapitalüberlassung.

Im vierten Kapitel werden Vertragsgegenstand und Pflichten der Parteien des Mietvertrags dargestellt. Im fünften Kapitel ist die Beendigung des Mietvertrages behandelt; sodann folgen die übrigen genannten Vertragsarten.

Der Mietvertrag hat seine gesetzlichen Grundlagen in den §§ 535–580 a BGB. Allerdings sind auch viele mietrechtliche Vorschriften des BGB dispositiv, so daß es für den Vertragsinhalt auf die Vereinbarungen der Parteien ankommt. Die Grenze der Vertragsfreiheit bestimmt § 138 BGB, der z. B. im Falle von Mietwucher eingreift. – Bei der Wohnraum- und der Geschäftsraummiete wird eine gewisse Einheitlichkeit der Vertragsinhalte dadurch bewirkt, daß die Vermieter meist die von den Haus- und Grundbesitzervereinen entworfenen Vertragsmuster zugrunde legen (vgl. das Muster S. 161 ff); darin sind die Interessen des Vermieters deutlich in den Vordergrund gerückt.

Da die Mehrheit der Bevölkerung auf gemieteten Wohnraum angewiesen ist, gehen starke Tendenzen dahin, den Schutz des Mieters zu verstärken. Dem dient das im Ausbau begriffene soziale Mietrecht, das unabdingbare Schutzvorschriften in das Mietrecht einfügt; vor allem wird Schutz vor Kündigungen erstrebt. – Zwingende Normen für den Inhalt von Mietverträgen enthält auch das öffentliche Recht im Bereich des öffentlich geförderten sozialen Wohnungsbaus; dessen zahlreiche Spezialregeln werden hier nicht behandelt.

Alternativen zum schuldrechtlichen Mietvertrag sind dingliche Rechte, die den Gebrauch von Räumen zum Inhalt haben. Solche Rechte sind vor allem das Wohnungseigentum gemäß § 1 Wohnungseigentumsgesetz (WEG; im Schönfelder unter Nr. 37), das Dauerwohnrecht gemäß § 31 WEG und das Wohnungsrecht gemäß § 1093 BGB. Die Einzelheiten dieser Rechte werden im Sachenrecht behandelt.

Inhaltsübersicht:

1. §§ 535 S. 1, 580

Gegenstand eines Mietvertrages können bewegliche und unbewegliche Sachen sein, nicht aber Rechte, § 535 S. 1 BGB.

Nach einhelliger Auffassung können über den Wortlaut des § 535 BGB hinaus auch abgrenzbare Sachteile vermietet werden, z. B. eine Hauswand für Werbezwecke, ein Safe. – Für Räume als Sachteile eines Grundstücks ist die selbständige Vermietbarkeit in § 580 BGB ausdrücklich vorgesehen.

F: Der Vermieter V hat ein Grundstück, auf dem sich ein Wohnhaus mit Nutzgarten befindet. V möchte die Gartenbewirtschaftung selbst vornehmen, das Haus aber vermieten. Ist dies möglich oder kann V nur das gesamte Grundstück vermieten?

A: Das Haus als abgegrenzter Sachteil kann nach § 535 S. 1 BGB gesondert vermietet werden.

2. § 535 S. 2

Der Vermieter hat nach § 535 S. 2 BGB den Gebrauch einer Sache gegen Entgelt zu gewähren; dadurch unterscheidet sich der Mietvertrag von dem in den §§ 598 ff. BGB geregelten Leihvertrag, der in Kap. V behandelt wird. – Unzutreffend sind daher Bezeichnungen der Umgangssprache wie Leihwagen, Filmverleih oder Kostümverleih; hier werden üblicherweise Mietverträge abgeschlossen.

Das Entgelt wird vom BGB als Mietzins bezeichnet. Er muß nicht in Geld bestehen; es genügt jede Gegenleistung, z. B. Dienste. Praktisch überwiegt jedoch die Geldzahlung bei weitem.

F: V überläßt dem M vertraglich für eine Woche seinen Pkw; M verpflichtet sich dafür, die fällige Inspektion an dem Wagen ausführen zu lassen und zu bezahlen. Handelt es sich zwischen V und M um einen Mietvertrag oder um einen Leihvertrag?

A: V und M haben einen Mietvertrag geschlossen, denn M soll für die Gebrauchsüberlassung des Pkw ein Entgelt in der Form leisten, daß er die Inspektion auf seine Kosten ausführen läßt.

3. § 566

Der Abschluß des Mietvertrages ist grundsätzlich formfrei möglich.

Lediglich bei Mietverträgen über Grundstücke, die für länger als ein Jahr abgeschlossen werden, ist die Schriftform in § 566 S. 1 BGB vorgeschrieben. Dies gilt gemäß § 580 BGB auch für Wohnungen und abgegrenzte Räume.

Eine Verletzung der Formvorschrift bewirkt jedoch (abweichend von § 125 BGB) keine Nichtigkeit des Mietvertrages, sondern nur, daß der Vertrag auf unbestimmte Zeit geschlossen ist, § 566 S. 2 BGB. Dies wirkt sich bei der Kündigung des Vertrages aus. (Einzelheiten werden in Kapitel V behandelt.)

F: M mietet von V für zwei Jahre einen Campingbus, mit dem er Reisen unternehmen will. Bedarf dieser Vertrag gesetzlich der Schriftform?

A: Nein, da die §§ 566 S. 1, 580 BGB nur Mietverträge über Wohnräume als Bestandteil eines Grundstücks dem Formzwang unterstellen. Ein Campingbus ist eine bewegliche Sache und kein Teil eines Gebäudes.

4.

Parteien des Mietvertrages sind der Vermieter, der nicht Eigentümer der Mietsache sein muß, und der Mieter. – Auf beiden Seiten können mehrere Personen beteiligt sein (vgl. S. 161 vor § 1).

Nicht am Mietvertrag beteiligte Dritte können in die Schutzwirkung des Mietvertrages einbezogen sein; dies gilt vor allem, wenn sie im Haushalt des Mieters leben. Darüber hinaus sind in die Schutzwirkung diejenigen Personen eingeschlossen, auf deren Sicherheit der Mieter für den Vermieter erkennbar ebenso bedacht ist, wie auf seine eigene. (Einzelheiten werden im allgemeinen Schuldrecht zu § 328 BGB dargestellt.) – Die Schutzwirkung des Mietvertrages bedeutet, daß die davon begünstigten Personen analog § 328 BGB eigene Schadensersatzansprüche auf vertraglicher Grundlage, d. h. wegen positiver Vertragsverletzung, gegen den Vermieter richten können. Dabei findet auch § 278 BGB Anwendung.

F 1: M hat von V eine Wohnung gemietet, in der er mit seiner Frau und seinem Schwiegervater S lebt. Da das Treppenhaus aufgrund Verletzung der Instandhaltungspflicht durch V schadhaft ist, stürzt der S auf der Treppe und verletzt sich. Stehen dem S gegen V Schadensersatzansprüche wegen positiver Vertragsverletzung zu?

F 2: Würde sich an der Rechtslage etwas ändern, wenn ein Zeitschriftenwerber stürzt, der unaufgefordert den M aufsuchen will?

A 1: Ja, da der S als Haushaltsmitglied bei M in die Schutzwirkung seines Mietvertrages eingeschlossen ist und sich deshalb auf die Vertragsverletzung durch V berufen kann.

A 2: Ja; der Zeitschriftenwerber ist nicht in die Schutzwirkung des Mietvertrages eingeschlossen, weil der M nicht durch den Mietvertrag für dessen Sicherheit sorgen wollte.

5. §§ 569 a und b

Haben Eheleute eine Wohnung gemeinschaftlich gemietet und führen sie dort einen gemeinsamen Haushalt, so wird beim Tode eines Ehepartners der Mietvertrag vom überlebenden Ehegatten allein fortgesetzt, § 569 b BGB.

Waren der überlebende Ehegatte und andere im gemeinsamen Haushalt lebende Angehörige vorher nicht Vertragspartei, treten sie beim Tode der Vertragspartei kraft Gesetzes in das Mietverhältnis ein. Sie können diesen Eintritt allerdings binnen Monatsfrist ablehnen, § 569 a Abs. 1 und 2 BGB. – Dann setzen die Erben des Verstorbenen den Mietvertrag fort, § 569 a Abs. 6 BGB.

F: V hat mit M den Mietvertrag über die von den Eheleuten M und F bewohnte Wohnung abgeschlossen. Als der M stirbt, ist V der Meinung, der Mietvertrag sei dadurch hinfällig geworden; er bietet der F jedoch an, gegen höhere Miete mit ihr einen neuen Vertrag über die Wohnung abzuschließen. Muß die F dieses Angebot annehmen, um sich die bisherige Wohnung erhalten zu können?

A: Nein; gemäß § 569 a Abs. 1 BGB tritt die F anstelle des verstorbenen M in den Mietvertrag mit V ein. Die ursprünglichen Vertragsbedingungen gelten damit zwischen V und der F weiter.

Wiederholungsfragen:

1. Der Mieter M hat seine Mutter X in der von ihm gemieteten Etagenwohnung für einige Tage zu Gast. Als die X auf der schadhaften Treppe des Hauses zu Fall kommt und von dem Vermieter V Schadensersatz fordert, macht V geltend, der Schaden an der Treppe sei von dem Hausmeister H verschuldet; H habe bisher immer ordentlich gearbeitet, so daß ihn, den V, kein Verschulden treffe. Steht dies dem Anspruch der X entgegen?

2. M hat von V im April zum 1. 6. mündlich eine Garage für die Zeit von drei Jahren gemietet; sie haben einen Mietpreis von 40,– DM monatlich vereinbart. Im Mai vermietet V dieselbe Garage an den X, der ihm monatlich 50,– DM dafür bietet. Als M am 1. 6. die Garagenschlüssel von V verlangt, verweigert dieser die Überlassung der Garage mit der Begründung, mangels schriftlicher Form sei gemäß § 125 S. 1 BGB kein gültiger Mietvertrag zustande gekommen. Ist diese Auffassung zutreffend?

3. In den §§ 569 a und b BGB sind vom Erbrecht abweichende Spezialvorschriften für den Fall enthalten, daß Eheleute eine Mietwohnung gemeinsam bewohnen und einer von ihnen stirbt. Worin unterscheiden sich die Tatbestandsvoraussetzungen der beiden Vorschriften?

A 1: Nein; aufgrund der Schutzwirkung des Mietvertrages macht die X einen Anspruch aus positiver Vertragsverletzung geltend. In diesem Zusammenhang haftet der V für ein Verschulden des H gemäß § 278 BGB ohne Entlastungsmöglichkeit.

A 2: Nein, da gemäß §§ 566 S. 2, 580 BGB die Nichtbeachtung der Schriftform bei der Raummiete (abweichend von § 125 S. 1 BGB) keine Nichtigkeit des Vertrages bewirkt.

A 3: § 569 a BGB gilt bei Mietverträgen, die der verstorbene Ehegatte allein geschlossen hatte; § 569 b BGB gilt bei Mietverträgen, die beide Ehegatten geschlossen hatten.

6. § 536

Der Vermieter wird durch § 535 S. 1 BGB verpflichtet, dem Mieter den tatsächlichen Sachgebrauch, d. h. den ungestörten Besitz an der Mietsache zu verschaffen und während der Mietzeit zu gewähren. Dazu hat der Vermieter die Sache in vertragsgemäß gebrauchsfähigem Zustand zu übergeben, § 536 BGB. – Zur Gebrauchsgewährung an der Mietsache gehört notwendigerweise auch die Gebrauchsgewährung an den Zugängen zur Mietsache und an den Versorgungsanschlüssen.

Weiter trifft den Vermieter gemäß § 536 BGB die Pflicht, die Mietsache in gebrauchsfähigem Zustand zu erhalten. – In der Praxis allerdings wird diese Pflicht meist vertraglich auf den Mieter abgewälzt (vgl. S. 163 § 10).

F: M hat von V eine Wohnung gemietet. Nach einigen Tagen zieht in eine Nachbarwohnung im selben Haus der D ein, der mehrmals in der Woche bis zum frühen Morgen mit Gästen laut feiert. Dadurch wird M um seine Nachtruhe gebracht. Mit welcher Begründung hat M gegen V einen Anspruch darauf, daß dieser den D veranlaßt, die Belästigungen einzustellen?

A: V ist gemäß §§ 535 S. 1, 536 BGB verpflichtet, dem M den vertragsgemäßen Sachgebrauch zu verschaffen. Bei der Wohnungsmiete schließt dies die Möglichkeit der Nachtruhe ein.

7. § 537

Gewährleistungsansprüche des Mieters gegen den Vermieter entstehen, wenn die Mietsache mit einem Fehler behaftet ist, der den vertragsgemäßen Gebrauch erheblich mindert oder aufhebt, § 537 Abs. 1 BGB. – Als Fehler wird, wie beim Kauf (vgl. S. 53), die ungünstige Abweichung vom vertragsgemäß geschuldeten Zustand verstanden; sie kann ihre Ursache ebenso in der Beschaffenheit der Sache selbst wie in äußeren Einwirkungen, z. B. durch Geruch, haben. Verschulden des Vermieters ist nicht erforderlich. – Abweichend vom Kaufrecht kommt es bei der Miete nicht darauf an, ob der Fehler schon bei der Übergabe vorliegt oder erst später entsteht.

Gewährleistungsansprüche treffen den Vermieter gemäß § 537 Abs. 2 BGB auch beim Fehlen oder beim Wegfall einer zugesicherten Eigenschaft der Mietsache.

Alle mietrechtlichen Gewährleistungsregeln sind ebenso Spezialvorschriften wie die Gewährleistungsregeln des Kaufrechts (vgl. S. 73).

F: Der M hat bei V eine Erdgeschoßwohnung gemietet. Er fühlt sich durch den Lärm der auf der Straße spielenden Kinder bei der Lektüre seiner Zeitung gestört. Kann er deshalb Gewährleistungsansprüche gegen V erheben?

A: Nein. Zwar handelt es sich bei dem Lärm der spielenden Kinder um eine von außen kommende Beeinträchtigung des Sachgebrauchs; sie ist jedoch unter heutigen Lebensverhältnissen als unerheblich zu bewerten, so daß für M gemäß § 537 Abs. 1 S. 2 BGB keine Gewährleistungsansprüche entstehen.

8.

Ist die Mietsache fehlerhaft, so kann der Mieter vom Vermieter gemäß § 536 BGB die Beseitigung des Mangels verlangen.

Außerdem kann er gemäß § 537 Abs. 1 S. 1 BGB i.V.m. §§ 472, 473 BGB den Mietzins insoweit mindern, als er durch den Mangel im Gebrauch der Mietsache eingeschränkt ist. Wird die Gebrauchstauglichkeit der Mietsache durch den Fehler völlig aufgehoben, so entfällt die Zahlungspflicht des Mieters. Eine spezielle Minderungserklärung des Mieters ist, im Gegensatz zum Kaufrecht, nicht erforderlich. – Eine überhöhte Minderung kann aber zum Zahlungsverzug des Mieters und damit unter Umständen zur Kündigung durch den Vermieter führen. (Einzelheiten zum Kündigungsrecht werden in Kap. V dargestellt).

Beim Fehlen einer zugesicherten Eigenschaft der Mietsache tritt dieselbe Rechtsfolge ein, § 537 Abs. 2 S. 1 BGB.

F: M bewohnt eine Neubauwohnung, für die er 330,– DM Miete zahlt. Als im Dezember die Heizung infolge eines Schadens am Brenner ausfällt, möchte M, nachdem er vom Vermieter erfolglos die Beseitigung des Mangels verlangt hat, geringere Miete zahlen. Um welchen Betrag kann er den Mietzins mindern, wenn der objektive Mietwert der Wohnung bei Vertragsschluß 300,– DM, nach Ausfall der Heizung hingegen nur noch 200,– DM beträgt? (Beachten Sie die Minderungsformel auf S. 64).

A: Gemäß §§ 537 Abs. 1, 472 BGB berechnet sich der geminderte Mietpreis (= x) nach der Formel

$$\frac{x}{330} = \frac{200}{300} \qquad x = 220,\!- \text{ DM}$$

M kann um 110,– DM mindern.

9. § 538

War ein Mangel im Sinne des § 537 BGB bereits bei Vertragsschluß vorhanden, so haftet der Vermieter auch ohne Verschulden gemäß § 538 Abs. 1 BGB auf Schadensersatz wegen Nichterfüllung. – Das gleiche gilt, wenn ein nach Vertragsschluß entstehender Mangel vom Vermieter zu vertreten ist, bzw. während seines Verzuges mit der Beseitigung des Mangels.

Der Ersatzanspruch des § 538 Abs. 1 BGB umfaßt (anders als beim Kauf, vgl. S. 66) nach herrschender Meinung auch den Ersatz von Mangelfolgeschäden.

F: Der Gärtner M mietet von V ein älteres Treibhaus. Als bei starkem Frost die Heizung besonders beansprucht wird, platzt ein Heizungsrohr. Dabei stellt sich heraus, daß die Leitung schon vor Vertragsabschluß völlig verrostet war. M verlangt von V Ersatz für seine erfrorenen Orchideen. Kann V dagegen einwenden, ihn treffe an dem Ausfall der Heizung kein Verschulden, weil die Korrosion in diesem Ausmaß unvorhersehbar gewesen sei?

A: Nein; da der Mangel schon bei Vertragsschluß vorhanden war, haftet V unabhängig von seinem Verschulden gemäß § 538 Abs. 1 BGB. Der Schadensersatzanspruch des M umfaßt nach herrschender Meinung auch den Ersatz für die erfrorenen Orchideen als Mangelfolgeschaden.

10. §§ 539, 540, 545 Abs. 2

Die Mängelhaftung des Vermieters entfällt, wenn der Mieter den Mangel beim Vertragsschluß kannte oder kennen mußte, § 539 S. 1 BGB. Grob fahrlässige Unkenntnis des Mangels schadet dem Mieter dann nicht, wenn der Vermieter die Fehlerfreiheit zugesichert oder einen Mangel arglistig verschwiegen hat, § 539 S. 2 BGB. – Außerdem entfällt die Haftung bei Unterlassung einer Anzeige des Mieters, die dem Vermieter Abhilfe ermöglicht hätte, § 545 Abs. 2 BGB.

Vertragliche Beschränkungen der Gewährleistung sind bei Arglist des Vermieters nichtig, § 540 BGB. – Bei der Wohnraummiete sind vertragliche Beschränkungen der Sachmängelhaftung des Vermieters ausgeschlossen, § 537 Abs. 3 BGB. (Im Vertragsmuster auf S. 162 § 8 ist eine unzulässige Anzeigefrist vorgesehen.)

F: M hat von V ein „garantiert trockenes" Lager gemietet, in dem er Teppiche aufbewahrt. Alsbald stellt sich jedoch heraus, daß durch das undichte Dach Wasser in den Raum tropft. Da die Teppiche des M, die zur Zeit dort lagern, schwer verkäuflich sind, wartet M mit der Benachrichtigung des V, bis die Teppiche durch die Nässe völlig verdorben sind. Dann verlangt er von V Schadensersatz. Zu Recht?

A: Nein; da M die Anzeige eines behebbaren Mangels unterlassen hat, kann er gemäß § 545 Abs. 2 BGB keinen Schadensersatzanspruch geltend machen.

11. §§ 538 Abs. 2, 547 und 547a

Hat der Mieter notwendige Ausgaben zur Erhaltung oder Wiederherstellung der Mietsache gemacht, so ist der Vermieter zum Ersatz dieser notwendigen Verwendungen verpflichtet, § 547 Abs. 1 S. 1 BGB. – Außerdem muß der Vermieter dem Mieter solche Aufwendungen ersetzen, die dieser zur Beseitigung eines Sachmangels an der Mietsache gemacht hat, nachdem der Vermieter mit der Beseitigung in Verzug geraten ist, § 538 Abs. 2 BGB.

Einrichtungen, die der Mieter mit der Mietsache verbunden hat, z. B. Wandschränke oder Gartenpflanzen, kann er wegnehmen, sofern er nicht vom Vermieter dafür angemessen entschädigt wird, § 547a BGB. (Vgl. aber S. 162 § 9 Abs. 2).

F 1: Der M läßt im Wohnraum seiner Mietwohnung eine Eßecke durch eine Holzwand abtrennen. Kann er den dafür gezahlten Betrag nach § 547 Abs. 1 BGB vom Vermieter ersetzt verlangen?

F 2: M hat von V eine Wohnung gemietet, in der er Einbauschränke installieren läßt. Im Mietvertrag heißt es, daß der Mieter im Falle der Beendigung des Mietverhältnisses nicht das Recht hat, von ihm eingebaute Einrichtungen mitzunehmen; eine Entschädigung für zurückgelassene Einbauten ist nicht vorgesehen. Als der M auszieht, möchte er die Schränke mitnehmen. Darf er das?

A 1: Nein; es handelt sich nicht um eine notwendige Ausgabe zur Erhaltung oder Wiederherstellung der Mietsache im Sinne des § 547 Abs. 1 S. 1 BGB.

A 2: Ja; da im Mietvertrag kein angemessener Ausgleich für die zurückzulassende Einrichtung vorgesehen war, ist die Vertragsklausel gemäß § 547 a Abs. 3 BGB unwirksam. M ist deshalb nach § 547 a Abs. 1 BGB zur Wegnahme der Einbauschränke berechtigt.

12. § 549

Wenn der Mieter die gemietete Sache ganz oder zu einem Teil untervermieten will, bedarf er hierzu der Erlaubnis des Vermieters, § 549 Abs. 1 S. 1 BGB. – Auf die Erteilung dieser Erlaubnis zur Untervermietung hat der Mieter von Wohnraum gemäß § 549 Abs. 2 BGB einen Anspruch, wenn sein Interesse an der Untervermietung erst nach Vertragsschluß entstanden ist, z. B. durch Wegzug eines Familienangehörigen. Insoweit besteht für den Vermieter eine gesetzlich normierte Nebenleistungspflicht.

F: Das Ehepaar M und F bewohnt gemeinsam eine Dreizimmerwohnung. Als der M stirbt, will die F wegen ihrer nur kleinen Rente ein Zimmer untervermieten. Der Vermieter verweigert jedoch seine Erlaubnis mit der Begründung, im Mietvertrag sei Untervermietung ausdrücklich ausgeschlossen. Ist V im Recht?

A: Nein; eine solche Mietvertragsklausel ist gemäß § 549 Abs. 2 S. 3 BGB unwirksam.

13.

Aus § 242 BGB ergeben sich Nebenpflichten des Vermieters:

In erster Linie trifft ihn danach eine Fürsorgepflicht gegenüber dem Mieter; der Verstoß hiergegen begründet Ansprüche aus positiver Vertragsverletzung. – Aus der Fürsorgepflicht des Vermieters folgt z. B., daß er grundsätzlich eine vorteilhafte Nutzung der Mietsache durch den Mieter dulden muß, auch wenn dazu bauliche Maßnahmen erforderlich sind, wie etwa beim Einbau von Doppelfenstern. – Dagegen ist das Recht auf Haustierhaltung des Mieters nach herrschender Meinung nicht aus der Fürsorgepflicht des Vermieters herzuleiten; die Tierhaltung bedarf demnach einer ausdrücklichen Gestattung (vgl. S. 163 § 13 Abs. 6).

Aus § 242 BGB leitet sich bei der Geschäftsraummiete die Verpflichtung des Vermieters her, nicht in unmittelbarer Nähe der Mieträume weitere Räume an ein Konkurrenzunternehmen zu vermieten; ferner muß der Vermieter an der Mietsache Werbung und Hinweise des Mieters auf sein Unternehmen dulden (vgl. S. 163 § 10 Abs. 4 S. 2).

F: M hat von V eine Altbauwohnung gemietet, in welcher keine Warmwasserbereitungsanlage vorhanden ist. M möchte deshalb in der Küche einen Elektroboiler installieren lassen. Die hierzu erforderlichen Befestigungs- und Zuleitungsarbeiten verbietet V mit der Begründung, daß auch in den anderen Wohnungen derartige Einrichtungen nicht vorhanden seien; Ausnahmen könne er nicht dulden. Ist die Weigerung des V berechtigt?

A: Nein; die Installation des Boilers ermöglicht eine vorteilhaftere Nutzung der Mietsache. Aufgrund seiner Fürsorgepflicht muß der Vermieter dies dulden, da keine schwerwiegenden eigenen Interessen entgegenstehen.

14. §§ 571 Abs. 1, 578

Ist dem Mieter ein bebautes oder unbebautes Grundstück vermietet und überlassen worden, so kann der Vermieter das Grundstück dennoch an einen Dritten veräußern. – „Überlassung" an den Mieter bedeutet in diesem Zusammenhang die Einräumung des Besitzes am Grundstück.

Wird das Grundstück nach der Überlassung veräußert, so gehen kraft Gesetzes alle Vermieterpflichten auf den neuen Grundstückseigentümer über, § 571 Abs. 1 BGB. Der zwischen dem Mieter und dem Veräußerer geschlossene Mietvertrag besteht nunmehr zwischen dem Mieter und dem Erwerber fort.

Vor der Überlassung des Grundstücks an den Mieter tritt gemäß § 578 BGB ein Erwerber nur dann in die Vermieterstellung ein, wenn er die Pflichten des Veräußerers vertraglich übernommen hat.

F: V hat dem M im März ein Grundstück zum 1. 6. vermietet, auf dem M eine Würstchenbude aufstellen möchte; bis zum 31. 5. benötigt V das Grundstück noch für eigene Zwecke. Am 15. 5. veräußert V das Grundstück an D. Als M am 1. 6. seine Bude auf dem Grundstück aufstellen will, wird ihm dies durch D untersagt. Hat M gegenüber D aus dem Mietvertrag vom März ein Recht auf die Gestattung der Sachbenutzung?

A: Nein; gemäß § 571 Abs. 1 BGB wäre der Grundstückserwerber D nur dann kraft Gesetzes in den zwischen M und V geschlossenen Mietvertrag eingetreten, wenn das Grundstück zur Zeit der Veräußerung dem M bereits überlassen gewesen wäre. Eine Pflichtübernahme des D gemäß § 578 BGB ist nicht erfolgt.

15. § 571 Abs. 2

Für Ansprüche, die dem Mieter schon vor der Veräußerung gegen den Vermieter entstanden sind, z. B. auf Schadensersatz, haftet allein der ursprüngliche Vermieter dem Mieter weiter, wie der Umkehrschluß aus § 571 Abs. 1 BGB ergibt.

Für nach der Veräußerung entstehende Ansprüche des Mieters gegen den Vermieter haftet nicht nur der Erwerber als neuer Vermieter, sondern nach Maßgabe des § 571 Abs. 2 S. 1 BGB auch der ursprüngliche Vermieter. (Die Einzelheiten der Bürgenhaftung werden in Kap. IX behandelt). – Diese Haftung kann der ursprüngliche Vermieter durch Anzeige des Eigentumsübergangs an den Mieter auf den Zeitraum bis zum nächsten Kündigungstermin beschränken, § 571 Abs. 2 S. 2 BGB.

F: M hat von V zum 1. 3. ein Lagerhaus gemietet, das nach der Zusicherung des V zur Lagerung von 50 Tonnen Baumaterial geeignet ist. Nachdem M mit der Einlagerung begonnen hat, stellt sich heraus, daß mangels Tragfähigkeit des Bodens die Lagerkapazität wesentlich geringer ist. Der dem M hierdurch entstehende Schaden beläuft sich innerhalb eines Monats auf 1 000,– DM. Am 1. 4. veräußert V das Lagerhaus an den D. Kann M den ihm für den Monat März wegen Fehlens einer zugesicherten Eigenschaft zustehenden Schadensersatzanspruch auch gegenüber D geltend machen?

A: Nein; den D kann gemäß § 571 Abs. 1 BGB nur eine nach der Veräußerung neu entstehende Vermieterhaftung treffen.

Wiederholungsfragen:

1. Die Minderung des Mietzinses kann gemäß § 537 BGB erfolgen, wenn ein Mangel der Mietsache

   ☐ bei Übergabe der Mietsache bereits vorhanden war,

   ☐ nach Übergabe der Mietsache entstanden ist,

   ☐ vom Vermieter verschuldet ist.

2. M hat von V ein Wohnhaus gemietet und bezogen. Am zweiten Tag bricht eine Stufe der Bodentreppe, weil das Holz morsch ist; M verletzt sich dabei. Gegenüber dem Schadensersatzanspruch des M beruft sich V darauf, er habe vor dem Vertragsabschluß mit M das ganze Haus von Fachleuten auf Schäden überprüfen lassen. Greift dieser Einwand gegenüber M durch?

3. M hat von V für einen Monat einen Pkw gemietet, den er für Kundenbesuche benutzt. Nach zwei Wochen veräußert V den Wagen an X. Tritt X kraft Gesetzes in die Vermieterstellung des V ein?

A 1: Minderung ist bei Mängeln zulässig, die vor oder nach der Übergabe entstehen; Verschulden des Vermieters wird in § 537 BGB nicht vorausgesetzt.

A 2: Nein; gemäß § 538 Abs. 1 BGB haftet der Vermieter für Fehler der Sache, die bei Vertragsabschluß vorhanden sind, ohne Verschulden auf Schadensersatz.

A 3: Nein; für bewegliche Sachen gilt § 571 Abs. 1 BGB nicht.

16. §§ 535 S. 2, 551, 552

Die Hauptpflicht des Mieters besteht gemäß § 535 S. 2 BGB in der Zahlung des vereinbarten Mietzinses. – Preisbindungen gibt es vor allem beim öffentlich geförderten sozialen Wohnungsbau.

§ 551 BGB sieht Mietzahlung zu Ende der Mietzeit oder nach Ablauf vereinbarter Zeitabschnitte vor; in der Praxis wird jedoch vielfach Vorauszahlung am Monatsanfang vereinbart (vgl. S. 162 § 6).

Die Zahlungspflicht wird nicht dadurch ausgeschlossen, daß der Mieter aus Gründen, die in seiner Person liegen, am Gebrauch der Mietsache verhindert ist, § 552 S. 1 BGB; gemeint ist hier jeder Grund, der im Risikobereich des Mieters entsteht. – Die Zahlungspflicht des Mieters kann sich jedoch gemäß § 552 S. 2 und 3 BGB verringern.

F: V hat dem M einen Abstellplatz für dessen Pkw gegen monatliche Zahlung von 40,– DM für ein Jahr vermietet. Nach fünf Monaten verliert M durch einen Unfall sein Fahrzeug. Für den Rest des Jahres erlaubt der V dem D, ebenfalls gegen Zahlung von 40,– DM monatlich, seinen Wagen auf dem freien Abstellplatz zu parken. Kann V von M für diese Zeit Mietzahlung verlangen?

A: Nein; zwar ist der M aufgrund der Nichtbenutzung des gemieteten Parkplatzes von seiner Zahlungspflicht gemäß § 552 S. 1 BGB nicht frei geworden, weil der Autounfall in seine Risikosphäre fällt. Es greift jedoch § 552 S. 3 BGB ein; außerdem müßte sich V gemäß § 552 S. 2 BGB anrechnen lassen, daß er von D Zahlungen in Höhe des von M geschuldeten Betrages erhalten hat.

17. § 552a

Hat der Mieter gegenüber dem Vermieter eine Schadensersatzforderung gemäß § 538 BGB, so kann er mit dieser Forderung gegenüber der Mietzinsforderung aufrechnen (§§ 387 ff. BGB) oder seine Mietzahlung zurückbehalten (§§ 273 Abs. 1, 274 BGB).

Sofern diese Rechte des Mieters durch den Mietvertrag ausgeschlossen oder eingeschränkt worden sind, kann er sie gemäß § 552a BGB nach rechtzeitiger und formgerechter Ankündigung dennoch ausüben (vgl. S. 162 § 8).

F: Der Mieter M hat seinem Vermieter V ein gebrauchtes Kinderfahrrad zum Preise von 50,– DM verkauft und übergeben; entgegen der Abrede hat der V den Kaufpreis noch nicht bezahlt. M möchte deshalb in Höhe von 50,– DM gegen die Mietforderung des V aufrechnen. Kann er das, wenn im Mietvertrag die Klausel steht: „Die Aufrechnung gegenüber der Mietzinsforderung ist ausgeschlossen"?

A: Nein; M kann wegen des vertraglichen Aufrechnungsverbotes seine Kaufpreisforderung gegen V nicht zur Aufrechnung verwenden. § 552 a BGB kommt ihm nicht zustatten, da von dieser Regelung nur Forderungen des Mieters aus § 538 BGB erfaßt werden.

18.

Soll der Mieter zu Beginn des Mietverhältnisses einen größeren Betrag an den Vermieter leisten, so kann diese Zahlung aufgrund unterschiedlicher Rechtsgeschäfte erfolgen:

Ein Baukostenzuschuß wird vereinbarungsgemäß zweckgebunden für Aufwendungen des Mieters auf die Mietsache geleistet, insbesondere für Verbesserungsarbeiten.

Die Mietvorauszahlung an den Vermieter ist demgegenüber nicht vereinbarungsgemäß zweckgebunden, da es sich um die Vorableistung des Mietzinses für eine bestimmte Zeit handelt. Häufig wird die Vorauszahlung nur auf einen Teil der jeweiligen Monatsmiete angerechnet.

Ferner gibt es das Mieterdarlehen, das aufgrund eines selbständigen Darlehensvertrages gewährt wird; die Rückzahlung kann allerdings durch Verrechnung mit Mietschulden erfolgen.

F: Als M mit V einen Mietvertrag über eine Wohnung abschließt, wird schriftlich vereinbart: „M zahlt bei Einzug in die Wohnung ohne Zweckbindung 5 000,– DM im voraus; zur Rückzahlung wird die monatliche Miete um jeweils 100,– DM herabgesetzt“. Folgt schon aus dieser Abrede, daß es sich um eine Mietvorauszahlung des M handelt?

A: Nein; auch ein Mieterdarlehen könnte durch Verrechnung mit der Mietschuld getilgt werden.

19. §§ 557a, 574 S. 1

Wird das Mietverhältnis beendet, bevor eine Mietvorauszahlung in vereinbarter Dauer „abgewohnt" ist, so besteht für den Vermieter eine Rückzahlungspflicht entsprechend der noch nicht abgelaufenen Vorauszahlungszeit, § 557a BGB.

Wird jedoch ein Grundstück vom Vermieter veräußert und das Mietverhältnis mit dem Erwerber fortgesetzt, so wirkt eine Mietvorauszahlung des Mieters gegenüber dem neuen Vermieter nur in den engen zeitlichen Grenzen des § 574 S. 1 BGB. Das bedeutet, daß der Mieter bei Fortsetzung des Mietvertrages nach Ablauf der in § 574 S. 1 BGB genannten Fristen die vertragsmäßige Miete an den neuen Vermieter zahlen muß, ohne daß ihm die bereits an den alten Vermieter geleisteten Vorauszahlungen angerechnet werden. (Wegen der Vorauszahlung muß sich der Mieter an den alten Vermieter halten).

F: M schließt mit V am 1. 4. einen Mietvertrag über eine Wohnung und zieht dort ein; er zahlt vereinbarungsgemäß die Miete für ein Jahr im voraus. Am 18. 6. teilt ein gewisser D dem M mit, daß er das Haus von V gekauft habe und nunmehr Eigentümer geworden sei. Er verlangt bald darauf von M Zahlung der Juli-Miete. Zu Recht?

A: Nein; M und V haben eine Mietvorauszahlung vereinbart. Diese ist, da M erst nach dem 15. 6. Kenntnis vom Eigentumsübergang auf D erhalten hat, gemäß § 574 S. 1 zweiter Halbsatz BGB gegenüber dem neuen Vermieter D bis zum 31. 7. wirksam. M braucht demnach die Juli-Miete nicht nochmals zu zahlen.

20.

Leistet der Mieter dem Vermieter einen Baukostenzuschuß, so kann es sich um einen abwohnbaren Baukostenzuschuß oder um einen verlorenen Baukostenzuschuß handeln:

Ein abwohnbarer Baukostenzuschuß liegt vor, wenn der vom Mieter gezahlte Betrag auf die Mietschuld angerechnet wird, so daß sich die laufenden Mietzahlungen in vorausbestimmter Höhe mindern. – Deshalb wird bei der Beendigung des Mietverhältnisses § 557 a BGB entsprechend angewendet.

Veräußert der Vermieter die Mietsache, für die der Mieter einen noch nicht „abgewohnten" Baukostenzuschuß gezahlt hat, so greift grundsätzlich § 574 BGB ein. – Die Rechtsprechung wendet jedoch diese Vorschrift dann nicht an, wenn der gezahlte Baukostenzuschuß wirklich für Arbeiten an der Mietsache verwendet und damit der Wert des Grundstücks erhöht wurde; in diesem Falle braucht der Mieter den im Baukostenzuschuß vorausgezahlten Mietbetrag an den neuen Vermieter nicht nochmals zu entrichten.

F: M hat bei V eine Neubauwohnung für eine Monatsmiete von 450,– DM gemietet. Beim Einzug zahlt M 4 500,– DM, wobei vereinbart wird, daß V mit diesem Geld den Ausbau einer Mansarde vornehmen soll. Die Zahlung des M soll auf seine Mietschuld während der nächsten 20 Monate anteilig angerechnet werden. Als V nach zwei Monaten in Geldschwierigkeiten gerät, veräußert er das Haus an D; die Mansarde ist noch nicht ausgebaut. D verlangt nach einem Monat von M volle Mietzahlung. Muß M an D die geforderte Miete zahlen?

A: Ja; da V den Baukostenzuschuß des M abredewidrig nicht für Arbeiten an der Mietsache verwendet hat, greift § 574 BGB ein, und M muß an D nach Ablauf der Frist des § 574 BGB die volle Miete zahlen.

21.

Ein verlorener Baukostenzuschuß läßt die Pflicht des Mieters zur vollen Mietzahlung unberührt.

Wird jedoch das Mietverhältnis beendet, so gilt gemäß Art. VI § 2 des Gesetzes vom 21. Juli 1961 (im Schönfelder abgedruckt als Anm. zu § 556 BGB) der Zuschuß jeweils in Höhe einer Jahresmiete durch eine vierjährige Mietdauer als abgegolten. Endet also das Mietverhältnis vor Ablauf der danach bestimmten Frist, so muß der Vermieter gemäß § 1 dieses Gesetzes den nicht ausgenutzten Teil des Baukostenzuschusses zurückzahlen.

Gemäß § 571 Abs. 1 BGB besteht diese Pflicht im Falle der Veräußerung des Mietgrundstücks auch für den Erwerber (vgl. S. 138).

F: M mietet bei V ein Wohnung, für die monatlich 350,– DM Miete zu zahlen sind; außerdem muß M beim Einzug einen verlorenen Baukostenzuschuß in Höhe von 4 200,– DM leisten. Nach fünfjähriger Mietzeit muß M die Wohnung wechseln. Kann er von V einen Teil des gezahlten Baukostenzuschusses zurückverlangen?

A: Nein; die in Art. VI § 2 des Gesetzes von 1961 vorgesehene Anrechnungszeit ist bereits seit einem Jahr verstrichen.

22. § 541 a

Abweichend von § 536 BGB wird dem Mieter häufig vertraglich die Instandhaltung der Mietsache auferlegt, zumindest soweit es sich um kleinere Reparaturen und sog. Schönheitsreparaturen zur Beseitigung von Abwohnerscheinungen handelt (vgl. S. 163 § 10).

Werden Arbeiten zur Erhaltung der Mietsache vom Vermieter ausgeführt, so muß der Mieter dies hinnehmen, § 541 a Abs. 1 BGB. – Arbeiten zur Verbesserung der Mietsache muß der Mieter insoweit dulden, als es ihm zumutbar ist, § 541 a Abs. 2 BGB (vgl. S. 163 § 11); die Zumutbarkeit wird z. B. noch beim Einbau einer Zentralheizung bejaht.

Besichtigungen der Mietsache durch den Vermieter und eventuelle Kaufinteressenten sind im Rahmen des § 242 BGB zulässig (vgl. S. 162 § 9 Abs. 1).

F: Der Vermieter V läßt in die von M gemietete Altbauwohnung ein Bad einbauen. Da für die Verlegung der Leitungen mehrere Mauerdurchbrüche erforderlich sind, muß M anschließend zwei Zimmer neu tapezieren lassen. Kann er deswegen von V Ersatz verlangen, wenn nach dem Mietvertrag Schönheitsreparaturen von ihm zu tragen sind?

A: Ja; es handelt sich nicht um Schönheitsreparaturen, sondern um Aufwendungen aufgrund von Verbesserungsarbeiten. Hierfür ist dem Mieter gemäß § 541 a Abs. 2 S. 2 BGB vom Vermieter ein angemessener Ausgleich zu zahlen.

23. §§ 545 Abs. 1, 548, 549 Abs. 3

Eine vertragsgemäße Abnutzung der Mietsache begründet keine Haftung des Mieters, § 548 BGB.

Er muß jedoch aufgrund einer Nebenpflicht gemäß § 242 BGB die Mietsache pfleglich behandeln; man spricht hier von der Obhutspflicht des Mieters. – Eine spezielle Form der Obhutspflicht ist die Anzeigepflicht bei drohender oder eingetretener Beeinträchtigung der Mietsache gemäß § 545 Abs. 1 BGB.

Bei Erfüllung dieser Pflichten sind Familienmitglieder, Angestellte und Besucher des Mieters als seine Erfüllungsgehilfen gemäß § 278 BGB anzusehen. – Nach § 549 Abs. 3 BGB hat er auch Handlungen seines Untermieters zu vertreten.

F: Bei M, der von V eine Wohnung gemietet hat, ist die Schwiegermutter S über die Weihnachtstage zu Besuch. Abends läßt sie versehentlich das Badezimmerfenster offen, so daß die Wasserleitung einfriert und platzt. Kann V von M Ersatz für den dadurch entstandenen Schaden verlangen?

A: Ja; das Offenlassen des Fensters im Winter verstößt gegen die Obhutspflicht des Mieters und begründet einen Schadensersatzanspruch des Vermieters wegen positiver Vertragsverletzung; M muß sich die Fahrlässigkeit der S gemäß § 278 BGB zurechnen lassen.

24. §§ 550, 549 Abs. 1

Der Mieter darf von der Mietsache nur den vertragsgemäßen Gebrauch machen, § 550 BGB. – Die Einzelheiten hierzu ergeben sich vielfach aus der sog. Hausordnung, welche Vertragsbestandteil ist (vgl. S. 163 § 18 und S. 164 § 22).

Unerlaubte Untervermietung ist ein gesetzlich normierter Fall des vertragswidrigen Gebrauchs, § 549 Abs. 1 S. 1 BGB.

Wird der vertragsgemäße Gebrauch vom Mieter überschritten, so hat der Vermieter gegen ihn einen Unterlassungsanspruch; Verschulden des Mieters ist hierfür nicht erforderlich. – Außerdem kann ein Kündigungsgrund vorliegen. (Einzelheiten dazu werden in Kap. V dargestellt).

F: Welche der nachstehenden Handlungen eines Wohnungsmieters verstoßen gegen seine Pflicht, den vertragsgemäßen Gebrauch der Mietsache nicht zu überschreiten, wenn der Mietvertrag keine entsprechende Verbotsklausel enthält:

a) Unentgeltliche kurzfristige Beherbergung von Verwandten,
b) Verwendung eines Wohnzimmers zu gewerblichen Zwecken,
c) Aufstellen einer Waschmaschine in der Wohnung,
d) Halten eines Hundes in der Wohnung,
e) Anbringen einer Fernsehantenne auf dem Dach,
f) Klavierspiel in der Wohnung zur normalen Zeit?

A: a) nein b) ja c) nein
d) ja e) nein f) nein

25. §§ 556, 557

Nach Beendigung des Mietverhältnisses ist der Mieter zur Rückgabe der Mietsache verpflichtet, § 556 Abs. 1 BGB; bei einer Mietwohnung erfordert dies z. B. auch Rückgabe aller Schlüssel (vgl. S. 161 § 1).

Gemäß § 556 Abs. 3 BGB entsteht ein Rückgabeanspruch des Vermieters auch gegenüber einem im Sachbesitz befindlichen Dritten, z. B. dem Untermieter, obwohl zwischen beiden kein Vertrag geschlossen wurde.

Kommt der Mieter mit der Rückgabe in Verzug, so kann der Vermieter als Entschädigung die vereinbarte oder bei Wohnraum auch die ortsübliche Miete verlangen, § 557 Abs. 1 S. 1 BGB. – Auch einen darüber hinaus entstandenen Schaden des Vermieters hat der Mieter zu ersetzen, § 557 Abs. 1 S. 2 BGB; bei verspäteter Rückgabe von Wohnraum wird die Ersatzpflicht des Mieters durch § 557 Abs. 2 BGB eingeschränkt.

F: M ist Mieter im Hause des V. Sein Mietverhältnis endet aufgrund wirksamer Kündigung des V mit dem 31. 10.; M hat seinen Wegzug ordnungsgemäß vorbereitet. Am 30. 10. erkrankt er jedoch ohne sein Verschulden so schwer, daß er die Wohnung erst Ende November verlassen kann. V hatte die Wohnung zum 1. 11. gegen höhere Miete bereits an den D vermietet. V verlangt deshalb von M

a) den Mietzins für November,

b) Ersatz für die ihm entgangenen Mehreinnahmen. Zu Recht?

A: a) Die November-Miete muß M gemäß § 557 Abs. 1 S. 1 BGB bezahlen.

b) Da den M an der verzögerten Rückgabe des Wohnraums kein Verschulden trifft, hat er den für V entstandenen Schaden gemäß § 557 Abs. 2 S. 1 BGB nicht zu vertreten.

Wiederholungsfragen:

1. Ist der Wohnungsmieter bei Veräußerung des Grundstücks durch den Vermieter nach Zahlung eines abwohnbaren Baukostenzuschusses besser gestellt als nach Zahlung einer Mietvorauszahlung in gleicher Höhe und mit gleichen Tilgungsbedingungen?

2. Welche Vorschriften gelten bei Beendigung des Mietverhältnisses für die Rückzahlung

   a) einer Mietvorauszahlung,

   b) eines abwohnbaren Baukostenzuschusses,

   c) eines verlorenen Baukostenzuschusses?

3. Der Mieter M hat Gäste eingeladen. Einer von ihnen tritt Zigarettenstummel auf dem Parkettfußboden aus, so daß Brandflecke entstehen. Mit welcher Begründung kann der Vermieter V deswegen von M Schadensersatz verlangen?

A 1: Nein; bei Veräußerung des Grundstücks gilt in beiden Fällen § 574 BGB, so daß der Mieter trotz seiner Vorauszahlung nochmals an den neuen Vermieter leisten muß. – (Wurde allerdings ein abwohnbarer Baukostenzuschuß vom Vermieter wirklich auf die Mietsache verwendet, so braucht der Mieter nicht erneut zu leisten).

A 2: a) § 557 a BGB b) § 557 a BGB analog
c) Art. VI § 2 des Gesetzes von 1961.

A 3: Die Beschädigung des Fußbodens verstößt gegen die Obhutspflicht des Mieters nach § 242 BGB. M muß sich das Verschulden des Gastes nach § 278 BGB anrechnen lassen; er haftet dem V wegen positiver Vertragsverletzung.

26. §§ 550 a, 559

Die ordnungsgemäße Erfüllung der Pflichten eines Wohnungsmieters kann gemäß § 550 a BGB nicht durch eine Vertragsstrafe (§§ 339 ff. BGB) gesichert werden. – Wohl aber steht dem Vermieter eines Grundstücks wegen seiner mietvertraglichen Ansprüche gegen den Mieter gemäß § 559 BGB das Vermieterpfandrecht zu. Es entsteht kraft Gesetzes an den eingebrachten Sachen des Mieters.

Aufgrund des Vermieterpfandrechtes kann der Vermieter – wie bei jedem Pfandrecht – die dem Pfandrecht unterliegenden Sachen des Mieters verwerten. (Die Einzelheiten sind im Sachenrecht geregelt).

F: M hat von V für die Urlaubszeit einen Pkw gemietet. Als M mit dem Wagen zurückkehrt, stellt V Beschädigungen am Fahrzeug fest und beruft sich deshalb für das im Kofferraum befindliche Gepäck des M auf sein Vermieterpfandrecht. Ist für V ein Vermieterpfandrecht entstanden?

A: Nein; gemäß §§ 559, 580 BGB kann ein Vermieterpfandrecht nur bei Grundstücks- und Raummiete entstehen, nicht bei der Miete beweglicher Sachen.

27. § 559 S. 1

§ 559 S. 1 BGB läßt das Vermieterpfandrecht nur an eingebrachten Sachen des Mieters entstehen: Eingebracht sind alle Sachen, die mit Willen des Mieters in die Mieträume verbracht werden, es sei denn, daß dies nur zu einem vorübergehenden Zweck erfolgt.

Sachen „des Mieters" sind Sachen, die im Eigentum des Mieters stehen. – Auf eingebrachte Sachen, die dem Mieter nicht gehören, z. B. weil er sie geliehen hat, erstreckt sich das Vermieterpfandrecht nicht. (Vgl. deshalb S. 162 § 7).

Gemäß § 559 S. 3 BGB entsteht das Vermieterpfandrecht nicht an solchen Sachen des Mieters, die unpfändbar sind. Einzelheiten sind in § 811 der Zivilprozeßordnung geregelt. (Die ZPO ist im Schönfelder unter Nr. 100 abgedruckt.)

F: M wohnt bei V zur Miete; sein Büro befindet sich in der Stadt. Von dort bringt er für einen Abend seine Schreibmaschine mit in die Wohnung, um noch zu arbeiten. Kann V, weil M im Mietrückstand ist, ein Vermieterpfandrecht an der Schreibmaschine geltend machen?

A: Nein; da M seine Schreibmaschine nur vorübergehend in die Mieträume gebracht hat, ist sie keine eingebrachte Sache im Sinne des § 559 S. 1 BGB.

28. §§ 560, 561

Das Vermieterpfandrecht erlischt (außer nach den im Sachenrecht für alle Pfandrechte normierten Gründen), wenn die pfandbelastete Sache vom Mietgrundstück entfernt wird. Dies gilt jedoch nicht, wenn die Entfernung ohne Wissen oder gegen ausdrücklichen Protest des Vermieters geschieht, § 560 S. 1 BGB.

Ein Widerspruch des Vermieters gegen die Entfernung der Sache ist unbeachtlich, wenn die in den Mieträumen verbleibenden Sachen des Mieters seine Forderungen decken oder die Entfernung im Rahmen einer normalen Tätigkeit des Mieters erfolgte, z. B. nach Verkauf aus einer gemieteten Lagerhalle, § 560 S. 2 BGB.

F: M ist seinem Vermieter V die Miete für zwei Monate schuldig, als er ein wertvolles Gemälde aus dem Hause bringen will. V widerspricht dem. – Nennen Sie Gründe, aus welchen der V der Wegschaffung nicht widersprechen könnte.

A: V kann der Wegschaffung gemäß § 560 S. 2 BGB nicht widersprechen, wenn die im Haus zurückbleibenden Sachen des M zur Sicherung des V ausreichen oder wenn die Entfernung aus dem Haus im Rahmen gewöhnlicher Geschäftstätigkeit des M erfolgte, z. B. weil er Kunsthändler ist.

29. § 561

Die unberechtigte Entfernung einer mit dem Vermieterpfandrecht belasteten Sache kann der Vermieter mit Gewalt verhindern, § 561 Abs. 1 BGB. Es handelt sich um einen (gegenüber der allgemeinen Regelung in § 229 BGB vereinfachten) Fall gesetzlich erlaubter Selbsthilfe.

Falls die Sachen bereits weggebracht worden sind, kann der Vermieter gemäß § 561 Abs. 2 BGB ihre Zurückschaffung verlangen, um sich das Vermieterpfandrecht zu erhalten.

F: Der Angestellte M hat hohe Mietschulden, als sein Vermieter V entdeckt, daß M einen Orientteppich, der dem Vermieterpfandrecht unterliegt, aus dem Haus schafft. Im Nachbarhaus befindet sich die Polizeiwache, von welcher V ohne Schwierigkeiten Hilfe anfordern könnte. Darf er dennoch den M persönlich daran hindern, den Teppich wegzuschaffen, wenn in den Mieträumen keine anderen Wertgegenstände verbleiben?

A: Ja; § 561 Abs. 1 BGB erlaubt die Selbsthilfe (im Unterschied zu § 229 BGB) auch dann, wenn staatliche Hilfe rechtzeitig zu erlangen wäre.

Wiederholungsfragen:

1. Das Vermieterpfandrecht kann entstehen
   - ☐ nur an wertvollen Sachen des Mieters,
   - ☐ auch an Sachen, die vorübergehend in die Mietwohnung gebracht wurden,
   - ☐ an allen eingebrachten Sachen des Mieters,
   - ☐ nur an Sachen des Mieters, die nicht ohne weiteres weggeschafft werden können,
   - ☐ an eingebrachten Sachen des Mieters, die pfändbar sind.

2. Das Pfandrecht des Vermieters entsteht bei Forderungen gegen den Mieter
   - ☐ wegen Mietrückstandes,
   - ☐ wegen gesetzlich begründeter Schadensersatzforderungen aus dem Mietvertrag,
   - ☐ wegen Schadensersatzforderungen des Vermieters aufgrund mietvertraglich normierter Tatbestände.

3. U wohnt bei M zur Untermiete. Da M mit seinen Mietzahlungen beträchtlich in Rückstand geraten ist, beruft sich der Vermieter V auf sein Vermieterpfandrecht. Darf V den U hindern, ein ihm gehörendes Tonbandgerät aus dem Hause zu bringen?

Kap. IV. Zusammenfassung

A 1: Das Vermieterpfandrecht entsteht gemäß § 559 BGB an den eingebrachten Sachen des Mieters, die pfändbar sind.

A 2: Gemäß § 559 S. 1 BGB sichert das Vermieterpfandrecht die Forderung des Vermieters „aus dem Mietverhältnis"; hierunter fallen alle genannten Forderungen.

A 3: Nein; da zwischen V und U kein Mietvertrag besteht, steht dem V kein Vermieterpfandrecht an den Sachen des U zu. Damit scheidet auch das Selbsthilferecht gemäß § 561 BGB aus.

30. Zusammenfassung

a) Kennzeichnend für den Mietvertrag ist gemäß § 535 BGB, daß der Vermieter verpflichtet ist, während der Mietzeit dem Mieter den ______________ zu überlassen, und daß der Mieter verpflichtet ist, dem Vermieter das ______________ Entgelt zu zahlen.

Mietverträge über Grundstücke und Räume, die für länger als ein Jahr gelten sollen, bedürfen gemäß § ______ S. 1 BGB der Schriftform.

Wenn Eheleute eine Wohnung gemeinsam bewohnen und einer von ihnen stirbt, gelten für die Fortsetzung des Mietverhältnisses zunächst nicht die Regeln des Erbrechts, sondern die §§ ____________ BGB.

b) Der Vermieter hat gemäß § ______ Abs. 1 und 2 BGB Gewähr zu leisten für die Fehlerfreiheit der Mietsache und für zugesicherte Eigenschaften.

Vertragliche Beschränkungen der Gewährleistung des Vermieters sind

☐ uneingeschränkt zulässig,

☐ unzulässig,

☐ bei der Wohnungsmiete unzulässig.

Die Schadensersatzpflicht des Vermieters gemäß § 538 BGB erfaßt nach herrschender Meinung auch den Ersatz von ________________ des Mieters.

A:	a) Sachgebrauch	(Inf. 6)
	vereinbarte	(Inf. 16)
	566	(Inf. 3)
	569 a und b	(Inf. 5)
	b) 537	(Inf. 7)
	Vertragliche Gewährleistungsbeschränkungen sind gemäß § 537 Abs. 3 BGB bei der Wohnungsmiete unzulässig.	(Inf. 10)
	Mangelfolgeschäden	(Inf. 9)

c) Aus § 242 BGB ergeben sich für den Vermieter Nebenpflichten; deren wichtigste ist die ______________.

Dritte, die nicht Partei des Mietvertrages sind, können in die __________ des Mietvertrages eingeschlossen sein. Dies bedeutet, daß sie analog § ____ BGB eigene Schadensersatzansprüche aus positiver Vertragsverletzung gegen den Vermieter geltend machen können.

d) Wird ein Grundstück veräußert, das dem Mieter überlassen ist, so kann der Mieter gemäß § ____ Abs. 1 BGB Ansprüche aus der Zeit vor der Veräußerung geltend machen gegen

☐ den alten Vermieter,

☐ den neuen Vermieter.

Ansprüche des Mieters, die nach der Veräußerung der Mietsache entstanden sind, kann der Mieter nach Maßgabe des § 571 Abs. __ BGB gegen den neuen Vermieter und gegen den alten Vermieter geltend machen.

A: c) Fürsorgepflicht (Inf. 13)
Schutzwirkung
328 (Inf. 4)

d) 571
Gemäß § 571 Abs. 1 BGB können alte Ansprüche nur gegen den alten Vermieter erhoben werden.
2 (Inf. 15)

e) Eine Vorauszahlung an den Vermieter wird als ____________ geleistet, wenn sie vereinbarungsgemäß für Arbeiten an der Mietsache bestimmt ist.

Bei Baukostenzuschüssen ist zwischen einem ____________ und einem ____________ Baukostenzuschuß zu unterscheiden.

Da der verlorene Baukostenzuschuß in Erwartung einer längeren Mietdauer gezahlt wird, gilt der Betrag in Höhe einer Jahresmiete erst nach ____ Jahren als getilgt (vgl. das Gesetz vom 21. 7. 1961 in der Anmerkung zu § 556 BGB im Schönfelder).

Der Mieter darf gemäß § ____ BGB von der Mietsache nur den vertragsgemäßen Gebrauch machen. Außerdem trifft ihn gemäß § ____ BGB eine Obhutspflicht für die Mietsache.

f) Das Vermieterpfandrecht entsteht nach dem Gesetzeswortlaut nur an Sachen, die im ____________ des Mieters stehen.

Sollen dem Vermieterpfandrecht unterliegende Sachen unerlaubt weggeschafft werden, so darf der Vermieter gemäß § ____ BGB Selbsthilfe üben und die Sachen in Besitz nehmen.

Kap. IV. Zusammenfassung

A:	e)	Baukostenzuschuß	(Inf. 18)
		abwohnbaren	
		verlorenen	(Inf. 20)
		vier	(Inf. 21)
		550	(Inf. 24)
		242	(Inf. 23)
	f)	Eigentum	(Inf. 27)
		561	(Inf. 28)

Zur Wissensvertiefung für den Stoff des vierten Kapitels wird empfohlen:

Esser a. a. O., §§ 68–71 (ausgenommen § 70 III),

Larenz a. a. O., § 48 I–V

Besonders wichtig sind die Vorauszahlungen an den Vermieter. Eine Übersicht über die zahlreichen hierzu verwendeten Rechtsformen gibt

Palandt, Anm. 11 vor § 535 BGB.

Zur Schutzwirkung des Mietvertrages wird auf

BGHZ 49, 350

verwiesen.

MIETVERTRAG

schen ....

.... als Vermieter

.... als Mieter

ıachstehender Vertrag abgeschlossen worden.

Unter „der Vermieter" und „der Mieter" werden im vorliegenden Vertrage sämtliche vorstehend als Mieter bzw. ·mieter beteiligten Mietparteien verstanden. Mehrere Mieter haften als Gesamtschuldner. Einseitige Rechtsgeschäfte oder ndlungen, welche vom Vermieter oder diesem gegenüber vorzunehmen sind, sind wirksam für alle Mieter, auch wenn nur einem Mieter gegenüber oder von einem derselben bewirkt werden.

Die einziehende Familie besteht aus .... Personen.

§ 1. Mieträume, Mietzeit, Mietzins

Vermietet werden an den Mieter folgende im Hause ....

....

egene Räume: .... Zimmer, ... Küche, ... Bad, ... Toilette mit Bad, ... Kammer,

.... Korridor, Diele, ... Balkon, ... Bodenraum Nr. ...., ... Kellerraum Nr. ....

.... Laden ....

Wohnräume — Gewerberäume zum Betriebe ....

die Zeit vom .... 19........ bis .... 19........,

› auf .... gegen Zahlung einer jährlichen — monatlichen — Miete von DM ....

....

ılüssel dürfen an niemanden außerhalb des Hausstandes weitergegeben werden. Die Anfertigung weiterer Schlüssel ist · mit Genehmigung des Vermieters zulässig. Sämtliche vorhandenen Schlüssel müssen beim Auszug unter Verzicht auf schädigung sofort dem Vermieter ausgehändigt werden. — Der Verlust von Schlüsseln ist dem Vermieter sofort anzugen. Jegliche Zuwiderhandlung sowie der Verlust von Schlüsseln berechtigen den Vermieter, auf Kosten des Mieters die reffenden Schlösser und sämtliche dazu vorhandenen Schlüssel zu verändern, auch Ersatzschlüssel an Stelle der abhanden kommenen anfertigen zu lassen, bzw. die Schlösser und Schlüssel durch neue zu ersetzen.

Der Anspruch des Mieters auf Übergabe der Wohnung entsteht erst nach voller Bezahlung des ersten Mietzinses.

Zieht der Mieter in den ersten drei Tagen nach dem vereinbarten Einzugstermin nicht ein, und hat er auch bis dahin ı fälligen Mietzins nicht bezahlt, so verliert er die Rechte aus diesem Vertrage. Der Vermieter ist dann berechtigt, über Wohnung anderweitig zu verfügen; jedoch ist der Mieter für den ausfallenden Mietzins schadensersatzpflichtig.

§ 2. Kündigung

Wird dieser Vertrag nicht spätestens 3 Monate und 8 Tage vor seinem Ablauf schriftlich gekündigt, so verlängert sich ne Gültigkeit jedesmal um .... Jahre, ... Monate.

§ 6. Mietzahlung, Zahlungsverzug

Mieter verpflichtet sich, Miete, Nebenabgaben usw. monatlich, und zwar

Miete	DM ....
Vorschuß für den Betrieb der Sammelheizung	DM ....
Vorschuß für den Betrieb der Warmwasserversorgung	DM ....
Vorschuß für den Betrieb der Aufzugsanlage	DM ....
....	DM ....
....	DM ....
zusammen	DM ....

im voraus am ersten Werktag jeden Monats spesenfrei an die vom Vermieter bezeichnete Stelle zu zahlen. Die Miete ist auf d Konto Nr. .... bei .... einzuzahlen. Das gleiche gilt, wenn Vorschüs gezahlt werden, für die Nachzahlung etwaiger Restbeträge. Die erste Mietrate ist bei Abschluß des Vertrages zu zahlen. Dur die Zahlung verliert der Mieter nicht das Recht, die Richtigkeit der in Ansatz gebrachten Beträge zu bemängeln. Die Belege u die Berechnung der Umlage sind beim Vermieter bzw. Hauswart einzusehen.

Zahlt der Mieter die Miete und Nebenleistungen, die als Teil des Mietzinses gelten, nicht innerhalb der angegeben Fristen, so ist der Vermieter berechtigt, die sofortige Räumung der Mieträume zu verlangen und sie sofort anderweitig vermieten. Der Mieter haftet jedoch für den Ausfall der Miete und Nebenabgaben bis zur Höhe der ursprünglichen Vertrag dauer. Durch Annahme verspäteter Zahlungen begibt sich der Vermieter nicht seines vorstehenden Rechtes.

Wenn bei Rückständen Teilzahlungen geleistet werden, ist der Vermieter berechtigt, diese nach seinem Ermessen auf c Rückstände, auch auf Kosten und Zinsen, zu verrechnen.

§ 7. Eigentum am Mobiliar

Mieter versichert, ein den gemieteten Räumen entsprechendes Mobiliar als unbeschränktes Eigentum zu besitzen. Vermie ist berechtigt, falls das bei Übergabe der Räume von dem Mieter eingebrachte Mobiliar nicht dessen unbeschränktes Eigentu ist, von dem Vertrage zurückzutreten und sofortige Räumung zu verlangen.

§ 8. Aufrechnung, Mietminderung

Der Mieter kann gegenüber der Miete und den Nebenkosten mit einer Gegenforderung nur aufrechnen oder ein Minderung oder Zurückbehaltungsrecht an der Miete und den Nebenkosten nur ausüben, wenn er dieses mindestens einen Monat v Fälligkeit der Miete und Nebenkosten dem Vermieter schriftlich angekündigt hat und sich mit seinen Zahlungsverpflichtung nicht im Rückstand befindet. Die Ausübung eines Zurückbehaltungsrechtes oder die Aufrechnung mit anderen als Ersatzford rungen wegen Mängel der Mietsache (§ 538 BGB) ist ausgeschlossen.

§ 9. Betreten der Mieträume, Beendigung der Mietzeit

Mieter verpflichtet sich, nach Kündigung dieses Vertrages — jedoch im Falle vorzeitiger Kündigung erst einen Monat v dem Tage, an welchem nach § 2 spätestens die Kündigung zu erklären ist — Interessenten in Begleitung des Vermieters od eines Beauftragten desselben den Eintritt in sämtliche Mieträume, an Werktagen von 10 bis 18 Uhr, an Sonn- und Festtag von 12 bis 15 Uhr, zur Besichtigung zu gestatten und im Falle seiner Verhinderung für die Möglichkeit des Eintritts in d Mieträume zu sorgen.

Einrichtungen, mit denen der Mieter die Räume versehen hat, kann er wegnehmen. Der Vermieter kann aber verlange daß diese Einrichtungen in den Räumen belassen werden, unter Erstattung der Kosten, die zur Herstellung einer neuen Einrichtu erforderlich wären, abzüglich eines angemessenen Betrages für die inzwischen erfolgte Abnutzung. Dem Vermieter steht d Recht auf die Einrichtung nicht zu, wenn der Mieter ein berechtigtes Interesse daran hat, sie mitzunehmen. Über die Ausübu des ihnen hiernach zustehenden Anspruchs haben sich Mieter und Vermieter so rechtzeitig zu erklären, daß Vereinbarung hierüber noch vor der Räumung getroffen werden können. Übernimmt Vermieter vom Mieter eingebaute Einrichtungen nic so hat letzterer bis zum Vertragsablauf den früheren Zustand einschl. aller hierzu erforderlichen Nebenarbeiten wied herzustellen.

Nach Räumung der Wohnung hat der Mieter dem Vermieter oder dessen Beauftragten die Wohnung besenrein n sämtlichen Schlüsseln persönlich zu übergeben, um etwaige über die normale Abnutzung hinausgehende Beschädigung festzustellen und die Kosten für deren Beseitigung zu vereinbaren. Unterbleibt diese persönliche Übergabe, so läßt der V mieter die Schäden durch Zeugen feststellen und dann auf Kosten des Mieters beseitigen.

Zieht Mieter vor Ablauf der Vertragsdauer aus, so müssen, auch wenn in den von ihm verlassenen Räumen Sachen zurü gelassen werden, die Mieträume besenrein und nebst allen dazugehörigen Schlüsseln sofort am Tage des Auszuges in al Form dem Vermieter übergeben werden. Auch steht in solchem Falle dem Vermieter das Recht zu, in den Mieträumen A besserungen in beliebigem Umfange vorzunehmen, wie auch dem neuen Mieter die Mieträume während der letzten zehn Ta vor Ablauf des Vertrages zu überlassen, ohne daß der frühere Mieter hierfür einen Nachlaß von der Miete oder Entschädigu beanspruchen darf.

§ 10. Zustand und Instandhaltung der Mieträume

Mieter erkennt an, daß ihm mit dem Einzuge die Räume in ordnungsgemäßem Zustande übergeben sind.

Der Mieter übernimmt alle während der Mietdauer erforderlichen Ausbesserungen und Erneuerungen, sowie die ordnungsmäßige Erhaltung der Mieträume ɔst Zubehör einschließlich der Jalousien, Badeeinrichtung, Spültische, Wasserhähne, Schlösser, Herde, Öfen, Fenster- und Türscheiben, Gas-, Wasser- d elektrische Leitungen, Klingelleitungen und Toilettenanlagen auf seine Kosten; ausgenommen sind solche Instandsetzungen, welche infolge einer lediglich rtragsgemäßen Benutzung erforderlich geworden sind. Die Beseitigung von Rohrverstopfungen bis zum Hauptwasserabflußrohr sowie die Reinigungsarbeiten i Renovierungen übernimmt der Mieter jedenfalls auf seine Kosten. Die Kosten der Beseitigung einer Verstopfung des Hauptwasserabflußrohres werden von n Mietern sämtlicher an der Abflußleitung angeschlossenen Wohnungen als einer Gefahrengemeinschaft getragen. Die Mieter werden nur bei schuldhafter rstopfung in Anspruch genommen und, falls sich nicht feststellen läßt, welcher Mieter die Verstopfung verschuldet hat. Die entstandenen Kosten werden nur f diejenigen Mieter verteilt, deren Wasseranschlüsse vor der Störungsstelle liegen.

Die Mieträume sind ungezieferfrei, Mieter hat dafür zu sorgen, daß sie ungezieferfrei bleiben. Sollte festgestellt werden oder Verdacht bestehen, daß in r Wohnung des Mieters Ungeziefer vorhanden ist, so ist der Mieter verpflichtet, auf seine Kosten unverzüglich durch einen anerkannten Schädlingsbekämpfer- eister die Beseitigung vornehmen zu lassen und Vermieter ein Attest des Schädlingsbekämpfer-Meisters über die restlose Austilgung des Ungeziefers einzu- chen. Geschieht das nicht, so werden die erforderlichen Maßnahmen seitens des Vermieters auf Kosten des Mieters durchgeführt, zu welchem Zweck dem rmieter und seinem Beauftragten ungehinderter Zutritt zu sämtlichen Räumen zu gewähren ist.

Mieter verpflichtet sich, alle durch ihn, seine Hausgenossen, Bediensteten, Untermieter, Haustiere usw. sowie alle bei Gelegenheit einer für ihn oder jene rsonen vorgenommenen Beförderungen von Möbeln, Geräten, Waren usw. im oder am Hause entstandenen Schäden, gleichviel, ob ihn ein Verschulden trifft er nicht, auf seine Kosten durch ordnungsmäßige Ausbesserung beseitigen zu lassen. Das gleiche gilt von den, selbst durch ordnungsmäßige Anbringung n Schildern, Schaukästen, Laternen usw. am Hause verursachten Beschädigungen. Schäden an den in den Mieträumen befindlichen Scheiben während der rtragsdauer hat Mieter zu tragen. Zerbrochene Scheiben müssen sofort durch solche vom gleichen Glase ersetzt werden.

Sollte der vertragsmäßige Gebrauch der Räume oder des Zubehörs, sei es durch Mängel, sei es durch dritte Personen, beeinträchtigt werden, so steht m Mieter ein Recht zur Minderung des Mietzinses sowie ein Anspruch auf Schadenersatz oder vorzeitige Kündigung gegen den Vermieter nur zu, wenn zterer die Beeinträchtigung arglistig verschuldet hat. Der Mieter hat weder Anspruch darauf, daß Treppenläufer gelegt werden, noch daß die etwa vor- ndenen liegen bleiben oder erneuert werden.

Im Falle notwendiger Absperrung des Wassers hat Mieter vom Vermieter keine Entschädigung zu verlangen.

§ 11. Ausbesserungen und bauliche Veränderungen

Bauliche Veränderungen und alle neuen Einrichtungen und Verbesserungen seitens des Mieters bedürfen der schriftlichen enehmigung des Vermieters. Letzterem sind die vom Mieter angebrachten Verbesserungen und beschafften Doppelschlüssel eim Auszuge unentgeltlich zu überlassen.

Vom Vermieter durchgeführte Instandsetzungsarbeiten am und im Hause, sowie bauliche Veränderungen hat der Mieter zu dulden.

Dem Mieter steht, selbst wenn diese Arbeiten seinen Mietgebrauch vorübergehend beeinträchtigen sollten, kein Anspruch uf Entschädigung, Mietminderung oder vorzeitige Kündigung zu. Vermieter oder sein Beauftragter haben das Recht, sich von em Zustande der Mieträume und Zubehör jederzeit durch Besichtigung zu überzeugen, sich von Sachverständigen oder Zeugen erbei begleiten zu lassen und die Beseitigung etwaiger Schäden anzuordnen und vornehmen zu lassen.

§ 13. Benutzung der Mieträume, Untervermietung, Tierhaltung

Mieter ist nicht befugt, die durch diesen Vertrag erworbenen Rechte ohne ausdrückliche schriftliche Genehmigung des ermieters an einen anderen abzutreten, Untervermietungen vorzunehmen oder in sonstiger Weise den Gebrauch der Miet- äume, sei es ganz oder teilweise, entgeltlich oder unentgeltlich, Dritten zu überlassen. Versagt Vermieter die etwa nachgesuchte rlaubnis zur Überlassung des Gebrauchs an Dritte, so ist Mieter deshalb nicht zur vorzeitigen Kündigung des Vertrages erechtigt. Jede im einzelnen Fall erteilte Genehmigung kann der Vermieter beim Vorliegen eines wichtigen Grundes wider- ufen.

Der Vermieter ist zur Erhebung eines angemessenen Untermietzuschlages berechtigt; gesetzlich zulässige Untermiet- uschläge sind vom Zeitpunkt der Zulässigkeit ab vereinbart und zahlbar.

In allen Fällen, in denen Vermieter die Abtretung der Rechte aus diesem Vertrage genehmigt, bleibt, auch wenn der neue Mieter die vertraglichen Verpflichtungen übernimmt, der jetzige Mieter als Gesamtschuldner mit dem neuen Mieter für sie aftbar.

Der Mieter tritt dem Vermieter schon jetzt für den Fall der Untervermietung die ihm gegen den Untermieter zustehenden orderungen nebst Pfandrecht in Höhe der Mietforderungen des Vermieters zur Sicherheit ab.

Die Mieträume dürfen zu keinem anderen, als den in § 1 angegebenen Zwecke benutzt werden. Auch die evtl. Benutzung er Mieträume für gewerbliche Zwecke bedarf der vorherigen schriftlichen Zustimmung des Vermieters. Der Mieter verpflichtet ch, in diesem Fall die preisrechtlich zulässigen Zuschläge zu zahlen.

Für jede Tierhaltung bedarf es der schriftlichen Zustimmung des Vermieters. Dieser ist berechtigt, eine erteilte Genehmigung urückzuziehen, falls das Tier sich als unrein erweisen oder zu Belästigungen der Mitbewohner des Hauses Veranlassung geben ollte. Mit der Abschaffung oder dem Tode des Tieres erlischt die einmal erteilte Zustimmung des Vermieters und ist bei der Neuanschaffung eines anderen Tieres erneut einzuholen.

§ 16. Betriebsstörungen

Für Betriebsstörungen in der Heizanlage, der Warmwasserversorgung, der Wasserleitung, des Aufzuges, der elektrischen nd Gas-Leitung sowie der Hausbeleuchtung kann Mieter weder Nachlaß an Miete noch sonstigen Ersatz fordern.

§ 17. Antennen-Anbringung

Antennen auf dem Dach und am Hause dürfen nur nach Abschluß eines Antennenvertrages*) unter Beachtung der bestehen- en Vorschriften angebracht werden, evtl. kann Vermieter verlangen, daß die Ausführung durch einen von ihm zu bestimmenden achmann erfolgt.

§ 18. Schadensersatzpflicht des Mieters

Mieter verpflichtet sich, durch Verletzung dieses Vertrages und der Hausordnung entstandene Schäden zu ersetzen.

§ 19. Räumung bei Vertragsverletzung

Wird dieser Vertrag oder die Hausordnung von seiten des Mieters, seiner Familie, Bediensteten oder Untermieter verle so kann der Vermieter ebenso wie bei erheblicher Belästigung des Vermieters, seines Beauftragten bzw. der Hausbewohner o bei unangemessenem Gebrauch der Mieträume nach schriftlicher Verwarnung und danach erfolgendem nochmaligen Vers die sofortige Räumung mit den im § 6. Abs. 2 festgesetzten Folgen verlangen.

§ 21. Vorzeitige Kündigung

Falls nach dem Gesetz das Recht auf vorzeitige Kündigung wegen Versetzung oder Ablebens des Mieters entsteht, diese Kündigung nur mit Wirkung zum nächsten 31. März bzw. 30. September zulässig und die Kündigungsfrist beträgt die in vereinbarte Frist.

§ 22. Hausordnung

Allgemeine Ordnungsbestimmungen

Der Mieter hat von den Mieträumen nur den vertragsmäßigen Gebrauch zu machen, sie sorgfältig zu reinigen und gehörig zu lüften. Jeder ruhestöre Lärm ist zu vermeiden, besonders durch lautes Türenzuschlagen, Treppenlaufen, Musizieren usw. Rundfunk- und Fernsehempfang sowie das Abspielen Schallplatten oder Tonbändern ist grundsätzlich nur in Zimmerlautstärke gestattet. In der Mittagszeit und nach 22 Uhr besteht die strikte Verpflicht zur Unterlassung jedes vermeidbaren Lärms.

Müll und Abfälle jeder Art dürfen nur in die aufgestellen Mülltonnen geschüttet werden. Es ist nicht gestattet, Müll oder Abfälle neben die Mülltonnen schütten. Sperrige Gegenstände muß der Mieter auf eigene Kosten von der Müllabfuhr abholen lassen.

Darüber hinaus sind die Mieter verpflichtet:

Zur ausreichenden Erziehung und Beaufsichtigung der Kinder.

Unterlassung des Ausschüttens und Ausgießens aus Fenstern, von Balkonen, auf Treppenfluren usw.

Beseitigung scharf- und übelriechender, leicht entzündbarer oder sonst irgendwie schädlicher Dinge.

Einholen der Genehmigung des Vermieters für Verkehr. Aufstellen und Lagern auf den gemeinschaftlich genutzten Flächen und Räumen (auch von Fahrzeu jeder Art), wofür der Mieter ggf. zuvor die behördliche Genehmigung nachsuchen muß. Das Abstellen von Mopeds, Motorrollern und Motorrädern in Wohnung oder in den Nebenräumen, einschl. Treppenhaus, Keller usw. ist nicht gestattet.

Zum Schutze der Mieter- und Vermieterrechte gegenüber Unbefugten ist das Haus im allgemeinen in der Zeit von 20 Uhr abends bis 7 Uhr morgens schlossen zu halten.

Falls der Mieter vor Ablauf des Vertrages ganz oder auch nur zeitweilig auszieht, ist er verpflichtet, die Schlüssel an den Vermieter oder an seinen Be tragten abzuliefern, und zwar auch dann, wenn er noch Gegenstände in den Räumen belassen hat, jedoch aus Anzahl oder Beschaffenheit der zur gelassenen Gegenstände die Absicht des dauernden Verlassens der Räume zu erkennen ist. In diesen Fällen ist der Vermieter im Interesse des M nachfolgers berechtigt, die Mieträume schon vor der endgültigen Räumung ausbessern zu lassen und anderweitig zu vermieten, ohne daß der Mi ein Recht hätte, deshalb die Zahlung der Miete zu verweigern oder bezahlte Miete zurückzuverlangen.

Sorgfaltspflichten des Mieters

Der Mieter ist unter anderem zu folgendem verpflichtet:

Trockenhalten und ordnungsmäßige Behandlung der Fußböden; diese ist so vorzunehmen, daß keine Schäden entstehen. Eindruckstellen sind durch zw entsprechende Untersätze zu vermeiden.

Vermeidung von Beschädigungen der Gas-, Be- und Entwässerungsanlagen, elektrischen Anlagen und sonstigen Hauseinrichtungen, von Verstopfungen Gas- und Entwässerungsanlagen,

sofortiges Melden von Störungen an solchen Einrichtungen,

ordnungsgemäßes Verschlossenhalten der Türen und Fenster bei Unwetter, Nacht und Abwesenheit,

die Befreiung der Balkone von Schnee und sonstigen ungewöhnlichen Belastungen (Brennstoffen usw.), das Reinigen von Kellerlichtschächten und -fenst soweit solche etwa innerhalb des Mieterkellers liegen, im gleichen Falle das ordnungsgemäße Lüften der Keller und Böden in dem Umfange, wie dies für gesamten Hauskeller und -boden erforderlich ist, ebenso das Fensterschließen bei Nacht, Kälte oder Nässe,

die Unterlassung jeglicher Veränderungen der Mietsache, sofern nicht der Vermieter seine schriftliche Genehmigung dazu erteilt, insbesondere die Un lassung von Veränderungen an den Installationen einschließlich der elektrischen Leitungen und das Einschlagen von Nägeln (Schrauben), Haken usw. Holzverkleidungen aller Art,

die genaue Beachtung der dem Vermieter abzufordernden Sondervorschriften für die Bedienung von Aufzügen, Warmwasserbereitern, Feuerungsstellen u sorgfältige Aufbewahrung und Behandlung aller Schlüssel und Zubehörteile,

das ausreichende Heizen, Lüften und Zugänglichmachen der Mieträume sowie das Zusperren der Zapfhähne, besonders bei vorübergehender Wassersp auch während längerer Abwesenheit des Mieters.

Alle wasserführenden Objekte sind stets frostfrei zu halten.

Bei starkem Frost ist die Wasserleitung sachgemäß zu entleeren. Der Mieter hat daneben für die Entleerung der Toilettenbecken, Abortspülkästen sonstiger Einrichtungen zu sorgen.

Der Mieter hat während der Heizperiode Türen und Fenster auch von unbeheizten Räumen gut verschlossen zu halten. Notwendiges Lüften darf nicht Durchkältung der Räume führen. Bei Frost dürfen die Ventile zur Vermeidung des Einfrierens nicht auf „kalt" stehen.

Abwesenheit entbindet den Mieter nicht von den zu treffenden Frostschutzmaßnahmen.

Reinigung der Treppen und des Hausflures

Der Mieter übernimmt die Verpflichtung, die Treppenreinigung von seinem Podest abwärts bis zum nächsten Podest — im Erdgeschoß des Hausflures kostenlos und ohne Anspruch auf Mietminderung zu übernehmen. Von dieser Verpflichtung ist er nur dann und solange entbunden, soweit ein Hauswa zur Verfügung steht. Die Erfüllung dieser Pflichten trifft den Mieter auch dann, wenn der Hauswart durch Urlaub oder Krankheit seinen Dienst nicht ausü oder sich im Streik befindet.

Brandschutz-Bestimmungen

Alle allgemeinen technischen und behördlichen Vorschriften, besonders die der Bauaufsichtsbehörde und Feuerlöschpolizei, sind zu beachten.

Der Mieter ist verpflichtet, die Feuerstätten in seinen Mieträumen in brandsicherem Zustand (auch frei von Asche und Ruß) zu halten.

Die regelmäßige Reinigung der Feuerstätten bis zur Schornsteineinführung obliegt dem Mieter auf seine Kosten.

Veränderungen an den Feuerstätten nebst Abzugrohren sind nur mit Genehmigung des Vermieters und der zuständigen Behörden sowie der zuständig Schornsteinfegermeister zulässig. Es dürfen nur diejenigen Brennmaterialien verwendet werden, die zur Beheizung geeignet und zugelassen sind. In Mieträumen sollen Brennstoffe nicht aufbewahrt werden. An und unter den Feuerstellen sind die Fußböden ausreichend zu schützen.

Der Vermieter ist berechtigt, zum Schutz gegen Feuersgefahr die Böden vom Eintritt der Dunkelheit an bis zum Morgen durch besonderen Verschluß je Benutzung zu entziehen.

Heiße Asche darf nicht in die Mülltonnen entleert werden. Sie muß vorher mit Wasser abgelöscht werden. Waschen mit feuergefährlichen Mitteln in Miet-, Boden- und Kellerräumen ist verboten. Bei Ausbruch eines Brandes oder einer Explosion — gleich welcher Art — ist der Vermieter sofort zu ständigen.

Der Mieter hat das Reinigen der in seinen Mieträumen endenden Schornsteinrohre dem Schornsteinfeger zu gestatten.

Alle Gasleitungen und -installationen sind ständig auf Dichtigkeit zu überwachen. Bei verdächtigem Gasgeruch sofort Hauptabsperrhähne schließen Klempner oder Störungsstelle der Gaswerke benachrichtigen! — Bei längerer Abwesenheit des Mieters ist der Absperrhahn am Gaszähler zu schließen.

Kapitel V

DIE MIETE

Beendigung des Mietverhältnisses

Pacht, Leasing, Leihe und Darlehen

Für die Beendigung des Mietverhältnisses bestehen Sondervorschriften in dem Gesetz über den Kündigungsschutz für Mietverhältnisse über Wohnraum (WoKSchG, im Schönfelder abgedruckt unter Nr. 30). Dieses Gesetz ist bis zum 31.12.1974 befristet. – Für die Folgezeit lag bei Abfassung des Programmtextes der Entwurf der Bundesregierung eines Zweiten Gesetzes über den Kündigungsschutz für Mietverhältnisse über Wohnraum vor (Drucksache 7/2011 des Deutschen Bundestages): Nach Art. 1 dieses Entwurfs soll ein Teil des WoKSchG in die §§ 564 b und 565 Abs. 3 des BGB übernommen werden. Der Art. 2 des Entwurfs gilt für Mietverträge auf bestimmte Zeit, und Art. 3 sieht ein Gesetz zur Regelung der Mieterhöhung vor. – Im folgenden Kapitel sind den Hinweisen auf das WoKSchG die entsprechenden Regeln des Entwurfs kursiv und in Klammern hinzugefügt.

Inhaltsübersicht:

1. §§ 564 Abs. 2, 564 a Abs. 1

Für die Beendigung des Mietverhältnisses ist zu unterscheiden, ob der Mietvertrag auf bestimmte oder auf unbestimmte Dauer abgeschlossen wurde. – (Das Mietverhältnis auf bestimmte Dauer wird ab Inf. 18 behandelt).

Ein Mietverhältnis auf unbestimmte Dauer wird durch Kündigung beendet. Die Kündigung kann sowohl vom Mieter als auch vom Vermieter erklärt werden, § 564 Abs. 2 BGB.

Grundsätzlich bedarf die Kündigung keiner Form. – Abweichend hiervon ist für den wichtigen Fall der Kündigung eines Mietverhältnisses über Wohnraum durch § 564 a Abs. 1 BGB die Schriftform vorgeschrieben; die Regelung ist zwingend.

F: V will dem M, der von ihm eine Wohnung gemietet hat, kündigen. Er schiebt ihm deshalb einen Brief mit der Kündigung unter der Wohnungstür hindurch. M weigert sich auszuziehen, weil die Kündigung des V nicht, wie im Mietvertrag vereinbart, durch eingeschriebenen Brief erfolgt sei. Ist M im Recht?

A: Nein; die vertraglich nicht abdingbare Schriftform nach den §§ 564 a Abs. 1, 126 BGB ist durch den Brief des V gewahrt.

2. Art. 1 § 1 Abs. 3 WoKSchG
(§ 564 b Abs. 3 BGB)

Der Mieter kann das Mietverhältnis ohne Angabe von Gründen kündigen. – Auch der Vermieter braucht grundsätzlich keinen Kündigungsgrund anzugeben.

Im Fall der Kündigung einer Wohnraummiete soll jedoch der Vermieter gemäß § 564 a Abs. 1 S. 2 BGB die Kündigungsgründe anführen. – Bedeutung erhält dies vor allem, wenn die Wirksamkeit einer Wohnraumkündigung im Prozeß umstritten ist. Dann gilt Art. 1 § 1 Abs. 3 WoKSchG: Der Vermieter kann sich im Prozeß nur auf die im Kündigungsschreiben angeführten Gründe berufen, sofern nicht ein Grund nachträglich entstanden ist.

F: M hat von V ein leerstehendes Grundstück in der Innenstadt gemietet und verkauft dort Gebrauchtwagen. Nach einem Jahr erhält er von V ein Schreiben, in welchem das Mietverhältnis ohne Angabe von Gründen gekündigt wird. Verstößt ein solches Kündigungsschreiben gegen gesetzliche Vorschriften?

A: Nein; nur bei der Kündigung von Mietverhältnissen über Wohnraum sollen im Kündigungsschreiben die Gründe angeführt werden, § 564 a Abs. 1 S. 2 BGB.

3. Art. 1 § 1 Abs. 1 und 2 WoKSchG
(§ 564 b Abs. 1 und 2 BGB)

Darüber hinaus sind die Gründe der Kündigung einer Wohnraummiete durch den Vermieter auch materiellrechtlich von Bedeutung: Eine Kündigung durch den Vermieter ist nur dann wirksam, wenn er an der Beendigung des Mietverhältnisses ein berechtigtes Interesse hat, Art. 1 § 1 Abs. 1 WoKSchG.

Als Beispiele für berechtigte Interessen des Vermieters hebt Art. 1 § 1 Abs. 2 WoKSchG die erhebliche Pflichtverletzung des Mieters hervor sowie den Eigenbedarf des Vermieters und sein Streben nach angemessener wirtschaftlicher Ausnutzung des Grundstücks, z. B. durch eine Neubebauung.

Hingegen begründet der Wunsch nach Vermietung derselben Wohnung zum höheren Preis nach Maßgabe von Art. 1 § 1 Abs. 2 Nr. 3 S. 2 WoKSchG kein berechtigtes Interesse des Vermieters; dasselbe gilt gemäß S. 3 dieser Vorschrift, wenn die Mietwohnung in eine Eigentumswohnung umgewandelt und veräußert werden soll.

F: V hat die Wohnung im Erdgeschoß seines Hauses an M vermietet. Als er für die Instandhaltung seines Gartens den R gewinnen will, ist dieser nur gegen Überlassung der Erdgeschoßwohnung hierzu bereit. V kündigt deshalb dem M schriftlich und unter ausführlicher Darlegung dieser Gründe. Ist die Kündigung wirksam?

A: Nein, da die Instandhaltung des Gartens durch einen Mieter nicht als berechtigtes Interesse des Vermieters anzusehen ist. Der Sachverhalt steht den in Art. 1 § 1 Abs. 2 WoKSchG genannten Beispielen des berechtigten Eigenbedarfs oder der angemessenen wirtschaftlichen Verwertung des Grundstücks zu fern.

4. Art. 1 §§ 1 Abs. 4, 3 Abs. 1 WoKSchG
(Art. 3 Zweites WoKSchG)

Wird eine Kündigung mit dem Angebot verbunden, anschließend einen neuen Mietvertrag mit dem bisherigen Mieter abzuschließen, so spricht man von einer Änderungskündigung. Sie ist grundsätzlich zulässig.

Bei der Wohnraummiete jedoch ist die Änderungskündigung zum Zwecke der Mieterhöhung ausgeschlossen, Art. 1 § 1 Abs. 4 WoKSchG. – Stattdessen kann der Vermieter gemäß Art. 1 § 3 Abs. 1 WoKSchG nach jeweils einjähriger Mietdauer vom Mieter die Zustimmung zu einer Mieterhöhung bis zur Höhe der sog. Vergleichsmiete verlangen. Die Vergleichsmiete bemißt sich nach der durchschnittlichen Miethöhe für vergleichbare Mietobjekte.

F: M hat von V Büroräume in der Innenstadt gemietet. V kündigt das Mietverhältnis und bietet dem M an, im unmittelbaren Anschluß an den beendeten Vertrag gegen eine um 30% höhere Miete mit ihm einen neuen Mietvertrag abzuschließen. Ist die Kündigung des V wirksam?

A: Ja; eine Änderungskündigung zum Zwecke der Mieterhöhung ist nur bei der Wohnraummiete gemäß Art. 1 § 1 Abs. 4 WoKSchG ausgeschlossen.

5. § 565

Im Hinblick auf Kündigungsgründe und Kündigungsfristen sind drei Arten der Kündigung zu unterscheiden: die ordentliche Kündigung, die fristlose Kündigung und die vorzeitige Kündigung. – (Die fristlose Kündigung wird ab Inf. 11, die vorzeitige Kündigung in Inf. 22 behandelt):

Die ordentliche Kündigung ist für beide Seiten an die Einhaltung einer Kündigungsfrist gebunden. Diese bestimmt sich nach § 565 BGB oder nach dem Mietvertrag (vgl. S. 161 § 2). – Die wichtigsten Kündigungsfristen sind für die Wohnraummiete in § 565 Abs. 2 BGB, für die Geschäftsraummiete in § 565 Abs. 1 Nr. 3 zweite Hälfte BGB enthalten.

Bei der Wohnraummiete muß für die ordentliche Kündigung durch den Vermieter außerdem als Kündigungsgrund ein berechtigtes Interesse an der Beendigung des Mietverhältnisses bestehen.

F: M wohnt bei V zur Miete. Nach sechs Jahren möchte ihm V wegen berechtigten Eigenbedarfs kündigen. Er fragt seinen Rechtsanwalt, wann er dem M kündigen muß, damit das Mietverhältnis zum 31. 12. endet.

A: Gemäß § 565 Abs. 2 S. 1 und 2 BGB muß V spätestens am dritten Werktag des Juli kündigen.

6. § 556a Abs. 1

Wenn der Vermieter von Wohnraum aus berechtigtem Interesse und unter Wahrung von Form und Frist die ordentliche Kündigung erklärt hat, kann der Mieter Widerspruch mit dem Ziel der Vertragsfortsetzung einlegen, § 556a BGB:

Der Widerspruch ist begründet, wenn die Beendigung des Mietverhältnisses für den Mieter, in Abwägung mit den Interessen des Vermieters, eine ungerechtfertigte Härte darstellt, § 556a Abs. 1 S. 1 und 3 BGB. – In der Rechtsprechung findet sich zum Begriff der „ungerechtfertigten Härte" eine umfangreiche Kasuistik, weil es auf den Einzelfall ankommt. Als gesetzlich geregelter Fall ist in § 556a Abs. 1 S. 2 BGB bestimmt, daß eine unzumutbare Härte auch dann vorliegt, wenn zumutbarer Ersatzwohnraum fehlt.

F: Liegt nach Ihrer Meinung eine ungerechtfertigte Härte vor, wenn der Vermieter wegen Eigenbedarfs infolge der Geburt von Zwillingen gekündigt hat

a) ☐ einem vierzigjährigen Mieter, für den nach zwanzigjähriger Mietdauer der Umzug in ein entferntes Stadtgebiet den Abbruch aller bisherigen persönlichen Kontakte mit sich bringt,

b) ☐ einem Mieter, der wegen hohen Alters gebrechlich ist,

c) ☐ einem Mieter, für dessen Kind der Umzug in ein entferntes Stadtgebiet eine Umschulung kurz vor dem Schulabschluß notwendig machen würde,

d) ☐ einem Mieter, der nach einem Umzug die ihm jetzt aus Untervermietung zufließenden Einnahmen verlieren würde.

A: Die Rechtsprechung hat in Sachverhalten, die den unter b) und c) genannten vergleichbar sind, eine ungerechtfertigte Härte bejaht.

7. § 556 a Abs. 5 und 6

Der Widerspruch muß schriftlich erklärt werden, § 556 a Abs. 5 S. 1 BGB.

Ferner muß der Mieter den Widerspruch fristgemäß erklären; das bedeutet, daß das Widerspruchsschreiben mindestens zwei Monate vor Beendigung des Mietverhältnisses dem Vermieter zugegangen sein muß, § 556 a Abs. 6 S. 1 BGB. – Die Widerspruchsfrist verlängert sich bis zum ersten Prozeßtermin, wenn der Vermieter entgegen § 564 a Abs. 2 BGB den Mieter im Kündigungsschreiben nicht auf das Widerspruchsrecht hingewiesen hat, § 556 a Abs. 6 S. 2 BGB. Dies gilt auch, wenn der Hinweis des Vermieters sich nicht gemäß § 564 a Abs. 2 BGB auf die Form- und Fristgebundenheit des Widerspruchs erstreckt hat.

F: V hat seinem Mieter M wirksam gekündigt. Da die Frau des M schwer erkrankt ist, schickt M dem V fristgemäß ein Schreiben, in welchem er der Kündigung widerspricht. Allerdings hat M vergessen, den Brief zu unterschreiben. Ist sein Widerspruch wirksam erklärt?

A: Nein; in § 556a Abs. 5 S. 1 BGB ist Schriftform für den Widerspruch vorgeschrieben; dies erfordert nach § 126 Abs. 1 BGB die eigenhändige Unterschrift.

8. § 556c

Die mit dem Widerspruch erstrebte Fortsetzung des Mietvertrags kann zwischen den Vertragsparteien vereinbart werden; ebenso kann die Fortsetzung aufgrund einer Fortsetzungsklage des Mieters bzw. einer erfolglosen Räumungsklage des Vermieters durch Urteil ausgesprochen werden, § 556a Abs. 3 S. 1 BGB.

Ist für den Vermieter nur eine Fortsetzung des Mietverhältnisses zu geänderten Bedingungen zumutbar, d. h. gegen höhere Miete, so erfolgt die Vertragsfortsetzung zu den neuen Bedingungen, § 556a Abs. 2 S. 2 BGB. Dies verstößt nicht gegen das Verbot der Änderungskündigung in Art. 1 § 1 Abs. 4 WoKSchG, weil die Mieterhöhung nicht aufgrund der Kündigung, sondern aufgrund des Widerspruchs eintritt.

Die abermalige Fortsetzung eines für bestimmte Dauer fortgesetzten Mietverhältnisses ist nur wegen ganz besonderer Umstände möglich, § 556c Abs. 1 BGB. – Wurde dagegen das Mietverhältnis auf unbestimmte Zeit fortgesetzt, so ist gegen eine neue Kündigung des Vermieters erneuter Widerspruch zulässig, § 556c Abs. 2 BGB.

F: Der Wohnungsmieter M hat gegen die Kündigung seines Mietverhältnisses durch den Vermieter V begründeten Widerspruch eingelegt. Allerdings können sich V und M nicht über die Bedingungen einigen, unter denen das Mietverhältnis fortgesetzt werden soll. Welche Möglichkeit hat der M, um eine Vertragsfortsetzung zu erreichen?

A: M kann seinen Anspruch auf Vertragsfortsetzung gemäß § 556 a Abs. 1 BGB gegen V einklagen und die neuen Vertragsbedingungen durch Urteil festsetzen lassen, § 556 a Abs. 3 S. 1 BGB.

9. §§ 565 b–e

Sonderregeln gelten für die sog. Werkswohnungen. – Dabei ist zu unterscheiden, ob neben einem Arbeitsvertrag auch ein Mietvertrag abgeschlossen wurde, oder ob nur ein Arbeitsvertrag vorliegt, bei dem die Überlassung einer Wohnung zu den Pflichten des Arbeitgebers gehört.

Ist eine Wohnung dem Mieter mit Rücksicht auf sein Arbeitsverhältnis vermietet worden, so besteht neben dem Arbeitsvertrag ein selbständiger Mietvertrag. Wegen der wirtschaftlichen Verknüpfung beider Verträge stellt jedoch die Beendigung des Arbeitsverhältnisses einen Kündigungsgrund für den Mietvertrag dar, §§ 565 b und c BGB. – Auch in diesem Falle besteht ein Widerspruchsrecht des Mieters, allerdings eingeschränkt durch das Interesse des Arbeitgebers an der Werkswohnung, § 565 d Abs. 1 und 3 BGB.

Ist Wohnraum einem Arbeitnehmer unmittelbar aufgrund seines Arbeitsvertrages und ohne Mietvertrag überlassen worden, so besteht nach § 565 e BGB für den Arbeitnehmer bei Beendigung des Arbeitsvertrages hinsichtlich der Wohnung ein Widerspruchsrecht, sofern es sich um eine Familienwohnung handelt oder der Bewohner die Räume überwiegend selbst ausgestattet hat.

F: Der M ist bei V als Fabrikpförtner angestellt; V hat ihm deshalb eine Wohnung in einem ihm gehörenden Haus vermietet. Als M seine Anstellung als Pförtner von sich aus beendet, kündigt V das Mietverhältnis. M widerspricht der Kündigung form- und fristgerecht, weil er keine Ersatzwohnung bekommen kann. Ist der Widerspruch des M begründet? (Beachten Sie § 565 d BGB.)

A: Nein; § 556 a Abs. 1 BGB, der eine fehlende Ersatzwohnung als Widerspruchsgrund anerkennt, ist im vorliegenden Falle gemäß § 565 d Abs. 3 Nr. 2 BGB nicht anwendbar, weil M sein Arbeitsverhältnis von sich aus beendet hat.

10.

Sonderregeln, durch welche viele Mieterschutzvorschriften ausgeschaltet werden, gelten, wenn der Wohnraum überwiegend vom Vermieter ausgestattet und dem Mieter nicht für den dauernden Gebrauch durch eine Familie überlassen wurde, also insbesondere für möbliert wohnende Untermieter: *(Nach dem Entwurf für ein Zweites WoKSchG ist es jedoch erforderlich, daß dieser Wohnraum Teil der vom Vermieter selbst bewohnten Wohnung ist.)*

Die Kündigung bedarf nicht der Schriftform und nicht der Angabe von Kündigungsgründen, § 564 a Abs. 3 BGB. Es gelten kürzere Kündigungsfristen, § 565 Abs. 2 S. 3 und Abs. 3 BGB. Die Kündigung setzt kein berechtigtes Interesse des Vermieters voraus; außerdem sind Änderungskündigungen statthaft, Art. 1 § 4 Abs. 2 WoKSchG. Ein Widerspruch des Mieters gegen die Kündigung ist nicht zulässig, § 556 a Abs. 8 BGB.

Wurde eine Wohnung nur zum vorübergehenden Gebrauch vermietet, z. B. für einen Kuraufenthalt, so setzt die Kündigung des Vermieters gemäß Art. 1 § 4 Abs. 2 WoKSchG kein berechtigtes Interesse voraus. Außerdem können gemäß § 565 Abs. 2 S. 3 BGB verkürzte Kündigungsfristen vereinbart werden.

F: Der Student M hat bei der Witwe V ein möbliertes Zimmer gemietet. Als sich bald darauf für die V Gelegenheit bietet, das Zimmer zu wesentlich höherem Preis zu vermieten, kündigt sie dem M. Kann sich M demgegenüber auf Art. 1 § 1 Abs. 2 Nr. 3 WoKSchG berufen, wonach die Wohnraummiete nicht wegen höherer Mieteinnahmen gekündigt werden darf?

A: Nein; die Anwendbarkeit dieser Vorschrift ist gemäß Art. 1 § 4 Abs. 2 WoKSchG für das Mietverhältnis des M ausgeschlossen, weil M allein ein möbliertes Zimmer bewohnt.

Wiederholungsfragen:

1. Bei der Wohnraummiete ist für die Kündigung des Mietverhältnisses durch den Vermieter erforderlich, daß dieser ein ____________________ geltend machen kann. Dies ergibt sich aus Art. 1 § 1 Abs. 1 WoKSchG.

2. Der Vermieter V hat dem Wohnungsmieter M gekündigt und sich im Kündigungsschreiben darauf berufen, daß er zur angemessenen wirtschaftlichen Ausnutzung die Wohnung in ein Büro umwandeln wolle. M legt gegen die Kündigung ordnungsgemäß Widerspruch ein und verklagt den V auf Vertragsfortsetzung. Im Prozeß beruft sich V zusätzlich darauf, daß seine Tochter am nächsten Tag heirate und deshalb Eigenbedarf bestehe. Kann V dies als Begründung für die seinerzeitige Kündigung anführen?

3. Der unverheiratete M mietet von V zwei in dessen Wohnung liegende möblierte Zimmer. Ein halbes Jahr nach dem Einzug heiratet er; seine Frau zieht in die Zimmer mit ein. Bald darauf kündigt V dem M mündlich und ohne Angabe von Gründen. Ist diese Kündigung wirksam?

A 1: berechtigtes Interesse

A 2: Ja; sofern der Eigenbedarf erst nach der Kündigung entstanden ist, kann sich V auch noch im Prozeß über die Kündigung darauf berufen, Art. 1 § 1 Abs. 3 WoKSchG.

A 3: Ja; V hat die von ihm möblierten Zimmer dem Einzelmieter M überlassen, also nicht zum „dauernden Gebrauch für eine Familie", wie dies in § 565 Abs. 3 vorausgesetzt wird, damit gemäß § 564 a Abs. 3 BGB die Kündigung schriftlich und unter Angabe von Gründen erfolgen muß. Daß der M nach Überlassung der Zimmer eine Familie gegründet hat, ändert hieran nichts.

11. § 554 b

Die fristlose Kündigung beendet das Mietverhältnis ohne Einhaltung einer Kündigungsfrist. – (Zu den Fristen bei der ordentlichen Kündigung vgl. S. 170).

Die fristlose Kündigung kann sowohl vom Vermieter als auch vom Mieter erklärt werden. – Die Kündigungsgründe ergeben sich entweder aus dem Mietvertrag oder aus dem BGB. – Bei der Wohnraummiete berechtigen allerdings gemäß § 554 b BGB andere als die gesetzlichen Gründe nicht zur fristlosen Kündigung.

F: V hat dem M Büroräume im vierten Stock seines Hauses vermietet. Im Mietvertrag ist vereinbart, daß M täglich das gesamte Treppenhaus zu reinigen hat; andernfalls soll der Vermieter zur fristlosen Kündigung berechtigt sein. Das BGB kennt keinen derartigen Grund zur fristlosen Kündigung. – Ist die zwischen V und M getroffene Kündigungsvereinbarung gültig?

A: Ja, da es sich um eine Geschäftsraummiete handelt. § 554 b BGB schließt andere als die gesetzlichen Kündigungsgründe nur bei der Wohnraummiete aus.

12. § 553

Die gesetzlichen Gründe, die den Vermieter zur fristlosen Kündigung berechtigen, werden in den Inf. 12–14 behandelt:

Ein Grund zur fristlosen Kündigung ist gemäß § 553 BGB ein trotz Abmahnung fortgesetzter vertragswidriger Gebrauch der Mietsache, der eine erhebliche Verletzung der Vermieterrechte mit sich bringt. (Zur Mieterpflicht des vertragsgemäßen Gebrauchs der Mietsache vgl. S. 149).

Da die Einzelheiten des vertragsgemäßen Gebrauchs vertraglich vereinbart werden, entsteht durch § 553 BGB auch bei der Wohnraummiete ein weiter Bereich, in welchem eine fristlose Kündigung auf vereinbarter Grundlage möglich ist.

F: Während des langwierigen Umbaus seines Stadtbüros verlegt der Steuerberater M seine Praxisgeschäfte in die private Mietwohnung am Stadtrand. Trotz einer Abmahnung des Vermieters V beschäftigt M sein Büropersonal in der Wohnung und empfängt dort täglich zahlreiche Klienten. Kann V dem M fristlos kündigen?

A: Ja; da die Verwendung der Wohnung als Geschäftsraum einen vertragswidrigen Gebrauch im Sinne des § 553 BGB darstellt. Der tägliche Aufenthalt von Büropersonal und zahlreichen Besuchern ist als erhebliche Verletzung der Rechte des V anzusehen; die Abmahnung des V hat M nicht befolgt.

13. § 554

Ein weiterer gesetzlicher Grund zur fristlosen Kündigung durch den Vermieter ist Zahlungsverzug des Mieters. – Die Verzugsvoraussetzungen bestimmen sich zunächst nach den allgemeinen Vorschriften der §§ 284 ff. BGB; außerdem gelten folgende Sonderregeln:

Der Zahlungsverzug muß gemäß § 554 Abs. 1 Nr. 1 BGB für zwei aufeinanderfolgende Zahlungstermine entweder in voller Miethöhe vorliegen oder zumindest für einen nicht unerheblichen Teil des Mietzinses. Gemäß § 554 Abs. 2 Nr. 1 BGB ist bei der normalen Wohnraummiete erst der Betrag als erheblich anzusehen, der eine Monatsmiete übersteigt.

Außerdem ist die fristlose Kündigung gemäß § 554 Abs. 1 Nr. 2 BGB zulässig, wenn der Mietrückstand während mehrerer Zahlungstermine entstanden ist und insgesamt einen Betrag in Höhe von zwei Monatsraten erreicht hat.

Nach § 554 Abs. 1 S. 2 BGB kann ein einmal entstandener Kündigungsgrund nur durch vollständige Tilgung des rückständigen Betrages beseitigt werden.

F: M hat weder am 1. 10. noch am 1. 11. die für Oktober und November fällige Miete gezahlt. Am 16. 11. überweist er dem Vermieter V eine Monatsmiete. Dieser kündigt ihm am 18. 11. wegen Zahlungsverzuges fristlos. Ist die Kündigung wirksam?

A: Ja; M befindet sich gemäß § 284 Abs. 2 S. 1 BGB seit dem 2. 11. mit zwei aufeinanderfolgenden Monatsraten in Zahlungsverzug. Gemäß § 554 Abs. 1 S. 2 BGB könnte der damit entstandene Kündigungsgrund nur durch vollständige Tilgung des rückständigen Betrages beseitigt werden.

14. § 554 a

Schließlich kann gemäß § 554 a BGB der Vermieter von Räumen dem Mieter aus wichtigem Grund fristlos kündigen, d. h. wenn für ihn die Fortsetzung des Mietverhältnisses unzumutbar geworden ist. Voraussetzung ist, daß der Mieter schuldhaft seine Verpflichtungen verletzt hat. – Gesetzlich hervorgehoben wird der Fall, daß der Mieter den Hausfrieden nachhaltig stört. Die Einzelheiten zur Wahrung des Hausfriedens werden meist vom Vermieter in einer „Hausordnung" festgelegt, die Bestandteil des Mietvertrages ist (vgl. S. 164).

F: M wohnt in einem großen Wohnhaus des V zur Miete. Wegen eines Verkehrsunfalls kommt es zwischen M und V zu einem langwierigen Rechtsstreit, den V verliert. Daraufhin kündigt er dem M gemäß § 554 a BGB fristlos, weil ihm die Fortsetzung des Mietverhältnisses mit M nicht mehr zuzumuten sei. Ist die Kündigung des V wirksam?

A: Nein; die Unzumutbarkeit der Vertragsfortsetzung muß auf einer schuldhaften Verletzung von Mieterpflichten beruhen. Die außerhalb des Mietverhältnisses entstandene Feindschaft zwischen V und M ergibt keinen Kündigungsgrund nach § 554 a BGB.

15. § 556 a Abs. 4

Liegt ein Grund zur fristlosen Kündigung vor, so hat der Mieter kein Widerspruchsrecht, § 556 a Abs. 4 Nr. 2 BGB. – Dies gilt auch dann, wenn der Vermieter, statt von seinem Recht zur fristlosen Kündigung Gebrauch zu machen, nur eine ordentliche Kündigung ausspricht.

Allerdings bleibt einem zur Räumung verurteilten Mieter, wie auch nach ordentlicher Kündigung, noch der Vollstreckungsschutz nach den Vorschriften der ZPO: So kann ihm nach § 721 ZPO eine angemessene Räumungsfrist bewilligt werden. – Auch eine Vollstreckungsaussetzung gemäß § 765 a ZPO kommt in Betracht, wenn sich die Zwangsräumung als eine sittenwidrige Härte gegenüber dem Mieter darstellen würde.

F: M ist seit vier Monaten mit der Mietzahlung in Verzug. Der Vermieter V kündigt ihm unter Wahrung der gesetzlichen Kündigungsfrist, wobei er im Kündigungsschreiben den Zahlungsverzug des M als Grund der Kündigung anführt. Dieser Kündigung widerspricht M gemäß § 556 a Abs. 1 BGB, weil die Beendigung des Mietverhältnisses für ihn eine ungerechtfertigte Härte darstelle. Ist sein Widerspruch berechtigt?

A: Nein; M hat durch seinen Zahlungsverzug einen Tatbestand geschaffen, der den V gemäß § 554 BGB zur fristlosen Kündigung berechtigen würde. Für diesen Fall bestimmt § 556 a Abs. 4 Nr. 2 BGB, daß eine Fortsetzung des Mietverhältnisses aufgrund Widerspruchs nicht verlangt werden kann. Der Umstand, daß V gegenüber dem M eine Kündigungsfrist einhielt, ändert hieran nichts.

Wiederholungsfragen:

1. M zieht im Sommer in eine Wohnung ein, für die er monatlich 200,– DM Miete zu zahlen hat; bei Beginn der kalten Jahreszeit stellt sich heraus, daß schon beim Einzug die Heizung für das Wohnzimmer schadhaft war. Nach fruchtloser Mahnung, die Heizung zu reparieren, zahlt der M ab 1. 11. an den Vermieter nur noch 100,– DM Monatsmiete. Ende Februar kündigt ihm der Vermieter wegen Mietrückstandes fristlos. Es wird festgestellt, daß die ausfallende Heizung eine Mietminderung in Höhe von 40,– DM monatlich gerechtfertigt hätte. Ist die Kündigung des V gemäß § 554 Abs. 1 Nr. 1 BGB begründet?

2. Ist die Kündigung des V gemäß § 554 Abs. 1 Nr. 2 BGB begründet?

3. Der Mieter X kippt trotz mehrerer Abmahnungen ständig seinen Hausmüll neben den Müllbehälter auf die Erde. Dies führt zu erheblicher Unruhe unter den übrigen Mietern des Hauses. Mit welcher Begründung kann der Vermieter V dem X fristlos kündigen, wenn dem Mietvertrag das auf S. 161 ff. abgedruckte Formular zugrundeliegt?

A 1: Nein; § 554 Abs. 1 Nr. 1 BGB i.V.m. § 554 Abs. 2 Nr. 1 BGB rechtfertigt die Kündigung nicht, da M sich für zwei aufeinanderfolgende Termine in Höhe von (2 x 60,– DM) = 120,– DM in Verzug befindet. Dies ist nur ein unerheblicher Teil des Mietzinses, da er den geschuldeten Mietzins für einen Monat (160,– DM) nicht übersteigt.

A 2: Auch § 554 Abs. 1 Nr. 2 BGB liegt nicht vor, weil M sich insgesamt für vier Termine (Nov.–Febr.) mit der Entrichtung des Mietzinses nur in Höhe von (4 x 60,– DM =) 240,– DM in Verzug befindet. Dieser Betrag erreicht jedoch nicht den für zwei Monate geschuldeten Mietzins in Höhe von (2 x 160,– DM =) 320,– DM.

A 3: Der Verstoß des X gegen § 22 Abs. 2 der Hausordnung (vgl. S. 164) hat eine schuldhafte und nachhaltige Verletzung des Hausfriedens bewirkt, welche dem Vermieter die Fortsetzung des Mietverhältnisses unzumutbar macht; V kann nach § 554 a BGB fristlos kündigen.

16. § 544

Auch der Mieter kann das Mietverhältnis nicht nur im Wege der ordentlichen Kündigung beenden, sondern ebenso durch fristlose Kündigung. Hierfür kennt das BGB mehrere Tatbestände:

Einmal steht dem Mieter das Recht zur fristlosen Kündigung gemäß § 544 BGB zu, wenn die gemieteten Wohn- oder Geschäftsräume gesundheitsgefährdend beschaffen sind.

F: M mietet von V eine zentralbeheizte Wohnung. Im Winter stellt sich heraus, daß die Heizanlage schadhaft ist und in den Wohnräumen des M nur eine Durchschnittstemperatur von 15 Grad zu erzeugen vermag. Nach vergeblicher Abmahnung kündigt M das Mietverhältnis fristlos. Ist diese Kündigung wirksam, wenn nach der Rechtsprechung eine Wohnung erst mit einer Durchschnittstemperatur von 20 Grad in den Wohnräumen als ausreichend beheizt angesehen werden kann?

A: Ja; infolge der zu niedrigen Temperatur besteht eine Gesundheitsgefährdung, so daß M gemäß § 544 BGB zur fristlosen Kündigung berechtigt ist.

17. § 542

Weiterhin berechtigt § 542 Abs. 1 BGB den Mieter zur fristlosen Kündigung, wenn ihm vertragswidrig der Sachgebrauch vorenthalten oder entzogen wird und der Vermieter keine Abhilfe schafft.

Schließlich ist der Mieter gemäß § 554 a BGB auch zur fristlosen Kündigung berechtigt, wenn für ihn infolge Pflichtverletzung des Vermieters die Fortsetzung des Mietverhältnisses unzumutbar geworden ist.

F: Der M hat zum 1. 8. von V eine Wohnung gemietet. Als er am 1. 8. dort eintrifft, stellt sich heraus, daß der Vormieter X noch nicht geräumt hat, weil seine neue Wohnung nicht rechtzeitig bezugsfertig wurde. M kann bei seinem Freund F, der gerade verreist, für die nächsten Wochen unterkommen. Als X am 15. 8. auszieht, teilt V dies dem M mit. M hat jedoch inzwischen eine andere Wohnung gefunden, in die er am 1. 9. einziehen kann. Kann V von M ab 16. 8. Miete verlangen?

A: Ja; M hätte gemäß § 542 Abs. 1 S. 1 und 3 BGB fristlos und ohne Nachfristsetzung kündigen können, als ihm der Sachgebrauch nicht gewährt wurde. Nachdem V jetzt den Sachgebrauch gewähren kann und will, kommt für M nur noch eine ordentliche Kündigung zum nächsten Termin in Betracht. Bis dahin muß er ab 16. 8. an V Miete zahlen.

18. §§ 564 Abs. 1, 565 a

Ist ein Mietvertrag nur für eine bestimmte Dauer abgeschlossen worden, d. h. bis zu einem Termin oder für einen Zeitraum, so endet das Mietverhältnis ohne Kündigung mit dem Ablauf der vereinbarten Mietzeit, § 564 Abs. 1 BGB (vgl. S. 161 § 1).

Ist bei der Wohnraummiete in einem auf bestimmte Dauer geschlossenen Vertrag vereinbart, daß sich das Mietverhältnis über diese Zeit hinaus verlängert, wenn es nicht gekündigt wird, so handelt es sich um einen Mietvertrag mit Verlängerungsklausel. In diesem Falle bedarf es zur termingemäßen Beendigung des Mietverhältnisses gemäß § 565 a Abs. 1 BGB einer ordentlichen Kündigung.

F: V vermietet dem M eine Wohnung für die Zeit von Januar bis Ende Juli 1973. Bei den Vertragsverhandlungen hatte M auch davon gesprochen, daß er eventuell länger in der Wohnung bleiben wolle. Zum 1. August vermietet V die Wohnung an den D günstiger. Er verlangt deshalb Ende Juli von M, daß dieser die Wohnung zum 31. 7. räumt. Kann sich M demgegenüber darauf berufen, daß er einen Mietvertrag mit Verlängerungsklausel abgeschlossen habe, zu dessen Beendigung es einer Kündigung durch V bedürfe?

A: Nein. Zwischen V und M ist die Möglichkeit einer Vertragsverlängerung nur unverbindlich erörtert worden; demnach liegt kein Mietvertrag mit Verlängerungsklausel gemäß § 565 a BGB vor.

19. Art. 1 § 2 WoKSchG
(Art. 2 Zweites WoKSchG)

Auch für Mietverhältnisse über Wohnraum, die ohne Verlängerungsklausel auf bestimmte Zeit eingegangen worden sind, kommt im Rahmen des Mieterschutzes eine Vertragsfortsetzung in Betracht. – Diese kann sich aus Art. 1 § 2 WoKSchG oder aus § 556 b BGB ergeben:

Gemäß Art. 1 § 2 WoKSchG kann der Mieter bis spätestens zwei Monate vor Vertragsbeendigung schriftlich Anspruch auf Vertragsfortsetzung erheben. Dieser Anspruch führt zur Vertragsfortsetzung, sofern nicht der Vermieter ein berechtigtes Interesse an der termingemäßen Vertragsbeendigung dartun kann. Die wichtigsten Fälle des berechtigten Vermieterinteresses sind in Art. 1 § 1 Abs. 2 WoKSchG aufgezählt (vgl. S. 168).

F: M hat am 3. 1. 1973 von V eine Wohnung bis zum 30. 6. 1973 gemietet. Ende März verlangt er schriftlich von V die Fortsetzung des Mietvertrages. V verweigert diese, weil er im Juli die jetzt von M gemietete Wohnung in eine Eigentumswohnung umwandeln und dann veräußern will. Wird M mit seinem Fortsetzungsanspruch durchdringen?

A: Ja, weil die Verweigerung der Fortsetzung nicht auf einem berechtigten Interesse des V beruht; dies ergibt sich aus Art. 1 § 2 in Verbindung mit Art. 1 § 1 Abs. 2 Nr. 3 S. 3 WoKSchG.

20. § 556 b

Greift Art. 1 § 2 WoKSchG nicht ein, weil der Vermieter ein berechtigtes Interesse an der Vertragsbeendigung hat, so kann der Mieter dennoch gemäß § 556 b Abs. 1 BGB Vertragsfortsetzung verlangen, wenn die termingerechte Vertragsbeendigung für ihn eine ungerechtfertigte Härte bedeuten würde (vgl. S. 171).

Das Recht des Mieters, gemäß § 556 b Abs. 1 BGB Vertragsfortsetzung zu verlangen, wird jedoch durch § 556 b Abs. 2 BGB modifiziert.

F: Der M baut ein Einfamilienhaus, von dem er erwartet, daß es zum 31. 7. 1973 fertiggestellt sein wird. Deshalb mietet er bei V am 1. 2. 1973 eine Wohnung für sechs Monate; dabei ist ihm bekannt, daß der V wegen der Heirat seiner Tochter die Wohnung zum 1. 8. 73 selbst benötigt. Am 20.5.73 erleidet M ohne sein Verschulden einen schweren Verkehrsunfall, der ihn für mindestens sechs Monate ans Bett fesseln wird. Deshalb verlangt er von V Vertragsfortsetzung, weil die Vertragsbeendigung für ihn eine ungerechtfertigte Härte bedeuten würde. Mit Recht?

A: Ja; zwar hat V gemäß Art. 1 § 1 Abs. 2 Nr. 2 WoKSchG ein berechtigtes Interesse an der Vertragsbeendigung, das dem M bei Vertragsabschluß auch bekannt war. Jedoch ist durch den Unfall des M nachträglich ein Umstand eingetreten, der die fristgemäße Beendigung des Mietverhältnisses als ungerechtfertigte Härte für M erscheinen läßt. Dies muß zugunsten des M gemäß § 556 b Abs. 2 BGB berücksichtigt werden.

21.

Art. 1 § 4 Abs. 2 WoKSchG
(Art. 2 Abs. 3 Zweites WoKSchG)

Wie bei Mietverhältnissen auf unbestimmte Dauer (vgl. S. 175) wird der möbliert wohnende Einzelmieter auch bei Mietverhältnissen auf bestimmte Dauer von den vorgenannten Mieterschutzvorschriften weitgehend ausgenommen: *(Nach dem Entwurf für ein Zweites WoKSchG ist jedoch erforderlich, daß der Wohnraum Teil der vom Vermieter selbst bewohnten Wohnung ist.)*

Gemäß Art. 1 § 4 Abs. 2 WoKSchG kann er selbst dann keine Vertragsfortsetzung verlangen, wenn der Vermieter kein berechtigtes Interesse an der Vertragsbeendigung hat. – Nach § 556 b Abs. 1 S. 2 BGB in Verbindung mit § 556 a Abs. 8 BGB kann er nicht wegen ungerechtfertigter Härte der Mietbeendigung Vertragsfortsetzung verlangen. – Außerdem wird er gemäß § 565 a Abs. 3 BGB nicht gegen nachteilige Vertragsabreden geschützt.

F: Der Examenskandidat M hat bis zum Jahresende 1972 bei der V in Universitätsnähe ein möbliertes Zimmer gemietet, weil er bis dahin seine Prüfung abgeschlossen haben will. Wider Erwarten verzögert sich der Termin um einige Wochen. Als sich die V auf die Beendigung des Mietverhältnisses zum 31. 12. 1972 beruft, möchte M eine Vertragsfortsetzung erreichen, da der Umzug zu dieser Zeit eine ungerechtfertigte Härte darstellen würde. Hat M Aussicht, die Vertragsfortsetzung zu erreichen?

A: Nein; gemäß § 556 b Abs. 1 S. 2 BGB in Verbindung mit § 556 a Abs. 8 BGB ist für möbliert wohnende Einzelmieter eine Vertragsfortsetzung wegen ungerechtfertigter Härte der Vertragsbeendigung nicht vorgesehen.

22. §§ 549 Abs. 1 S. 2, 569, 570

Der Mieter kann ausnahmsweise ein Mietverhältnis auf bestimmte Dauer im Wege der außerordentlichen Kündigung vorzeitig beenden: Die wichtigsten Kündigungsgründe hierfür sind die Versetzung eines Beamten (§ 570 BGB) und die unberechtigte Verweigerung der Untervermieterlaubnis (§ 549 Abs. 1 S. 2 BGB). Auch die Erben eines verstorbenen Mieters können gemäß § 569 Abs. 1 BGB vorzeitig kündigen.

Nach den genannten Vorschriften sind bei der vorzeitigen Kündigung die gesetzlichen Kündigungsfristen (vgl. S. 170) einzuhalten. Deshalb spricht man auch von befristeter außerordentlicher Kündigung.

F: Die M ist nach dem Tode ihres Mannes gemäß § 569 b BGB Alleinmieterin der Ehewohnung. Sie möchte in die große Mietwohnung, für die ein noch zwei Jahre laufender Mietvertrag besteht, den D als Untermieter aufnehmen, um die hohen Mietkosten tragen zu können. Der Vermieter V verweigert ihr die Erlaubnis zur Untervermietung, weil ihm der D als säumiger Zahler bekannt sei. Kann die M, die daraufhin rasch in eine Kleinwohnung umziehen möchte, das Mietverhältnis mit V vorzeitig kündigen?

A: Ja; da V die Erlaubnis zur Untervermietung unberechtigt verweigert hat, § 549 Abs. 1 S. 2 BGB. Mangelnde Zahlungswilligkeit des D ist kein wichtiger Grund zur Verweigerung der Untervermieterlaubnis, da dem Vermieter nur der Mieter für die Mietzahlung einsteht.

23. §§ 568, 566 S. 2

Gebrauchsfortsetzung nach Ablauf der Mietzeit wandelt das Mietverhältnis auf bestimmte Dauer in ein Mietverhältnis auf unbestimmte Dauer um, sofern keine der Mietparteien der Verlängerung fristgerecht widerspricht, § 568 BGB. Diese Rechtsfolge tritt kraft Gesetzes ein. Eines entsprechenden Willens der Beteiligten bedarf es für die Neubegründung des Vertragsverhältnisses nicht; jedoch erfordert Gebrauchsfortsetzung mehr als reinen Rückgabeverzug (vgl. S. 150).

Auch Mietverträge auf unbestimmte Dauer werden gemäß § 568 BGB nach Beendigung des Mietverhältnisses durch Gebrauchsfortsetzung auf unbestimmte Zeit verlängert.

Ein Mietvertrag auf unbestimmte Dauer entsteht schließlich, wenn bei einem Vertrag, der auf bestimmte Dauer für länger als ein Jahr geschlossen ist, die gesetzliche Schriftform nicht eingehalten wurde, §§ 566 S. 2, 580 BGB (vgl. S. 126).

F: V hat dem M eine Wohnung für ein halbes Jahr vermietet. M zieht zwar zu Ende der Mietzeit aus, hat aber vier Tage danach den Wohnungsschlüssel noch nicht zurückgegeben. Kann sich V darauf berufen, das Mietverhältnis sei durch Gebrauchsfortsetzung auf unbestimmte Zeit verlängert worden und M deshalb bis zu einer Kündigung zur Mietzahlung verpflichtet?

A: Nein; es liegt keine Gebrauchsfortsetzung des M im Sinne des § 568 BGB vor, sondern nur Rückgabeverzug. (Demnach kommt nur § 557 Abs. 1 BGB in Betracht, vgl. S. 150).

Wiederholungsfragen:

1. Besteht über Wohnraum ein Mietverhältnis auf bestimmte Dauer, so wird der Mieter bei Vertragsablauf in der Weise geschützt, daß er vom Vermieter

   ______________________ verlangen kann.

   Die gesetzlichen Voraussetzungen hierfür sind in Art. 1 § 2 WoKSchG und in § ______ BGB geregelt.

2. Der Vermieter V hat dem in der Etage über ihm wohnenden M wirksam und fristgerecht zum 30. 9. gekündigt. Welche Rechtswirkung hat es, wenn M sich noch am 16. 10. unwidersprochen in der Wohnung befindet?

3. Was hätte V tun müssen, damit für M aus einer Verzögerung der Wohnungsrückgabe keine Rechte entstehen?

A 1: Vertragsfortsetzung
556 b

A 2: Gemäß § 568 BGB ist zwischen M und V ein neues Mietverhältnis auf unbestimmte Dauer begründet worden, das nur durch erneute Kündigung beendet werden kann.

A 3: V hätte gemäß § 568 BGB binnen zwei Wochen nach dem 30. 9. der Gebrauchsfortsetzung widersprechen müssen.

24. § 581 Abs. 1

Durch den Pachtvertrag wird der Verpächter verpflichtet, dem Pächter den Gebrauch des Pachtgegenstandes zu überlassen; im Unterschied zur Miete muß der Verpächter dem Pächter auch die Fruchtziehung im Rahmen ordentlicher Bewirtschaftung gewähren, § 581 Abs. 1 S. 1 BGB. Der Begriff der Früchte wird in § 99 BGB definiert. – Pachtgegenstände können, im Unterschied zur Miete, nicht nur Sachen, sondern auch Rechte sein, z. B. das Jagdrecht; ebenso können Sachgesamtheiten verpachtet werden, z. B. ein Unternehmen.

Der Pächter hat gemäß § 581 Abs. 1 S. 2 BGB den vereinbarten Pachtzins zu zahlen.

F 1: Warum handelt es sich um einen Pachtvertrag, wenn V dem P entgeltlich gestattet, eine dem V gehörende Kiesgrube auszubeuten?

F 2: P hat von V einen Obstgarten gepachtet. Darf P aufgrund des Pachtvertrages

a) den Obstgarten auch als Liegewiese benutzen,

b) die Obstbäume abernten,

c) die Obstbäume abholzen?

A 1: Weil dem P vertraglich das Recht zum Sachgebrauch und zur Fruchtziehung eingeräumt ist. Die Kiesausbeute ist Frucht des Pachtrechts gemäß § 99 Abs. 2 BGB.

A 2: a) Ja, weil es sich um eine Form des Sachgebrauchs handelt.
b) Ja, weil dies eine ordnungsgemäße Fruchtziehung darstellt.
c) Nein, weil dies nicht mehr im Rahmen ordnungsgemäßer Fruchtziehung geschieht.

25. § 581 Abs. 2

Für den Pachtvertrag gelten gemäß § 581 Abs. 2 BGB die Mietvorschriften entsprechend, soweit nicht die Sondervorschriften der §§ 581–597 BGB eingreifen.

Von diesen Sondervorschriften sind diejenigen hervorzuheben, die bei Verpachtung eines Grundstücks mit Inventar ein Verfügungsrecht des Pächters über das Inventar (§ 588 Abs. 1 S. 2 BGB) und ein gesetzliches Pfandrecht des Pächters am Inventar (§ 590 BGB) begründen.

Für einige Pachtgegenstände gelten weitere Sondervorschriften, so insbesondere bei Verpachtung landwirtschaftlich genutzter Grundstücke aufgrund des Landpachtgesetzes (im Schönfelder unter Nr. 39), ferner für die Jagdpacht nach den §§ 11 ff. Bundesjagdgesetz (im Schönfelder unter Nr. 26).

F: Gemäß § 590 BGB hat der Pächter eines Grundstücks mit Inventar ein gesetzliches Pfandrecht an den Sachen des Verpächters, die er in Besitz genommen hat. Gibt es im Mietrecht für möbliert wohnende Mieter eine der Regelung des § 590 BGB entsprechende Vorschrift?

A: Nein; ein Mieter erwirbt kein gesetzliches Pfandrecht an ihm überlassenen Sachen des Vermieters.

26.

Als weitere Form einer entgeltlichen Gebrauchsüberlassung hat sich der Leasing-Vertrag entwickelt, der im BGB nicht geregelt ist: Beim Leasing-Vertrag überläßt der Leasing-Geber dem Leasing-Nehmer auf Zeit entgeltlich den Gebrauch einer Sache. – Im Unterschied zu Miete und Pacht trägt der Leasing-Nehmer regelmäßig die Gefahr des Untergangs oder der Beschädigung des Leasing-Gutes.

Leasing-Verträge werden häufig über elektronische Datenverarbeitungsanlagen und andere teure Maschinen abgeschlossen; es gibt aber auch Leasing-Verträge über Kraftfahrzeuge und andere Verbrauchsgüter, die als Betriebsmittel eingesetzt werden, z. B. Waschmaschinen in einem Waschmaschinensalon.

Für die rechtliche Beurteilung der Vertragspflichten gelten zunächst die ausführlichen Geschäftsbedingungen der Leasing-Geber. – Verbleibende Lücken werden durch Analogie zu entsprechenden Miet-, Kauf- und Darlehensvorschriften geschlossen. – So wendet die Rechtsprechung § 6 AbzG und damit § 5 AbzG an (vgl. S. 87 und 89); damit bewertet sie die Rücknahme des Leasing–Gutes durch den Leasing–Geber als Rücktritt.

F: Worin besteht die Gemeinsamkeit des langfristigen Leasing-Vertrags mit einem Mietvertrag?

A: Beide Verträge sind auf entgeltliche Gebrauchsüberlassung gerichtet.

27. §§ 598–600

Aufgrund des Leihvertrages wird dem Entleiher der unentgeltliche Gebrauch einer Sache gestattet, § 598 BGB. – Da der Verleiher kein Entgelt erhält, ist seine Haftung nach den §§ 599 und 600 BGB gemindert.

Von der Leihe als Rechtsgeschäft ist die reine Gefälligkeit außerhalb rechtsgeschäftlicher Bindung abzugrenzen: Bei der reinen Gefälligkeit entsteht keine vertragliche Haftung.

F 1: Überprüfen Sie § 598 BGB im Hinblick darauf, ob Leistungsstörungen im Leihvertrag nach den §§ 320 ff. oder nach den §§ 280 ff. BGB beurteilt werden müssen.

F 2: A hat dem B gestattet, seinen Pkw auf dem Grundstück des A an bestimmter Stelle zu parken. Entgelt nimmt A hierfür nicht. Könnte es sich bei dieser Abrede zwischen A und B um einen Leihvertrag handeln?

A 1: Leistungsstörungen im Leihvertrag werden nach den §§ 280 ff. BGB beurteilt, weil in § 598 BGB die Leihe nicht als gegenseitiger Vertrag, sondern als unvollkommen zweiseitiger Vertrag ausgestaltet ist.

A 2: Ja; gemäß § 598 BGB kann jede Sache Gegenstand der Leihe sein, also auch ein Grundstück oder ein Grundstücksteil.

28. §§ 602–604

Der Entleiher darf gemäß § 603 BGB von der geliehenen Sache nur den vereinbarten Gebrauch machen und sie ohne Erlaubnis des Verleihers nicht an Dritte weitergeben. Für die Abnutzung durch vereinbarten Gebrauch der Sache haftet er nicht, § 602 BGB.

Nach Ablauf der vereinbarten Leihzeit muß der Entleiher die Sache zurückgeben, § 604 Abs. 1 BGB. Ist keine Leihzeit vereinbart, so kann der Verleiher die Sache jederzeit zurückfordern, § 604 Abs. 3 BGB. – Der Rückforderungsanspruch richtet sich auch gegen einen Dritten, an den der Entleiher, erlaubt oder unerlaubt, die Sache weitergegeben hat, § 604 Abs. 4 BGB.

F: Der V leiht seinem Freund L sein Motorrad für eine Urlaubsfahrt. Bei dieser Fahrt wird das Motorrad durch einen von L verschuldeten Unfall zerstört. Nach welcher Vorschrift ist ein vertraglicher Schadensersatzanspruch des V gegen L begründet?

A: Dem L ist die Erfüllung seiner Rückgabepflicht unmöglich geworden. Dies begründet einen Schadensersatzanspruch des V gemäß §§ 280 Abs. 1, 604 Abs. 1 BGB, weil L den zur Unmöglichkeit führenden Umstand, den Unfall, gemäß § 276 Abs. 1 BGB zu vertreten hat.

29. § 607 Abs. 1

Der Darlehensvertrag ist auf zeitweilige Kapitalüberlassung gerichtet:

§ 607 Abs. 1 BGB bestimmt, daß hierzu Geld mit der Abrede übereignet wird, es in gleicher Menge zurückzugeben. – Gleichzustellen ist der Geldübereignung die Gutschrift im bargeldlosen Zahlungsverkehr.

Außerdem können gemäß § 607 Abs. 1 BGB „andere vertretbare Sachen" Darlehensgegenstand sein; dies bezieht sich vor allem auf das früher nicht seltene Getreidedarlehen.

F 1: Worin besteht der Hauptunterschied zwischen dem Darlehen einerseits sowie Miete, Leihe und Pacht andererseits, wenn man auf die zurückzugebende Sache abstellt?

F 2: Handelt es sich bei der Einzahlung auf ein Sparkonto um ein Darlehen, das der Sparer der Bank gewährt?

A 1: Mieter, Pächter und Entleiher müssen die Sachen zurückgeben, die sie erhalten haben; beim Darlehen dagegen muß der Empfänger andere Sachen gleicher Art und Menge zurückgeben.

A 2: Ja; der Sparer gewährt der Bank ein Darlehen, weil das eingezahlte Geld der Bank übereignet und die Rückgabe der gleichen Summe vereinbart wird.

30.

Der Entstehungstatbestand des Darlehens ist umstritten: Von der früher herrschenden Meinung wurde wegen der Worte „ Wer . . . empfangen hat“ in § 607 Abs. 1 BGB das Zustandekommen des Darlehensvertrages von der Einigung der Parteien und der Hingabe der Darlehensvaluta abhängig gemacht; damit wurde das Darlehen als ein Realvertrag verstanden. – Die heute überwiegende Auffassung geht dahin, daß der Darlehensvertrag nur durch übereinstimmende Willenserklärung und unabhängig von der Darlehenshingabe zustandekommt. Das Darlehen wird demnach, wie andere Verträge, als Konsensualvertrag aufgefaßt.

F: G bittet den S am 1. 8. um ein Darlehen in Höhe von 1 000,– DM. S willigt ein, holt das Geld am 2. 8. von der Bank und legt es in seinen Schrank, weil G es am folgenden Tag abholen soll. In der Nacht wird das Geld bei S gestohlen. Nach welcher Auffassung über den Abschluß des Darlehensvertrages ist bereits am 1. 8. ein solcher Vertrag zwischen G und S zustandegekommen?

☐ Nach der Konsensualvertragstheorie,

☐ nach der Realvertragstheorie,

☐ nach beiden Auffassungen?

A: Nach der Konsensualvertragstheorie ist bereits am 1. 8. ein Darlehensvertrag zwischen G und S zustande gekommen, weil es danach für den Vertragsabschluß nicht auf die Übergabe des Geldes ankommt.

31. § 610

Das in § 610 BGB geregelte Darlehensversprechen führt nach der Realvertragstheorie zu einem Darlehensvorvertrag, aufgrund dessen dann der Abschluß eines Darlehensvertrages gefordert werden kann. – Nach der Theorie des Konsensualvertrages hingegen kommt bereits durch eine dem Darlehensversprechen entsprechende Annahme der Darlehensvertrag zustande. Ausnahmsweise kann jedoch auch nach dieser Auffassung der beiderseitige Parteiwille auf den Abschluß eines Vorvertrages gerichtet sein.

In beiden Fällen ist unter den Voraussetzungen des § 610 BGB ein Widerruf des Versprechens oder des Vorvertrages bzw. des Vertrages bis zur Auszahlung der Valuta zulässig.

F: G bittet den S um ein Darlehen in Höhe von 1 000,– DM. S ist einverstanden. Kurz bevor S den Betrag an G auszahlt, hört er von Geschäftsfreunden, daß G ein sehr schwieriger und meist säumiger Schuldner sei. S möchte deshalb von dem Darlehensvertrag (bzw. Darlehensvorvertrag) mit G loskommen. Ergibt sich für ihn eine Möglichkeit hierzu aus § 610 BGB?

A: Nein; die Voraussetzungen des § 610 BGB sind nicht erfüllt, weil bei G kein Vermögensverfall eingetreten ist.

32. § 607 Abs. 2

Eine Darlehensschuld kann auch in der Weise begründet werden, daß eine Geldschuld oder die Schuld anderer vertretbarer Sachen in eine Darlehensschuld umgewandelt wird, § 607 Abs. 2 BGB. Dies bezeichnet man als Vereinbarungsdarlehen. – Bei ihm handelt es sich nach allgemeiner Ansicht um einen Konsensualvertrag.

F: Warum handelt es sich beim Vereinbarungsdarlehen stets um einen Konsensualvertrag?

A: Das Vereinbarungsdarlehen ist ein Konsensualvertrag, weil die Hingabe der Darlehensvaluta bereits vor der Einigung über die Darlehensschuld erfolgt ist.

33. § 608

In der Regel wird der Darlehensnehmer zur Zinszahlung verpflichtet, § 608 BGB. Die Zinsen sind seine Gegenleistung für die Kapitalüberlassung und stehen zu dieser im Gegenseitigkeitsverhältnis, so daß insoweit die §§ 320 ff. BGB Anwendung finden. – Beim unverzinslichen Darlehen handelt es sich dagegen um einen einseitig verpflichtenden Vertrag.

Die Zinshöhe bestimmt sich, in den Grenzen des § 138 BGB, nach der Parteivereinbarung; diese wird von der Kapitalmarktlage beeinflußt. – Häufig werden durch sog. Zinsgleitklauseln wechselnde Zinssätze vorgesehen, z. B. „3% über dem jeweiligen Bundesbankdiskontsatz“.

F: G hat dem S ein Darlehen in Höhe von 10 000,– DM zu 10% Zinsen jährlich für fünf Jahre gegeben. Als S am vereinbarten Termin seine Jahreszinsen bezahlen will, kann er den G nicht erreichen, weil dieser die Vereinbarung vergessen hat. Am selben Abend wird das Geld in der Wohnung des S ohne dessen Verschulden durch Feuer vernichtet. Auf welche Vorschrift des allgemeinen Schuldrechts kann sich S stützen, wenn er die Zinsen nicht nochmals bereitstellen will?

A: S ist gemäß § 324 Abs. 2 BGB von seiner Zahlungspflicht frei geworden, weil sich G im Annahmeverzug befand, als das Geld ohne Verschulden des S unterging.

Wiederholungsfragen:

1. Handelt es sich bei dem Gewinn, den ein Tankstellenpächter durch den Verkauf von Treibstoff erzielt, um

   ☐ Früchte einer Sache, d. h. des Grundstücks, im Sinne des § 99 Abs. 1 BGB,

   ☐ unmittelbare Früchte eines Rechts, d. h. des Pachtrechts, im Sinne des § 99 Abs. 2 BGB,

   ☐ mittelbare Früchte des Pachtrechts im Sinne des § 99 Abs. 3 BGB?

2. Warum handelt es sich um einen Pachtvertrag, wenn V dem P sein Hotel nebst Einrichtung gegen feste Jahresentgelte zur Bewirtschaftung überläßt?

3. E läßt sich von seinem Gartennachbarn V für kurze Zeit dessen Spaten geben. Da der Spatenstiel rissig ist, verletzt sich E an der Hand, so daß ihm Heilungskosten entstehen. Unter welchen zwei Gesichtspunkten könnte ein deswegen von E gegen V erhobener Gewährleistungsanspruch scheitern?

A 1: Bei den Erträgen aus dem Treibstoffverkauf handelt es sich um mittelbare Früchte des Pachtrechts im Sinne des § 99 Abs. 3 BGB.

A 2: Es handelt sich um einen Pachtvertrag, weil P von V auf Zeit Sachen überlassen wurden, aus denen er „Sachfrüchte aufgrund von Rechtsverhältnissen“ gemäß § 99 Abs. 3 BGB zieht.

A 3: V könnte zunächst geltend machen, die Überlassung sei aus reiner Gefälligkeit erfolgt, so daß es an einem rechtsgeschäftlichen Leihvertrag mit E fehlt. – Sollte ein Leihvertrag zwischen V und E bejaht werden, kann V sich gegenüber dem Gewährleistungsanspruch darauf berufen, daß er die Schadhaftigkeit des Spatens nicht arglistig verschwiegen habe, § 600 BGB.

34. Zusammenfassung

a) Es gibt drei Arten der Kündigung eines Mietverhältnisses,

die ____________ Kündigung,

die __________ Kündigung und

die vorzeitige Kündigung.

b) Die ordentliche Kündigung erfordert die Einhaltung von Kündigungsfristen.

Diese ergeben sich gesetzlich vor allem aus § _____ BGB.

Die ordentliche Kündigung von Wohnraum durch den Vermieter bedarf gemäß § 564 a BGB der Schriftform. Außerdem muß gemäß Art. 1 § 1 Abs. 1 WoKSchG als Kündigungsgrund ein ____________________________ des Vermieters an der Beendigung des Mietverhältnisses bestehen.

Der Mieter kann gegen eine solche Kündigung Widerspruch erheben, sofern die Beendigung des Mietverhältnisses für ihn eine ungerechtfertigte Härte darstellt. Daß der Widerspruch form- und fristgerecht erhoben werden muß, ergibt sich aus § 556 a Abs. ___ und ___ BGB.

A: a) ordentliche (Inf. 5)
fristlose

A: b) 565 (Inf. 5)
berechtigtes Interesse (Inf. 3)
5 6 (Inf. 7)

c) Eine fristlose Kündigung durch den Vermieter kann bei der Wohnraummiete nur aufgrund gesetzlicher Kündigungsgründe erfolgen, § ____ BGB.

Gesetzliche Gründe zur fristlosen Kündigung sind vor allem vertragswidriger Gebrauch der Mietsache gemäß § ____ BGB, Zahlungsverzug des Mieters gemäß § ____ BGB und Unzumutbarkeit der Vertragsfortsetzung gemäß § ____ BGB.

d) Bei befristeten Mietverträgen über Wohnraum kann der Mieter ________ ________________ verlangen, wenn der Vermieter kein berechtigtes Interesse an der termingemäßen Vertragsbeendigung dartun kann; dies ergibt sich aus Art. 1 § 2 WoKSchG.

Aber auch wenn der Vermieter ein berechtigtes Interesse an termingemäßer Vertragsbeendigung hat, kann der Mieter gemäß § ____ BGB Vertragsfortsetzung verlangen, wenn nur auf diese Weise für ihn eine ungerechtfertigte Härte zu vermeiden ist.

e) Eine fristlose Kündigung durch den Mieter kommt in Betracht, wenn ihm der Sachgebrauch nicht gewährt wird, § ____ BGB, insbesondere weil der Vormieter nicht rechtzeitig auszieht.

A:	c) 554 b	(Inf. 11)
	553	(Inf. 12)
	554	(Inf. 13)
	554 a	(Inf. 14)
A:	d) Vertragsfortsetzung	(Inf. 19)
	556 b	(Inf. 20)
A:	e) 542	(Inf. 17)

f) Der Pachtvertrag unterscheidet sich vom Mietvertrag dadurch, daß dem Pächter außer dem Sachgebrauch auch die Fruchtziehung im Rahmen ______-______________________ zu gewähren ist. Für den Pachtvertrag gelten gemäß § ______ Abs. ____ BGB grundsätzlich die Mietvorschriften des BGB.

g) Wird jemandem eine Sache unentgeltlich zum Gebrauch überlassen, so ist im Hinblick auf Ansprüche aus Vertragsverletzung zu prüfen, ob es sich um einen Leihvertrag oder nur um eine ______________ handelt.

h) Der Darlehensvertrag kann entweder als ein ____________ oder als ein ______________ aufgefaßt werden.

Entsteht das Darlehensverhältnis durch Umwandlung einer anderen Schuld in eine Darlehensschuld, so handelt es sich um ein ______________ gemäß § ______ Abs. 2 BGB.

i) Das verzinsliche Darlehen ist hinsichtlich der Kapitalüberlassung durch den Darlehensgeber und der ____________ durch den Darlehensnehmer ein gegenseitiger Vertrag.

A:	f) ordentlicher Bewirtschaftung	(Inf. 24)
	581 2	(Inf. 25)
A:	g) reine Gefälligkeit	(Inf. 27)
A:	h) Realvertrag	
	Konsensualvertrag	(Inf. 30)
	Vereinbarungsdarlehen	
	607	(Inf. 32)
A:	i) Zinszahlung	(Inf. 33)

Zur Wissensvertiefung für den Stoff des fünften Kapitels wird empfohlen:

Esser a. a. O., §§ 70 III, 72–75 und 86,
Larenz a. a. O., §§ 48 VI–51.

Für Einzelfragen des Leasing-Vertrages wird hingewiesen auf

Fikentscher, § 71 V 7, und
Palandt, Einf. vor § 535, Anm. 4.

Zu den Spezialfragen des Darlehensvertrages wird empfohlen

Larenz, § 51.

Kapitel VI

PRODUKTIONS- UND DIENSTLEISTUNGSVERTRÄGE

Werkvertrag, Verwahrungsvertrag und Maklervertrag

Neben den Veräußerungs- und Überlassungsgeschäften sind die Verträge über Produktions- und Dienstleistungen von großer Bedeutung. Das BGB regelt aus diesem Bereich den Dienstvertrag (§§ 611–630 BGB), den Werkvertrag (§§ 631–651 BGB), den Maklervertrag (§§ 652–656 BGB), den Auftragsvertrag (§§ 662–676 BGB) und den Verwahrungsvertrag (§§ 688–700 BGB).

Von den genannten Verträgen wird der Dienstvertrag hier nicht im einzelnen dargestellt: Für Dienstleistungen, die in sozialer Abhängigkeit erbracht werden, ergingen zusätzlich zum BGB zahlreiche Sondergesetze, u. a. das Tarifvertragsgesetz, das Betriebsverfassungsgesetz und das Kündigungsschutzgesetz. Auf diesen Grundlagen hat sich das Arbeitsrecht als Sonderrecht der abhängigen Arbeit entwickelt.

Außerhalb des Arbeitsrechts gelten die §§ 611–630 BGB nur noch für den sog. unabhängigen Dienstvertrag, bei dem Dienste selbständig und ohne unmittelbare soziale Abhängigkeit erbracht werden. In der Hauptsache sind dies die Dienste der freien Berufe, z. B. der Ärzte in eigener Praxis, und der Unternehmer, soweit sie sich zu Diensten verpflichten. Aber auch in diesen Fällen ist die Bedeutung der §§ 611 ff. BGB am besten im Zusammenhang mit dem Arbeitsrecht zu verstehen; sie werden deshalb nachfolgend nur insoweit behandelt, als es zur Abgrenzung des unabhängigen Dienstvertrages von anderen Verträgen erforderlich ist.

Das nachfolgende Kapitel stellt zunächst den Werkvertrag dar. Auch hier gelten nicht allein die §§ 631–651 BGB. Vielmehr sind als Sonderformen z. B. der Speditionsvertrag und der Frachtvertrag in den §§ 407 ff. HGB speziell geregelt. Auf die damit verbundenen Spezialprobleme geht das nachfolgende Programm nicht ein.

Kap. VI. Werkvertrag

Inhaltsübersicht:

1. §§ 631 Abs. 1, 632

Der Werkvertrag ist ein gegenseitiger Vertrag, durch den sich gemäß § 631 Abs. 1 BGB der Unternehmer zur Herstellung des versprochenen Werkes, der Besteller zur Zahlung der vereinbarten Vergütung verpflichtet. – Gemäß § 632 BGB kann die Vergütung auch stillschweigend vereinbart sein.

Der Werkvertrag ist nicht formgebunden.

F: B schließt mit dem Schreinermeister U einen Werkvertrag, nach welchem der U für B ein Bücherregal herstellen soll; über den Preis wird nicht gesprochen. Als U das fertige Regal abliefert und 1 000,– DM als in diesem Fall übliche Vergütung verlangt, verweigert B die Zahlung mit der Begründung, über eine so hohe Summe sei keine Einigung erzielt worden. Ist dieses Argument rechtlich relevant?

A: Nein; U kann gemäß § 631 Abs. 1 BGB die 1 000,– DM als übliche Vergütung verlangen, da nach § 632 BGB die übliche Vergütung als stillschweigend vereinbart gilt, wenn keine andere Abrede getroffen wurde.

2. § 631 Abs. 2

Gegenstand des Werkvertrages ist gemäß § 631 Abs. 1 BGB die Herstellung eines Werkes:

Werk kann gemäß § 631 Abs. 2 BGB jeder Erfolg sein; als Erfolg ist das vertraglich bestimmte Ergebnis der Tätigkeit des Unternehmers zu verstehen.

Meist handelt es sich um die Herstellung oder um die Reparatur von Sachen. Werkverträge können aber ebenso auf die Herbeiführung nichtgegenständlicher Erfolge gerichtet sein, z. B. eine künstlerische Aufführung zum Gegenstand haben.

F: Der Fabrikant B möchte sich über die Verkaufsaussichten seines neuen Waschmittels unterrichten. Er läßt deshalb vom Meinungsforschungsinstitut U eine Umfrage ausführen. Schuldet U aus diesem Werkvertrag

☐ ein sorgfältig gewonnenes Umfrageergebnis,

☐ ein für B günstiges Umfrageergebnis?

A: U schuldet aufgrund des Werkvertrages mit B ein sorgfältig gewonnenes Umfrageergebnis.

3. § 651

Eine dem Kaufvertrag angenäherte Sonderform des Werkvertrages ist der Werklieferungsvertrag gemäß § 651 BGB. Vom Werkvertrag unterscheidet er sich dadurch, daß eine Sache aus Material des Unternehmers hergestellt werden soll: Ist dann Gegenstand des Vertrages die Herstellung vertretbarer Sachen (im Sinne des § 91 BGB), z. B. die Anfertigung von Serienmöbeln in einer Möbelfabrik, so findet nach § 651 Abs. 1 BGB auf den Vertrag Kaufrecht Anwendung.

Der Grund für diese Regelung liegt darin, daß beim Hersteller das Interesse an der Veräußerung der Sache und beim Besteller das Interesse am Erwerb des fertigen Produkts überwiegt und damit der Vertrag einem Umsatzgeschäft näher steht als einem Produktionsvertrag. – Ist nicht die Herstellung als solche, sondern nur der Sacherwerb Vertragsgegenstand, so liegt ein normaler Kaufvertrag vor.

Ist dagegen Vertragsgegenstand die Herstellung einer unvertretbaren Sache aus Material des Unternehmers, z. B. die Anfertigung eines Maßanzuges, so gelten gemäß § 651 Abs. 1 S. 2 zweiter Halbsatz BGB überwiegend die Regeln des Werkvertrages.

F: Der Hotelbesitzer H schließt mit dem Textilunternehmer T einen Vertrag über die Lieferung von tausend weißen Bettbezügen. Außerdem bestellt er tausend Handtücher mit eingewebtem Hotelnamen. Welche Vorschriften gelten für die beiden Vertragsbeziehungen zwischen H und T?

A: Bei den Bettbezügen handelt es sich um vertretbare Sachen, so daß gemäß § 651 Abs. 1 BGB auf diesen Werklieferungsvertrag Kaufrecht Anwendung findet. Im Gegensatz dazu sind die Handtücher wegen des eingewebten Hotelnamens unvertretbare Sachen, so daß für sie grundsätzlich die Vorschriften über den Werkvertrag gelten.

4. § 611

Schwierig kann die Abgrenzung des Werkvertrages vom Dienstvertrag sein, weil beide Verträge eine entgeltliche Tätigkeit zum Gegenstand haben:

Beim Werkvertrag schuldet der Unternehmer einen Erfolg, der über die reine Aufwendung von Arbeitskraft und den Einsatz von Arbeitsgeräten hinausgeht. – Beim Dienstvertrag hingegen ist nach § 611 BGB nur ein Tätigwerden als solches geschuldet. Zwar zielt das Tätigwerden wirtschaftlich ebenfalls auf einen Erfolg ab; dieser wird jedoch nicht als Leistungsgegenstand vereinbart.

So ist z. B. ein Architektenvertrag Werkvertrag, wenn der Architekt die Planung und Errichtung eines Gebäudes übernimmt; er ist Dienstvertrag, wenn der Architekt nur die Bauaufsicht ausübt.

F: Der Student A hat mit den Eltern des Schülers X vereinbart, jeweils zwei Stunden wöchentlich die Hausaufgaben des X in Mathematik zu überwachen; als Entgelt hierfür erhält er monatlich 80,– DM. Da der X nach einiger Zeit immer noch mangelhafte Mathematikarbeiten schreibt, wollen seine Eltern dem A das Entgelt für den vergangenen Monat nicht zahlen. Hat A Anspruch auf das Entgelt?

A: Ja; A hat nur dienstvertraglich die Überwachung der Hausarbeiten des X übernommen und diese Tätigkeit auch ausgeführt. Den Erfolg guter Klassenarbeiten schuldete A nicht.

5.

Häufig finden sich auch Verträge, bei denen Elemente des Werkvertrages mit Elementen anderer Vertragstypen verbunden sind; z. B., wenn die Herstellung einer Maschine mit der Zusage verbunden ist, sie dauernd zu pflegen. Hierbei handelt es sich um gemischte Verträge.

Für ihre rechtliche Beurteilung ist nach herrschender Meinung zu unterscheiden, ob die Leistungen eines Vertragstypus dominieren, d. h. im Gesamtzusammenhang ein deutliches Übergewicht aufweisen. In diesem Falle gelten nach der sog. Absorptionstheorie allein die Regeln des dominierenden Vertragstypus; so gilt z. B. nur Mietrecht, wenn der Vermieter eines möblierten Zimmers auch die Reinigung des Zimmers übernommen hat.

Stehen dagegen für den Vertragsgegenstand die Elemente verschiedener Vertragstypen im wesentlichen gleichwertig nebeneinander, so gelten nach der sog. Kombinationstheorie für den jeweiligen Fragenkreis die Regeln des jeweiligen Vertragstypus. Im erstgenannten Beispiel gelten also für die Brauchbarkeit der Maschine Vertragsregeln, für die Ausführung der Pflege Dienstvertragsregeln; bei „Vollpension" gilt für das Zimmer Mietrecht, für die Verpflegung Werkvertragsrecht.

F: Der Schlosser M mietet bei V eine Wohnung und verpflichtet sich dabei, im Haus anfallende Reparaturen auszuführen. Unter welcher Voraussetzung ist für die Reparaturleistungen des M Werkvertragsrecht maßgebend?

A: Sollen nach der Absicht der Parteien so viele Reparaturen ausgeführt werden, daß dieser Punkt der Wohnraumüberlassung gleichwertig ist, so gilt aufgrund der Kombinationstheorie für die Wohnraumüberlassung Mietrecht, für die Reparaturen Werkvertragsrecht.

Wiederholungsfragen:

1. B gibt Stoff zum Schneider U, der daraus einen Maßanzug für B anfertigt. Warum handelt es sich bei dem Vertrag zwischen B und U um einen Werkvertrag und nicht um einen Werklieferungsvertrag?

2. Worin unterscheidet sich der Vertragsgegenstand eines Kaufvertrages vom Vertragsgegenstand eines Werklieferungsvertrages über eine vertretbare Sache?

3. Begründen Sie bitte, warum ein Dienstvertrag vorliegt, wenn der Arzt einen Patienten wegen Grippe behandelt, ein Werkvertrag dagegen, wenn der Arzt sich zu einer Nasenbegradigung verpflichtet.

A 1: Der Werklieferungsvertrag erfordert gemäß § 651 Abs. 1 BGB, daß die Sache aus Material des Unternehmers hergestellt wird; hier hat B den Stoff gestellt.

A 2: Der Kaufvertrag ist gemäß § 433 Abs. 1 BGB auf Sacherwerb gerichtet; beim Werklieferungsvertrag ist gemäß § 651 Abs. 1 BGB zusätzlich auch die Sachherstellung Vertragsgegenstand.

A 3: Ein Dienstvertrag liegt im ersten Falle vor, weil der Arzt nur sein Tätigwerden zugesagt hat, nicht aber auch für den Heilerfolg einstehen will. – Im zweiten Falle liegt ein Werkvertrag vor, weil der Arzt einen bestimmten Erfolg seiner Tätigkeit schuldet.

6. § 633 Abs. 1

Aufgrund des Werkvertrages trifft den Unternehmer gemäß §§ 631 Abs. 1 und 633 Abs. 1 BGB die Hauptpflicht, das Werk fehlerfrei und mit den zugesicherten Eigenschaften herzustellen. – Der Fehlerbegriff ist beim Werkvertrag derselbe wie im Kaufrecht (vgl. S. 53).

Werden vom Unternehmer Eigenschaften des Werkes zugesichert, die technisch objektiv nicht erreichbar sind, so tritt nach herrschender Meinung keine Nichtigkeit des Vertrages gemäß § 306 BGB ein, wenn das Werk als solches möglich ist. Der Unternehmer bleibt also aus dem Vertrag verpflichtet. Dies gilt z. B., wenn für eine Brücke eine Verkehrsleistung zugesichert wurde, die technisch objektiv unerreichbar ist.

F: Die Verkäuferin B hat bei dem Schuhmacher U ein Paar orthopädische Schuhe bestellt und ihn dabei deutlich darauf hingewiesen, daß sie die Schuhe für ihre Berufstätigkeit benötigt, bei der sie den ganzen Tag stehen muß und die sie nur mit druckfreien Schuhen weiter ausüben kann. Nachdem U die Schuhe geliefert hat, stellt die B alsbald fest, daß die Schuhe an den Fersen stark drücken. Als die B bei U reklamiert, hält dieser ihr entgegen, er habe die Schuhe aus bestem Material hergestellt. Hat U seine Unternehmerpflicht aus dem Werkvertrag erfüllt?

A: Nein; da die Schuhe zu dem vertraglich vorausgesetzten Gebrauch nicht tauglich sind, liegt ein Fehler im Sinne des § 633 Abs. 1 BGB vor.

7. § 633 Abs. 2 und 3

Der Besteller kann bei mangelhaftem Werk vom Unternehmer Nachbesserung verlangen, § 633 Abs. 2 S. 1 BGB; er macht damit seinen Erfüllungsanspruch geltend. – Ist eine Nachbesserung nach der Art des Fehlers nicht möglich, so hat der Besteller nach herrschender Meinung gemäß §§ 631 Abs. 1 und 633 Abs. 1 BGB den Erfüllungsanspruch auf Neuherstellung des Werkes. – (Diese Rechte erlöschen mit der Abnahme, die in Inf. 17 + 18 behandelt wird).

Die Fehlerbeseitigung darf der Unternehmer wegen unverhältnismäßig hoher Aufwendungen verweigern, § 633 Abs. 2 S. 2 BGB; dies gilt analog auch für die Neuherstellung. „Unverhältnismäßig" sind besonders hohe Aufwendungen, wenn ihnen nur ein geringer Vorteil des Bestellers gegenübersteht.

Gerät der Unternehmer mit der Fehlerbeseitigung in Verzug, so kann der Besteller den Mangel selbst beseitigen und hierfür Kostenersatz vom Unternehmer verlangen, § 633 Abs. 3 BGB.

F: U fertigt für B einen Schrank nach den von B angegebenen Maßen an. Kurze Zeit nach der Auslieferung verzieht sich das Holz an mehreren Stellen, so daß die Tür nicht mehr zu schließen ist. B verlangt deswegen von U Nachbesserung. Kann U die Fehlerbeseitigung verweigern, weil ihn an dem Fehler kein Verschulden trifft?

A: Nein; der Nachbesserungsanspruch des B ist als Erfüllungsanspruch gemäß §§ 631 Abs. 1, 633 Abs. 1 BGB unabhängig von einem eventuellen Verschulden des U.

8. § 634

Neben den in Inf. 7 genannten Möglichkeiten hat der Besteller folgende Gewährleistungsansprüche:

Wandelung oder Minderung kann der Besteller gemäß § 634 Abs. 1 und 3 BGB nach erfolgloser Fristsetzung mit Ablehnungsandrohung verlangen. Entbehrlich ist die Fristsetzung unter den Voraussetzungen des § 634 Abs. 2 BGB. – Wandelung und Minderung setzen kein Verschulden des Unternehmers voraus. – Die Wandelung wird nicht dadurch ausgeschlossen, daß der Besteller das Werk seiner Natur nach nicht zurückgeben kann; dies gilt z. B. wenn ein Zeitungsinserat sinnentstellend falsch gedruckt wurde.

Die Abwicklung von Wandelung und Minderung erfolgt gemäß § 634 Abs. 4 BGB nach Kaufrecht (vgl. S. 64).

F: B hat mit dem Zeitungsverleger U einen Vertrag über ein eiliges Inserat geschlossen; beim Druck enthält der Text sinnentstellende Fehler. Als B deswegen wandelt und Rückzahlung des Preises verlangt, beruft sich U darauf, der B habe ihm keine Nachfrist gesetzt. Ist deswegen die Wandelung des B unwirksam?

A: Nein; gemäß § 634 Abs. 2 BGB war die Fristsetzung entbehrlich, weil dem U die Fehlerbeseitigung unmöglich ist.

9. § 635

Trifft den Unternehmer oder seine Erfüllungsgehilfen an dem Mangel ein Verschulden, so kann der Besteller statt Wandelung oder Minderung gemäß § 635 BGB Schadensersatz verlangen. – Hierbei kann er entweder das mangelhafte Werk behalten und die Differenz zum mangelfreien Zustand als Schadensersatz beanspruchen; der Besteller kann aber auch das mangelhafte Werk zurückgeben und Ersatz für die Nichterfüllung des gesamten Vertrages fordern.

Allerdings erfaßt § 635 BGB nach Auffassung der Rechtsprechung nur den Ersatz von unmittelbar aus dem Mangel entstandenen Schäden. – Mangelfolgeschäden werden dem Besteller nach den Regeln der positiven Vertragsverletzung ersetzt. (Vgl. zur Rechtslage im Kaufrecht S. 66, im Mietrecht S. 133).

Außerdem liegt nicht § 635 BGB, sondern positive Vertragsverletzung vor, wenn der Schaden bereits während der Werkherstellung entsteht, z. B. der Friseur die Haare der Kundin beim Trocknen verbrennt.

F: Der B hat die Heizungsanlage in seinem Miethausneubau von der Installationsfirma U erstellen lassen. Infolge falscher Berechnungen des U ist die Heizungsanlage bei Fertigstellung des Hauses am 1. 12. nicht betriebsfähig. Deswegen platzt am nächsten Tag infolge großer Kälte ein Wasserrohr. Kann B seinen Ersatzanspruch wegen der Wasserschäden auf § 635 BGB stützen?

A: Nein; es handelt sich um Mangelfolgeschäden, für die der B nur nach den Regeln über die positive Vertragsverletzung Ersatz verlangen kann.

10. § 636 Abs. 1

Den Unternehmer trifft nicht nur die Hauptpflicht zur fehlerfreien, sondern auch zur rechtzeitigen Herstellung des gesamten Werkes. Bei nicht rechtzeitiger Herstellung entsteht für den Besteller nach § 636 Abs. 1 S. 1 zweiter Halbsatz BGB ein Rücktrittsrecht.

Verschulden des Unternehmers ist hierfür, im Unterschied zu den Verzugsregeln, nicht erforderlich. – Einer Nachfristsetzung bedarf es im Falle der §§ 636 Abs. 1 S. 1, 634 Abs. 2 BGB nicht.

Gerät der Unternehmer mit der Herstellung des Werkes in Verzug, so bestehen gemäß § 636 Abs. 1 S. 2 BGB die Rechte des Bestellers nach § 326 BGB; er kann danach auch Schadensersatz verlangen.

F: Nach einem zwischen B und U geschlossenen Werkvertrag soll U für B zum 1. 6. einen Einbauschrank herstellen. U liefert diesen Schrank aber erst am 2. 6. Deshalb will B, dem inzwischen ein anderer Schrank besser gefällt, gemäß § 636 Abs. 1 BGB wegen nicht rechtzeitiger Herstellung des Werkes vom Vertrag zurücktreten. Steht dem B dieses Rücktrittsrecht zu? (Berücksichtigen Sie die in § 636 Abs. 1 S. 1 BGB vorgesehene Verweisung auf § 634 BGB).

A: Nein, da es sich nach der Art des Vertragsgegenstandes und ohne erkennbare Zusatzvereinbarungen nur um eine unerhebliche Verspätung der Werkherstellung gehandelt hat, die gemäß §§ 636 Abs. 1 S. 1, 634 Abs. 3 BGB nicht zum Rücktritt berechtigt.

11. § 637

Die gesetzlichen Gewährleistungsansprüche des Bestellers sind abdingbar und werden durch Allgemeine Geschäftsbedingungen der Unternehmer meist auf das Nachbesserungsrecht beschränkt (vgl. Ziff. VIII Abs. 2 der AGB auf S. 248).

Wie im Kaufrecht (vgl. S. 59) ist die vertragliche Beschränkung der Gewährleistung allein auf Nachbesserung unwirksam, wenn die Nachbesserung fehlschlägt oder vom Unternehmer verweigert wird.

Ein vertraglicher Haftungsausschluß ist gemäß § 637 BGB nichtig, wenn der Unternehmer einen Mangel des Werkes arglistig verschweigt.

F: B läßt bei U eine Werkzeugmaschine herstellen. Da die Maschine nicht störungsfrei arbeitet, schickt U mehrere Male seine Monteure zu B, die vergeblich versuchen, den Fehler zu beheben. Als B deswegen schließlich mindern will, beruft sich U darauf, daß nach seinen, dem Vertrag zugrunde liegenden Geschäftsbedingungen für den Besteller lediglich ein Nachbesserungsrecht vorgesehen ist. Warum kann B von U dennoch Minderung verlangen?

A: Nach erfolglosen Nachbesserungsversuchen des Unternehmers wird die Beschränkung der Gewährleistung auf Nachbesserung gemäß § 138 BGB als nichtig angesehen, so daß die gesetzlichen Gewährleistungsansprüche des Bestellers wieder aufleben.

12.

Um Allgemeine Geschäftsbedingungen handelt es sich auch bei der Verdingungs-Ordnung für Bauleistungen (VOB). Sie wurde ursprünglich für die Bauaufträge der öffentlichen Hand geschaffen; inzwischen wird sie von den Bauunternehmern auch den meisten Bauverträgen mit privaten Bauherren zugrunde gelegt.

Die VOB besteht aus einem Teil A (VOB/A), der den Vertragsabschluß zum Gegenstand hat, aus einem Teil B (VOB/B), der die allgemeinen Vertragsbedingungen für die Bauausführung enthält, und aus einem Teil C (VOB/C) mit technischen Vorschriften für die Bauleistungen. – Für die hier behandelten Fragen der Gewährleistung gilt § 13 VOB/B. (Lesen Sie S. 249).

F 1: Der Privatmann B läßt sich von der Baufirma U ein Wohnhaus bauen. Gelten für diesen Bauvertrag die Regeln der VOB, obgleich sie nicht zum Vertragsinhalt gemacht worden sind?

F 2: Der Bauunternehmer U hat im Bauvertrag mit dem Privatmann B die Geltung der VOB/B vereinbart. Als sich bei seinem Haus ein Mangel zeigt, teilt B dies dem U telefonisch mit und verlangt Mängelbeseitigung. Genügt dies den Erfordernissen des § 13 VOB/B (vgl. S. 249)?

A 1: Nein; da es sich bei der VOB um Allgemeine Geschäftsbedingungen handelt, kann sie nur durch entsprechende Vereinbarung zum Vertragsinhalt werden.

A 2: Nein; gemäß § 13 Ziff. 5 Abs. 1 VOB/B muß der Mängelbeseitigungsanspruch schriftlich geltend gemacht werden.

13.

Die schuldhafte Verletzung von Nebenpflichten des Unternehmers stellt eine positive Vertragsverletzung dar.

Von den Nebenpflichten des Unternehmers ist seine Pflicht zur fachmännischen Beratung des Bestellers über die Einzelheiten des beabsichtigten Werkes hervorzuheben. Diese Beratungspflicht bezieht sich auch auf Materialien und Herstellungspläne, die vom Besteller zur Verfügung gestellt werden; ebenso besteht die Beratungspflicht, wenn das Werk nach Anweisung des Bestellers ausgeführt werden soll. – Eine weitere wichtige Nebenpflicht des Unternehmers ist die Pflicht zur sorgfältigen Verwahrung der ihm vom Besteller im Rahmen der Werkherstellung übergebenen Gegenstände; dies gilt z. B. auch bei Reparaturen.

F: Der Fuhrunternehmer B konnte günstig einen Flüssigkeitsbehälter erwerben, den er vom Karosseriebauer U mit einem Fahrgestell versehen lassen will, um ihn als Tankwagen zu verwenden. U erkennt, daß der Behälter im beladenen Zustand nicht den Straßenverkehrsvorschriften entsprechen wird, baut aber dennoch das gewünschte Fahrzeug. Als dieses nicht zugelassen wird, möchte B von U Schadensersatz fordern. Mit Recht?

A: Ja; U hat seine Nebenpflicht zur fachmännischen Beratung des B verletzt und damit den Tatbestand einer positiven Vertragsverletzung erfüllt.

Wiederholungsfragen:

1. In der Haftung für die Mängelfreiheit einer Sache unterscheiden sich Kaufvertrag und Werkvertrag dadurch, daß beim Werkvertrag der Besteller über die auch nach Kaufrecht bestehenden Gewährleistungsansprüche hinaus gemäß § 633 Abs. 2 S. 1 BGB ein gesetzliches ______________________ hat.

2. U hat auf dem Grundstück des B ein Eingangstor errichtet. Weil das Tor nicht richtig zu schließen ist, mahnt B den U, den Fehler zu beheben. Da U hierauf nicht reagiert, läßt B den Fehler durch X beseitigen und stellt die Reparaturkosten dem U in Rechnung. U beruft sich darauf, es fehle gemäß § 326 Abs. 1 BGB an einer Nachfristsetzung mit Ablehnungsandrohung. Steht dies dem Anspruch des B entgegen?

3. Bei verspäteter Herstellung des Werkes kann der Besteller Rechte aus § 636 Abs. 1 S. 1 BGB oder aus § 326 BGB herleiten.

<u>Nach § 636 Abs. 1 S. 1</u> BGB

ist Verschulden des Unternehmers erforderlich:	☐ ja	☐ nein
ergibt sich als Rechtsfolge ein Rücktrittsrecht des Bestellers:	☐ ja	☐ nein
ergibt sich als Rechtsfolge ein Schadensersatzanspruch des Bestellers:	☐ ja	☐ nein

<u>Nach § 326</u> BGB

ist Verschulden des Unternehmers erforderlich:	☐ ja	☐ nein
ergibt sich als Rechtsfolge wahlweise ein Rücktrittsrecht oder ein Schadensersatzanspruch des Bestellers:	☐ ja	☐ nein

A 1: Nachbesserungsrecht

A 2: Nein; dem B werden die Reparaturkosten schon gemäß § 633 Abs. 3 BGB als Fehlerbeseitigungskosten ersetzt. Auf § 326 BGB und die dort genannte Nachfristsetzung kommt es nicht an.

A 3: § 636 Abs. 1 S. 1 BGB setzt kein Verschulden voraus, gewährt dem Besteller jedoch nur ein Rücktrittsrecht. § 326 BGB gewährt bei Verschulden des Unternehmers wahlweise ein Rücktrittsrecht oder einen Schadensersatzanspruch.

14. § 642

Die Werkherstellung kann von der Mitwirkung des Bestellers abhängen, z. B. weil dieser Material und Pläne bereitstellen oder zur Anprobe anwesend sein muß:

Unterläßt der Besteller die notwendige Mitwirkung, so gerät er, wie § 642 Abs. 1 BGB zeigt, in Gläubigerverzug (gemäß §§ 293 ff. BGB); hierfür ist kein Verschulden des Bestellers erforderlich.

Gläubigerverzug bedeutet gemäß § 300 Abs. 1 BGB, daß die Haftung des Unternehmers auf Vorsatz und grobe Fahrlässigkeit gemindert ist. – Außerdem hat gemäß § 642 BGB der Unternehmer Anspruch auf eine angemessene Entschädigung für die nutzlose Bereithaltung von Kapital und Arbeitskraft.

F: Der technische Zeichner B beauftragt die Firma U mit dem Bau eines Ferienhauses aufgrund von Plänen, die er selbst zeichnen will. Vertraglich soll U am 1. 4. mit dem Bau beginnen. Am 31. 3. teilt ihm B mit, daß er die Pläne nicht vor dem 1. 5. fertigstellen könne, da er vor kurzem unverschuldet einen schweren Autounfall erlitten habe. U hat zum 1. April bereits mehrere Arbeitskräfte eingestellt, die er kurzfristig nicht anderweitig beschäftigen kann; deshalb verlangt er von B Entschädigung für die ihm entstandenen Lohnkosten. Mit Recht?

A: Ja; B befindet sich gemäß §§ 293 und 296 BGB in Gläubigerverzug, da dieser ohne Rücksicht auf Verschulden des Gläubigers eintritt. Nach Maßgabe des § 642 BGB ist B zur Zahlung der Entschädigung verpflichtet.

15. §§ 643, 645 Abs. 1 S. 2

Unterbleibt die notwendige Mitwirkung des Bestellers, so kann der Unternehmer gemäß § 643 BGB den Werkvertrag kündigen, wenn er dem Besteller eine angemessene Frist zur Vornahme der Mitwirkungshandlung gesetzt hatte und diese ergebnislos abgelaufen ist.

Nach § 645 Abs. 1 S. 2 BGB kann der Unternehmer dann eine seinem bisherigen Aufwand entsprechende Teilvergütung verlangen.

F: Der Ingenieur B bestellt bei U 30 Stahlgehäuse für Entlüftungsanlagen, die nach seinen Angaben gefertigt werden sollen. B erstellt die Unterlagen, nach denen die Gehäuse hergestellt werden sollen, nicht rechtzeitig zum vereinbarten Fertigungsbeginn. U möchte sich von dem Vertrag lösen, weil er mit X ein günstigeres Geschäft abschließen könnte. Genügt zur Vertragsauflösung ein Schreiben an B, er kündige den Vertrag mit sofortiger Wirkung?

A: Nein; gemäß § 643 BGB ist noch eine angemessene Frist zur Nachholung der Mitwirkungshandlung zu setzen. Erst nach Ablauf dieser Frist ist der Vertrag aufgelöst.

16.

Ob außer den in Inf. 14 und 15 genannten Folgen auch eine Schadensersatzpflicht des Bestellers ausgelöst wird, hängt zunächst davon ab, ob sich der Besteller zur Mitwirkung verpflichtet hatte:

Wurde eine Pflicht zur Mitwirkung des Bestellers vereinbart, so gerät er unter den Voraussetzungen der §§ 284, 285 BGB in Schuldnerverzug und wird dadurch gemäß § 286 BGB schadensersatzpflichtig; war die Mitwirkung als Hauptpflicht vereinbart, greift § 326 BGB ein.

Hat sich der Besteller nicht zur Mitwirkung verpflichtet, so wird durch die unterlassene Mitwirkung grundsätzlich keine Schadensersatzpflicht ausgelöst. – Jedoch kann in der schuldhaft unterlassenen Mitwirkung des Bestellers ein Verstoß gegen die nach § 242 BGB erforderliche Rücksichtnahme auf die Interessen des Vertragspartners (eine sog. Gefährdung des Vertragszwecks) liegen. Dies erfüllt als Nebenpflichtverletzung den Tatbestand der positiven Vertragsverletzung und macht den Besteller ebenfalls schadensersatzpflichtig.

F: Ein Besteller, der sich nicht vertraglich zur Mitwirkung verpflichtet hat, gerät durch Unterlassung seiner notwendigen Mitwirkung an der Werkherstellung in ______________; dies kann aus § _____ Abs. 1 BGB entnommen werden. Liegt in der unterlassenen Mitwirkung zugleich eine schuldhafte Gefährdung des Vertragszwecks, so haftet der Besteller dem Unternehmer aus ______________________________. Hatte sich der Besteller zur Mitwirkung verpflichtet, so gerät er nach Mahnung durch den Unternehmer in ________________.

A: Gläubigerverzug
642
positiver Vertragsverletzung
Schuldnerverzug

17. §§ 640 Abs. 1, 646

Der Besteller ist gemäß § 640 Abs. 1 BGB verpflichtet, das Werk abzunehmen. Abnahme bedeutet die Anerkennung des Werkes als vertragsmäßige Leistung.

Soweit möglich erfolgt die Abnahme durch tatsächliche Entgegennahme des hergestellten Werkes. – Ist nach Art des Werkes eine solche Abnahme praktisch nicht möglich, z. B. beim Anbringen von Werbetexten an einem weit entfernten Sportplatz, so tritt gemäß § 646 BGB die Vollendung des Werkes an die Stelle der Abnahme.

Nach herrschender Meinung ist die Abnahme eine Hauptpflicht des Bestellers, bei deren Verletzung der Unternehmer nach den §§ 323ff. BGB vorgehen kann.

F: Der Bauunternehmer U baut für B ein Wohnhaus, das vertragsgemäß zum 31. 5. bezugsfertig sein soll, da B dann seine bisherige Wohnung räumen muß. Obwohl das Haus am 31. 5. noch nicht völlig fertiggestellt ist, muß B einziehen, um die bisherige Wohnung räumen zu können. Bedeutet sein Einzug in das Haus die Abnahme des Werkes im Sinne des § 640 Abs. 1 BGB?

A: Nein; B will das noch nicht fertige Haus durch seinen Einzug nicht als vertragsmäßige Leistung anerkennen, sondern lediglich Schadensersatzansprüchen seines bisherigen Vermieters entgehen.

18. §§ 638, 640 Abs. 2

Rechtsfolge der Abnahme ist es, daß der Besteller sowohl den Erfüllungsanspruch (vgl. S. 216) als auch die Gewährleistungsansprüche für bekannte Mängel verliert. – Dies gilt gemäß § 640 Abs. 2 BGB nicht, wenn der Besteller sich seine Rechte vorbehalten hat.

Ferner beginnt mit der Abnahme die Verjährungsfrist aller Gewährleistungsansprüche, § 638 Abs. 1 BGB. Die Frist beträgt für bewegliche Sachen sechs Monate, für Bauwerke fünf Jahre. Eine Verkürzung der Verjährungsfristen für Bauwerke auf zwei Jahre findet sich in § 13 Ziff. 4 VOB/B (vgl. S. 249).

Nach herrschender Meinung gilt für Schadensersatzansprüche des Bestellers wegen Mangelfolgeschäden (vgl. S. 218) die allgemeine Verjährungsfrist von dreißig Jahren gemäß § 195 BGB. – Dies weicht von der herrschenden Meinung zum Kaufrecht insoweit ab, als dort auch die Mangelfolgeschäden analog § 477 BGB der kurzen Verjährung unterworfen werden (vgl. S. 71).

F: B läßt bei U die Bremsleitungen an seinem Pkw erneuern. U verheimlicht ihm, daß er die Bremsleitung eines Unfallwagens in den Pkw eingebaut hat. Sieben Monate nach der Reparatur platzt die Bremsleitung an einer aus dem seinerzeitigen Unfall herrührenden Knickstelle; B fährt infolgedessen einem parkenden Wagen auf. Als er von U Ersatz für die Bremsleitung und wegen der weiteren Schäden an seinem Pkw verlangt, beruft sich U auf Verjährung. Zu Recht?

A: Nein; der Gewährleistungsanspruch wegen der defekten Bremsleitung als Mangelschaden ist infolge der Arglist des U gemäß §§ 635, 638 Abs. 1 BGB noch nicht verjährt. Bei den weiteren Schäden handelt es sich um Mangelfolgeschäden, deren Ersatz B nach den Regeln der positiven Vertragsverletzung verlangen kann; für sie gilt nach herrschender Meinung die normale Verjährung des § 195 BGB.

19. §§ 641, 650

Mit der Abnahme wird auch der Vergütungsanspruch des Unternehmers fällig, §§ 631 Abs. 1, 641 Abs. 1 BGB.

Soll die Höhe der Vergütung vom Unternehmer erst nachträglich bestimmt werden, wie es z. B. bei Bauleistungen oder Reparaturen üblich ist, so kommt einem Kostenanschlag nach § 650 BGB folgende Bedeutung zu:

In aller Regel garantiert der Unternehmer die Einhaltung des veranschlagten Preises nicht. – Der Besteller kann jedoch den Vertrag gegen Zahlung einer angemessenen Teilvergütung kündigen, sobald eine erhebliche Überschreitung des Kostenanschlages absehbar wird, § 650 Abs. 1 BGB. Der Unternehmer ist gemäß § 650 Abs. 2 BGB verpflichtet, dem Besteller von einer voraussehbaren Überschreitung des Kostenanschlages unverzüglich Mitteilung zu machen.

F: Malermeister U hat über die Kosten für die Renovierung der Wohnung des B einen Kostenanschlag über 2 000,– DM erstellt. Nach Abschluß der Arbeiten stellt U fest, daß er den Anschlag um 100,– DM überschritten hat. Kann U von B 2 100,– DM verlangen?

A: Ja; ein normaler Kostenanschlag enthält keine Festpreisgarantie. Bei einer Überschreitung des Anschlages um 5% war U gemäß § 650 Abs. 2 BGB auch nicht verpflichtet, dem B vorher Mitteilung zu machen.

20. § 649

Eine Vergütungspflicht des Bestellers besteht auch, wenn er vor der Vollendung des Werkes von seinem Recht zur jederzeitigen Kündigung des Werkvertrages aus beliebigem Grund Gebrauch macht, § 649 BGB.

Allerdings mindert sich die vereinbarte Vergütung des Unternehmers um ersparte Aufwendungen und die Einnahmen aus anderweitiger Verwendung seiner Arbeitskraft. – Der Teilvergütungsanspruch des Unternehmers entfällt, wenn er die Kündigung des Bestellers durch schuldhafte Vertragsverletzung veranlaßt hat.

F: Der Hauseigentümer B schließt mit dem Malermeister U einen Werkvertrag über den Anstrich seines Hauses ab. Als U gerade mit den Arbeiten begonnen hat, kann B sein Haus günstig verkaufen und kündigt den Vertrag mit U.

a) Kann U auf Fortführung der Arbeiten bestehen?

b) Welche Vergütung kann U von B verlangen?

A: a) Nein; § 649 S. 1 BGB berechtigt den Besteller zur jederzeitigen Kündigung aus beliebigem Grund.

b) Nach Kündigung durch den B kann der U die vereinbarte Vergütung verlangen, die jedoch um ersparte Aufwendungen und Einnahmen aus anderweitiger Verwendung der Arbeitskraft des U gemindert wird, § 649 S. 2 BGB.

21. § 645 Abs. 1

Eine den bereits vorgenommenen Arbeiten entsprechende Teilvergütung kann der Unternehmer gemäß § 645 Abs. 1 S. 1 BGB auch verlangen, wenn die vertragsgemäße Fertigstellung des Werkes allein durch Mängel des vom Besteller zur Verfügung gestellten Materials oder infolge seiner Anweisungen verhindert wurde. – Ein Verschulden des Bestellers ist hierbei nicht erforderlich.

Dies gilt analog, wenn Gründe in der Person des Bestellers die Werkbeendigung verhindern, z. B. die Beförderungsleistung des Reiseunternehmers nicht vollendet werden kann, weil der Besteller aus gesundheitlichen Gründen den Impferfordernissen im Zielland nicht zu entsprechen vermag.

Der Teilvergütungsanspruch des § 645 Abs. 1 S. 1 BGB entfällt, wenn das Scheitern des Werkes durch Beratungsfehler des Unternehmers (vgl. S. 222) mitverursacht ist, weil diese Fehler einen Umstand darstellen, den der Unternehmer zu vertreten hat.

F: B läßt vom Bauunternehmer U eine Mauer errichten; die erforderlichen Backsteine hat B besorgt. U hat Zweifel, ob die Steine bei der geplanten Mauerhöhe genügend Druckfestigkeit haben, sagt aber nichts. Als die Mauer fast die vorgesehene Höhe erreicht hat, beginnen die unteren Steine unter dem Druck zu bröckeln, so daß der Bau eingestellt werden muß. Steht dem U gegen B ein Teilvergütungsanspruch zu?

A: Nein; der Anspruch aus § 645 Abs. 1 S. 1 BGB steht dem U nicht zu, weil er das Scheitern des Werkes infolge Verletzung seiner Aufklärungspflicht mit zu vertreten hat.

22. § 644

Grundsätzlich trägt der Besteller gemäß § 644 Abs. 1 S. 1 BGB von der Abnahme an die Preisgefahr; er muß also nach der Abnahme seine Gegenleistung auch dann erbringen, wenn das Werk zufällig untergeht oder verschlechtert wird.

Allerdings kann (außer bei dem in Inf. 21 behandelten Fall) schon vor der Abnahme die Gefahr insoweit übergehen, als ein Teilvergütungsanspruch entsteht:

Die Rechtsprechung wendet die §§ 644 Abs. 1 S. 3 und 645 Abs. 1 S. 1 BGB analog auf solche Fälle an, in denen das zufällige Scheitern des Werkes vor der Abnahme seine Ursache im Risikobereich des Bestellers hat; so z. B., wenn der Besteller, ein Bauer, in der noch unfertigen Scheune Heu lagert, das durch unverschuldete Selbstentzündung das Bauwerk zerstört. Ohne die Analogie hätte der Unternehmer nach § 323 Abs. 1 BGB keinen Vergütungsanspruch. – Weil der Besteller für Ereignisse aus seiner Risikosphäre die Gefahr trägt, spricht man in diesem Zusammenhang von der Sphärentheorie.

F: B läßt auf seinem Grundstück von U ein Haus errichten. Beim Legen der Fundamente stößt man auf eine unvorhersehbar starke Wasserader, die eine Baufortführung im vereinbarten Rahmen verhindert. Hat U gegen B einen Vergütungsanspruch?

A: Ja; U kann von B Teilvergütung gemäß § 645 Abs. 1 S. 1 BGB verlangen, weil der Baugrund des B als „Stoff" im Sinne dieser Vorschrift zu verstehen ist, so daß B für eine hiervon ausgehende zufällige Unmöglichkeit der Werkherstellung die Preisgefahr trägt.

23.

Schon vor der Abnahme geht die Preisgefahr gemäß § 644 Abs. 1 S. 2 BGB auf den Besteller über, wenn er in Annahmeverzug gerät. – Dies ist nach § 642 Abs. 1 BGB auch dann der Fall, wenn der Besteller die zur Werkherstellung notwendige Mitwirkung unterläßt (vgl. S. 224).

Ebenso bewirkt die auf Wunsch des Bestellers erfolgte Versendung des Werkes an einen anderen Ort als den Erfüllungsort den Gefahrübergang, § 644 Abs. 2 BGB. (Vgl. zum Versendungskauf S. 31).

F: Der Schlossermeister U hat für den B ein handgeschmiedetes Gartentor hergestellt und es vereinbarungsgemäß vom Erfüllungsort bei U durch den Spediteur S an den Wohnort des B transportieren lassen. Als das Tor dort eintrifft, stellt B fest, daß das Schloß nicht den angegebenen Maßen entspricht. Er erhebt deshalb gegenüber U Gewährleistungsansprüche; U hält ihm entgegen, die Gefahr sei mit der Übergabe des Tores an den S auf B übergegangen und damit seien die Gewährleistungsansprüche erloschen. Ist U im Recht?

A: Nein; nach § 644 Abs. 2 BGB geht mit der Übergabe an die Transportperson nur die Preisgefahr auf den Besteller über. Gewährleistungsansprüche bleiben hiervon unberührt.

24.

§ 618 analog

Von den Nebenpflichten des Bestellers ist seine Fürsorgepflicht hervorzuheben: Sie wird bedeutsam, wenn der Unternehmer und dessen Gehilfen in Räumen des Bestellers arbeiten oder wenn ihnen vom Besteller Geräte zur Verfügung gestellt werden. In solchen Fällen wird § 618 Abs. 1 und 3 BGB analog angewendet. Das bedeutet z. B., daß bei einer Verletzung der Fürsorgepflicht der Besteller entsprechend § 618 Abs. 1 und 3 BGB in Verbindung mit § 844 Abs. 2 BGB den Angehörigen eines zu Tode gekommenen Gehilfen des Unternehmers ersatzpflichtig wird.

F: Der Drogist B will an der Eisentür seines Lagerraumes Schweißarbeiten ausführen lassen. Ein Behälter mit leicht brennbarer Flüssigkeit bleibt in der Nähe der Tür stehen, ohne daß B den Schlosser U auf die Gefährlichkeit hinweist. Durch Funkenflug entsteht eine Explosion, die den U tötet. Mit welcher Begründung kann die Witwe des U von B auf vertraglicher Grundlage die Zahlung einer Rente verlangen?

A: Analog § 618 Abs. 1 BGB war B zur Fürsorge gegenüber U verpflichtet. Wegen Verletzung dieser Pflicht kann die Witwe des U entsprechend § 618 Abs. 3 in Verbindung mit § 844 Abs. 2 S. 1 BGB die Rente als Ersatz für den durch den Tod ihres Mannes verlorenen Unterhalt verlangen.

Wiederholungsfragen:

1. Der Fabrikant B möchte ab 1. 4. seine Fabrikhalle durch den Bauunternehmer U erweitern lassen. Zu diesem Zweck muß die Halle für vier Wochen geräumt werden. Als am 1. 4. der U die Halle nicht frei vorfindet, setzt er dem B eine Frist bis zum 10. 4. und kündigt, weil B infolge Nachlässigkeit auch zu diesem Zeitpunkt die Halle noch nicht geräumt hat, den Vertrag. Außerdem verlangt U von B Schadensersatz, da er wegen des Vertrages mit B einen anderen Auftrag nicht angenommen habe, wodurch ihm ein Gewinn entgangen sei. Ist B dem U ersatzpflichtig?

2. B läßt von U das Dach neu decken und stellt ihm dafür eine Leiter zur Verfügung. Weil an dieser Leiter eine Sprosse schadhaft ist, stürzt U ab und verletzt sich. Wie kann er seinen vertraglichen Ersatzanspruch wegen der Heilungskosten gegen B begründen?

A 1: Ja; da B durch die schuldhafte Unterlassung der notwendigen Mitwirkung seine Nebenpflicht, den Vertragszweck nicht zu gefährden, verletzt und so den Tatbestand einer positiven Vertragsverletzung erfüllt hat, ist er dem U schadensersatzpflichtig.

A 2: Den B traf hinsichtlich der überlassenen Leiter eine Fürsorgepflicht gegenüber U analog § 618 Abs. 1 BGB. Deren Verletzung stellt eine positive Vertragsverletzung dar, die B gegenüber U ersatzpflichtig werden läßt.

25. §§ 647, 648 Abs. 1

Da der Unternehmer seine Vergütung gemäß § 641 Abs. 1 S. 1 BGB erst nach Abnahme des Werkes verlangen kann (vgl. S. 229), soll seine Werklohnforderung gesichert werden:

Deshalb gewährt § 647 BGB dem Unternehmer für seine Ansprüche aus dem Werkvertrag ein gesetzliches Pfandrecht an beweglichen Sachen des Bestellers, die ihm zum Zwecke der Herstellung oder Ausbesserung ausgehändigt wurden. – Die vom sog. Unternehmerpfandrecht erfaßten Sachen können bei Nichterfüllung der Bestellerpflichten im Wege öffentlicher Versteigerung verwertet werden. – (Schwierige Probleme entstehen, wenn die dem Unternehmer ausgehändigte Sache nicht dem Besteller gehört; die Einzelheiten hierzu werden im Sachenrecht behandelt.)

Bauunternehmer können gemäß § 648 Abs. 1 BGB wegen ihrer Forderungen vom Besteller die Einräumung einer Sicherungshypothek am Baugrundstück verlangen; auch hierzu werden die Einzelheiten im Sachenrecht dargestellt.

F: B läßt in der Reparaturwerkstatt des U die Kupplung seines Pkw reparieren. Da B sich vor einiger Zeit von U 800,– DM geborgt und trotz eindringlicher Mahnungen noch nicht zurückgezahlt hat, will U wegen seiner Darlehensforderung an dem Pkw des B sein gesetzliches Pfandrecht geltend machen. Ist er hierzu berechtigt?

A: Nein; gemäß § 647 BGB sichert das Unternehmerpfandrecht nur Forderungen aus dem Werkvertrag. Der Rückzahlungsanspruch des U ist nicht aus dem Werkvertrag entstanden und deshalb nicht durch das Unternehmerpfandrecht gesichert.

26. §§ 688 ff.

Beim Verwahrungsvertrag wird gemäß § 688 BGB eine bewegliche Sache einem anderen zur Obhut übergeben. Kennzeichen des Verwahrungsvertrages ist also das Interesse des Hinterlegers an einer Dienstleistung des Verwahrers.

Die Verwahrung kann entgeltlich oder unentgeltlich erfolgen, §§ 689, 690 und 699 BGB. – Im Falle unentgeltlicher Verwahrung haftet der Verwahrer nur für die eigenübliche Sorgfalt, § 690 BGB.

Der Hinterleger haftet dem Verwahrer gemäß § 694 BGB für Schäden, die aus dem Verwahrgut entstehen; so z. B., wenn ein krankes Tier in Verwahrung gegeben wurde und Tiere des Verwahrers ansteckt. – Auch Aufwendungen sind dem Verwahrer gemäß § 693 BGB zu ersetzen, z. B. die Tierarztkosten für die Behandlung des verwahrten Tieres.

Der Hinterleger kann die Sache gemäß § 695 BGB jederzeit zurückfordern. – Der Verwahrer kann unter den Voraussetzungen des § 696 BGB die Rücknahme verlangen.

F: Aus welcher Vorschrift des Allgemeinen Schuldrechts ergibt sich, daß der Verwahrer im Rahmen des § 690 BGB für grobe Fahrlässigkeit einstehen muß?

A: Dies ergibt sich aus § 277 BGB, wonach derjenige, der nur für eigenübliche Sorgfalt einzustehen hat, von der Haftung für grobe Fahrlässigkeit nicht freigestellt ist.

27. § 700

Werden vertretbare Sachen (§ 91 BGB) mit der Abrede in Verwahrung gegeben, daß sie in das Eigentum des Verwahrers übergehen und dieser andere Sachen derselben Art und Menge zurückgeben kann, so handelt es sich um eine unregelmäßige Verwahrung. – Der Unterschied zwischen dem Darlehensvertrag und der unregelmäßigen Verwahrung liegt vor allem darin, daß der Darlehensvertrag vorwiegend im Interesse des Darlehensnehmers, die unregelmäßige Verwahrung vorwiegend im Interesse des Hinterlegers geschlossen wird. – Eine unregelmäßige Verwahrung besteht z. B. für Geld auf einem Postscheckkonto, während Spareinlagen als Darlehen zu bewerten sind (vgl. S. 197).

Für die unregelmäßige Verwahrung gelten gemäß § 700 Abs. 1 S. 1 BGB überwiegend Darlehensregeln (vgl. S. 197 ff.). Nur für Zeit und Ort der Rückgabe gelten gemäß § 700 Abs. 1 S. 3 BGB mangels abweichender Vereinbarung die Verwahrungsvorschriften, also die §§ 695 bis 697 BGB.

F: Der Kioskinhaber A legt jeden Abend seine Tageseinnahmen bei der B-Bank in den Nachttresor ein. Bankangestellte entnehmen das Geld am nächsten Morgen dem Behälter und schreiben den Betrag dem A gut. Es erfolgt keine Verzinsung. Später am Tag holt dann A die für seinen Geschäftsbetrieb erforderlichen Beträge wieder bei der Bank ab. Könnte A von der Bank verlangen, daß sie ihm diese Beträge gemäß §§ 700 Abs. 1 S. 1, 607 Abs. 1, 270 Abs. 1 BGB zusendet, wenn über diesen Punkt keine vertraglichen Abreden getroffen sind?

A: Nein. Da Geld zu den vertretbaren Sachen gehört und die B-Bank beim Leeren des Nachttresors das darin befindliche Geld zu Eigentum erwirbt, um den Betrag für A zinslos gutzuschreiben, handelt es sich um eine unregelmäßige Verwahrung. Gemäß § 700 Abs. 1 S. 3 BGB gelten für die Rückgabe des Geldes die Regeln über den Verwahrungsvertrag; nach § 697 BGB hat die Rückgabe am Verwahrungsort zu erfolgen.

28. §§ 652 Abs. 1, 653

Wenn jemand als Anbieter oder Nachfrager von Sachen oder Leistungen keinen Geschäftspartner findet, so kann er sich der Vermittlung eines Maklers (im Sprachgebrauch des BGB Mäkler genannt) bedienen. Wirtschaftlich besonders wichtig ist die Maklertätigkeit für den Wertpapierhandel (Börsenmakler), zur Kreditbeschaffung, im Grundstücksverkehr und auf dem Wohnungsmarkt.– Sonderregeln gelten gemäß § 93 ff. HGB für den sog. Handelsmakler. – Die Arbeitsplatzvermittlung erfolgt fast ausschließlich durch Behörden, also im verwaltungsrechtlichen Rahmen.

Ein Maklervertrag liegt gemäß § 652 Abs. 1 S. 1 BGB vor, wenn der Auftraggeber einem Vermittler für den Nachweis eines geeigneten Vertragspartners oder für die Vermittlung eines Vertragsabschlusses ein Entgelt verspricht, sofern der Vertrag zustandekommt. – Fehlt es an einer Vergütungsvereinbarung, so gilt gemäß § 653 Abs. 1 BGB ein Entgelt als stillschweigend vereinbart, wenn die gewünschte Tätigkeit üblicherweise nur gegen Entgelt zu erwarten war.

F: Der A sucht eine Wohnung und wendet sich deshalb an den Wohnungsmakler M, damit dieser ihm einen Vermieter nachweist. M nennt dem A die Adresse des V; A und V schließen einen Mietvertrag ab. Als M nunmehr von A die übliche Gebühr verlangt, wendet dieser ein, es sei kein Entgelt vereinbart worden, und außerdem hätte M, um Entgelt verlangen zu können, bei den Vertragsverhandlungen zugegen sein müssen. Greifen diese Einwendungen des A durch?

A: Nein; gemäß § 653 Abs. 1 BGB gilt eine Vergütung als stillschweigend vereinbart, da A die Tätigkeit des M nur gegen Entgelt erwarten konnte; aus § 653 Abs. 2 BGB ergibt sich, daß A die übliche Vergütung schuldet. – M mußte bei den Vertragsverhandlungen nicht zugegen sein; der Nachweis der Gelegenheit des Vertragsschlusses ist gemäß § 652 Abs. 1 S. 1 BGB ausreichend.

29. § 654

Der Makler übernimmt gemäß § 652 Abs. 1 BGB keine Pflicht zum Tätigwerden. Danach ist der Maklervertrag gesetzlich als ein unvollkommen zweiseitiger Vertrag ausgestaltet. – Wird jedoch der Makler aufgrund des Vertrages tätig, so trifft ihn gemäß § 654 BGB eine Treuepflicht. Diese Vorschrift wird als Grundlage einer allgemeinen Schadensabwendungspflicht verstanden; danach muß z. B. der Makler seinen Auftraggeber vor dem künftigen Vertragspartner warnen, wenn ihm Nachteiliges über diesen bekannt ist.

Es steht den Beteiligten frei, eine Vereinbarung zu treffen, die den Makler auch zum Tätigwerden oder zur Erfolgsherbeiführung verpflichtet. Dann handelt es sich um sog. Maklerdienstverträge oder Maklerwerkverträge.

Der Maklervertrag ist nicht formgebunden. – Da der Auftraggeber nicht verpflichtet ist, mit dem vom Makler benannten Interessenten abzuschließen, gilt die Formfreiheit auch bei der Vermittlung von Grundstücksverkäufen.

F: A möchte sein Grundstück verkaufen und schließt mit M einen Maklervertrag. Da M mit anderen Projekten beschäftigt ist, kümmert er sich jedoch in den nächsten Wochen nicht darum, einen Käufer ausfindig zu machen. Als nach vier Monaten sich noch kein Kaufinteressent bei A gemeldet hat, verlangt A von M Schadensersatz. Zu Recht?

A: Nein; da der Maklervertrag gemäß § 652 Abs. 1 S. 1 BGB für M keine Tätigkeitspflicht begründet, stellt seine Untätigkeit keine Vertragsverletzung dar.

30. § 652 Abs. 2 BGB, §§ 2 und 3 WoVermittG

Die vereinbarte Vergütung kann der Makler beanspruchen, wenn seine Tätigkeit für den Vertragsabschluß ursächlich oder zumindest mitursächlich war; dies ergibt sich aus dem Wort „infolge" in § 652 Abs. 1 S. 1 BGB. Hat der Auftraggeber seinen Vertragspartner unabhängig vom Makler gefunden, so entsteht kein Vergütungsanspruch des Maklers. – Der Vergütungsanspruch von Wohnungsmaklern wird durch § 2 des Wohnungsvermittlungsgesetzes von 1971 (WoVermittG; im Schönfelder abgedruckt unter Nr. 31) eingeschränkt.

Kraft Gesetzes hat der Makler gemäß § 652 Abs. 2 S. 2 BGB keinen Anspruch auf Ersatz seiner Aufwendungen, die er für eine fehlgeschlagene Vermittlung gemacht hat. – Vertragliche Ersatzvereinbarungen sind jedoch gemäß § 652 Abs. 2 S. 1 BGB zugelassen, ebenso gemäß § 3 Abs. 2 S. 3 WoVermittG für Wohnungsmakler.

F: K möchte von V ein Grundstück kaufen; die Verhandlungen zerschlagen sich jedoch, da K den von V geforderten Preis nicht zahlen will. V beauftragt nunmehr den Makler M damit, ihm einen Grundstückskäufer nachzuweisen. Dem M gelingt es, neue Verhandlungen zwischen V und K zu veranlassen, die schließlich zum Vertragsabschluß führen. Als M nunmehr die Provision fordert, weigert sich V zu zahlen, weil er seinen Vertragspartner schon gekannt habe, bevor der M eingeschaltet wurde. Ist seine Rechtsauffassung zutreffend?

A: Nein; da sich die Vertragsverhandlungen zwischen V und K zerschlagen hatten, ist die Tätigkeit des M ursächlich für den Abschluß des konkreten Kaufvertrages geworden, so daß er gemäß § 652 Abs. 1 BGB einen Provisionsanspruch hat.

31. § 656

Sonderregeln gelten für die Heiratsvermittlung: Gemäß § 656 Abs. 1 S. 1 BGB besteht kein Vergütungsanspruch des Ehemaklers. In der Praxis hat dies dazu geführt, daß Heiratsvermittler Vorauszahlungen verlangen. – Eine ungeachtet des fehlenden Anspruchs an den Makler gezahlte Vergütung kann gemäß § 656 Abs. 1 S. 2 BGB nicht zurückgefordert werden.

Auch den Ehemakler treffen gegenüber seinem Auftraggeber Aufklärungs- und Sorgfaltspflichten; er darf z. B. nicht verschweigen, daß der von ihm vorgeschlagene Partner bereits als Heiratsschwindler bestraft ist.

F: A bemüht das Eheanbahnungsinstitut M und zahlt einen Teil der vereinbarten Gebühr im voraus. Nach seiner von M vermittelten Heirat weigert sich A, den ausstehenden Rest der Vermittlungsgebühr zu zahlen. Kann M die Zahlung erzwingen?

A: Nein, da der Ehemakler gemäß § 656 BGB keinen Anspruch auf Zahlung von Maklerlohn hat.

Wiederholungsfragen:

1. Daß der Verwahrungsvertrag entgeltlich oder unentgeltlich abgeschlossen werden kann, folgt aus den §§ __________ BGB.

   Eine unregelmäßige Verwahrung liegt gemäß § _____ Abs. 1 S. 1 BGB vor, wenn die in Obhut gegebenen vertretbaren Sachen in das ____________ des Verwahrers übergehen sollen.

2. Wodurch unterscheidet sich der Maklervertrag nach den §§ 652 ff. BGB

   a) vom Dienstvertrag,

   b) vom Werkvertrag?

3. Welche Rechtsfolgen hat es, wenn bei einem von V beabsichtigten Grundstücksverkauf der von ihm beauftragte Makler den künftigen Käufer davor warnt, daß der V ihn übervorteilen wolle?

A 1: 689, 690
700
Eigentum

A 2: a) Der Makler übernimmt keine Pflicht zum Tätigwerden;
b) der Makler verpflichtet sich nicht zur Erfolgsherbeiführung.

A 3: Gemäß § 654 BGB hat der Makler seinen Anspruch auf Entgelt und Auslagenersatz verwirkt.

32. Zusammenfassung

a) Der Werkvertrag wird zwischen dem Unternehmer und dem __________ abgeschlossen. Der Vertrag ist nach den Vorschriften des BGB

☐ nicht formgebunden.

☐ nur formgebunden, wenn Bauarbeiten ausgeführt werden sollen.

b) Werk im Sinne der §§ 631 ff. BGB ist jeder Erfolg. Dies ergibt sich aus § _____ Abs. ___ BGB.

c) Hauptpflicht des Unternehmers ist es gemäß §§ 631 Abs. 1, 633 Abs. 1 BGB, das Werk __________ herzustellen; außerdem muß das Werk die zugesicherten Eigenschaften haben.

Bei mangelhaftem Werk stehen dem Besteller mehrere Möglichkeiten zur Wahl: Er kann einmal aufgrund § 633 Abs. 2 S. 1 BGB ______________ verlangen.

Nach erfolgloser Fristsetzung kann der Besteller Wandelung oder Minderung verlangen. Hierfür gelten gemäß § _____ Abs. 4 BGB die Regeln des Kaufrechts.

Schadensersatz kann der Besteller gemäß § _____ BGB verlangen.

Kap. VI. Zusammenfassung

A: a) Besteller
Der Werkvertrag ist nach den Vorschriften des BGB nicht formgebunden. (Inf. 1)

b) 631 2 (Inf. 2)

c) fehlerfrei (Inf. 6)
Nachbesserung (Inf. 7)
634 635 (Inf. 8 + 9)

Kommt der Unternehmer mit der Mängelbeseitigung in Verzug und beseitigt der Besteller den Mangel deshalb selbst, so kann er vom Unternehmer Aufwendungsersatz gemäß § _____ Abs. ____ BGB verlangen.

d) Ist das Werk zum vereinbarten Herstellungszeitpunkt nicht fertiggestellt, so entsteht für den Besteller aufgrund § _____ Abs. 1 S. 1 BGB das Recht, vom Vertrag zurückzutreten.

e) Hängt die Herstellung des Werkes von der Mitwirkung des Bestellers ab, so gerät er durch das Unterlassen der erforderlichen Mitwirkung in ____________________; dies ergibt sich aus § _____ Abs. 1 BGB.

In Schuldnerverzug hingegen gerät der Besteller aufgrund schuldhaft unterlassener Mitwirkung dann, wenn er sich vertraglich ____________________ ______________________________ hatte.

f) Hauptpflicht des Bestellers ist gemäß § 640 Abs. 1 BGB die __________ des Werkes.
Damit wird auch der Vergütungsanspruch des Unternehmers fällig.

Geht das Werk vor der Abnahme ohne Verschulden einer Vertragspartei unter, so ist der Besteller zur Bezahlung der Vergütung verpflichtet, sofern bereits der ________________ erfolgt ist; dies ergibt sich aus § 644 Abs.___ S. ___ BGB.

A: 633 3

d) 636 (Inf. 10)

e) Gläubigerverzug
642 (Inf. 14)
zur Mitwirkung verpflichtet (Inf. 16)

f) Abnahme (Inf. 17)
Gefahrübergang
1 1 (Inf. 22)

g) Als eine Nebenpflicht trifft den Besteller die Fürsorgepflicht gegenüber dem Unternehmer und seinen Gehilfen. Diese Pflicht wird in Analogie zu § ____ BGB begründet.

h) Beim Verwahrungsvertrag hat der Verwahrer nur dann für leichte Fahrlässigkeit zu haften, wenn ein Entgelt vereinbart wurde. Dieser Haftungsmaßstab kann aus § ____ BGB in Verbindung mit § 276 Abs. 1 S. 1 BGB entnommen werden.

i) Begründen Sie bitte, warum der Maklervertrag ein unvollkommen zweiseitiger Vertrag ist.

k) Warum unterliegt ein Maklervertrag, nach welchem der Makler dem Auftraggeber einen Grundstückskäufer zuführen soll, nicht der Form des § 313 BGB?

A: g) 618 (Inf. 24)

h) 690 (Inf. 26)

i) Der Maklervertrag ist ein unvollkommen zweiseitiger Vertrag, weil nur der Auftraggeber zur Bezahlung verpflichtet wird, sofern ein Vertragsschluß erfolgt. Der Makler ist nicht zu einer Tätigkeit verpflichtet. (Inf. 29)

k) Der Auftraggeber verpflichtet sich nicht gegenüber dem Makler, das Grundstück zu verkaufen. (Inf. 29)

Zur Wissensvertiefung für den Stoff des sechsten Kapitels wird empfohlen:

Esser a. a. O., §§ 76 II, 79–81, 83 II und 84,
Larenz a. a. O., §§ 53, 54 und 58.

Wichtig sind die Fragen der gemischten Verträge; hierfür wird

Fikentscher, § 65, empfohlen.

Für Einzelfragen des Werkvertragsrechts wird hingewiesen auf

BGHZ 35, 130 (Mangel- und Mangelfolgeschaden),
37, 341 (344) (Architektenvertrag),
40, 71 (74) (Sphärentheorie),
59, 365 (Nachbesserung und Schadensersatz).

Für die Einzelheiten der im Geschäftsleben üblichen Maklerbedingungen wird auf die Zusammenstellung bei

Palandt, Anm. 9 und 10 zu § 652,

verwiesen.

Geschäftsbedingungen

für die Ausführung von Arbeiten an Kraftfahrzeugen, Anhängern und ihren Teilen

Für die Ausführung von Arbeiten an Kraftfahrzeugen, Anhängern und ihren Teilen (Instandsetzung einschl. Austausch von Aggregaten, Pflege, Wartung, Inspektionsarbeiten und Einbau von Teilen) gelten ausschließlich die folgenden Bedingungen.

I. Allgemeines.
Die Vereinbarungen zwischen dem Auftraggeber und dem Auftragnehmer sind für die Beteiligten nur verbindlich, wenn der Auftraggeber dem Auftragnehmer einen die Vereinbarungen enthaltenden Auftragsschein ausgestellt oder der Auftragnehmer den Auftrag schriftlich bestätigt hat. Die Entgegennahme und Weitergabe telegraphischer und telephonischer Aufträge geht auf Gefahr und Rechnung des Auftraggebers.

Der Auftrag umfaßt die Ermächtigung zur Durchführung von Probefahrten und zur Überführung in Spezialwerkstätten (z. B. Karosserie- oder Lackierereibetriebe) sowie die Ermächtigung zur Übertragung von Arbeiten an solche Spezialwerkstätten.

Erfüllungsort und ausschließlicher Gerichtsstand, einschließlich der Klagen im Urkunden- und Wechselprozeß, ist für beide Teile für sämtliche gegenwärtigen und zukünftigen Ansprüche aus der Geschäftsverbindung der Ort des Betriebes des Auftragnehmers.

II. Kostenanschlag.
Kostenanschläge sind nur dann verbindlich, wenn sie schriftlich abgegeben und als verbindlich bezeichnet werden.

Sollte der Auftragnehmer die Ausführung zusätzlicher Arbeiten als notwendig erachten, so kann der verbindliche Kostenanschlag ohne Rückfrage bis zu 15 % überschritten werden.

Die zwecks Abgabe eines Kostenanschlages gemachten Leistungen und Lieferungen besonderer Art (z. B. Zerlegung) werden dem Auftraggeber auch dann berechnet, wenn es nicht zur Ausführung der Arbeit oder nur zu einer solchen in abgeänderter Form kommt.

III. Berechnung des Auftrages.
Bei der Berechnung von Arbeiten sind die Preise für verwendete Einzelteile, Materialien, Probefahrten und Sonderleistungen sowie die Preise für die Arbeitsleistungen jeweils gesondert auszuweisen.

Wenn bei Auftragserteilung ein fester Preis vereinbart wurde, so ist nur dieser zu berechnen.

Für zurückgegebene Austauschaggregate kann eine Nachbelastung vorgenommen werden, wenn sich nachträglich eine mangelnde Austauschfähigkeit herausstellt.

Beanstandungen der Rechnungen müssen, ebenso wie notwendige Richtigstellungen, schriftlich und spätestens innerhalb von zwei Wochen nach Aushändigung erfolgen.

IV. Zahlungen.
Die Bezahlung von Arbeiten ist bei Abnahme des Auftragsgegenstandes, jedoch spätestens innerhalb von drei Tagen nach Meldung der Fertigstellung und Aushändigung der vorläufig oder endgültigen Rechnung, fällig und hat grundsätzlich nur in bar ohne Skonto oder sonstigen Nachlaß, zu erfolgen. Als Barzahlung kann auch die Annahme eines Schecks vereinbart werden. Eine andere Zahlungsweise muß ausdrücklich vorher festgelegt sein. Verzugszinsen werden mit 2 % über dem Diskont der Deutschen Bundesbank berechnet.

Eine Aufrechnung mit Gegenforderungen ist ausgeschlossen.

Bei Arbeiten, die über den Rahmen der Kleinarbeiten hinausgehen, ist der Auftragnehmer berechtigt, eine Rechnungsvorauszahlung bis zur Hälfte der voraussichtlichen Kosten zu fordern.

V. Lieferung.
Der Auftragnehmer ist verpflichtet, eine schriftlich vereinbarte Lieferfrist einzuhalten. Erhöht sich der Arbeitsumfang gegenüber dem ursprünglichen Auftrag, so tritt eine entsprechende Verschiebung des Liefertermins ein.

Wenn der Auftragnehmer Liefertermine verbindlich zusagt, die er bei der Zusage aller Voraussicht nach nicht einhalten kann, oder verbindlich zugesagte Liefertermine vorsätzlich nicht einhält, ist er dem Auftraggeber zum Ersatz des aus der Nichteinhaltung entstandenen Schadens verpflichtet.

Eine zusätzliche Überschreitung des Liefertermins liegt nicht vor, wenn durch von dem Auftraggeber nicht vertretbare Umstände der vereinbarte Liefertermin nicht eingehalten werden kann. In Fällen größerer Lieferverzögerung hat der Auftragnehmer den Auftraggeber alsbald zu verständigen.

VI. Abnahme.
Mit der Übergabe und widerspruchslosen Annahme gilt der Auftragsgegenstand als angenommen. Die Übergabe erfolgt grundsätzlich im Betrieb des Auftragnehmers.

Wünscht der Auftraggeber Abholung oder Zustellung des Auftragsgegenstandes, so erfolgt diese auf seine Rechnung und Gefahr. Der Auftragnehmer ist jedoch verpflichtet, dabei die im Verkehr erforderliche Sorgfalt zu beachten.

Der Auftraggeber kommt mit der Abnahme in Verzug, wenn er nicht innerhalb von drei Tagen, nachdem ihm die Fertigstellung gemeldet und die vorläufige oder endgültige Rechnung ausgehändigt worden ist, den Auftragsgegenstand gegen Begleichung der Rechnung abholt. Ist der Auftragsgegenstand nach Ablauf dieser Frist nicht abgeholt, kann der Auftragnehmer die ortsübliche Aufbewahrungsgebühr berechnen.

Der Auftragsgegenstand kann nach dem Ermessen des Auftragnehme auch anderweitig zu üblichen Bedingungen aufbewahrt werden.

VII. Zurückbehaltungsrecht und Pfandrecht.
Dem Auftragnehmer steht wegen seiner Forderung aus dem Auftr ein Zurückhaltungsrecht sowie ein Pfandrecht an den auf Grund d Auftrages in seinen Besitz gelangten Gegenständen zu. Diese Rech können auch wegen Forderungen aus früheren Lieferungen u Leistungen sowie sonstigen Ansprüchen aus der Geschäftsverbindu geltend gemacht werden. Macht der Auftragnehmer von seinem Re zum Pfandverkauf der in seinem Besitz gelangten Gegenstände G brauch, so genügt für die Pfandverkaufsdrohung die Absendung ein schriftlichen Benachrichtigung an die letzte bekannte Anschrift d Auftraggebers.

VIII. Gewährleistung.
Die Abnahme des Auftragsgegenstandes schließt Gewährleistung ansprüche aus, es sei denn, daß er nicht erkennbare Mängel a weist. Die Gewährleistung ist ferner ausgeschlossen für solche Mä gel, die nicht innerhalb 8 Wochen, spätestens nach Zurücklegu einer Fahrstrecke von 3000 Kilometer nach Abnahme gemeldet sin Der Mangel ist unverzüglich und schriftlich nach Feststellung mit teilen und genau zu bezeichnen.

Die Gewährleistung des Auftragnehmers beschränkt sich auf die Ve pflichtung, den Mangel in seinen Arbeitsräumen zu beseitigen.

Die Gewährleistung erlischt, wenn der Auftragsgegenstand de Auftragnehmer nicht innerhalb einer Woche nach Feststellung d Mangels kostenfrei zugestellt wird, sofern nichts anderes vereinb ist.

Die Gewährleistung erlischt ferner, wenn – von zwingenden Notfäll abgesehen – die von dem Mangel betroffenen Teile des Auftrag gegenstandes inzwischen von einer anderen Werkstatt oder in eiger Regie des Auftraggebers verändert oder instand gesetzt worden sin Sie erlischt auch, wenn der Auftraggeber die Vorschriften des Au tragnehmers über die Behandlung des Auftragsgegenstandes od dessen Teile nicht befolgt und z. B. Kontroll- und Einfahrtsvorschrift nicht beachtet.

Für nicht selbst hergestellte Teile und Fremdleistungen beschrän sich die Gewähr des Auftragnehmers nach seiner Wahl auf die A tretung der ihm gegen seine Lieferanten wegen etwaiger Mäng zustehenden Ansprüche oder kostenlose Instandsetzung bzw. Ersat lieferung der mangelhaften Teile.

Die Gewährleistung wird nicht übernommen für Arbeiten, die a Wunsch des Auftraggebers durch Dritte ausgeführt werden, sie wi auch nicht übernommen für behelfsmäßige Instandsetzungen, die a Anforderung des Auftraggebers vorgenommen werden.

IX. Haftung.
Der Auftragnehmer haftet für Schäden und Verluste an dem ihm z Instandsetzung übergebenen Auftragsgegenstand und dessen Teile soweit sie durch Außerachtlassung seiner Sorgfaltspflicht entstand sind. Das gleiche gilt für Schäden aus Probe-, Überführungs- ur Schwarzfahrten.

Der Auftragnehmer hat seine Sorgfaltspflicht nur außer acht gelasse wenn er eine ungeeignete Person mit der Probefahrt beauftragt od es in seinem Betrieb an der nötigen Aufsicht hat fehlen lassen.

Das Risiko der Probefahrt geht zu Lasten des Auftraggebers, wenn selbst oder sein Beauftragter das Fahrzeug während der Probefah lenkt.

Während des Abnahmeverzuges des Auftraggebers (Art. VI. Abs. hat der Auftragnehmer nur Vorsatz und grobe Fahrlässigkeit zu ve treten. Das gleiche gilt bei Abholung des Auftragsgegenstand außerhalb der normalen Geschäftszeit des Auftragnehmers.

Soweit der Auftragnehmer für Schäden und Verluste haftet, beschrän sich die Haftung bei Beschädigung auf Instandsetzung. Ist die unmöglich oder mit unverhältnismäßig hohen Kosten verbunden, der Zeitwert am Tage der Beschädigung zu ersetzen. Das gleiche g bei Verlust des Auftragsgegenstandes oder von Teilen davon od von besonders zur Verwahrung übergebenen zusätzlichem Wage inhalt. Die Zeitwertfeststellung hat ein von der Deutschen Automob Treuhand GmbH. als Schätzer anerkannter Sachverständiger zu treffe

Im übrigen wird Ersatz eines mittelbaren oder unmittelbaren Sch dens gleich aus welchem Rechtsgrund nicht gewährt.

Der Auftraggeber verpflichtet sich, von einem ihm etwa gegen de Erfüllungsgehilfen des Auftragnehmers gegebenen Anspruch kein Gebrauch zu machen.

X. Ersatzteile und ersetzte Teile.
An allen Zubehör- und Ersatzteilen sowie Austauschaggregat behält sich der Auftragnehmer bis zur vollständigen Bezahlung all Rechnungen aus der Geschäftsverbindung das Eigentum vor.

Ist bei der Auftragserteilung nichts anders vereinbart worden, gehen ersetzte Teile in das Eigentum des Auftragnehmers über.

VOB/B: § 13 Gewährleistung

1. Der Auftragnehmer übernimmt die Gewähr, daß seine Leistung zur Zeit der Abnahme die vertraglich zugesicherten Eigenschaften hat, den anerkannten Regeln der Technik entspricht und nicht mit Fehlern behaftet ist, die den Wert oder die Tauglichkeit zu dem gewöhnlichen oder dem nach dem Vertrag vorausgesetzten Gebrauch aufheben oder mindern.
2. Bei Leistungen nach Probe gelten die Eigenschaften der Probe als zugesichert, soweit nicht Abweichungen nach der Verkehrssitte als bedeutungslos anzusehen sind. Dies gilt auch für Proben, die erst nach Vertragsabschluß als solche anerkannt sind.
3. Ist ein Mangel zurückzuführen auf die Leistungsbeschreibung oder auf Anordnung des Auftraggebers, auf die von diesem gelieferten oder vorgeschriebenen Stoffe oder Bauteile oder die Beschaffenheit der Vorleistung eines anderen Unternehmers, so ist der Auftragnehmer von der Gewährleistung für diese Mängel frei, außer wenn er die ihm nach § 4 Ziffer 3 obliegende Mitteilung über die zu befürchtenden Mängel unterlassen hat.
4. Ist für die Gewährleistung keine Verjährungsfrist im Vertrag vereinbart, so beträgt sie für Bauwerke und für Holzerkrankungen zwei Jahre, für Arbeiten an einem Grundstück und für die vom Feuer berührten Teile von Feuerungsanlagen ein Jahr.
   Die Frist beginnt mit der Abnahme der gesamten Leistung; nur für in sich abgeschlossene Teile der Leistung beginnt sie mit der Teilabnahme (§ 12 Ziffer 2a).
5. Der Auftragnehmer ist verpflichtet, alle während der Verjährungsfrist hervortretenden Mängel, die auf vertragswidrige Leistung zurückzuführen sind, auf seine Kosten zu beseitigen, wenn es der Auftraggeber vor Ablauf der Frist schriftlich verlangt.
   Kommt der Auftragnehmer der Aufforderung zur Mängelbeseitigung in einer vom Auftraggeber gesetzten angemessenen Frist nicht nach, so kann dieser die Mängel auf Kosten des Auftragnehmers abstellen lassen.
6. Ist die Beseitigung des Mangels nach Lage der Dinge unmöglich, würde sie einen unverhältnismäßig hohen Aufwand erfordern und wird sie deshalb vom Auftragnehmer verweigert, so kann der Auftraggeber Minderung der Vergütung verlangen (§ 634 Abs. 4, § 472 BGB).
7. Ist ein wesentlicher Mangel, der die Gebrauchsfähigkeit erheblich beeinträchtigt, auf ein Verschulden des Auftragnehmers oder seiner Erfüllungsgehilfen zurückzuführen, so ist der Auftragnehmer außerdem verpflichtet, dem Auftraggeber den Schaden an dem Bauwerk zu ersetzen, zu dessen Herstellung, Instandhaltung oder Änderung die Leistung dient.
   Den darüber hinausgehenden Schaden hat er nur dann zu ersetzen,
   - wenn der Mangel auf Vorsatz oder grober Fahrlässigkeit beruht,
   - wenn der Mangel auf einem Verstoß gegen die anerkannten Regeln der Technik beruht,
   - wenn der Mangel in dem Fehlen einer vertraglich zugesicherten Eigenschaft besteht oder soweit der Auftragnehmer den Schaden durch Versicherung seiner gesetzlichen Haftpflicht gedeckt hat oder innerhalb der von der Versicherungsaufsichtsbehörde genehmigten Allgemeinen Versicherungsbedingungen bei einem deutschen Versicherer zu tarifmäßigen, nicht auf außergewöhnliche Verhältnisse abgestellten Prämien und Prämienzuschlägen hätte decken können.

   Abweichend von Ziffer 4 gelten die gesetzlichen Verjährungsfristen, soweit sich der Auftragnehmer nach Absatz 2 durch Versicherung geschützt hat oder hätte schützen können oder soweit ein besonderer Versicherungsschutz vereinbart ist. Eine Einschränkung oder Erweiterung der Haftung kann in begründeten Sonderfällen vereinbart werden.

Kapitel VII

DER AUFTRAGSVERTRAG

Für das Verständnis der Rechtsfragen des Auftragsvertrages entstehen zunächst gewisse Schwierigkeiten aus der Terminologie: In der juristischen Fachsprache wird der Auftragsvertrag, durch den sich jemand zur unentgeltlichen Geschäftsbesorgung für einen anderen verpflichtet, meist abgekürzt als „Auftrag" bezeichnet. So geschieht dies auch in der Überschrift vor § 662 BGB und im Wortlaut der §§ 671–674 BGB, ferner mit den Worten „Ausführung des Auftrags" in den §§ 664, 666, 667, 669 und 670 BGB.

Daneben verwendet das BGB den Ausdruck „Auftrag" in den §§ 662 und 663 BGB für das Angebot zum Abschluß eines Auftragsvertrages.

Der juristische Sprachgebrauch unterscheidet sich auch von der kaufmännischen Umgangssprache, da dort mit „Auftrag" allgemein entgeltliche Verträge oder Vertragsangebote bezeichnet werden, z. B. wenn vom Auftragseingang oder von der Auftragslage die Rede ist.

Die Auftragsvorschriften des BGB sind über die unentgeltlichen Geschäftsbesorgungen hinaus von Bedeutung, weil im Rahmen der Geschäftsführung ohne Auftrag (die in Kap. VIII behandelt wird) auf diese Regeln Bezug genommen wird, ebenso in § 675 BGB (der in den Inf. 19 und 20 dargestellt ist) für bestimmte Dienst- und Werkverträge.

Kap. VII. Auftrag

Inhaltsübersicht:

1. § 662

Parteien des Auftragsvertrages sind der Auftraggeber und der Beauftragte.

Gemäß § 662 BGB verpflichtet sich der Beauftragte zur unentgeltlichen Besorgung eines Geschäftes für den Auftraggeber. – Geschäft in diesem Sinne ist jedes rechtsgeschäftliche oder tatsächliche Handeln; die Tätigkeit des Beauftragten kann dauernder oder einmaliger Natur sein.

F 1: B will sich gegenüber A verpflichten, unentgeltlich dessen Wohnung zu tapezieren. Kann dies Gegenstand eines Auftragsvertrages sein?

F 2: Wodurch unterscheidet sich die vorgenannte Vereinbarung von einem Werkvertrag?

A 1: Ja, da jedes tatsächliche Handeln Gegenstand eines Auftragsvertrages sein kann.

A 2: Ein Werkvertrag kann nur entgeltlich sein.

2.

Die Tätigkeit des Beauftragten ist gemäß § 662 BGB auf eine Geschäftsbesorgung für den Auftraggeber gerichtet. Der Beauftragte hat also Interessen des Auftraggebers wahrzunehmen, d. h. die Geschäftsbesorgung muß fremdnützig sein.

Die ausschließliche Wahrnehmung von Eigeninteressen kann nicht Gegenstand eines Auftragsvertrages sein; so erfolgt die Erfüllung der eigenen Verpflichtungen stets im eigenen Interesse. – § 662 BGB schließt jedoch nicht aus, daß der Beauftragte mit seinem Handeln neben Interessen des Auftraggebers zugleich auch eigene Interessen verfolgt; dies kann z. B. der Fall sein, wenn der Beauftragte für den Auftraggeber ein Gemälde erwirbt, das ihm als Sicherheit für ein dem Auftraggeber gewährtes Darlehen dienen soll.

F: Der Spediteur S transportiert aufgrund eines Vertrages mit der Firma F Kühltruhen zu deren Kunden. S und F haben verabredet, daß die genauen Anlieferungstermine jeweils von S mit den Kunden abgesprochen werden. Aufgrund dieser Verpflichtung ruft S bei dem Käufer K, der von F eine Kühltruhe gekauft hat, an; K bittet ihn, die Kühltruhe am Freitagnachmittag um 16.00 Uhr in der Wohnung auszuliefern. Ist damit zwischen K und S ein Auftragsvertrag zustande gekommen?

A: Nein, weil S den Transport zu K aufgrund des Vertrages mit der Firma F ausführt. Bei Erfüllung dieser Verpflichtung handelt S ausschließlich im eigenen Interesse und besorgt kein Geschäft für den K.

3.

Die Tätigkeit des Beauftragten muß gemäß § 662 BGB unentgeltlich erfolgen, d. h. ohne Gegenleistung für die Geschäftsbesorgung. – Der in § 670 BGB vorgesehene Ersatz der Auslagen stellt kein Entgelt dar. (Die Einzelheiten werden auf S. 266 ff. behandelt).

Der Auftragsvertrag ist kein gegenseitiger Vertrag, weil nicht notwendig beiderseitige Verpflichtungen entstehen. Leistungsstörungen werden also nach den §§ 275 ff. BGB und nicht nach den §§ 323 ff. BGB beurteilt.

F: Der A muß dringend zum 50 km entfernten Flugplatz; sein Wagen springt jedoch nicht an. Deshalb schließt er mit seinem Hausnachbarn B einen Auftragsvertrag, wonach ihn dieser zum Flugplatz bringt; Hin- und Rückfahrt dauern insgesamt zwei Stunden. Kann B von A für die Beförderung 24,– DM verlangen, wenn ihm A bereits 10,– DM für das verbrauchte Benzin gegeben hat?

A: Nein. Weil zwischen A und B ein Auftragsvertrag geschlossen wurde, hat sich B zu einer unentgeltlichen Geschäftsbesorgung verpflichtet; daher kann er keine Vergütung für die Beförderung verlangen.

4.

Der Abschluß des Auftragsvertrages erfolgt nach den allgemeinen Regeln des Vertragsrechts (§§ 145 ff. BGB). – Wollen die Beteiligten, wie es im Alltagsleben häufig vorkommt, durch ihre Erklärungen keine vertragliche Leistungspflicht mit entsprechender Haftung begründen, so liegt ein reines Gefälligkeitsverhältnis vor; dies gilt z. B. bei der unentgeltlichen Übernahme des Blumengießens für die Urlaubszeit. Wegen des fehlenden Rechtsbindungswillens entsteht kein Vertrag.

Das Gefälligkeitsverhältnis ist vom Auftragsvertrag abzugrenzen; hierbei ist auf die Bedeutung der übernommenen Geschäftsbesorgung im Einzelfall abzustellen: Sind nennenswerte wirtschaftliche Interessen des Auftraggebers an sorgfältiger Ausführung und vertraglicher Haftung hierfür dem Beauftragten erkennbar, so spricht dies für eine rechtsgeschäftliche Bindung, also für einen Auftragsvertrag.

F: Begründen Sie bitte, in welchem der folgenden Fälle es sich um ein reines Gefälligkeitsverhältnis, in welchem es sich um einen Auftragsvertrag handelt:

a) A bittet seinen Arbeitskollegen B am letzten Tag vor Ablauf der Frist, den Antrag des A auf Lohnsteuer-Jahresausgleich beim Finanzamt abzugeben; B sagt dies zu.

b) A bittet den B, eine Ansichtskarte mit zur Post zu nehmen; B sagt dies zu.

A: a) Wegen des für B erkennbaren wirtschaftlichen Interesses des A an der rechtzeitigen Erledigung ist in diesem Falle eine vertragliche Leistungspflicht gewollt, d. h. ein Auftragsvertrag abgeschlossen worden.

b) Hier liegt ein Gefälligkeitsverhältnis vor, da keine nennenswerten wirtschaftlichen Interessen des A erkennbar sind.

5. § 676

Die unentgeltliche Erteilung von Rat, Empfehlung oder Auskunft erfolgt gemäß § 676 BGB grundsätzlich als reine Gefälligkeit, so daß keine vertragliche Haftung für die Richtigkeit begründet wird. – (Die Verantwortung aus unerlaubter Handlung nach den §§ 823 ff. BGB bleibt bestehen).

Auch bei unentgeltlicher Beratung bejaht jedoch die Rechtsprechung den konkludenten Abschluß eines Auftragsvertrages, wenn der Ratgeber sachkundig ist und er erkennen kann, daß das Problem für den Fragenden von großer Bedeutung ist; dies gilt z. B. bei Auskünften durch Banken oder Reisebüros. – Durch die Klausel „Auskunft ohne Gewähr" kann jedoch die Haftung ausgeschlossen werden.

F: A muß am Freitag um 9 Uhr in Dortmund sein. Infolge einer falschen Auskunft über die Zugverbindungen kommt er zu spät, so daß ihm ein Schaden entsteht. Ist es, wenn A Schadensersatzansprüche auf vertraglicher Grundlage geltend machen will, erheblich, ob er seinen Arbeitskollegen B oder den örtlichen Verkehrsverein um die Zugauskunft gebeten hatte?

A: Ja; bei der Auskunft durch den Arbeitskollegen handelt es sich um eine reine Gefälligkeit. Ansprüche des A aus positiver Vertragsverletzung eines Auftragsvertrages könnten nur wegen der falschen Auskunft durch den Verkehrsverein in Frage stehen.

Wiederholungsfragen:

1. Eine unentgeltliche Geschäftsbesorgung im Sinne des § 662 BGB liegt vor, wenn ein rechtsgeschäftliches oder ____________ Handeln im Interesse des ______________ erfolgt.

   Der Beauftragte darf neben den Interessen des Auftraggebers mit der Geschäftsbesorgung

   ☐ auch eigene Interessen verfolgen,

   ☐ keine eigenen Interessen verfolgen.

2. Warum wird für die rechtliche Beurteilung der berufsmäßigen Beratungstätigkeit eines Rechtsanwaltes die Abgrenzung zwischen einem Auftragsvertrag und einer Gefälligkeit nicht erheblich?

3. B hat während des Urlaubs den Kanarienvogel des A versorgt. Dafür bringt ihm A aus dem Urlaub eine Flasche Wein mit. Bedeutet dies, daß es sich bei der Tierpflege des B nicht um eine reine Gefälligkeit gehandelt haben kann?

A 1: tatsächliches Auftraggebers
Der Beauftragte darf mit der Geschäftsbesorgung auch eigene Interessen verfolgen.

A 2: Weil die berufsmäßige Beratung durch einen Rechtsanwalt vertragsgemäß entgeltlich erfolgt.

A 3: Nein; eine reine Gefälligkeit liegt vor, wenn keine vertragliche Verpflichtung des B zur Tierpflege vereinbart wurde. Der mitgebrachte Wein kann ein Geschenk des A sein; er besagt nichts über eine Verpflichtung des B zur Tierpflege.

6. § 663

Pflichten eines „Beauftragten" entstehen unter Umständen schon vor dem Vertragsschluß: Nach § 663 S. 1 BGB ist jemand, der sich zur Besorgung von Geschäften öffentlich erboten hat, z. B. durch ein Schild am Haus, verpflichtet, die Ablehnung eines Auftragsangebotes dem Auftraggeber unverzüglich anzuzeigen. – Dasselbe gilt, wenn jemand öffentlich bestellt wurde, d. h. durch Erklärung an die Öffentlichkeit. Ein solcher Fall liegt z. B. vor, wenn ein Heimatverein in der Zeitung bekanntgibt, sein Mitglied X werde bei der Beschaffung von Trachtenkleidung behilflich sein.

§ 663 BGB enthält einen gesetzlich geregelten Fall der culpa in contrahendo. Daher begründet die Unterlassung der Anzeige die Pflicht zum Ersatz des Vertrauensschadens.

F: Der Verein „Freunde froher Tiere e.V." hat sich in Zeitungsanzeigen erboten, zugelaufene Haustiere kostenfrei abzuholen. Da dem A ein Hund zugelaufen ist, fordert er den Verein schriftlich auf, das Tier abzuholen; der Verein läßt hierauf nichts von sich hören. Innerhalb eines Monats entstehen dem A durch die Untätigkeit des Vereins Futterkosten in Höhe von 100,– DM. Kann A deswegen vom Verein Schadensersatz verlangen?

A: Ja; da sich der Verein öffentlich zur Abholung erboten hatte, begründet § 663 BGB die Pflicht zur ausdrücklichen Ablehnung eines Vertragsangebotes. Durch deren Verletzung ist der Verein gegenüber A wegen culpa in contrahendo schadensersatzpflichtig geworden.

7. § 664

Der Beauftragte ist gemäß § 664 Abs. 1 S. 1 BGB grundsätzlich verpflichtet, die vertraglich übernommene Geschäftsbesorgung persönlich zu erledigen.

Aus § 664 Abs. 1 S. 2 BGB ist aber zu entnehmen, daß die vollständige Übertragung des Auftrags auf einen anderen, die sog. Substitution, vom Auftraggeber gestattet werden kann. Mit der Substitution tritt der Substitut an die Stelle des Beauftragten.

Im Falle erlaubter Substitution haftet der Beauftragte nur für Auswahl und Einweisung des Substituten, nicht auch für dessen Verschulden bei Ausführung der übertragenen Tätigkeit.

F: Die Studentin B hat sich am 1. 2. gegenüber der berufstätigen Frau A verpflichtet, deren körperbehindertes Kleinkind bis zum 31. 8. während der Vormittagsstunden unentgeltlich zu beaufsichtigen. Frau A ist von 7.00–14.00 Uhr abwesend, die B soll von 8.00–13.00 Uhr anwesend sein. Als die B zu Beginn der Semesterferien verreisen will, bittet sie die ihr als zuverlässig bekannte Kommilitonin D, für den Rest der Vertragszeit die Beaufsichtigung des Kindes zu übernehmen. Durch eine Unachtsamkeit der D verletzt sich das Kind beträchtlich. Kann die B gegenüber einem Schadensersatzanspruch der Frau A wegen Verletzung des Auftragsvertrages geltend machen, sie habe die D sorgfältig ausgewählt und eingewiesen?

A: Nein; da es sich bei dem Verhalten der B um eine im Sinne des § 664 Abs. 1 BGB nicht gestattete Substitution handelt, haftet die B der A aus positiver Vertragsverletzung für den durch die D verursachten Schaden.

8.

Von der Substitution als völliger Übertragung des Auftrags zur selbständigen Ausführung ist die Hinzuziehung von Erfüllungsgehilfen zu unterscheiden, die den Beauftragten unterstützen sollen. Ihre Zuziehung bedarf, wie § 664 Abs. 1 S. 3 BGB zeigt, keiner Gestattung durch den Auftraggeber.

Beim Einsatz von Gehilfen bleibt der Beauftragte, im Unterschied zur Substitution, persönlich für die Ausführung des Auftrags verantwortlich. Er haftet gemäß § 278 BGB für das Verschulden seiner Gehilfen.

F: Der Elektriker B wird von seinem Freund A beauftragt, während der Abwesenheit des A in dessen Wohnung einen Elektroherd anzuschließen. Ohne Wissen des A bringt B dazu den D mit, der ihm zur Hand gehen soll. D beschädigt bei der Arbeit einen Schrank des A. Muß A, wenn er deswegen von B Ersatz verlangen will, geltend machen, er habe dem B nicht gestattet, eine fremde Person in die Wohnung mitzubringen?

A: Nein; B bedurfte keiner Erlaubnis für die Hinzuziehung des D, weil dieser nicht als Substitut, sondern als Erfüllungsgehilfe handelte. Dessen Verschulden hat B gemäß §§ 664 Abs. 1 S. 3, 278 BGB zu vertreten.

9. § 665

Der Beauftragte ist verpflichtet, die Weisungen des Auftraggebers genau zu befolgen.

Sieht er Anlaß, von den Weisungen abzuweichen, so hat er den Auftraggeber zu benachrichtigen und dessen Anweisungen abzuwarten, § 665 S. 2 BGB. – Reicht hierfür wegen drohender Gefahr für die Interessen des Auftraggebers die Zeit nicht aus, so darf der Beauftragte gemäß § 665 S. 1 BGB von den erteilten Weisungen insoweit abweichen, als er annehmen kann, daß der Auftraggeber dies billigen würde.

Unerlaubtes Abweichen von den Weisungen, z. B. eigenmächtiges Abweichen einer Bank von der erteilten Kauforder, macht den Beauftragten aus positiver Vertragsverletzung ersatzpflichtig. – Die Ersatzpflicht entfällt, wenn der Auftraggeber die Abweichung von den Weisungen genehmigt.

F: A beauftragt den B, am Samstag mit dem Pkw das erkrankte Kind des A aus dem weitentfernten Schullandheim abzuholen. Auf der Rückfahrt verschlechtert sich der Gesundheitszustand des Kindes rasch. B versucht unterwegs vergeblich, den A telefonisch zu erreichen. Ist B aufgrund des Auftragsvertrages berechtigt, das Kind in das nächstgelegene Krankenhaus einzuliefern?

A: Ja; B ist dazu gemäß § 665 S. 1 und 2 BGB berechtigt, weil mit weiterem Aufschub der Entscheidung Gefahr verbunden ist und er annehmen kann, daß A nach der Sachlage die Krankenhauseinlieferung billigen würde.

10. § 666

Weiterhin trifft den Beauftragten gemäß § 666 BGB die Verpflichtung, dem Auftraggeber die nach der Sachlage erforderlichen Nachrichten zu geben.

Der Beauftragte muß dem Auftraggeber ferner auf Verlangen jederzeit Auskunft über den Stand der Geschäftsbesorgung geben und nach Ausführung des Auftrags Rechenschaft ablegen. – War die Ausführung des Auftrags mit Einnahmen und Ausgaben verbunden, erfolgt die Rechenschaftslegung nach Maßgabe der §§ 259, 261 BGB.

F: B verwaltet das Vermögen des A unentgeltlich. Bei einem risikoreichen Aktienkauf des B für A erleidet dieser einen Verlust von 10 000,– DM. Als A von B Ersatz verlangt, weil er einem solchen Geschäft niemals zugestimmt hätte, macht B geltend, A habe vorher keine Auskunft über den geplanten Aktienkauf von ihm verlangt. Ist B im Recht?

A: Nein; bei ordnungsgemäßer Ausführung des Auftrags durch B war es erforderlich, dem A vor dem beabsichtigten Aktienkauf Nachricht zu geben. Hierfür bedurfte es gemäß § 666 BGB keiner Aufforderung durch A.

11. § 667

Gemäß § 667 BGB muß der Beauftragte alles zur Ausführung des Auftrags Erhaltene, soweit er es nicht im Rahmen seiner Tätigkeit verbraucht hat, dem Auftraggeber zurückgeben; dies gilt z. B. für Urkunden oder Geld.

Der Beauftragte muß dem Auftraggeber auch alles aus der Geschäftsführung Erlangte herausgeben. Meist handelt es sich hierbei um Sachen, die dem Beauftragten von Dritten übergeben wurden, oder um die Nutzungen aus erhaltenen Sachen.

F: Der A beauftragt den B, ihm aus der Nachbarstadt ein dringend benötigtes Ersatzteil für den Pkw mitzubringen. Der Preis des Ersatzteils ist im Katalog mit 100,– DM angegeben. Diesen Betrag händigt A dem B aus. Infolge eines Räumungsverkaufs ist der Preis jedoch um 30,– DM herabgesetzt. B weigert sich nach der Rückkehr, diese 30,– DM an A herauszugeben; er ist der Ansicht, dieser Betrag sei sein „Gewinn". Ist B im Recht?

A: Nein; gemäß § 667 BGB muß B alles Geld, das er zur Durchführung des Auftrags von A erhalten und nicht verbraucht hat, an A herausgeben.

12.

Für die Herausgabepflicht gemäß § 667 BGB kommt es nicht darauf an, ob der Auftraggeber das vom Beauftragten Erlangte auch selbst hätte erlangen können. Der Beauftragte muß also einen Gewinn herausgeben, den er durch seine Geschäftstüchtigkeit erzielt hat, selbst wenn der Auftraggeber ihn nicht hätte erzielen können.

Ebenso erfaßt § 667 BGB auch rechtswidrig Erlangtes. Daher muß der Beauftragte nach der Rechtsprechung des BGH auch Schmiergelder, d. h. zum Zwecke der Willensbeeinflussung bei Ausführung des Auftrags erhaltene Zuwendungen, gemäß § 667 BGB herausgeben. – Trinkgelder und ähnliche Geschenke, die nicht zum Zwecke der Willensbeeinflussung gegeben werden, fallen nicht unter § 667 BGB.

F: Der Vermieter A beauftragt seinen Freund B, in der Mietwohnung des M eine Dichtung zu reparieren. Nachdem B die Arbeit ausgeführt hat, drückt ihm M 10,– DM in die Hand. A erfährt dies und verlangt von B, mit dem er sich inzwischen zerstritten hat, die Herausgabe des Geldes. Mit Recht?

A: Nein; B hat das Geld anläßlich der Ausführung des Auftrags als Trinkgeld erhalten. Damit sind die Voraussetzungen des § 667 BGB nicht erfüllt.

Wiederholungsfragen:

1. Was muß der Beauftragte gemäß § 664 Abs. 1 S. 2 BGB tun, damit er im Falle erlaubter Substitution nicht wegen „Verschulden bei der Übertragung" ersatzpflichtig wird?

2. A möchte sein Auto verkaufen. Es gelingt ihm nicht, Interessenten zu finden, die mehr als 3 000,– DM dafür bieten. Sein im Autohandel erfahrener Nachbar B bietet ihm Hilfe an, und A beauftragt ihn mit dem Autoverkauf. Dem B gelingt es, den Wagen für 4 000,– DM zu verkaufen. Muß B dem A die volle Summe herausgeben?

3. Bei der Zuziehung eines Erfüllungsgehilfen
   - ☐ entfällt die Haftung des Beauftragten völlig,
   - ☐ haftet der Beauftragte nur für sorgfältige Auswahl und Einweisung des Erfüllungsgehilfen,
   - ☐ haftet der Beauftragte für alle Pflichtverletzungen des Gehilfen.

A 1: Der Beauftragte muß Auswahl und Einweisung des Substituten mit verkehrserforderlicher Sorgfalt vornehmen.

A 2: Ja; gemäß § 667 BGB muß B das Erlangte herausgeben. Es ist nicht erforderlich, daß der Auftraggeber das vom Beauftragten Erlangte auch selbst hätte erzielen können.

A 3: Bei der Zuziehung eines Erfüllungsgehilfen haftet der Beauftragte für alle Pflichtverletzungen des Gehilfen.

13. §§ 669, 670

Der Auftraggeber ist gemäß § 670 BGB verpflichtet, dem Beauftragten alle Aufwendungen zu ersetzen, die dieser bei Ausführung des Auftrags den Umständen nach als notwendig ansehen konnte. Es handelt sich dabei um Leistungen, die der Beauftragte nach sorgfältiger Prüfung der Sachlage für unvermeidlich hielt; nicht erforderlich ist, daß die Ausgaben objektiv unerläßlich waren.

Damit der Beauftragte nicht aus eigener Tasche vorstrecken muß, kann er gemäß § 669 BGB vom Auftraggeber Vorschuß verlangen.

F: A beauftragt vor einer längeren Auslandsreise seinen Freund B, eine während seiner Abwesenheit fällige Geldforderung des A gegen D einzuziehen und mit dem Geld eine Schuld des A zu bezahlen; der D ist hiervon in Kenntnis gesetzt. Als D nach Fälligkeit trotz mehrfacher Mahnungen des B nicht zahlt und Verjährung droht, wendet sich B an den Rechtsanwalt R; auf dessen Klageandrohung zahlt D. Als A von seiner Reise zurückkehrt, weigert er sich, die von B verauslagten Rechtsanwaltsgebühren zu ersetzen. Mit Recht?

A: Nein; B hat hinsichtlich der Anwaltskosten einen Ersatzanspruch aus § 670 BGB, weil er nach mehrfacher erfolgloser Mahnung bei drohender Verjährung die anwaltliche Rechtsverfolgung für erforderlich halten durfte.

14.

Aufwendungen im Sinne des § 670 BGB sind die vom Beauftragten zur Ausführung des Auftrags gewollt erbrachten Vermögensleistungen; sie werden oft als „freiwillige Vermögensopfer" bezeichnet. Gewollt sind solche Vermögensopfer auch dann erbracht, wenn der Beauftragte sie zwar nicht gewünscht, aber doch in Kauf genommen hat. – Den Gegensatz bilden die in Inf. 16 behandelten Schäden.

Die Aufwendungen können sich unmittelbar als Ausgaben oder als Eingehung von Verpflichtungen darstellen.

F: A hat sich gegenüber B verpflichtet, ein für den im Urlaub weilenden B ankommendes Paket aus Übersee abzunehmen. Bei Auslieferung des Pakets wird ein unerwarteter Frachtzuschlag erhoben, den B nur bezahlen kann, indem er sich von X 100,– DM borgt. Handelt es sich bei der Rückzahlungsverpflichtung des B gegenüber X um eine Aufwendung im Sinne des § 670 BGB?

A: Ja; bei Anlieferung aus Übersee muß mit Frachtzuschlägen gerechnet werden. Um die Rücksendung zu vermeiden, war die Eingehung der Darlehensverpflichtung ein in Kauf genommenes Vermögensopfer und damit eine Aufwendung gemäß § 670 BGB.

15.

Soweit der Beauftragte zur Ausführung des Auftrags Arbeit aufwendet, die ihm andernfalls Einkünfte erbracht hätte, kann er hierfür keinen Ersatz verlangen. Wer Vergütung seiner Arbeitsleistung wünscht, darf keinen unentgeltlichen Auftragsvertrag abschließen, sondern muß den Dienst- oder Werkvertrag wählen.

Allerdings stellt die berufliche Tätigkeit des Beauftragten dann eine ersatzfähige Aufwendung dar, wenn bei Übernahme des Auftrags keine berufsspezifische Tätigkeit des Beauftragten vorgesehen war, später jedoch Umstände eintraten, die eine solche Tätigkeit erforderlich machten. Zur Begründung wird § 1835 Abs. 2 BGB mitherangezogen, wo (in anderem Zusammenhang) berufsspezifische Leistungen als Aufwendungen definiert werden.

F: Die Eheleute A wollen verreisen und haben das ihnen bekannte Zahnarztehepaar B beauftragt, für eine Woche ihr zehnjähriges Kind aufzunehmen und zu betreuen. Am vierten Tag erwacht das Kind mit starken Zahnschmerzen. B führt die sofort notwendige Behandlung durch. Kann er von den Eheleuten A gemäß § 670 BGB Vergütung seiner zahnärztlichen Leistungen verlangen?

A: Ja; der Einsatz der beruflichen Kenntnisse des B wurde erst im Laufe der Ausführung des Auftrags notwendig; demnach stellt die Behandlung des Kindes eine Aufwendung im Sinne des § 670 BGB dar.

16. § 670 analog

Keine Aufwendungen im Sinne des § 670 BGB sind die nicht gewollten oder in Kauf genommenen Vermögensschäden und die Körperschäden, die der Beauftragte in Ausführung des Auftrags erleidet. Demnach können diese Einbußen nicht unmittelbar nach § 670 BGB ersetzt werden.

Der Auftraggeber muß jedoch dem Beauftragten solche Schäden ersetzen, die mit dem Auftrag für die Parteien erkennbar verbunden und bei seiner Ausführung adäquat entstanden sind; dies gilt z. B. für Verletzungen, die sich jemand bei erbetener Hilfeleistung zuzieht. Die herrschende Meinung gewährt diesen Ersatzanspruch analog § 670 BGB.

Schäden im Rahmen des allgemeinen Lebensrisikos, d. h. Schäden, bei denen sich Gefahren des täglichen Lebens verwirklichen, begründen jedoch keinen Ersatzanspruch; beispielsweise ist dies der Fall, wenn der Beauftragte einen Brief zur Post bringen soll und unterwegs einen Verkehrsunfall erleidet.

F: Der D hat mit seinem Fahrrad den parkenden Pkw des A beschädigt und ist davongefahren. A beauftragt den ihm Hilfe anbietenden B, den D aufzuhalten. Bei der Nacheile verliert B seine Geldbörse aus der schadhaften Hosentasche; als er den D festzuhalten versucht, zerreißt ihm dieser das Hemd. D entkommt unerkannt. B verlangt jetzt von A aufgrund des Auftragsvertrages Ersatz für das Hemd und das verlorene Geld. Mit Recht?

A: Die Beschädigung des Hemdes war ein den Parteien erkennbares Risiko und entstand adäquat bei Ausführung des Auftrags, so daß A dem B analog § 670 BGB hierfür Ersatz leisten muß. Der Verlust des Geldes hingegen geschah im Rahmen des allgemeinen Lebensrisikos, so daß B von A keinen Ersatz verlangen kann.

17.

Für den „Schadensersatz analog § 670 BGB" ist kein Verschulden des Auftraggebers erforderlich. – Ein Mitverschulden des Beauftragten wird jedoch nach den Grundsätzen des § 254 BGB berücksichtigt.

Bei analoger Anwendung des § 670 BGB wird allerdings nicht immer der volle Schaden des Beauftragten ersetzt, sondern ihm nur eine angemessene Entschädigung zugesprochen, die nicht den Ersatz immaterieller Schäden (Schmerzensgeld) einschließt.

Auch § 844 Abs. 2 BGB wird im Falle des Todes des Beauftragten zugunsten seiner Angehörigen analog angewendet. Wenn also der Beauftragte, der bei einer Gefahrensituation Hilfe leisten sollte, im Zusammenhang mit dieser Tätigkeit zu Tode kommt, können seine Hinterbliebenen vom Auftraggeber einen Ersatz für den ihnen entgehenden Unterhalt verlangen.

F: Das Kind des A ist bei einer Bootsfahrt in den Fluß gefallen. Beauftragt von A springt B in voller Kleidung in das Wasser und rettet das Kind. Weil er sich danach nicht sogleich um trockene Kleidung bemüht, zieht er sich eine schwere Erkältung zu. Er verlangt von A vollen Ersatz der Heilungskosten. Zu Recht?

A: Nein; die Erkrankung des B ist zwar eine vorhersehbare und adäquate Folge der Hilfeleistung, sein Ersatzanspruch mindert sich jedoch nach Maßgabe des § 254 BGB.

18.

Soweit Vermögens- und Körperschäden des Beauftragten vom Auftraggeber verschuldet sind, z. B. durch unvollständige Anweisungen, haftet der Auftraggeber aus positiver Vertragsverletzung auf vollen Schadensersatz.

Die Rechtsprechung wendet auch die §§ 618 und 619 BGB analog an (vgl. S. 234).

F: Der Installateur B übernimmt es, unentgeltlich die schadhafte Dachrinne am Hause seines Bekannten A zu reparieren. Weil die ihm von A zur Verfügung gestellte Leiter morsch ist, stürzt B ab und erleidet tödliche Verletzungen. Nach welchen Vorschriften kann die Witwe des B von A eine Rentenzahlung fordern?

A: Da A dem B zur Ausführung des Auftrags mangelhaftes Gerät zu Verfügung gestellt hat, ist er der Witwe in entsprechender Anwendung der §§ 618 Abs. 1 und 3, 844 Abs. 2 BGB zur Schadensersatzleistung in Form einer Rente verpflichtet.

Wiederholungsfragen:

1. Wodurch unterscheiden sich Aufwendungen und Schäden eines Beauftragten hinsichtlich

   a) der Anspruchsgrundlage für die Ersatzforderung gegen den Auftraggeber,

   b) des Umfangs der Ersatzleistung?

2. A hat sich bei Heimwerkerarbeiten eine stark blutende Wunde zugefügt. Sein Nachbar B verpflichtet sich, ihn unentgeltlich zum Arzt zu fahren. Unterwegs dringt Blut durch den Notverband und beschmutzt die Wagenpolster. Kann B von A Ersatz der Reinigungskosten analog § 670 BGB verlangen?

A 1: a) Aufwendungen werden dem Beauftragten gemäß § 670 BGB ersetzt, Schäden analog § 670 BGB oder nach den Vorschriften über die positive Vertragsverletzung.

b) Aufwendungen, die der Beauftragte für erforderlich halten durfte, werden ihm voll ersetzt; für erlittene Schäden erhält er nur eine angemessene Entschädigung, wenn kein Verschulden des Auftraggebers vorlag.

A 2: Ja; es handelt sich um einen bei der Übernahme des Auftrags voraussehbaren und adäquaten Schaden. Die angemessene Entschädigung des B analog § 670 BGB schließt die Reinigungskosten ein.

19. § 675

Der Auftragsvertrag unterscheidet sich durch seine Unentgeltlichkeit vom Dienstvertrag und vom Werkvertrag.

Soweit jedoch ein Dienst- oder Werkvertrag Geschäftsbesorgungen zum Gegenstand hat, d. h. die Wahrnehmung von Geschäften aus dem Pflichtenkreis des Dienstherrn oder Bestellers für diesen, finden gemäß § 675 BGB viele Vorschriften des Auftragsrechts entsprechende Anwendung. Durch diese Verweisung des § 675 BGB gewinnen die Auftragsvorschriften große praktische Bedeutung.

F: Die Witwe A beauftragt den Steuerberater B mit der Erstellung ihrer jeweils erforderlichen Steuererklärung. Für diese Tätigkeit erhält B ein jährliches Honorar. Nach welchen Vorschriften kann die A von B Auskunft über den Stand ihrer Steuerangelegenheiten verlangen?

A: Der Dienstvertrag zwischen A und B hat Geschäftsbesorgungen des B zum Gegenstand. Demnach kann die A gemäß §§ 675, 666 BGB Auskunft verlangen.

20.

Der Begriff der Geschäftsbesorgung wird im Zusammenhang des § 675 BGB von Rechtsprechung und Literatur enger gefaßt als nach § 662 BGB (vgl. S. 252): § 675 BGB gilt danach nur für Geschäftsbesorgungen im Rahmen solcher Dienst- oder Werkverträge, die eine selbständige Wahrnehmung fremder wirtschaftlicher Interessen zum Gegenstand haben; dies trifft z. B. bei Geschäftsbesorgungen der Banken oder der Rechtsanwälte zu.

Die unter § 675 BGB fallenden Dienst- und Werkverträge werden als „Geschäftsbesorgungsverträge“ bezeichnet.

F 1: A will seine Wohnung tapezieren und läßt sich dabei von T gegen Bezahlung helfen. Handelt es sich bei diesem Dienstvertrag um einen Geschäftsbesorgungsvertrag, für den (über die §§ 611 ff. BGB hinaus) auch § 675 BGB gilt?

F 2: Fällt die ärztliche Behandlung unter § 675 BGB?

A 1: Nein, da T mit der Hilfe beim Tapezieren keine selbständige Tätigkeit übernommen hat.

A 2: Nein, weil sie nicht den wirtschaftlichen Interessen des Auftraggebers dient.

21. § 671 Abs. 1

Der Auftrag endet regelmäßig durch Erfüllung, d. h. mit dem Erreichen des vereinbarten Zieles.

Außerdem kann der Auftraggeber den Auftrag jederzeit ohne Angabe von Gründen widerrufen, § 671 Abs. 1 BGB. – Der Widerruf erfolgt durch empfangsbedürftige Willenserklärung und ist nicht an die Einhaltung einer Frist gebunden.

F: B hat sich gegenüber A verpflichtet, gegen monatliche Vergütung die Aktien des A zu verwalten. Kann A, als er mit den Leistungen des B unzufrieden ist, den mit B geschlossenen Vertrag unter Berufung auf § 671 Abs. 1 BGB fristlos widerrufen?

A: Nein; B hat sich zu einer entgeltlichen Geschäftsbesorgung verpflichtet; demnach scheidet ein Widerruf nach § 671 Abs. 1 BGB aus, weil auf diese Vorschrift in § 675 BGB nicht verwiesen wird.

22. § 671 Abs. 2 und 3

Der Beauftragte kann den Auftragsvertrag jederzeit durch Kündigung beenden, § 671 Abs. 1 BGB. – Besteht ein wichtiger Grund für die Kündigung, z. B. Beleidigung durch den Auftraggeber, so kann der Beauftragte sogar dann kündigen, wenn er auf sein Kündigungsrecht verzichtet hatte, § 671 Abs. 3 BGB.

Kündigt der Beauftragte ohne wichtigen Grund, so muß er dem Auftraggeber ermöglichen, sich auf die Beendigung des Auftragsvertrages einzurichten. Andernfalls wird er ihm schadensersatzpflichtig, § 671 Abs. 2 BGB.

F: A beauftragt seinen Bekannten B am 1. 4. damit, während einer Reise des A im Juni den Arbeitsfortgang bei dessen Wohnhausneubau zu überwachen. Wird B dem A wegen verfallender Reiseanzahlung ersatzpflichtig, wenn er Anfang Mai den Auftragsvertrag kündigt, weil er im Juni gern selbst Freizeit haben möchte, und A deshalb seine Reise absagt?

A: Nein; B kündigt den Auftragsvertrag gemäß § 671 Abs. 1 BGB; er wird gemäß § 671 Abs. 2 S. 2 BGB nicht ersatzpflichtig, weil er bei vierwöchiger Dispositionsfrist für A nicht zur Unzeit gekündigt hat.

23. §§ 672, 674

Tod oder Geschäftsunfähigkeit des Auftraggebers beendet gemäß § 672 S. 1 BGB den Auftrag nicht, sofern keine abweichende Vereinbarung getroffen wurde. – Nach dem Tode des Auftraggebers besteht das Auftragsverhältnis mit dessen Erben fort.

Soweit jedoch nach dem Inhalt des Auftragsvertrages dessen Beendigung durch Tod oder Geschäftsunfähigkeit des Auftraggebers eintritt, gilt das Auftragsverhältnis gemäß § 674 BGB solange als fortbestehend, bis der Beauftragte vom Beendigungsgrund Kenntnis erlangt hat oder erlangt haben muß.

Nach Beendigung des Auftragsverhältnisses hat der Beauftragte gemäß § 672 S. 2 BGB dringliche Geschäfte auf der Grundlage des früheren Auftragsvertrages solange fortzuführen, bis anderweitige Fürsorge getroffen werden kann.

F: A hat den B beauftragt, während einer längeren Reise des A dessen wertvollen Hund zu versorgen. A verstirbt unterwegs. Mit welcher Begründung könnte B von dem Alleinerben E des A Ersatz der nach dem Tode des A bis zur Abholung des Hundes entstandenen Futterkosten für die Zeit verlangen, in der er vom Tod des A noch keine Kenntnis erlangt haben mußte. (Gehen Sie davon aus, daß die Auslegung des zwischen A und B geschlossenen Auftragsvertrages ergibt, daß er nicht über den Tod des A hinaus fortbestehen sollte).

A: B könnte die Futterkosten von E gemäß § 670 BGB ersetzt verlangen, weil zu seinen Gunsten gemäß § 674 BGB das Auftragsverhältnis als fortbestehend galt, bis er vom Tod des A Kenntnis erlangt haben mußte.

24. § 673

Der Tod des Beauftragten beendet den Auftragsvertrag gemäß § 673 S. 1 BGB, sofern nicht im Auftragsvertrag eine Vertragsfortsetzung mit den Erben des Beauftragten vereinbart war.

Auch wenn keine Vertragsfortsetzung für die Zeit nach dem Tode des Beauftragten vereinbart war, sind die Erben des Beauftragten gemäß § 673 S. 2 BGB zur einstweiligen Weiterführung der Geschäfte verpflichtet, sofern andernfalls den Interessen des Auftraggebers Gefahr drohen würde.

F: A muß zur Beseitigung von Grundwasser aus seinem Keller ständig eine Wasserpumpe in Betrieb halten. Als A für längere Zeit ins Krankenhaus muß, beauftragt er seinen Nachbarn B, den Betrieb der Wasserpumpe bis zu seiner Rückkehr zu überwachen. Zwei Wochen danach stirbt B "nerwartet. Ist die Erbin des B, seine im Haushalt mitlebende Ehefrau K, die von der Abrede des B mit A Kenntnis hat, verpflichtet, nach Auftragsregeln für die Überwachung der Wasserpumpe zu sorgen?

A: Ja. Entweder war eine Vertragsfortsetzung mit den Erben des Beauftragten vereinbart; dann gilt § 673 S. 1 BGB. Oder es war keine Vertragsfortsetzung mit den Erben vereinbart; dann greift § 673 S. 2 BGB ein.

Wiederholungsfragen:

1. Wodurch unterscheidet sich die Geschäftsbesorgung im Sinne des § 675 BGB von einer Geschäftsbesorgung gemäß § 662 BGB?

2. A hat dem B entgeltlich die selbständige Errichtung eines Hauses auf einem Grundstück des A übertragen. Im Rahmen dieser Baubetreuung läßt B durch den Architekten X Bauzeichnungen anfertigen. Aufgrund welcher Vorschrift muß B nach Beendigung der Bauarbeiten dem A diese Zeichnungen herausgeben?

3. Durch welches der nachstehend aufgeführten Ereignisse wird der Auftragsvertrag zwischen dem Auftraggeber A und dem Beauftragten B im Zweifel beendet?

   ☐ Tod des A,

   ☐ Tod des B,

   ☐ Geschäftsunfähigkeit des A.

A 1: Der Begriff der Geschäftsbesorgung im Sinne des § 675 BGB umfaßt nur die selbständige Wahrnehmung fremder wirtschaftlicher Interessen; Geschäftsbesorgung im Sinne des § 662 BGB dagegen ist jedes rechtsgeschäftliche oder tatsächliche Handeln.

A 2: Es handelt sich zwischen A und B um einen werkvertraglichen Geschäftsbesorgungsvertrag, welcher den B gemäß §§ 675, 667 BGB zur Herausgabe verpflichtet, weil er die Zeichnungen aus der Geschäftsbesorgung erlangt hat.

A 3: Gemäß §§ 672, 673 BGB endet der Auftragsvertrag im Zweifel nur durch den Tod des Beauftragten.

25.

Häufig ist Gegenstand eines Auftragsvertrages, daß der Beauftragte Rechtsgeschäfte für den Auftraggeber abschließen soll: Damit eine Wirkung der Rechtsgeschäfte für und gegen den Auftraggeber eintritt, bedarf der Beauftragte der Vertretungsmacht. Diese erhält er durch eine Bevollmächtigung nach den §§ 167ff. BGB.

Auftrag und Vollmacht sind streng zu trennen: Der Auftragsvertrag bestimmt, wie der Beauftragte die Interessen des Auftraggebers wahrnehmen darf und soll; der Auftragsvertrag regelt das Innenverhältnis. – Die Vollmacht bestimmt, welche Geschäfte im Namen des Vollmachtgebers mit Dritten wirksam abgeschlossen werden können; die Vollmacht bestimmt das Außenverhältnis.

F: A beauftragt den B mit dem möglichst günstigen Verkauf seines Lastwagens und erteilt ihm eine Verkaufsvollmacht. B macht sich nur wenig Mühe und verkauft den Lkw an den ersten Interessenten, den K. Als K den Wagen abholen will, beruft sich A ihm gegenüber auf die Unwirksamkeit des Kaufvertrages, weil B durch das Nichterkunden der Marktlage seine Pflichten verletzt habe. Besteht zwischen A und K ein wirksamer Kaufvertrag?

A: Ja; die Pflichtverletzung des B kann nur das Innenverhältnis zwischen A und B betreffen. Die Wirksamkeit des im Rahmen der Vollmacht von B mit K geschlossenen Kaufvertrages wird hiervon nicht berührt.

26.

Überschreitet der Beauftragte die ihm durch den Auftragsvertrag gesetzten Grenzen, so wird er dem Auftraggeber wegen positiver Vertragsverletzung des Auftragsvertrages schadensersatzpflichtig.

Überschreitet er dabei als Bevollmächtigter die Grenzen der Vertretungsmacht, so haftet er als Vertreter ohne Vertretungsmacht nach den §§ 177 ff. BGB.

F: Wessen Schaden hat der Beauftragte zu ersetzen, wenn gegen ihn Ansprüche

a) aus positiver Vertragsverletzung des Auftragsvertrages,

b) aus § 179 BGB geltend gemacht werden?

A: a) Nach den Regeln über die positive Vertragsverletzung des Auftragsvertrages ist der Schaden des Auftraggebers zu ersetzen,

b) nach § 179 BGB ist der Schaden des Dritten zu ersetzen.

27. §§ 168 S. 1, 169

Das Prinzip der Trennung von Vollmacht und Auftrag wird bei der Beendigung beider Rechtsverhältnisse durchbrochen:

Die Vollmacht erlischt normalerweise mit der Beendigung des Auftragsverhältnisses, § 168 S. 1 BGB.

Soweit in § 674 BGB zugunsten des Beauftragten ein Fortbestehen des Auftragsverhältnisses vorgesehen ist (vgl. S. 277), besteht gemäß § 169 BGB auch die Vollmacht fort, sofern nicht der Empfänger einer Willenserklärung das Erlöschen der Vollmacht kennt oder kennen muß. – Dies gilt auch, wenn die Vertragsfortsetzung nach den §§ 672 S. 2 und 673 S. 2 BGB fingiert wird.

F: Der Reiter A beauftragt seinen Freund B, bei der Pferdeauktion des V ein den A besonders interessierendes Springpferd zu ersteigern. A erteilt dem B eine entsprechende Vollmacht. B führt den Auftrag zwei Tage später aus, ohne zu wissen, daß A am Tage vorher bei einem Verkehrsunfall tödlich verunglückt ist. Der V, der die Rechtsbeziehungen zwischen A und B kennt, hat durch Bekannte vom Tode des A gehört; er schließt jedoch wegen des damit verbundenen Gewinnes den Kaufvertrag ab. Muß die Erbin des A, die siebzigjährige X, den Kaufpreis zahlen?

A: Nein. Der Auftragsvertrag ist wegen seiner zwischen A und B vereinbarten Zielsetzung mit dem Tode des A gemäß § 672 S. 1 BGB erloschen. Er gilt zwar zugunsten des B gemäß § 674 BGB als fortbestehend, so daß insoweit gemäß § 169 BGB auch die Vollmacht fortwirkt. Da jedoch der V vom Tode des A wußte und die Zusammenhänge kannte, ist er bezüglich des Erlöschens der Vollmacht bösgläubig, so daß kein wirksamer Kaufvertrag mit ihm zustande gekommen ist.

28.

Der im BGB nicht geregelte Treuhandvertrag hat wie der Auftragsvertrag zum Inhalt, daß im Innenverhältnis alle Handlungen des Treuhänders in Wahrung der Interessen des Treugebers vorgenommen werden müssen. Man bezeichnet diese Art der Treuhand als Verwaltungstreuhand. – Sie unterscheidet sich durch ihre Zielsetzung von der Sicherungstreuhand, die im Interesse des Treunehmers vereinbart wird. (Einzelheiten zu dieser Treuhand werden im Zusammenhang mit der Sicherungsübereignung im Sachenrecht behandelt.)

In beiden Fällen wird durch den Treuhandvertrag das Treugut dem Teuhänder übertragen und ihm damit im Außenverhältnis das Recht eingeräumt, im eigenen Namen (also nicht als Stellvertreter) darüber zu verfügen.

F: Der Teppichhändler X, der geschäftlich keinen guten Ruf genießt, schließt mit Y einen Treuhandvertrag, wonach der Y die Teppiche des X als Treuhänder veräußern soll. Wer ist Vertragspartner des Kunden K, wenn dieser einen solchen Teppich erwirbt?

A: Da der Treuhänder im eigenen Namen handelt, ist Y der Vertragspartner des K.

29.

Da der Teuhänder im Außenverhältnis Rechtsinhaber ist, sind seine Verfügungen über das Teugut auch dann wirksam, wenn sie im Innenverhältnis gegen den Treuhandvertrag verstoßen.– Wie bei der Vollmacht im Verhältnis zum Auftrag (vgl. S. 280) ist das Außenverhältnis unabhängig vom Innenverhältnis; man bezeichnet dies als die überschießende Rechtsmacht des Treuhänders.

F: X hat dem Y treuhänderisch sein Vermögen zur Verwaltung übertragen. Als der Y eine dem X gehörende Truhe sehr billig an D veräußert, möchte X wissen,

a) ob der Vertrag zwischen Y und D wirksam ist,

b) ob er gegebenenfalls vertragliche Ersatzansprüche gegen Y geltend machen kann?

A: a) Y war als Treuhänder des X im Außenverhältnis zu dem vorgenommenen Geschäft berechtigt, so daß der Vertrag mit D wirksam ist.

b) X kann im Innenverhältnis von Y Schadensersatz wegen positiver Vertragsverletzung des Treuhandvertrages fordern.

Wiederholungsfragen:

1. Wenn der Beauftragte vom Auftraggeber zur Vornahme eines Rechtsgeschäftes bevollmächtigt worden ist, dann bestimmt der Auftragsvertrag das ________-verhältnis, die Vollmacht das ________-verhältnis des Beauftragten.

2. A hat den V beauftragt und bevollmächtigt, bei D ein Bild zu kaufen, mit dem der A besondere Erinnerungen verbindet. V erledigt den Auftrag und erfährt bei seiner Rückkehr, daß A bereits am Tage vor dem Kaufabschluß gestorben ist. Hat V als Vertreter ohne Vertretungsmacht gehandelt?

3. Ein Treuhänder tritt im Rechtsverkehr mit Dritten auf

☐ als Bevollmächtigter des Treugebers,

☐ als Beauftragter des Treugebers,

☐ im eigenen Namen unter Offenlegung seiner Treuhänderstellung,

☐ im eigenen Namen ohne Offenlegung seiner Treuhänderstellung.

A 1: Innen(verhältnis) Außen(verhältnis)

A 2: Nein; Y hat nicht als vollmachtloser Vertreter gehandelt: Entweder bestand der Auftrag gemäß § 672 S. 1 auch nach dem Tode des A fort; dann hatte V Vertretungsmacht gemäß § 168 S. 1 BGB. Oder die Vertretungsmacht des B ergibt sich aus §§ 169, 674 BGB.

A 3: Der Treuhänder handelt gegenüber Dritten im eigenen Namen und ohne Offenlegung seiner Treuhänderstellung.

30. Zusammenfassung

a) Durch den Auftragsvertrag verpflichtet sich der Beauftragte gegenüber dem Auftraggeber zur ______________ Besorgung eines Geschäfts. Geschäft im Sinne des § 662 BGB kann jedes ______________ oder tatsächliche Handeln sein.

Die Geschäftsbesorgung muß fremdnützig sein, d. h. im Interesse des Auftraggebers erfolgen. Daß der Beauftragte daneben zugleich eigene Interessen wahrnimmt, ist

☐ zulässig,

☐ unzulässig.

b) Der Auftragsvertrag ist vom reinen Gefälligkeitsverhältnis abzugrenzen. Entscheidend ist die Auslegung der getroffenen Abreden: Für den Abschluß eines Auftragsvertrages spricht es, wenn der Auftraggeber wirtschaftliche Interessen an einer ______________ Bindung des Beauftragten hat und der Beauftragte dies erkennen konnte.

Kap. VII. Zusammenfassung

A: a) unentgeltlichen
rechtsgeschäftliche (Inf. 1)
Die Wahrnehmung eigener Interessen zugleich mit
Auftraggeberinteressen ist zulässig. (Inf. 2)

b) vertraglichen (Inf. 5)

c) Der Auftragsvertrag ist auch vom Geschäftsbesorgungsvertrag zu unterscheiden: Ein Geschäftsbesorgungsvertrag liegt gemäß § ____ BGB vor, wenn ein Dienst- oder ______-vertrag eine Geschäftsbesorgung zum Gegenstand hat.

Während aber zur Geschäftsbesorgung im Sinne des § 662 BGB jedes tatsächliche oder rechtsgeschäftliche Handeln ausreicht, muß die Geschäftsbesorgung nach § 675 BGB eine selbständige Wahrnehmung __________ ____________________ zum Gegenstand haben.

d) Nach § 663 BGB trifft die vorvertragliche Pflicht zur Anzeige der Ablehnung eines Auftragsangebots denjenigen, der sich zur Geschäftsbesorgung ______-______ erboten hat oder der öffentlich dazu bestellt ist.

e) Durch den Auftragsvertrag wird der Beauftragte verpflichtet, den Auftrag persönlich auszuführen; dies ergibt sich aus § ____ Abs. 1 S. 1 BGB. Eine Substitution bedarf der __________ durch den Auftraggeber; Erfüllungsgehilfen darf der Beauftragte jedoch hinzuziehen, wie aus § 664 Abs. __ S. __ BGB zu entnehmen ist.

A: c) 675
Werk(vertrag) (Inf. 19)
fremder wirtschaftlicher Interessen (Inf. 1 + 20)

d) öffentlich (Inf. 6)

e) 664 Gestattung 1 3 (Inf. 7 + 8)

f) Der Beauftragte hat gemäß § ____ S. 1 BGB die Weisungen des Auftraggebers zu befolgen. Eine unerlaubte Abweichung kann jedoch vom Auftraggeber __________ werden.

Ferner hat der Beauftragte dem Auftraggeber gemäß § ____ BGB Nachricht zu geben, Auskunft zu erteilen und Rechenschaft abzulegen.

Außerdem hat der Beauftragte dem Auftraggeber gemäß § 667 BGB das ____________ zurückzugeben und das ____________ herauszugeben.

g) Der Auftraggeber ist verpflichtet, dem Beauftragten diejenigen ____________ zu ersetzen, die dieser nach den Umständen für erforderlich halten durfte.

Analog § 670 BGB besteht der Ersatzanspruch, wenn der Beauftragte ohne Verschulden des Auftraggebers einen _____ ______ hat. Dem Beauftragten wird dann jedoch nicht immer der volle Verlust ersetzt, sondern nur eine ________ ________________ gewährt.

h) Zur Beendigung des Auftragsvertrages kann der Auftraggeber ihn jederzeit __________. Der Beauftragte kann den Auftragsvertrag jederzeit ____-______.

A:	f) 665 genehmigt 666		(Inf. 9 + 10)
	Erhaltene Erlangte		(Inf. 11 + 12)
	g) Aufwendungen		(Inf. 13 + 14)
	Schaden erlitten		
	angemessene Entschädigung		(Inf. 16 + 17)
	h) widerrufen		(Inf. 21 + 23)
	kündigen		

i) Der Tod des Auftraggebers beendet im Zweifel

☐ den Auftragsvertrag,

☐ den Auftragsvertrag nicht.

Beim Tode des Beauftragten tritt

☐ dieselbe Rechtsfolge ein,

☐ eine andere Rechtsfolge ein.

k) Eine dem Beauftragten erteilte Vollmacht ist gegenüber dem Auftragsvertrag grundsätzlich selbständig. Die Beendigung des Auftragsvertrages bewirkt jedoch gemäß § ____ S. 1 BGB auch das Erlöschen der Vollmacht.

l) Der Treuhänder kann, im Unterschied zum bevollmächtigten Beauftragten, im ______ ______ über Gegenstände des Treugutes verfügen.

Kap. VII. Zusammenfassung

A: i) Der Tod des Auftraggebers beendet im Zweifel den Auftragsvertrag nicht; anders der Tod des Beauftragten, §§ 672 und 673 BGB. (Inf. 23 + 24)

k) 168 (Inf. 27)

l) eigenen Namen (Inf. 28)

Zur Wissensvertiefung für den Stoff des siebenten Kapitels wird empfohlen:

Fikentscher a. a. O., §§ 81 und 82,
Esser a. a. O., § 82.

Besonders wichtig sind die Fragen

der Abgrenzung des Auftragsvertrages von der reinen Gefälligkeit: hierfür wird Medicus, § 16 I, empfohlen.

Wegen der Einzelheiten des Aufwendungsersatzes für erlittene Schäden wird auf BGHZ 52, 115 verwiesen.

Einzelheiten der Treuhand erläutert
Palandt, Anm. 3 vor § 164 und Anm. 7 vor § 929.

Kapitel VIII

DIE GESCHÄFTSFÜHRUNG OHNE AUFTRAG

Zur Einführung soll folgender Fall dienen:

Der 70jährige A ist auf einsamer Straße ohnmächtig geworden und liegt am Straßenrand. Der Motorradfahrer B hält an und deckt ihn wegen des kühlen Wetters mit seinem Mantel zu. Außerdem bestellt er für die Heimschaffung des A ein Taxi, dessen Fahrer er im voraus bezahlt. Als B von A Ersatz der Taxikosten und der infolge Verschmutzung des Mantels notwendig gewordenen Reinigungskosten verlangt, verweigert A dies, weil er den B nicht zu den vorgenommenen Handlungen aufgefordert habe. Kann B dennoch den geforderten Ersatz von A verlangen?

Diese Frage werden Sie nach Bearbeitung des folgenden Kapitels beantworten können; die Lösung richtet sich nach den Regeln des BGB über die Geschäftsführung ohne Auftrag.

Die Vorschriften über die Geschäftsführung ohne Auftrag in den §§ 677–687 BGB gehen davon aus, daß nicht selten jemand Handlungen im Interesse eines anderen vornimmt, um die er nicht gebeten worden ist. Bei der Regelung dieser Situation hatte der Gesetzgeber zu beachten, daß unaufgefordertes Tätigwerden im Interessenkreis eines anderen sich sowohl als uneigennützige Hilfe wie auch als eigennütziger Eingriff darstellen kann.

In Berücksichtigung dieser unterschiedlichen Interessenlagen begründen die §§ 677 ff. BGB zwischen demjenigen, der für einen anderen gehandelt hat, und demjenigen, dem diese Handlung nützt oder der sie eigentlich hätte vornehmen müssen, ein gesetzliches Schuldverhältnis. Zahlreiche Einzelregeln dieses Schuldverhältnisses sind an die in Kap. VII behandelten Auftragsvorschriften angelehnt.

Kap. VIII. Geschäftsführung ohne Auftrag

Inhaltsübersicht:

1. § 677

Die Entstehung des gesetzlichen Schuldverhältnisses aus Geschäftsführung ohne Auftrag setzt gemäß § 677 BGB voraus, daß der Geschäftsführer ein Geschäft für den Geschäftsherrn besorgt.

Die Geschäftsbesorgung umfaßt, wie beim Auftragsvertrag gemäß § 662 BGB (vgl. S. 252), jedes tatsächliche und rechtsgeschäftliche Handeln für einen anderen.

F: Der H befördert mit seinem Lkw Bretter. Da er diese nicht sorgfältig befestigt hat, verliert er auf der Landstraße eines davon. Der hinter ihm fahrende G hält an und räumt es weg. Kann diese Handlung den Tatbestand einer Geschäftsbesorgung im Sinne des § 677 BGB erfüllen?

A: Ja, da Tatbestand der Geschäftsbesorgung im Sinne des § 677 BGB auch eine tatsächliche Handlung sein kann.

2.

§ 677 BGB verlangt, daß das Geschäft für einen anderen besorgt wird. Dieses Tatbestandsmerkmal enthält ein objektives und ein subjektives Element:

Das objektive Tatbestandselement liegt vor, wenn es sich bei der Geschäftsbesorgung um ein für den Geschäftsführer fremdes Geschäft handelt; die Einzelheiten hierzu werden in den Inf. 3–5 erläutert. – Für das subjektive Tatbestandselement ist erforderlich, daß der Handelnde mit Fremdgeschäftsführungswillen tätig wird; die Einzelheiten hierzu werden in den Inf. 6–10 erläutert.

F: Das BGB trennt sprachlich nicht zwischen dem objektiven und dem subjektiven Tatbestandselement der Geschäftsführung. In welchen Worten des § 677 BGB sind beide Elemente zusammengefaßt?

A: Das objektive und das subjektive Tatbestandselement der Geschäftsführung sind in den Worten „Geschäft für einen anderen“ des § 677 BGB enthalten.

3.

Bei der Bestimmung des objektiven Tatbestandselements der Geschäftsführung ist das objektiv fremde Geschäft zu unterscheiden von eigenen Geschäften und neutralen Geschäften:

Ein objektiv fremdes Geschäft liegt vor, wenn die vom Geschäftsführer vorgenommene Handlung eindeutig der Rechtssphäre des Geschäftsherrn zugeordnet ist, weil dieser zu ihrer Vornahme verpflichtet oder berechtigt war. – So steht z. B. der Verkauf einer Sache dem Eigentümer zu, und zur Löschung eines in der Mietwohnung ausgebrochenen Brandes ist primär der Mieter verpflichtet; nimmt ein anderer die genannten Handlungen vor, so führt er ein fremdes Geschäft.

Ein objektiv fremdes Geschäft führt auch, wer sich selbst schädigt, um einen anderen vor Verletzung zu bewahren. Diese sog. Selbstaufopferung erfolgt z. B., wenn jemand seinen Pkw nur deshalb in den Graben lenkt, um einen Radfahrer zu schonen. Der BGH hat in diesem Falle die Fremdgeschäftsführung bejaht, wenn der Kraftfahrer für eine Verletzung des Radfahrers nicht hätte verantwortlich gemacht werden können, weil er allen gesetzlichen Anforderungen genügt hat.

F: Der H bestellt in der Gastwirtschaft beim Kellner ein Bier, um es dem neben ihm sitzenden G auszugeben. Bei der Schlußabrechnung bezahlt G dieses Bier versehentlich selbst. Warum hat er damit ein objektiv fremdes Geschäft geführt?

A: Da H das Bier bestellt hatte, war er zu seiner Bezahlung verpflichtet. G hat mit dem Bezahlen ein Geschäft des H geführt.

4.

Ein eigenes Geschäft liegt vor, wenn die vom Geschäftsführer vorgenommene Handlung eindeutig seiner eigenen Rechtssphäre zugeordnet ist, weil er zu ihrer Vornahme verpflichtet oder berechtigt war. Dies gilt z. B. für die Vermietung einer eigenen Sache oder für Reparaturen am eigenen Pkw. – Die Vornahme eigener Geschäfte begründet grundsätzlich kein Schuldverhältnis aus Geschäftsführung ohne Auftrag.

Jedoch kann eine Handlung zugleich eigenes und fremdes Geschäft sein, wenn zu ihrer Vornahme neben dem Handelnden auch ein anderer verpflichtet oder berechtigt ist. – So kann z. B. jemand, der einen von ihm Verletzten versorgt, nicht nur seine Pflicht erfüllen, sondern zugleich ein Geschäft der Unfallversicherung des Opfers wahrnehmen. Man spricht hier von einem gemischten Geschäft.

F: Bei Erdarbeiten im Garten des von M gemieteten Hauses zerstört ein Bagger der Firma X die Wasserleitung zum Haus. Die X läßt den Schaden vom Notdienst der Städtischen Wasserwerke beheben. Kann die X mit dem Reparaturauftrag zugleich ein Geschäft des Vermieters und Hauseigentümers V vorgenommen haben? (Bitte beachten Sie S. 130).

A: Ja; zwar ist die Beseitigung des von ihr verursachten Schadens vorwiegend ein Eigengeschäft der X. Da gleichzeitig aber auch der V als Vermieter verpflichtet war, die Wasserversorung des M zu gewährleisten, kann die Handlung der X zugleich den Tatbestand einer Fremdgeschäftsführung erfüllen.

5.

Ist eine Handlung objektiv weder dem Geschäftsherrn noch dem Geschäftsführer eindeutig zugeordnet, so spricht man von einem neutralen Geschäft. Ein solches kann z. B. vorliegen, wenn Gegenstände des täglichen Bedarfs gegen Barzahlung eingekauft werden und dabei objektiv offen bleibt, ob der Handelnde für sich oder für einen Dritten tätig werden will.

Ein neutrales Geschäft kann jemand entweder als eigenes oder als fremdes Geschäft vornehmen; dies hängt davon ab, ob der Geschäftsführer den Willen hatte, das Geschäft als eigenes oder als fremdes zu führen. Es kommt demnach für die Begründung des gesetzlichen Schuldverhältnisses aus Geschäftsführung ohne Auftrag entscheidend auf das subjektive Tatbestandselement an; deshalb spricht man hier von subjektiv fremden Geschäften. – Dasselbe gilt für die in Inf. 4 genannten gemischten Geschäfte.

F 1: Unter welcher Voraussetzung handelt es sich um ein neutrales Geschäft, wenn der G am Postschalter Briefmarken kauft?

F 2: Das Kraftfahrzeug des G ist auf dem Parkplatz in Brand geraten; es gefährdet den danebenstehenden Wagen. Um welche Art von Geschäft handelt es sich, wenn G sein Kraftfahrzeug löscht?

A 1: Der Erwerb von Briefmarken ist ein neutrales Geschäft, wenn G offen läßt, ob er für sich oder einen anderen kauft, und so objektiv nicht eindeutig feststeht, ob die Handlung des G seiner Rechtssphäre oder der eines anderen zugeordnet sein soll.

A 2: Beim Löschen des brennenden Kraftfahrzeugs handelt es sich um ein eigenes Geschäft des G, das zugleich ein fremdes Geschäft darstellt, weil die Tätigkeit des G eine Beschädigung des benachbarten Fahrzeugs verhindert. Es liegt also ein gemischtes Geschäft vor.

6.

Der Fremdgeschäftsführungswille als subjektives Tatbestandselement erfordert, daß der Handelnde das fremde Geschäft mit Wissen und Wollen der Fremdbezogenheit seines Handelns ausführt; dies ist aus den Worten „Geschäftsführung für einen anderen“ des § 677 BGB herzuleiten. – Die Bedeutung des Fremdgeschäftsführungswillens für fremde, neutrale und gemischte Geschäfte ist unterschiedlich:

Nimmt der Geschäftsführer ein objektiv fremdes Geschäft vor, so muß für das Schuldverhältnis aus Geschäftsführung ohne Auftrag sein Fremdgeschäftsführungswille zwar vorhanden sein, jedoch nicht erkennbar hervortreten. Nach der Rechtsprechung besteht für das Vorhandensein des Fremdgeschäftsführungswillens in diesem Falle eine Vermutung.

F: Der G rettet den bewußtlos im Wasser treibenden H aus drohender Lebensgefahr. Als G von H Ersatz für seine beschädigte Kleidung verlangt, macht H demgegenüber geltend, bei dem Handeln des G sei nicht hervorgetreten, daß er ein Geschäft des H habe führen wollen; es bestehe ebenso die Möglichkeit, daß G nur gehandelt habe, um die Lebensrettungsmedaille zu erhalten. – Ist diese Argumentation des H geeignet, ein Schuldverhältnis aus Geschäftsführung ohne Auftrag zwischen G und H auszuschließen, wenn G für H handeln wollte?

A: Nein; die Rettung des H war für G ein objektiv fremdes Geschäft. Daher brauchte der Fremdgeschäftsführungswille des G nicht äußerlich erkennbar gemacht zu werden.

7.

Bei der Vornahme neutraler und gemischter Geschäfte muß dagegen der Fremdgeschäftsführungswille äußerlich erkennbar werden, damit ein Schuldverhältnis aus Geschäftsführung ohne Auftrag entsteht.

Der Fremdgeschäftsführungswille wird bei diesen subjektiv fremden Geschäften nicht dadurch ausgeschlossen, daß der Geschäftsführer beim Abschluß eines Rechtsgeschäfts im eigenen Namen gehandelt hat. Es ist also für die Erkennbarkeit des Fremdgeschäftsführungswillens nicht erforderlich, daß der Geschäftsführer als Stellvertreter aufgetreten ist.

F: Die G weiß, daß ihre stark körperbehinderte Nachbarin H dringend eine neue Kaffeemühle benötigt. Als die G beim Einkauf in der Stadt am Haushaltswarengeschäft des V vorbeikommt, kauft und bezahlt sie dort eine preiswerte Kaffeemühle. Dem V erzählt sie, daß sie der H den Gang abnehmen möchte und bittet ihn, das Gerät der H auszuliefern und zu übereignen. Handelt es sich bei diesem Verhalten der G um ein subjektiv fremdes Geschäft?

A: Ja; der Barzahlungskauf des Gerätes, den die G im eigenen Namen vorgenommen hat, ist objektiv ein neutrales Geschäft. Mit ihrem Verhalten gegenüber dem V hat die G jedoch äußerlich erkennbar gemacht, daß sie für die H handeln wollte.

8. § 687 Abs. 1

Fehlt dem Geschäftsführer der Fremdgeschäftsführungswille, so entsteht kein Schuldverhältnis aus Geschäftsführung ohne Auftrag.

Dies gilt gemäß § 687 Abs. 1 BGB auch dann, wenn dem Geschäftsführer der Fremdgeschäftsführungswille nur aufgrund eines Irrtums fehlt, wenn er also ein objektiv fremdes Geschäft in der Vorstellung führt, es handele sich um ein eigenes.

F: Als A zu später Stunde nach Hause kommt, sieht er, daß aus dem Motorraum des vor seinem Haus geparkten grauen Volkswagens Flammen schlagen. Da A selbst Eigentümer eines grauen Volkswagens ist, glaubt er, sein Wagen brenne und löscht die Flammen. In Wirklichkeit handelte es sich um den Wagen des B. Kann durch diese Handlung ein Schuldverhältnis aus Geschäftsführung ohne Auftrag zwischen A und B begründet worden sein?

A: Nein; da A irrtümlich annahm, es handele sich um seinen eigenen Wagen, fehlte ihm der Fremdgeschäftsführungswille, so daß § 687 Abs. 1 BGB eingreift.

Wiederholungsfragen:

1. Der Fremdgeschäftsführungswille des Geschäftsführers ist für das Entstehen eines Schuldverhältnisses aus Geschäftsführung ohne Auftrag erforderlich

   ☐ nur bei neutralen Geschäften,

   ☐ nur bei objektiv fremden Geschäften,

   ☐ in allen Fällen der Geschäftsführung ohne Auftrag.

2. Unter welcher Voraussetzung begründet ein neutrales Geschäft das Schuldverhältnis aus Geschäftsführung ohne Auftrag?

3. In Frage und Antwort zu Inf. 3 ergab sich, daß G mit dem Bezahlen des von H bestellten Bieres ein objektiv fremdes Geschäft des H geführt hatte. Ist damit zwischen G und H ein Schuldverhältnis aus Geschäftsführung ohne Auftrag entstanden, wenn G annahm, er habe das Bier selbst bestellt?

A 1: In allen Fällen der Geschäftsführung ohne Auftrag.

A 2: Das Schuldverhältnis der Geschäftsführung ohne Auftrag entsteht bei Vornahme eines neutralen Geschäftes, wenn der vorhandene Fremdgeschäftsführungswille des Geschäftsführers äußerlich erkennbar geworden ist.

A 3: Nein; da dem G der entsprechende Fremdgeschäftsführungswille fehlte, greift § 687 Abs. 1 BGB ein.

9. § 686

Der Fremdgeschäftsführungswille muß sich nicht auf einen dem Geschäftsführer bekannten Geschäftsherrn beziehen. Es genügt der Wille des Geschäftsführers, für irgendeinen Geschäftsherrn zu handeln.

Dies ergibt sich aus § 686 BGB, wonach auch bei einem Irrtum des Geschäftsführers über die Person des Geschäftsherrn das Schuldverhältnis der Geschäftsführung ohne Auftrag mit dem nach der Rechtslage wirklichen Geschäftsherrn entsteht.

F: X besucht den Y, der in einem Haus unmittelbar am See wohnt. Als der X sieht, daß vom Landungssteg ein leeres Boot wegtreibt, glaubt er, daß dieses dem Y gehöre. X versucht, es festzumachen und stürzt dabei ins Wasser. – In Wirklichkeit gehört das Boot dem mit X verfeindeten Z, für den der X kein Risiko eingegangen wäre. Zwischen welchen Personen ist durch die Handlung des X ein Schuldverhältnis aus Geschäftsführung ohne Auftrag entstanden?

A: Das Schuldverhältnis entsteht zwischen X und Z, da der Irrtum des X über die Person des Geschäftsherrn gemäß § 686 BGB unerheblich ist.

10.

Bei entsprechender Interessenlage und entsprechendem Fremdgeschäftsführungswillen können durch eine Handlung des Geschäftsführers Schuldverhältnisse aus Geschäftsführung ohne Auftrag mit mehreren Geschäftsherren begründet werden. – So kann z. B. jemand, der einem unfallverletzten Kind hilft, als Geschäftsführer für den Schädiger, für die Eltern des Kindes und für dessen Krankenversicherung handeln.

F: G hält auf der Landstraße an, um den Fahrer eines hinter ihm fahrenden Lastkraftwagens darauf aufmerksam zu machen, daß dessen Beleuchtungsanlage nicht ordnungsgemäß funktioniert. Kommt hier (wenn die Tatbestandsvoraussetzungen einer Geschäftsführung ohne Auftrag bejaht werden können) als Geschäftsherr in Betracht

☐ der Fahrer des Lastkraftwagens,

☐ der Halter des Lastkraftwagens,

☐ der Reparaturunternehmer, der vor kurzem die Beleuchtungsanlage des Lastkraftwagens ordnungsgemäß instand gesetzt hatte?

A: Als Geschäftsherrn können der Fahrer und der Halter des Wagens in Frage stehen, weil sie für die Folgen der schlechten Beleuchtung verantwortlich gemacht werden können. Dem Reparaturunternehmer hingegen treffen, da er ordentlich gearbeitet hatte, die Folgen des Fehlers nicht.

11.

Ein Schuldverhältnis aus Geschäftsführung ohne Auftrag wird nicht begründet, wenn eine Handlung aus reiner Gefälligkeit vorgenommen wurde. – Erforderlich ist hierfür, daß die Absicht, einem anderen zu nützen, ohne den Willen verwirklicht wurde, zu dem Begünstigten in ein Rechtsverhältnis einzutreten; es fehlt also der Geschäftsführungswille im Sinne des § 677 BGB.

F: Der A sieht durch eine Glastür, daß sich von der anderen Seite die B der Tür nähert. Er reißt deshalb die Tür auf; dabei handelt er so schwungvoll, daß die Tür gegen die Wand schlägt und die Scheibe zu Bruch geht. Wird sich der A auf Geschäftsführung ohne Auftrag für die B berufen können?

A: Nein; die Frage der Geschäftsfähigkeit wird nur im Hinblick auf den Geschäftsführer erheblich, nicht aber hinsichtlich des Geschäftsherrn K.

Wiederholungsfragen:

1. Wenn jemand ohne Auftrag für einen anderen handelt, sich aber über die Person desjenigen irrt, dem seine Handlung zugute kommt, so entsteht ein Schuldverhältnis aus Geschäftsführung ohne Auftrag

   ☐ mit der vom Handelnden gemeinten Person,

   ☐ mit der in Wirklichkeit begünstigten Person,

   ☐ überhaupt nicht.

2. Wenn jemand ein fremdes Geschäft führt in der irrigen Vorstellung, es handele sich um sein eigenes, so entsteht ein Schuldverhältnis aus Geschäftsführung ohne Auftrag

   ☐ mit der in Wirklichkeit begünstigten Person,

   ☐ überhaupt nicht.

3. Unter welcher Voraussetzung findet § 687 Abs. 2 BGB Anwendung, wenn jemand wissentlich eine Sache verkauft, die ihm nicht gehört?

A: Nein; da G sich gegenüber H verpflichtet hatte, in dessen Bezirk keine Verträge abzuschließen, ist für ihn jeder Versicherungsabschluß in diesem Bezirk ein fremdes Geschäft, so daß § 687 Abs. 2 BGB zugunsten des H Anwendung findet.

13.

Das Schuldverhältnis aus Geschäftsführung ohne Auftrag soll gemäß § 677 BGB nur subsidiär entstehen; Voraussetzung für seine Entstehung ist daher stets, daß der Geschäftsführer gegenüber dem Geschäftsherrn nicht bereits aufgrund anderer Rechtsregeln zu der vorgenommenen Handlung verpflichtet oder berechtigt war.

Hierbei genügt jede andere Rechtsnorm des Privatrechts oder des Öffentlichen Rechts, die ein Schuldverhältnis zwischen den Beteiligten begründet. In Betracht kommen Auftrags-, Geschäftsbesorgungs- und Dienstverträge, gesetzliche Schuldverhältnisse kraft Familienrechts sowie öffentlichrechtliche Normen, die z. B. dem Eigentümer eines Hauses Streu- oder Räumpflichten auferlegen. – Nicht ausreichend ist dagegen die allgemeine Hilfspflicht aus § 330 c StGB, weil sie gegenüber jedermann gilt.

Erweist sich ein vertragliches Schuldverhältnis als nichtig, so können nach Ansicht der Rechtsprechung die §§ 677 ff. BGB eingreifen, wenn das Schuldverhältnis den Geschäftsführer zu seiner Handlung lediglich berechtigt hätte, z. B. aufgrund eines Maklervertrages. – Fühlte sich der Geschäftsführer dagegen verpflichtet, so gilt § 687 Abs. 1 BGB.

F: H ist mit dem Motorrad verunglückt und infolge der Verletzungen bewußtlos. G räumt die Maschine von der Straße und versorgt den H aus seinem Verbandskasten. Als G später Ansprüche aus Geschäftsführung ohne Auftrag geltend macht, beruft H sich darauf, daß für G bereits das strafrechtliche Gebot zur Hilfeleistung bei Unglücksfällen bestanden habe, das eine Geschäftsführung ohne Auftrag des G für ihn ausschließe. Ist diese Ansicht zutreffend?

(Drehen Sie jetzt bitte das Buch; die Programmfortsetzung finden Sie dann auf Seite 307.)

A: Nein; die jedermann gemäß § 330c StGB auferlegte allgemeine Pflicht zur Hilfeleistung bei Unglücksfällen kann eine Geschäftsführung ohne Auftrag nicht ausschließen.

14. § 682

§ 682 BGB ergibt, daß Pflichten eines beschränkt Geschäftsfähigen aus der Tätigkeit als Geschäftsführer nur mit Zustimmung seiner gesetzlichen Vertreter entstehen können.

Eine in der Literatur vertretene Meinung leitet außerdem durch Umkehrschluß aus § 682 BGB her, daß Rechte eines beschränkt geschäftsfähigen Geschäftsführers ohne Rücksicht auf die Zustimmung seiner gesetzlichen Vertreter entstehen.

Die volle Geschäftsfähigkeit des Geschäftsherrn ist in keinem Falle erforderlich.

F: X hat dem achtjährigen K, der mit seinem Fahrrad gestürzt ist, Hilfe geleistet. Als er sich wegen Ersatzes für das hierbei verwendete Verbandsmaterial auf Geschäftsführung ohne Auftrag für den K beruft, wenden die Eltern des K ein, sie verweigerten wegen der Geringfügigkeit der Verletzungen ihre Zustimmung. Hindert die fehlende Zustimmung der Eltern das Entstehen eines Schuldverhältnisses aus Geschäftsführung ohne Auftrag zwischen X und K?

A: Nein; das Öffnen der Tür durch A ist als reine Gefälligkeit anzusehen.

12. § 687 Abs. 2

Auch wenn jemand mit Eigengeschäftsführungswillen handelt, obwohl er weiß, daß er ein objektiv fremdes Geschäft führt, entsteht kein Schuldverhältnis aus Geschäftsführung ohne Auftrag. Man bezeichnet diesen Fall als unerlaubte bzw. unechte Geschäftsführung ohne Auftrag. Sie liegt z. B. vor, wenn jemand bewußt eine fremde Sache wie eine eigene veräußert.

Da sich aber der „Geschäftsführer“ in diesem Fall Rechte des „Geschäftsherrn“ angemaßt hat, finden gemäß § 687 Abs. 2 S. 1 BGB die den Geschäftsherrn begünstigenden Regeln der Geschäftsführung ohne Auftrag Anwendung. (Näheres dazu unter Inf. 27).

F: G ist Versicherungsvertreter. Er hat mit seinem Kollegen H einen Vertrag geschlossen, in dem er sich verpflichtet, in dessen Bezirk keine Versicherungsabschlüsse zu tätigen. Als H davon erfährt, daß G dennoch in seinem Bezirk tätig wird, möchte er Ansprüche aus Geschäftsführung ohne Auftrag geltend machen. G hält dem entgegen, er habe mit den streitigen Abschlüssen nur „eigene Geschäfte“ vorgenommen. Zu Recht?

A 1: Das Schuldverhältnis aus Geschäftsführung ohne Auftrag entsteht mit der in Wirklichkeit begünstigten Person, § 686 BGB.

A 2: Es entsteht kein Schuldverhältnis aus Geschäftsführung ohne Auftrag, § 687 Abs. 1 BGB.

A 3: Da der Verkauf einer fremden Sache ein objektiv fremdes Geschäft darstellt, greift § 687 Abs. 2 BGB ein, wenn der Geschäftsführer den Verkauf als eigenes Geschäft vornehmen wollte.

15. §§ 678, 680

Verpflichtungen des Geschäftsführers können sich aus der Übernahme der Geschäftsführung oder aus ihrer Ausführung ergeben. (Die Pflichten bei der Ausführung werden ab Inf. 17 behandelt):

Wenn die Übernahme der Geschäftsführung erkennbar im Widerspruch zum wirklichen oder zum mutmaßlichen Willen des Geschäftsherrn stand, begründet § 678 BGB eine Schadensersatzpflicht des Geschäftsführers. – Ob dem Geschäftsführer der entsprechende Wille des Geschäftsherrn erkennbar sein mußte, wird nach dem allgemeinen Fahrlässigkeitsmaßstab der verkehrserforderlichen Sorgfalt beurteilt.

Bei einer Geschäftsführung zur Gefahrabwendung von Rechtsgütern des Geschäftsherrn oder seiner Angehörigen haftet der Geschäftsführer gemäß § 680 BGB lediglich für Vorsatz und grobe Fahrlässigkeit bei der unerwünschten Übernahme. Da § 680 BGB nur verlangt, daß die Gefahrabwendung „bezweckt" ist, genügt auch eine leicht fahrlässig angenommene, objektiv aber nicht bestehende Gefahrenlage, um die Ersatzpflicht auszuschließen.

F: Auf einem Abendspaziergang hört G laute Hilferufe aus dem einsam gelegenen Haus des H. G klingelt erfolglos und bricht dann die verschlossene Haustür auf. Nunmehr stellt sich heraus, daß ein Laienschauspiel geprobt wurde. H verlangt von G gemäß § 678 BGB Schadensersatz für die beschädigte Haustür. Zu Recht?

A: Nein; da die Geschäftsführung des G eine Gefahrabwendung bezweckte, muß G gemäß §§ 678, 680 BGB nur dann Schadensersatz wegen unerwünschter Übernahme der Geschäftsführung leisten, wenn er grob fahrlässig gehandelt hat. Dies kann hier nicht angenommen werden.

16. § 679

Trotz eines der Geschäftsführung entgegenstehenden Willens des Geschäftsherrn entfällt die Haftung des Geschäftsführers aus § 678 BGB nach Maßgabe des § 679 BGB: Der entgegenstehende Wille des Geschäftsherrn ist unbeachtlich, wenn der Geschäftsführer eine gesetzliche Unterhaltspflicht des Geschäftsherrn erfüllt hat. – Dasselbe gilt für andere Pflichten, an deren Erfüllung ein öffentliches Interesse besteht; z. B., wenn der Geschäftsführer einen liegengebliebenen Tanklastzug des Geschäftsherrn aus der Fahrbahn schleppt, den der Geschäftsherr später selbst hätte entfernen können.

Ein entgegenstehender Wille des Geschäftsherrn bleibt analog § 679 BGB außer Betracht, wenn der Wille einen sittlich zu mißbilligenden Inhalt hat. Die Rechtsprechung nimmt dies z. B. dann an, wenn der Wille auf Selbstmord gerichtet ist.

F: Der Architekt G bemerkt, daß die Giebelmauer des Hauses auf dem Nachbargrundstück, dessen Eigentümer H noch für einen Monat verreist ist, sich neigt und auf die Straße zu stürzen droht. Er veranlaßt, daß die Giebelmauer abgestützt wird. H ist mit diesem Verhalten des G nicht einverstanden, weil die Mauer nach seiner Ansicht noch einen Monat gehalten hätte und er sie dann ohnehin abreißen lassen wollte. Er verlangt von G Ersatz für den durch das Abstützen im Garten entstandenen Schaden. Mit welcher Begründung kann sich G gegen diesen Anspruch des H wehren?

A: Der entgegenstehende Wille des Geschäftsherrn H ist gemäß § 679 BGB unbeachtlich, wenn die Geschäftsführung der Erfüllung einer im öffentlichen Interesse liegenden Pflicht des Geschäftsherrn entsprach.

17. § 677

Die Pflichten des Geschäftsführers bei Ausführung der Geschäftsbesorgung ergeben sich aus § 677 BGB:

Vorrangiges Tatbestandselement ist dabei (wie schon bei der Übernahme der Geschäftsführung) der wirkliche Wille des Geschäftsherrn. Ist er dem Geschäftsführer bekannt, so muß er ihn beachten, auch wenn er ihn für unvernünftig hält. – Nur § 679 BGB erlaubt, vom bekannten Willen des Geschäftsherrn abzuweichen.

F: H ist wegen eines Unfalls im Krankenhaus. Sein Nachbar G erntet deshalb das Obst des H ab. Obwohl sich H vorher dahin geäußert hatte, daß er die Ernte auf den Markt bringen wolle, läßt G der Einfachheit halber die Früchte vermosten. Hat sich G bei Ausführung seiner Geschäftsbesorgung pflichtgemäß verhalten?

A: Nein; der entgegenstehende Wille des H war dem G bekannt und die Voraussetzungen des § 679 BGB sind nicht erfüllt.

18.

Ist der wirkliche Wille des Geschäftsherrn nicht bekannt, so muß der Geschäftsführer den mutmaßlichen Willen des Geschäftsherrn zu erfüllen suchen. – Maßgebend hierfür ist gemäß § 677 BGB die Interessenlage des Geschäftsherrn: Danach muß die Geschäftsführung für den Rechtskreis des Geschäftsherrn nützlich sein, wobei dies nicht abstrakt, sondern nach der konkreten Situation des Geschäftsherrn zu bestimmen ist. – Ein Irrtum des Geschäftsführers hierüber geht zu seinen Lasten.

F: Als in Abwesenheit des Elektrikers H der Schneidermeister S einen für H reparierten Anzug abliefern will, legt der Nachbar G für H den Rechnungsbetrag in Höhe von 80,– DM aus und nimmt den Anzug ab. H hatte jedoch, was der G nicht wußte, wegen einer früheren Arbeit für den S eine fällige Gegenforderung in Höhe von 90,– DM. Ist unter diesen Umständen die Schuldentilgung des G für den H nützlich? (Bitte beachten Sie die §§ 387 ff. BGB).

A: Nein; zwar ist eine Schuldentilgung normalerweise für den Schuldner nützlich. Im vorliegenden Falle hätte jedoch der H gemäß § 387 BGB mit seiner Gegenforderung aufrechnen können, so daß die bare Bezahlung der Schuld nicht in seinem Interesse lag. – (G bleibt auf die Vorschriften über die ungerechtfertigte Bereicherung angewiesen).

19.

Bei Ausführung der Geschäftsführung haftet der Geschäftsführer nach § 276 BGB für Vorsatz und Fahrlässigkeit. – Jedoch kann die Haftungsminderung des § 680 BGB eingreifen (vgl. S. 309).

Ein Ersatzanspruch des Geschäftsherrn wegen Schäden bei Ausführung der Geschäftsbesorgung ist auf die §§ 280ff. BGB zu stützen.

F: Alsbald nachdem der H in Urlaub abgereist ist, sieht sein langjähriger Wohnungsnachbar G durch das Fenster, daß der H vergessen hat, sein Licht auszuschalten. G, der weiß, wo sich die Notschlüssel zur Wohnung befinden, dreht aus Bequemlichkeit die im Treppenflur befindliche Sicherung für die Wohnung des H ab. – Bei seiner Rückkehr stellt H fest, daß wegen der fehlenden Stromzufuhr der Inhalt seiner Gefriertruhe verdorben ist. H verlangt daraufhin von G Schadensersatz, den dieser mit der Begründung verweigert, er habe an andere Elektrogeräte des H nicht gedacht. Nach welcher Vorschrift hat G sich ersatzpflichtig gemacht?

A: G hat bei der Ausführung seiner Geschäftsbesorgung gegen den mutmaßlichen Willen des H verstoßen und ist deshalb nach § 280 BGB ersatzpflichtig.

20. § 681

Eine Nebenpflicht des Geschäftsführers besteht gemäß § 681 S. 1 BGB bei der Geschäftsführung darin, dem Geschäftsherrn die Übernahme der Geschäftsführung anzuzeigen und – wenn möglich – seine Weisungen abzuwarten.

Der Geschäftsführer muß gemäß § 681 S. 2 i. V. m. § 666 BGB nach Auftragsrecht über die Ausführung der Geschäfte Nachricht geben sowie auf Verlangen Auskunft erteilen und Rechenschaft ablegen (vgl. S. 262).

Der Geschäftsführer darf seine Tätigkeit nicht zu ungünstiger Zeit abbrechen; dies wird z. T. aus analoger Anwendung des § 671 Abs. 2 BGB (vgl. S. 276) hergeleitet, z. T. aus § 242 BGB.

F: Der H ist mit seinem Pkw verunglückt und wird bewußtlos ins Krankenhaus gebracht. Der Unfallzeuge G läßt das stark beschädigte Fahrzeug, das den Verkehr behindert, von einem Abschleppdienst aus der Fahrbahn schaffen und dann zur Reparatur in eine Werkstatt bringen. Hat sich G im Sinne der Geschäftsführungsregeln pflichtgemäß verhalten,

a) als er das Fahrzeug aus der Fahrbahn schaffen ließ,

b) als er das Fahrzeug in die Werkstatt bringen ließ?

A: a) Das Wegschleppen des Wagens von der Fahrbahn mußte unverzüglich erfolgen, so daß hierbei die weisungslose Geschäftsführung des G nach § 681 S. 1 BGB pflichtgemäß war.

b) Vor dem Verbringen in die Werkstatt hingegen hätte G Weisungen des H abwarten müssen.

21.

Gemäß § 681 S. 2 i.V.m. § 667 BGB muß der Geschäftsführer nach Auftragsrecht dem Geschäftsherrn alles herausgeben, was er aus der Geschäftsführung erlangt hat; (zu den Einzelheiten vgl. S. 263).

Der BGH gewährt dem verletzten Insassen eines Kraftfahrzeugs auf dieser Grundlage einen Herausgabeanspruch gegen den Kraftfahrzeughalter, der eine Insassenversicherung abgeschlossen und den Versicherungsbetrag erhalten hat.

F: In dem soeben unter F 20 behandelten Fall hatte G mit dem Abschleppunternehmer, der den Wagen des H aus der Fahrbahn schaffte, eine „Provision" in Höhe von 50,– DM ausgehandelt. Kann H diesen Betrag von G herausverlangen?

A: Ja; da G die Summe aus der Geschäftsführung erlangt hat, muß er sie gemäß § 681 S. 2 BGB in Verbindung mit § 667 BGB an den H herausgeben.

Wiederholungsfragen:

1. A hat sich in einen See gestürzt, um Selbstmord zu begehen. Der Rettungsschwimmer B kann ihn an Land ziehen. Ist zwischen A und B ein Schuldverhältnis aus Geschäftsführung ohne Auftrag entstanden, obwohl A betont, daß er nicht gerettet werden wollte?

2. B hat den entlaufenen Hund des A eingefangen und versorgt ihn, bis er abgeholt werden kann. Beim Abholen stellt A fest, daß der wertvolle Hund durch falsche Fütterung erkrankt ist. Hat B in diesem Zusammenhang jede oder nur grobe Fahrlässigkeit zu vertreten?

3. Die Nebenpflichten des Geschäftsführers bestimmen sich gemäß § ____ S. 2 BGB nach Auftragsregeln.

   Der Anspruch des Geschäftsherrn auf Herausgabe des durch die Geschäftsführung Erlangten ist demnach auf die §§ ____________ BGB zu stützen.

A 1: Ja; der auf Selbstmord gerichtete entgegenstehende Wille des A bleibt analog § 679 BGB außer Betracht.

A 2: Die Fütterung des Tieres diente der Abwendung einer Gefahr vom Eigentum des Geschäftsherrn. Deshalb greift zugunsten des B § 680 BGB ein, so daß er nur für grobe Fahrlässigkeit einzustehen hat.

A 3: 681 681 S. 2, 667

22. § 683

Rechte gegen den Geschäftsherrn bestehen für den Geschäftsführer, wenn die Voraussetzungen des § 683 BGB erfüllt sind und damit eine berechtigte Geschäftsführung ohne Auftrag vorliegt.

Der Geschäftsführer kann gemäß § 683 S. 1 BGB vom Geschäftsherrn wie ein Beauftragter Aufwendungsersatz verlangen. (Zu den Einzelheiten vgl. die Ausführungen zu § 670 BGB auf S. 266).

Im Rahmen beruflicher Tätigkeit aufgewendete Arbeitszeit wird dem Geschäftsführer stets ersetzt, nicht nur, wenn sich die Aufwendung nachträglich als nötig erwies. (Anders beim Auftragsvertrag, der auf unentgeltliche Geschäftsbesorgung gerichtet ist, vgl. S. 268).

F: A hat die entlaufene Katze des B eingefangen; weil das Tier krank ist, will A es vom Tierarzt versorgen lassen. Da der Tierarzt unterschiedlich teure Behandlungsmethoden anwenden könnte, fragt A, inwieweit ihm B für die Behandlungsaufwendungen Ersatz leisten muß. Worauf kommt es hierbei an?

A: Gemäß §§ 683, 670 BGB ist für den Aufwendungsersatzanspruch des A maßgebend, welche Aufwendungen er für erforderlich halten darf.

23.

Soweit der Geschäftsführer Schäden erleidet, sind sie ihm gemäß § 683 BGB wie einem Beauftragten zu ersetzen, also analog § 670 BGB. Dies bedeutet z. B., daß ein Kraftfahrer, der im Wege der Selbstaufopferung (vgl. S. 295) den eigenen Wagen beschädigt, um einen anderen vor Schaden zu bewahren, nur einen angemessenen Betrag und keinen vollen Schadensersatz verlangen kann. – Mitverschulden des Geschäftsführers mindert seinen Anspruch.

F 1: Kann B in dem auf S. 291 dargestellten Eingangsfall von A den geforderten Ersatz verlangen?

F 2: Nachdem der H auf der Autobahn verunglückt ist, will der G zur Sicherung der Unfallstelle Warndreiecke aufstellen. Hierbei wird er vom Pkw des D erfaßt und getötet. Nach welcher Vorschrift kann die Witwe des G wegen ihres durch den Tod des G verlorenen Unterhalts von H Ersatz verlangen?

A 1: Ja; die Taxiauslagen sind dem B gemäß §§ 683, 670 BGB, die Reinigungskosten nach § 683, analog § 670 BGB zu erstatten.

A 2: Analog §§ 683, 670, 844 Abs. 2 BGB kann die Witwe nach dem Tode des Geschäftsführers diesen Ersatzanspruch gegen H erheben.

24. § 685

Der Ersatzanspruch des Geschäftsführers entfällt gemäß § 685 Abs. 1 BGB, wenn er seine Aufwendungen in der Absicht gemacht hat, vom Geschäftsherrn keinen Ersatz zu verlangen, z. B. bei geringem Wert der Aufwendungen. – Gemäß § 685 Abs. 2 BGB ist für Unterhaltsleistungen unter nahen Verwandten eine solche Absicht anzunehmen.

F: Als der H im Spätherbst verreist ist, streut sein mit ihm befreundeter Nachbar G bei einem überraschenden Kälteeinbruch auf dem vereisten Bürgersteig vor dem Hause des H einige Hände voll Streusalz aus. Aus welchen zwei Gründen könnte es dem G verwehrt sein, deswegen von H nach den Vorschriften der Geschäftsführung ohne Auftrag Ersatz zu verlangen?

a) Entweder

b) Oder

A: a) Entweder handelte G aus Gefälligkeit; dann fehlte es ihm schon am Fremdgeschäftsführungswillen und es liegt keine Geschäftsführung im Sinne des § 677 BGB vor.

b) Oder G hatte wegen des geringen Wertes seiner Aufwendungen nicht die Absicht, Ersatz zu verlangen; dann steht seinem Anspruch § 685 BGB entgegen.

25. § 684 S. 1

Verstößt der Geschäftsführer mit der Übernahme des Geschäftes gegen § 683 BGB, so handelt es sich um eine unberechtigte Geschäftsführung. – An die Stelle der Rechte und Pflichten aus berechtigter Geschäftsführung tritt für beide Seiten die Regelung des § 684 BGB:

Im Falle einer unberechtigten Geschäftsführung muß der Geschäftsherr gemäß § 684 S. 1 BGB das Erlangte nach Bereicherungsrecht herausgeben. – Der Geschäftsführer hat keinen Ersatzanspruch aus § 683 BGB.

F: G läßt durch den X in seinem Garten die Wühlmäuse bekämpfen. Da nach dem Rat des X eine größere Wirkung erzielt würde, wenn auch das Nachbargrundstück des H einbezogen wäre, läßt G das Bekämpfungsmittel auch auf dem Grundstück des abwesenden H auslegen. Ihm ist bekannt, daß H gegen die Mäuse nichts unternehmen wollte. – Nach seiner Rückkehr ist H sehr erbost; als G von ihm gemäß § 683 BGB Ersatz wegen der für das Grundstück des H entstandenen Kosten verlangt, weigert er sich. Mit Recht?

A: Ja; da G gegen den ihm bekannten Willen des H gehandelt hat, liegt eine unberechtigte Geschäftsführung vor. Bei ihr entfällt ein Ersatzanspruch des G aus § 683 BGB.

26. § 684 S. 2

Der Geschäftsherr kann eine unberechtigte Geschäftsführung gemäß § 684 S. 2 BGB genehmigen. Dadurch wird die unberechtigte zur berechtigten Geschäftsführung, auch wenn deren Voraussetzungen nicht gegeben sind. – Eine Genehmigung liegt z. B. vor, wenn der Geschäftsherr den Herausgabeanspruch aus § 667 BGB geltend macht.

Nunmehr entstehen für beide Seiten die Rechte und Pflichten nach den Vorschriften über die berechtigte Geschäftsführung ohne Auftrag. – Ebenso entfällt jetzt ein Schadensersatzanspruch des Geschäftsherrn nach § 678 BGB.

F: G kauft für sich und für seinen Bekannten H ohne dessen Wissen Karten für ein Fußballspiel. G wußte dabei nicht, daß H am Spieltag arbeiten mußte. Unter welcher Voraussetzung kann H von G die für ihn gekaufte Karte verlangen, wenn er sie seinem Sohn zukommen lassen möchte?

A: Der Kartenkauf des G stellte eine unberechtigte Geschäftsführung dar, weil er dem mutmaßlichen Willen des H widersprach. Gemäß § 684 S. 2 BGB kann H jedoch die Geschäftsführung genehmigen, so daß er dann die für ihn gekaufte Karte gemäß §§ 681 S. 2, 667 BGB von G verlangen kann.

27. § 687 Abs. 2 S. 1

Bei unechter Geschäftsführung, d. h. wenn jemand ein objektiv fremdes Geschäft als eigenes führt (vgl. S. 305), entsteht kein Schuldverhältnis aus Geschäftsführung ohne Auftrag.

Gemäß § 687 Abs. 2 S. 1 BGB kann jedoch der „Geschäftsherr“ den Schadensersatzanspruch des § 678 BGB geltend machen.

Außerdem hat er Anspruch auf Herausgabe des Erlangten nach §§ 681 S. 2, 667 BGB. – Dieser Anspruch wird wichtig, wenn durch die unechte Geschäftsführung ein größerer Erlös erzielt wurde als der wegen Vertragsverletzung oder unerlaubter Handlung zu ersetzende Schaden durch den Sachverlust ausmacht. Man spricht dann von einer Gewinnabschöpfung durch den Geschäftsherrn.

F: H hat dem G ein seltenes Buch im Wert von 200,– DM geliehen. Als der D dieses Buch bei G sieht, möchte er es erwerben. G verkauft ihm daraufhin das Buch gegen Zahlung von 300,– DM und übereignet es; den Erlös will er behalten. Als H dies erfährt, möchte er den günstigen Preis von G herausverlangen. Auf welche Vorschriften der Geschäftsführung ohne Auftrag kann sich H hierbei stützen?

A: G hat durch seine Verfügung über das entliehene Buch des H eine unechte Geschäftsführung vorgenommen. Deshalb kann H gemäß §§ 687 Abs. 2 S. 1, 681 S. 2 und 667 BGB den von G erzielten Erlös herausverlangen.

28. § 687 Abs. 2 S. 2

Gemäß § 687 Abs. 2 S. 1 BGB kann der „Geschäftsherr" Schadensersatz- und Herausgabeansprüche gegen den „Geschäftsführer" geltend machen, obwohl die Voraussetzungen einer Geschäftsführung ohne Auftrag nicht vorliegen. Tut er dies, so wäre es unbillig, den „Geschäftsführer" rechtlos zu stellen:

§ 687 Abs. 2 S. 2 BGB gibt daher dem „Geschäftsführer" den Anspruch des § 684 S. 1 BGB, der insoweit eingreift, als der „Geschäftsherr" durch die Aufwendungen oder andere Handlungen des „Geschäftsführers" bereichert ist. Das ist z. B. dann der Fall, wenn jemand eine fremde Sache vor dem unberechtigten Verkauf kostspielig instand setzen ließ; er kann dann diese Kosten vom herauszugebenden Erlös absetzen.

F: Inwieweit sind für einen Aufwendungsersatzanspruch des Geschäftsführers nach § 687 Abs. 2 S. 2 BGB strengere Tatbestandserfordernisse aufgestellt als für den Aufwendungsersatzanspruch nach § 683 S. 1 BGB?

A: Im Unterschied zu § 683 BGB entsteht nach § 687 Abs. 2 S. 2 BGB der Anspruch des „Geschäftsführers" nur insoweit, als der „Geschäftsherr" durch die Aufwendungen bereichert ist.

29.

Hat der Geschäftsführer im Rahmen der Geschäftsführung gegenüber Dritten Rechtsgeschäfte vorgenommen, so ist, wie beim Auftragsrecht (vgl. S. 280), das Schuldverhältnis zwischen dem Geschäftsführer und dem Geschäftsherrn zu unterscheiden vom Rechtsverhältnis des Geschäftsführers mit dem Dritten:

Das Schuldverhältnis zwischen dem Geschäftsführer und dem Geschäftsherrn bestimmt sich nach den Regeln der Geschäftsführung ohne Auftrag. – Die Rechtsbeziehungen des Geschäftsführers zum Dritten bestimmen sich nach Maßgabe der §§ 177 ff. BGB, wenn das vorgenommene Rechtsgeschäft Wirkungen für und gegen den Geschäftsherrn entfalten sollte.

GoA

Geschäftsführer ——————— Geschäftsherr

§§ 177 ff. |

Dritter

F: Der Student D kauft von G eine Schreibmaschine, die sich G vom Eigentümer H entliehen hatte. Dabei spiegelt G dem D vor, der H habe ihn zum Verkauf bevollmächtigt. Bevor noch die Maschine übergeben und der Kaufpreis bezahlt ist, holt H die Maschine von G zurück. Hat D einen Anspruch gegen G, wenn er für dringende Schreibarbeiten 50,– DM an ein Schreibbüro bezahlen muß?

A: Ja; D kann von G Schadensersatz in Höhe von 50,– DM gemäß § 179 Abs. 1 BGB verlangen, weil G den Kaufvertrag als Vertreter ohne Vertretungsmacht abgeschlossen hat.

Wiederholungsfragen:

1. Der Urlauber G findet bei einer Gebirgswanderung an einsamer Stelle den verletzten H bewußtlos auf. Nachdem er dessen Wunde versorgt hat, verschlechtert sich der Zustand des immer noch Bewußtlosen derart, daß G ihn vier Stunden lang betreuen muß, bevor Hilfe kommt. G möchte von H Ersatz für das aufgewendete Verbandsmaterial und für die mit der Betreuungsarbeit verbrachte Zeit verlangen. Bedeutet es für die rechtliche Beurteilung dieser Ansprüche einen Unterschied, wenn der G

   a) ein kaufmännischer Angestellter,

   b) ein Arzt ist?

2. Obwohl G weiß, daß sein Nachbar H einen grünen Zaun haben möchte, streicht er in Abwesenheit des H seinen und dessen Zaun mit gelber Farbe an. Als nach Rückkehr des H der G ihn fragt, ob ihm der Zaun jetzt gefalle, nickt H der guten Nachbarschaft wegen mit dem Kopf. Kann G von H Ersatz für die am Zaun des H verbrauchte Farbe verlangen?

3. G hat unerlaubt ein von H entliehenes Fahrrad mit besonders großem Gewinn an D veräußert. Kann H den ganzen Gewinn auch dann von G herausverlangen, wenn dieser Gewinn nur der Geschäftstüchtigkeit des G zu verdanken ist und von H selbst niemals hätte erzielt werden können?

A 1: Das Verbandsmaterial ist nach §§ 683, 670 BGB in beiden Fällen gleichermaßen zu ersetzen. – Ersatz für aufgewendete Arbeitszeit wird nur bei berufsspezifischen Leistungen geleistet, also nur dem Arzt (vgl. S. 317). Daß dieser während seiner Urlaubszeit tätig wurde, steht dem Anspruch nicht entgegen.

A 2: Ja; H hat die unberechtigte Geschäftsführung des G gemäß § 684 S. 2 BGB genehmigt und ist damit nach §§ 683, 670 BGB zum Aufwendungsersatz verpflichtet.

A 3: Ja; § 687 Abs. 2 S. 1 in Verbindung mit §§ 681 S. 2, 667 BGB stellt nicht darauf ab, ob der „Geschäftsherr“ das Erlangte ebenfalls hätte erlangen können.

30. Zusammenfassung

a) Das Schuldverhältnis aus Geschäftsführung ohne Auftrag setzt gemäß § ______ BGB voraus, daß der Geschäftsführer ein Geschäft für einen anderen besorgt. – Ferner ist erforderlich, daß der Geschäftsführer aufgrund anderer Vorschriften zur Vornahme des Geschäftes weder ______________ noch ______________ war.

b) Das Tatbestandsmerkmal der Geschäftsführung für einen anderen besteht aus einem objektiven und einem subjektiven Element: Objektiv ist zu unterscheiden zwischen fremden, eigenen und ____________ Geschäften. Um ein fremdes Geschäft handelt es sich, wenn die in Frage stehende Handlung von der Rechtsordnung eindeutig dem ______________ zugeordnet ist. – Wird eine Tätigkeit von der Rechtsordnung eindeutig dem ______________ zugeordnet, so liegt ein eigenes Geschäft vor. Eine Handlung kann zugleich ein eigenes und ein fremdes Geschäft darstellen; dann handelt es sich um ein ______________ Geschäft.

A: a) 677 verpflichtet berechtigt (Inf. 1 + 13)

b) neutralen (Inf. 3)
Geschäftsherrn Geschäftsführer (Inf. 4)
gemischtes

c) Subjektives Element des Geschäftsführungstatbestandes ist der

____

Ein neutrales Geschäft wird erst durch den Fremdgeschäftsführungswillen zum fremden Geschäft. Wie bezeichnet man deshalb diese Art von Geschäft?

d) Der Fremdgeschäftsführungswille muß hierbei __________ __________ hervortreten. – Dasselbe gilt, wenn durch eine Handlung zugleich ein eigenes und ein fremdes Geschäft geführt werden sollen.

e) Geschäftsherr muß nicht derjenige sein, den sich der Geschäftsführer als Geschäftsherrn vorgestellt hat. Irrt sich der Geschäftsführer über die Person des Geschäftsherrn, so entsteht das Schuldverhältnis mit dem nach der

Rechtslage __________ Geschäftsherrn, § _____ BGB.

Durch eine Handlung des Geschäftsführers können Schuldverhältnisse mit mehreren Geschäftsherren

☐ gleichzeitig entstehen,

☐ nicht entstehen.

A: c) Fremdgeschäftsführungswille
Man bezeichnet sie als subjektiv fremdes Geschäft. (Inf. 5)

d) äußerlich erkennbar (Inf. 6)

e) wirklichen 686 (Inf. 9)
Durch eine Handlung können Schuldverhältnisse mit mehreren Geschäftsherren gleichzeitig entstehen. (Inf. 10)

f) Der Geschäftsherr muß nicht voll geschäftsfähig sein. – Einen minderjährigen Geschäftsführer treffen ohne Zustimmung seiner gesetzlichen Vertreter gemäß § ____ BGB keine Pflichten aus einer Geschäftsführung ohne Auftrag.

g) Gegen den wirklichen oder den ____________ Willen des Geschäftsherrn darf die Geschäftsführung nicht übernommen werden. Sonst wird der Geschäftsführer nach § ____ BGB schadensersatzpflichtig.

Der entgegenstehende Wille des Geschäftsherrn bleibt jedoch außer Betracht, wenn der Geschäftsführer eine Pflicht im öffentlichen Interesse erfüllt oder eine gesetzliche ________________ des Geschäftsherrn. Dies ergibt sich aus § ____ BGB.

Will der Geschäftsführer zur Gefahrenabwehr tätig werden, so mindern sich die Anforderungen an seine Sorgfalt, die er zum Erkennen des mutmaßlichen Geschäftsherrnwillens anwenden muß, nach Maßgabe des § ____ BGB.

A:	f) 682		(Inf. 14)
	g) mutmaßlichen	678	(Inf. 15)
	Unterhaltspflicht	679	(Inf. 16)
	680		

h) Bei der Ausführung des Geschäftes ist es Hauptpflicht des Geschäftsführers, dem wirklichen oder mutmaßlichen Willen des Geschäftsherrn zu entsprechen.

Auch hier bleibt ein entgegenstehender Wille des Geschäftsherrn im Rahmen des § 679 BGB außer Betracht; bei Handlungen zur ______________ mindert sich der Haftungsmaßstab gemäß § 680 BGB.

Nebenpflichten des Geschäftsführers ergeben sich aus § ______ S. 1 BGB.

i) Sind die Erfordernisse der §§ 677 oder 679 BGB bei Übernahme des Geschäfts erfüllt, so handelt es sich um eine ______________ Geschäftsführung ohne Auftrag.

Rechtsfolge ist dann, daß der Geschäftsführer nach §§ ______ S. 1, 667 BGB Ersatz für seine Aufwendungen verlangen kann. Dies umfaßt, wie im Auftragsrecht, auch eine Entschädigung für Einbußen, die vorhersehbar und dem übernommenen Geschäft adäquat sind.

Dem Geschäftsherrn muß der Geschäftsführer alles aus der Geschäftsführung Erlangte nach §§ ______, 667 BGB herausgeben.

j) Im Falle unberechtigter Geschäftsführung ohne Auftrag hat der Geschäftsführer keinen Ersatzanspruch, sofern nicht der Geschäftsherr sein Handeln nach § ______ S. ______ BGB genehmigt.

A:	h) Gefahrenabwehr	681	(Inf. 19 + 20)
	i) berechtigte	683	(Inf. 22 + 23)
	681 S. 2		(Inf. 21)
	j) 684 2		(Inf. 26)

k) Schließt der Geschäftsführer mit einem Dritten einen Vertrag, so gelten im Verhältnis zwischen beiden Beteiligten die Regeln dieses Vertrages. – Soweit jedoch ein Rechtsgeschäft mit Dritten Wirkungen für oder gegen den Geschäftsherrn entfalten soll, gelten die Regeln über die __________ __________ __________________, nach welchen der Geschäftsführer dem Dritten gemäß § 179 Abs. 1 BGB schadensersatzpflichtig werden kann.

l) Wird ein fremdes Geschäft wider besseres Wissen als eigenes geführt, so handelt es sich um eine ______________ Geschäftsführung. Durch sie entsteht kein Schuldverhältnis aus Geschäftsführung ohne Auftrag.

§ 687 Abs. 2 S. 1 BGB billigt jedoch dem „Geschäftsherrn" alle für ihn wichtigen Ansprüche aus der Geschäftsführung ohne Auftrag zu. Hervorzuheben sind hiervon der in § 678 BGB vorgesehene ______________-__________ und der durch § 681 S. 2 BGB zugebilligte Anspruch auf Herausgabe des Erlangten. Letzterer Anspruch wird auch als ______________-__________________ bezeichnet.

A: k) Vertretung ohne Vertretungsmacht (Inf. 29)

l) unechte
Schadensersatzanspruch
Gewinnabschöpfungsanspruch (Inf. 27)

Der nachstehende klausurmäßige Sachverhalt soll Ihnen Gelegenheit geben, das erworbene Wissen in einer etwas umfangreicheren Fallgestaltung anzuwenden. Ihre Antwort sollten Sie möglichst in Form einer gutachtlichen Lösung formulieren:

Der H aus Dortmund zieht zur besseren Bauüberwachung in sein erst teilweise fertiggestelltes Eigenheim in Hamburg. Seine alte, etwas schadhafte Standuhr läßt er aus Platzgründen im Keller seines Wohnungsnachbarn G zur Verwahrung zurück; er erklärt dem G, daß er sie später wohl verkaufen wolle. Als G bald darauf erfährt, daß der Antiquitätenhändler K in der Nachbarstadt gute Preise für alte Standuhren zahlt, läßt er die Uhr des G für 100,– DM reparieren und verkauft sie dem K im eigenen Namen für 500,– DM. G erzählt dabei dem K, daß er dies für den weggezogenen H tue; der Kaufpreis soll gezahlt werden, sobald K für die Uhr einen Interessenten gefunden hat. Für den Transport der Uhr zu K hatte G 30,– DM Auslagen. Außerdem wird er beim Nachhauseweg von einem Pkw angefahren, als er auf dem Zebrastreifen eine Straße überquert. Hierdurch entsteht an seiner Kleidung ein Schaden von 80,– DM. Als H am nächsten Tag zu einem Besuch nach Dortmund kommt, berichtet ihm G die Ereignisse des Vortages.

a) H hatte bei einem Verkauf der Uhr nicht mehr als 300,– DM Erlös erwartet.– Welche Ansprüche bestehen zwischen H und G?

b) H konnte die Uhr für 700,– DM verkaufen. – Welche Ansprüche bestehen zwischen H und G?

Lösungsskizze:

a) Ansprüche des H gegen G können auf Abtretung der Forderung gegen K gerichtet sein. Als Anspruchsgrundlage scheidet § 687 Abs. 2 S. 1 BGB aus, weil G nicht mit der Absicht handelte, den Verkauf als Eigengeschäft zu tätigen (vgl. S. 305). – Also kommt ein Anspruch nach §§ 681 S. 2, 667 BGB in Frage: G hat als Geschäftsführer für H gehandelt, sein Fremdgeschäftsführungswille ist hervorgetreten, er war gegenüber H nicht zur Geschäftsführung berechtigt (vgl. S. 306). Die Forderung gegen K ist aus der Geschäftsführung erlangt, so daß H die Herausgabe verlangen kann (vgl. S. 315).

   Ansprüche des G gegen H können auf Ersatzleistung gerichtet sein. Da die Übernahme der Geschäftsführung dem mutmaßlichen Willen des H entsprach, handelt es sich um berechtigte Geschäftsführung gemäß § 683 S. 1 BGB (vgl. S. 317). Die Reparaturkosten und die Fahrtauslagen sind Aufwendungen im Sinne des § 670 BGB (vgl. S. 267), so daß G hierfür Ersatz verlangen kann. Der Unfallschaden hingegen ist als Ausdruck des allgemeinen Lebensrisikos zu bewerten und daher von H nicht analog § 670 BGB zu ersetzen (vgl. S. 269).

b) Ansprüche des H gegen G bestehen jetzt gemäß § 678 BGB in Höhe von 700,– DM, weil die Übernahme der Geschäftsführung dem mutmaßlichen Willen des H widersprach, den G infolge Fahrlässigkeit nicht richtig ermittelt hatte (vgl. S. 309); die Voraussetzungen der §§ 679 oder 680 BGB liegen nicht vor.

   Da G mit der Übernahme der Geschäftsführung gegen den mutmaßlichen Willen des H verstieß, handelt es sich um eine unberechtigte Geschäftsführung. Demnach kann G von H nur gemäß § 684 S. 1 BGB Ersatz für die Reparaturkosten verlangen (vgl. S. 320).

Zur Wissensvertiefung für den Stoff des achten Kapitels wird empfohlen:

Fikentscher a. a. O., § 83,
Medicus a. a. O., §§ 17 und 18.

Besonders wichtig sind die Fragen

des Ersatzes von Schäden; hierfür wird auf
Fikentscher, § 83 II 4, sowie auf
BGHZ 38, 270 ff. (Selbstaufopferung) und
BGHZ 38, 302 ff. (zu § 685 BGB) verwiesen.

Zur Geschäftsführung für mehrere Geschäftsherren wird auf
BGHZ 43, 188 ff. (Pannenhilfe),

zur gleichzeitigen Eigen- und Fremdgeschäftsführung auf
BGHZ 40, 28 ff. (Brandbekämpfung),

zur unechten Geschäftsführung ohne Auftrag auf
Medicus, § 17 III 2, hingewiesen.

Kapitel IX

BÜRGSCHAFT, SCHULDVERSPRECHEN, SCHULDANERKENNTNIS UND VERGLEICH

Das neunte Kapitel behandelt zwei Materien, denen bei aller Verschiedenheit gemeinsam ist, daß sie der Sicherung und erleichterten Durchsetzung von Gläubigerrechten dienen sollen.

Im ersten Teil des nachfolgenden Kapitels wird der Bürgschaftsvertrag behandelt: Er trägt dem Interesse des Gläubigers Rechnung, sich gegen das Risiko abzusichern, daß der Schuldner seinen Verpflichtungen nicht oder nicht ordentlich nachkommt. Beim Bürgschaftsvertrag handelt es sich um eine sog. persönliche Sicherheit, weil neben dem Schuldner eine andere Person, der Bürge, für die Erfüllung der Schuldnerpflichten einstehen will. – Die größte Bedeutung in der Praxis hat die Bürgschaft bei Darlehensgeschäften. Sie wird jedoch nicht nur im privaten Geschäftsleben verwendet, sondern dient als Staatsbürgschaft auch der indirekten Wirtschaftslenkung; so z. B. wenn der Bund oder ein Land für Risiken im Filmgeschäft oder bei Lieferungen in Entwicklungsländer die deutschen Gläubiger absichert.

Im zweiten Teil des Kapitels werden Schuldversprechen, Schuldanerkenntnis und Vergleich behandelt: Von diesen Verträgen begründet das Schuldversprechen eine erleichtert durchsetzbare Verpflichtung des Schuldners. – Schuldanerkenntnis und Vergleich bezwekken, den Inhalt einer zwischen den Beteiligten bereits bestehenden Rechtsbeziehung durch einen neuen Vertrag klarzustellen.

Kap. IX. Bürgschaft

Inhaltsübersicht:

1. § 765 Abs. 1

Der Bürgschaftsvertrag wird zwischen dem Bürgen und dem Gläubiger geschlossen. Der Bürge verpflichtet sich gemäß § 765 Abs. 1 BGB gegenüber dem Gläubiger, für eine Verbindlichkeit des Schuldners einzustehen. – Es bestehen also folgende Rechtsbeziehungen:

a) Das Hauptschuldverhältnis zwischen Gläubiger und Schuldner, aus dem die zu sichernde Verbindlichkeit des Schuldners entspringt;

b) der Bürgschaftsvertrag zwischen Gläubiger und Bürgen, der die Verbindlichkeit des Schuldners sichert;

c) das Innenverhältnis zwischen Bürgen und Schuldner, aufgrund dessen die Bürgschaft übernommen wurde.

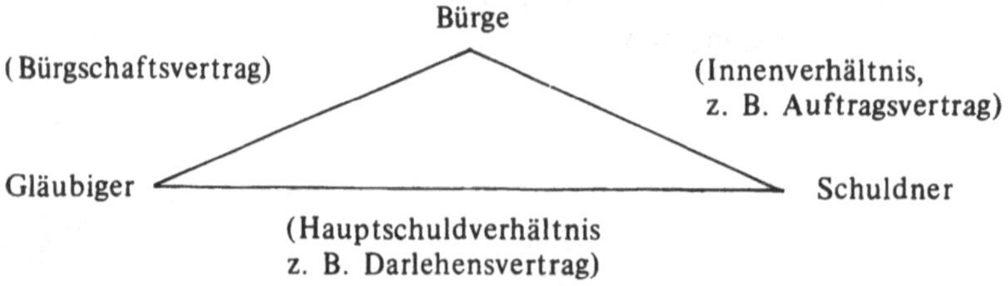

F: S hat dem G ein wertvolles Kunstwerk verkauft, das sich noch auf einer Ausstellung befindet. Da G Sorge hat, daß S das Werk vor der Übergabe an einen anderen Interessenten veräußern könnte, verlangt er von S Sicherheit. Daraufhin will sich B, ein Freund des S, für die Erfüllung der Verkäuferpflicht des S verbürgen. G ist jedoch der Ansicht, durch Bürgschaft könnten nur Geldforderungen gesichert werden. Ist G im Recht?

A: Nein; Gegenstand der Sicherung durch einen Bürgschaftsvertrag kann gemäß § 765 Abs. 1 BGB nicht nur eine Geldschuld, sondern jede Verbindlichkeit sein.

2. § 766

Der Bürgschaftsvertrag ist ein einseitig verpflichtender Vertrag. Deshalb gelten im Falle von Vertragsverletzungen nicht die §§ 320ff. BGB, sondern die §§ 280ff. BGB.

Der Bürgschaftsvertrag begründet für den Bürgen eine weitreichende Haftung. Um vor einer übereilten Verpflichtung geschützt zu sein, muß der Bürge gemäß § 766 S. 1 BGB seine Bürgschaftserklärung in Schriftform abgeben. – Für Kaufleute besteht gemäß § 350 HGB dieser Formzwang nicht.

Ein Mangel der Schriftform wird durch Erfüllung geheilt, § 766 S. 2 BGB.

F: B verbürgt sich gegenüber G für eine Schuld des S durch schriftliche Bürgschaftserklärung. Als G ihn später aus dem Bürgschaftsvertrag in Anspruch nehmen will, beruft sich B darauf, der G habe bei Abschluß des Bürgschaftsvertrages seine Annahmeerklärung nicht in schriftlicher Form abgegeben. Steht dies einer Bürgschaftsverpflichtung des B entgegen?

A: Nein; § 766 S. 1 BGB verlangt Schriftform nur für die Erklärung des Bürgen; eine schriftliche Annahme der Bürgschaftserklärung ist nicht erforderlich.

3. § 767

Die Bürgenverpflichtung ist gemäß § 767 Abs. 1 S. 1 BGB von Bestand und Umfang der Hauptschuld abhängig. Man bezeichnet dies als die Akzessorietät der Bürgschaft.

Den Bürgen treffen gemäß § 767 Abs. 1 S. 2 BGB auch gesetzliche Erweiterungen der Hauptschuld, z. B. infolge Verzuges des Schuldners. Ebenso haftet der Bürge gemäß § 767 Abs. 2 BGB für Prozeßkosten, die dem Gläubiger bei Geltendmachung der Hauptschuld entstehen. – Dagegen berühren freiwillige Erweiterungen der Hauptschuld durch den Schuldner die Bürgenverpflichtung nicht, § 767 Abs. 1 S. 3 BGB.

F: B übernimmt gegenüber G formgerecht die Bürgschaft für eine Darlehensschuld des S in Höhe von 3 000,– DM. S verwendet das Geld zum Bau einer Garage; als sich herausstellt, daß zur Fertigstellung weitere 1 000,– DM benötigt werden, ist G bereit, das Darlehen des S um diese Summe zu erhöhen. Da S den Betrag nicht zurückzahlen kann, möchte G den B in Höhe von 4 000,– DM als Bürgen in Anspruch nehmen. Mit Recht?

A: Nein; B haftet dem G nur in Höhe von 3 000,– DM. Die rechtsgeschäftliche Erweiterung der Hauptschuld kann die Bürgenverpflichtung nicht vergrößern, § 767 Abs. 1 S. 3 BGB.

4. § 771

Der Bürge kann grundsätzlich erst in Anspruch genommen werden, wenn der Gläubiger vom Schuldner nicht befriedigt wird. Dies nennt man die Subsidiarität der Bürgenhaftung.

Die Subsidiarität wird rechtstechnisch dadurch erreicht, daß der Bürge gemäß § 771 BGB gegenüber dem Gläubiger die Einrede der Vorausklage erheben kann, wenn sich der Gläubiger vor Inanspruchnahme des Schuldners an ihn halten will. – Die Einrede entfällt, wenn der Gläubiger zuvor erfolglos eine Zwangsvollstreckung gegen den Schuldner betrieben hat.

F: G hat gegen S eine Kaufpreisforderung, für die der B die Bürgschaft übernommen hat. Als S nicht zahlt, verklagt ihn G und betreibt dann die Zwangsvollstreckung gegen ihn; diese bleibt erfolglos, weil S über kein Vermögen verfügt. Als sich G nunmehr an den B halten will, macht dieser geltend, der S habe inzwischen geerbt, so daß G zunächst erneut gegen ihn vorgehen müsse. Schließt dieser Einwand die Inanspruchnahme des B aus?

A: Nein; der Bürge kann die Einrede der Vorausklage gemäß § 771 BGB nur solange geltend machen, als der Gläubiger die Zwangsvollstreckung gegen den Schuldner überhaupt noch nicht versucht hat. Nach einem erfolglosen Versuch steht dem Bürgen die Einrede nicht mehr zu.

5. § 773

Der Bürge kann auf die Einrede der Vorausklage verzichten. Dann handelt es sich gemäß § 773 Abs. 1 Nr. 1 BGB um eine selbstschuldnerische Bürgschaft. Wegen der damit verbundenen Besserstellung des Gläubigers ist dieser in der Praxis meist nur zur Annahme einer selbstschuldnerischen Bürgschaft bereit.

Die Einrede der Vorausklage entfällt für den Bürgen auch dann, wenn der Gläubiger bei der Durchsetzung seines Anspruchs gegenüber dem Hauptschuldner auf die in § 773 Abs. 1 Nr. 2–4 BGB genannten Schwierigkeiten stößt. Eine wesentliche Erschwerung der Rechtsverfolgung gemäß § 773 Abs. 1 Nr. 2 BGB liegt erst vor, wenn der Aufenthaltsort des Hauptschuldners unbekannt ist, bzw. er ihn dauernd wechselt oder ins Ausland verlegt.

F: B hat sich für die Rückzahlung eines Darlehens verbürgt, das G dem S gewährt hat. Kurz vor Fälligkeit der Verpflichtung des S zieht dieser aus Nordrhein-Westfalen auf einen 200 km entfernten Hof in Niedersachsen um, der durch kein öffentliches Verkehrsmittel zu erreichen ist. Kann der G nunmehr gegen B aus der Bürgschaft vorgehen, ohne vorher den S in Anspruch zu nehmen?

A: Nein; ein Umzug des Schuldners im Gebiet der Bundesrepublik Deutschland bedeutet keine wesentliche Erschwerung der Rechtsverfolgung im Sinne des § 773 Abs. 1 Nr. 2 BGB.

6.

Vom Bürgschaftsvertrag sind zwei Vertragsarten zu unterscheiden, die ihm ähnlich, aber nicht formgebunden sind. Es handelt sich um den Schuldbeitritt und um den Garantievertrag. Einzelheiten hierzu sind dem Allgemeinen Schuldrecht zu entnehmen; zur Abgrenzung vom Bürgschaftsvertrag wird lediglich ein kurzer Hinweis gegeben:

Der Schuldbeitritt (auch Schuldmitübernahme oder kumulative Schuldübernahme genannt) bewirkt, daß neben den ursprünglichen Schuldner ein weiterer Schuldner tritt; beide haften dem Gläubiger als Gesamtschuldner. – Der Schuldbeitritt erfordert ein eigenes wirtschaftliches Interesse des Eintretenden an der Befriedigung des Gläubigers; er erfolgt nach § 305 BGB.

Auch der Garantievertrag ist gesetzlich nicht ausgestaltet. Bei ihm verpflichtet sich jemand, für einen künftigen Erfolg dem Gläubiger selbständig und unabhängig von einer Hauptschuld einzustehen.

F: Der Architekt A leitet den Wohnhausneubau des S. Als der Installateur G wegen starker Bedenken gegen die Zahlungsfähigkeit des S seine Tätigkeit am Bau einstellen will, erklärt ihm A, er werde dafür sorgen, daß G sein Geld auf jeden Fall erhalte. Weil G später von S keine Bezahlung erlangen kann, möchte er den A in Anspruch nehmen. Dieser beruft sich darauf, er habe seine Erklärung nicht in Schriftform abgegeben. Steht dies einem Anspruch des G gegen A entgegen?

A: Nein; die Erklärung des A kann als Angebot zu einem Garantievertrag bewertet werden, der formlos abgeschlossen werden konnte.

7. § 768

Geht der Gläubiger aus dem Bürgschaftsvertrag gegen den Bürgen vor, so kann dieser zu seiner Verteidigung einmal alle Gründe geltend machen, die sich aus dem Rechtsverhältnis zwischen ihm und dem Gläubiger ergeben. Ein solcher Grund ist z. B. eine vereinbarte Stundung der Bürgenschuld, ebenso gemäß § 767 Abs. 1 S. 1 BGB eine teilweise Erfüllung der Hauptschuld durch den Schuldner.

Darüber hinaus gestattet § 768 Abs. 1 S. 1 BGB dem Bürgen, sich wegen der Akzessorietät der Bürgenschuld auf alle Einreden zu berufen, die der Hauptschuldner gegen den Gläubiger vorbringen könnte, z. B. die Verjährung der gesicherten Schuld.

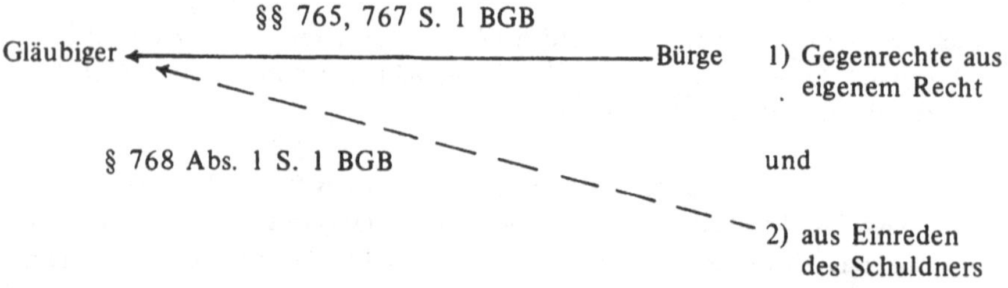

F: S kann beim Kauf eines wertvollen Teppichs den Kaufpreis nicht voll bezahlen. Deshalb verbürgt sich der B für den Restkaufpreis selbstschuldnerisch. Als die Restschuld am 1. 11. fällig wird, ist der Verkäufer G nicht zur Übereignung des Teppichs Zug um Zug bereit, so daß S die Restzahlung verweigert. Nunmehr nimmt G den Bürgen B auf Zahlung in Anspruch. Wie kann sich B hiergegen verteidigen?

A: B kann sich hinsichtlich seiner Bürgenverpflichtung gemäß § 768 Abs. 1 S. 1 BGB auf die dem S nach § 320 BGB zustehende Einrede des nichterfüllten Vertrages berufen.

8. § 770

Weiterhin kann sich der Bürge gemäß § 770 Abs. 1 BGB gegenüber dem Gläubiger mit der Einrede verteidigen, daß der Hauptschuldner gegenüber dem Gläubiger anfechten könnte.

Diese Vorschrift gilt entsprechend, soweit der Hauptschuldner durch Ausübung anderer Gestaltungsrechte von seiner Leistungspflicht frei werden könnte, z. B. wenn er wandeln oder zurücktreten könnte. – Hat jedoch der Hauptschuldner auf ein ihm zustehendes Gestaltungsrecht wirksam verzichtet, so erlischt auch die Einrede des Bürgen. Eine dem § 768 Abs. 2 BGB entsprechende Regelung fehlt hier.

Schließlich besteht für den Bürgen gemäß § 770 Abs. 2 BGB die Möglichkeit, die Befriedigung des Gläubigers zu verweigern, wenn dieser gegen eine Forderung des Hauptschuldners aufrechnen könnte.

F 1: S hat von G einen Pkw erworben und schuldet ihm noch den Restkaufpreis in Höhe von 3 000,– DM. B hat sich hierfür selbstschuldnerisch verbürgt. Alsbald nach Übergabe des Wagens stellt der S Mängel fest, die eine Minderung in Höhe von 500,– DM rechtfertigen. Wie kann sich B verteidigen, wenn G von ihm 3 000,– DM verlangt?

F 2: Ändert sich dieses Ergebnis, wenn S nach Verhandlungen mit G einwilligt, keine Minderung geltend zu machen?

A 1: B kann sich analog § 770 Abs. 1 BGB in Höhe von 500,– DM damit verteidigen, daß dem S ein entsprechendes Minderungsrecht zusteht.

A 2: Ja; nach Wegfall des Minderungsrechtes durch Verzicht entfällt auch die an das Bestehen des Gestaltungsrechtes geknüpfte Einrede des Bürgen.

Wiederholungsfragen:

1. In der Frage auf S. 336 hatte sich der B für die Erfüllung einer Verkäuferverpflichtung verbürgt. Welchen Anspruch kann der Gläubiger gegen B erheben, wenn der Verkäufer die Kaufsache an einen Dritten veräußert und sich als vermögenslos erweist?

2. S schuldet dem G 10 000,– DM Kaufpreis; B hat sich für diese Schuld des S selbstschuldnerisch verbürgt. Nach Fälligkeit zahlt S trotz Mahnung nicht. – G hält sich nunmehr an B, der nach Mahnung ebenfalls nicht zahlt, so daß dem G ein Schaden entsteht, der über denjenigen hinausgeht, der durch den Zahlungsverzug des S verursacht wurde. Nach welchen Vorschriften kann G von B Ersatz für die beiden ihm entstandenen Schadensposten verlangen?

3. B hat sich für eine Schuld des S gegenüber G verbürgt. Er wird von G in Anspruch genommen, bevor dieser eine Vollstreckung gegen S versucht hat. Steht dem G bei dieser Sachlage bereits ein Anspruch gegen B zu?

A 1: Gemäß § 767 Abs. 1 S. 2 BGB haftet der Bürge für die Erfüllung der Schadensersatzpflicht des Verkäufers nach den §§ 325 Abs. 1, 440 Abs. 1 BGB.

A 2: Den durch das Verhalten des S entstandenen Schaden kann G gegenüber B nach den §§ 765, 767 Abs. 1 S. 2 BGB geltend machen, den durch den Verzug des B zusätzlich entstandenen Schaden nach § 286 Abs. 1 BGB.

A 3: Ja; B kann sich jedoch dadurch verteidigen, daß er gemäß § 771 BGB die Einrede der Vorausklage erhebt.

9. § 774 Abs. 1

Befriedigt der Bürge anstelle des Hauptschuldners den Gläubiger, so geht gemäß § 774 Abs. 1 S. 1 BGB die Forderung des Gläubigers gegen den Hauptschuldner kraft Gesetzes auf den Bürgen über, der so zum neuen Gläubiger des Hauptschuldners wird. – Nach § 412 BGB finden auf diesen gesetzlichen Forderungsübergang die Abtretungsregeln entsprechende Anwendung, was vor allem im Hinblick auf § 401 BGB wichtig ist.

F: S hat sich gegenüber G zur Zahlung von 1 000,– DM verpflichtet; der B hat sich hierfür selbstschuldnerisch verbürgt. Als G den B in Anspruch nimmt, erklärt dieser wirksam die Aufrechnung mit einer Gegenforderung, die ihm gegenüber G zustand. Nunmehr verlangt B von S die Zahlung von 1 000,– DM gemäß § 774 BGB. Kann ihm S entgegenhalten, der B habe nicht an G gezahlt, sondern aufgerechnet?

A: Nein; § 774 BGB verlangt nur, daß der Gläubiger vom Bürgen befriedigt wurde; dies kann auch im Wege der Aufrechnung geschehen.

10.

Neben der nach § 774 Abs. 1 BGB auf den Bürgen übergegangenen Forderung des Gläubigers gegen den Schuldner kann der Bürge auch einen Erstattungsanspruch aus dem Innenverhältnis (vgl. S. 336) haben.

Das häufigste Innenverhältnis zwischen Bürge und Schuldner ist ein Auftragsvertrag; auf diesen verweist z. B. § 775 Abs. 1 S. 1 BGB. Der Erstattungsanspruch des Bürgen ergibt sich in diesem Falle aus § 670 BGB. Die Bürgschaft kann jedoch ebensogut schenkweise oder aufgrund einer Geschäftsführung ohne Auftrag übernommen worden sein.

F: Der B hat sich auf Wunsch des S für dessen Schuld gegenüber G selbstschuldnerisch verbürgt und die Schuld auf Anforderung des G beglichen, weil S bei Fälligkeit kurzfristig ohne Mittel war. Welche Ansprüche kann B gegenüber S geltend machen, um den an G gezahlten Betrag zurückzuerhalten?

A: B hat einmal gemäß § 774 Abs. 1 S. 1 BGB einen Rückgriffsanspruch gegen den Hauptschuldner S. – Da sich B auf Bitte des S verbürgt hat, liegt im Innenverhältnis ein Auftragsvertrag vor. B kann demnach auch gemäß § 670 BGB von S Erstattung verlangen.

11. § 769

Verbürgen sich mehrere Personen für dieselbe Verbindlichkeit, so sind sie Mitbürgen. Sie haften dann gemäß § 769 BGB dem Gläubiger als Gesamtschuldner, auch wenn sie sich nicht gemeinsam verbürgt haben.

Befriedigt ein Mitbürge den Gläubiger, so geht einmal die Forderung des Gläubigers gegen den Hauptschuldner nach § 774 Abs. 1 BGB auf ihn über. Außerdem kann er als Gesamtschuldner gegen die übrigen Mitbürgen nach Maßgabe des § 426 Abs. 2 S. 1 BGB einen Ausgleichsanspruch haben; hierauf verweist § 774 Abs. 2 BGB.

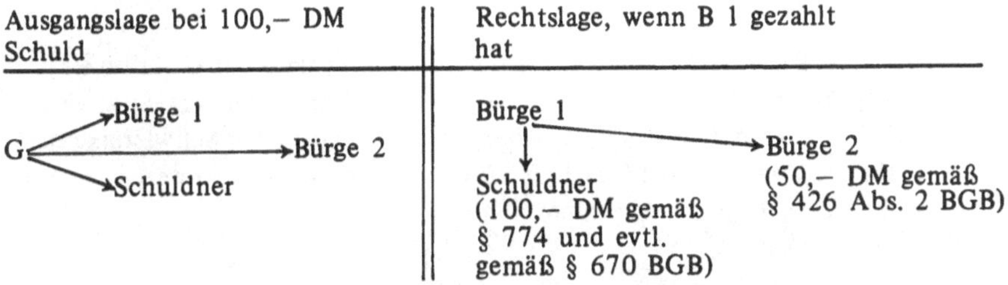

F: Der S erhält von seiner Bank G ein Darlehen in Höhe von 100 000,– DM; B verbürgt sich für diese Schuld des S. Einige Zeit danach verlangt die Bank von S Gestellung eines weiteren Bürgen, weil sich die Vermögensverhältnisse des B verschlechtert haben. S gewinnt den D als weiteren Bürgen. Als der B davon erfährt, ist er der Meinung, er könne von der Bank nunmehr nur noch in Höhe von 50 000,– DM als Bürge in Anspruch genommen werden. Ist dies zutreffend?

A: Nein; gemäß § 769 BGB in Verbindung mit § 421 BGB kann die G jeden Bürgen als Gesamtschuldner in voller Höhe in Anspruch nehmen.

12. § 776, 777 Abs. 1

Die Bürgenschuld erlischt (ohne Leistung des Bürgen) wegen ihrer Akzessorietät gemäß § 767 Abs. 1 S. 1 BGB normalerweise durch die Erfüllung der Hauptschuld. – Sie endet auch durch Zeitablauf, wenn sie gemäß § 777 Abs. 1 BGB befristet war.

Bestehen für eine Verbindlichkeit neben der Bürgschaft noch andere Sicherheiten, z. B. ein Pfandrecht, und gibt der Gläubiger eine davon auf, so wird der Bürge gemäß § 776 S. 1 BGB insoweit frei, als er im Falle seiner Leistung aus der aufgegebenen Sicherheit hätte Ersatz verlangen können. Damit trägt § 776 BGB der Tatsache Rechnung, daß der Bürge bei Zahlung an den Gläubiger nach §§ 774 Abs. 1, 412, 401 BGB (vgl. S. 345) auf diese Sicherheit hätte zurückgreifen können.

F: B 1 und B 2 verbürgen sich selbstschuldnerisch gegenüber G für eine Kaufpreisschuld des S in Höhe von 10 000,– DM. Dann verzichtet G auf die Bürgschaft des B 1, da dieser sich in finanziellen Schwierigkeiten befindet. Kann G aus Bürgschaft 10 000,– DM von B 2 fordern, wenn S nicht in der Lage ist zu zahlen?

A: Nein; B 1 und B 2 waren nach § 769 BGB als Mitbürgen verpflichtet. Deshalb ist B 2 gemäß § 776 S. 1 BGB in Höhe von 5 000,– DM von seiner Verpflichtung befreit, da er ohne Aufgabe der Bürgschaft des B 1 durch G aufgrund §§ 774 Abs. 2, 426 Abs. 2 BGB im Falle einer Zahlung an G gegen den B 1 eine Ausgleichsforderung in Höhe von 5 000,– DM gehabt hätte.

13. § 778

Eine Sonderform des Sicherungsgeschäftes ist gemäß § 778 BGB der Kreditauftrag. Es handelt sich um einen Auftragsvertrag, durch den jemand (als Auftraggeber) den Kreditgeber (als Beauftragten) veranlaßt, einem Dritten Kredit zu gewähren. Meist will der Auftraggeber sich durch diesen Kredit Absatzmöglichkeiten erschließen, weil der Kreditnehmer bei ihm einkauft.

§ 778 BGB bestimmt, daß der Auftraggeber dem Kreditgeber wie ein Bürge für die Verpflichtungen des Kreditnehmers haftet. Im Unterschied zur Bürgschaft ist jedoch der Kreditauftrag formfrei.

(§ 778)

Auftraggeber ———————— (beauftragter) Kreditgeber

| (§ 607)

Dritter als Kreditnehmer

F: Der A hat am 10. 10. seine Bank beauftragt, dem D am 1. 11. einen Kredit zu gewähren. Am 20. 10. hört A, daß sich die Vermögensverhältnisse des D stark verschlechtern. Er weist deshalb die Bank sofort an, das Geld nicht an den D auszuzahlen. Kann durch einen solchen einseitigen Akt des A die Auszahlungspflicht der Bank beseitigt werden?

A: Ja; der Kreditauftrag ist ein Auftragsvertrag, so daß A als Auftraggeber gemäß § 671 Abs. 1 BGB jederzeit das Widerrufsrecht hat (vgl. S. 275).

Wiederholungsfragen:

1. B hat sich auf Wunsch des S für dessen Schuld gegenüber G selbstschuldnerisch verbürgt. S gerät in Verzug, so daß sich die Forderung des G beträchtlich erhöht. B wird von G in Anspruch genommen und zahlt den gesamten Schuldbetrag. – B möchte jetzt von S Ersatz für den an G gezahlten Betrag verlangen. Muß er sich wegen der Erhöhung der Schuld infolge des Verzuges des S. auf eine schuldhafte Verletzung des zwischen ihm und S geschlossenen Auftragsvertrages berufen?

2. B hat sich ohne Verständigung mit S für dessen Schuld selbstschuldnerisch gegenüber G verbürgt und dann an G gezahlt. In welcher Vorschrift wird erwähnt, daß B im Innenverhältnis gegenüber S einen Ersatzanspruch nach den Regeln der Geschäftsführung ohne Auftrag haben kann?

3. B verbürgt sich für Schulden des S gegenüber G durch folgende schriftliche Erklärung: „Ich verbürge mich selbstschuldnerisch für die Rückzahlung der Kredite, die S von G in der Zeit vom 1. 10. bis 1. 12. 1972 erhält“. Als G im Februar 1973 den B aus der Bürgschaft für ein im November 1972 an S gegebenes Darlehen in Anspruch nehmen will, verweigert dieser die Zahlung, weil seine Bürgschaft bis zum 1. 12. 72 befristet gewesen sei. Ist die Auffassung des B zutreffend?

A 1: Nein; gemäß § 774 Abs. 1 S. 1 BGB geht bereits durch die Zahlung an G der Anspruch des G in seiner jeweiligen Höhe auf B über. Hierin ist die Erhöhung der Hauptschuld nach § 767 Abs. 1 S. 2 BGB eingeschlossen.

A 2: In § 775 BGB wird die Geschäftsführung ohne Auftrag als Innenverhältnis zwischen Bürgen und Schuldner ausdrücklich genannt.

A 3: Nein; die Befristung in der Erklärung des B bezieht sich nicht im Sinne des § 777 BGB auf seine Bürgenverpflichtung.

14. § 780

Das Schuldversprechen ist gemäß § 780 BGB ein Vertrag, durch den eine selbständige Leistungspflicht des Schuldners begründet wird.

„Selbständigkeit" bedeutet hier, daß die Verpflichtung aus dem Schuldversprechen unabhängig von den außerhalb dieser Vereinbarung bestehenden Rechtsbeziehungen zwischen Gläubiger und Schuldner sein soll. Deshalb spricht man von einem abstrakten Schuldversprechen.

Die Abstraktheit des Schuldversprechens zeigt sich äußerlich darin, daß nach dem beiderseitigen Parteiwillen in dem Vertrag kein Schuldgrund genannt wird. Das Schuldversprechen hat etwa den Inhalt „A wird an B x.– DM zahlen", während eine nicht abstrakte (= kausale) Verpflichtung z. B. lauten würde „A wird an B x.– DM aus dem Darlehensvertrag vom . . . zahlen".

F: K kauft am 1. 8. von V ein Tonbandgerät. Da er nicht bar bezahlen kann, unterschreibt er dem V folgende Erklärung: „Ich verpflichte mich, am 1. 10. dem V 200,– DM zu zahlen". Handelt es sich bei der damit begründeten Verpflichtung des K um eine solche aus § 433 Abs. 2 BGB oder um ein abstraktes Schuldversprechen?

A: Da nach dem übereinstimmenden Willen der Parteien in der Erklärung des K keine Bezugnahme auf den seiner Zahlungspflicht zugrundeliegenden Kaufvertrag erfolgt ist, handelt es sich um ein abstraktes Schuldversprechen.

15.

Die Vertragsbeziehungen zwischen Gläubiger und Schuldner können sich auf das abstrakte Schuldversprechen beschränken.

Das abstrakte Schuldversprechen kann aber auch neben einer kausalen Verpflichtung des Schuldners gegenüber dem Gläubiger bestehen. So ist in dem zur Frage auf S. 351 behandelten Fall der Käufer sowohl aus dem Schuldversprechen als auch daneben aufgrund des Kaufvertrages aus § 433 Abs. 2 BGB zur Zahlung der 200,– DM verpflichtet. – Das neben einer kausalen Verpflichtung bestehende abstrakte Schuldversprechen hat für den Gläubiger den Vorteil, daß sich der Schuldner gegenüber dem Anspruch aus dem Schuldversprechen nicht auf Gegenrechte aus dem Kausalverhältnis berufen kann.

Der Gläubiger kann seinen Anspruch aus dem abstrakten Schuldversprechen meist auch in einem besonders raschen Verfahren (nach den §§ 592 ff. ZPO) geltend machen. Der Schuldner ist dann hinsichtlich seiner nicht durch Urkunden beweisbaren Gegenrechte aus dem Kausalverhältnis auf ein Nachverfahren angewiesen. (Die Einzelheiten werden im Zivilprozeßrecht behandelt).

F: Könnte sich in dem auf S. 351 behandelten Fall der K, als er am 1. 10. von V auf Zahlung von 200,– DM in Anspruch genommen wird, darauf berufen, an dem gekauften Gerät bestehe ein Mangel, der ihn zur Minderung in Höhe von 50,– DM berechtige?

A: Nein; dem Anspruch des V aus dem abstrakten Schuldversprechen kann K kein Gegenrecht aus dem Kaufvertrag entgegensetzen. (K muß die Minderung als Rückforderung gegen V geltend machen).

16. § 782

Da das abstrakte Schuldversprechen die Gegenrechte des Schuldners aus einem außerhalb des Schuldversprechens liegenden Grunde ausschließt, verlangt § 780 BGB zum Schutze des Schuldners, daß für sein Versprechen mindestens die Schriftform gewahrt ist. – Das Erfordernis der Schriftform entfällt gemäß § 782 BGB unter den dort genannten Voraussetzungen.

Ergibt sich, daß unter den Parteien keine Einigung gerade über die Begründung einer abstrakten Schuldverpflichtung erzielt wurde, so entsteht aus dem abgeschlossenen Vertrag eine kausale Schuldnerverpflichtung, z. B. gemäß § 433 Abs. 2 BGB oder § 607 BGB; sie bietet rechtlich keine Besonderheiten.

F: Der A verpflichtet sich durch ein schriftliches Schuldversprechen, dem B ein Grundstück zu übereignen. Ist für ein derartiges Versprechen die Schriftform ausreichend?

A: Nein; für die Verpflichtung zur Übereignung eines Grundstücks ist gemäß § 313 BGB notarielle Beurkundung erforderlich. Diese Formerschwerung ist in § 780 BGB mit den Worten „soweit nicht eine andere Form vorgeschrieben ist" ausdrücklich vorbehalten.

17. § 781

Wird ein abstrakter Verpflichtungsvertrag von Gläubiger und Schuldner nur im Hinblick auf eine schon vorher aus anderem Grund bestehende Leistungspflicht des Schuldners abgeschlossen, so handelt es sich um ein abstraktes Schuldanerkenntnis gemäß § 781 S. 1 BGB.

Da dieses Schuldanerkenntnis zwischen den Parteien eine neue, selbständige Schuldnerverpflichtung begründet, bezeichnet man es auch als konstitutives Schuldanerkenntnis.

Neben dem konstitutiven Schuldanerkenntnis kann die ursprüngliche Verpflichtung des Schuldners fortbestehen, wenn der Parteiwille hierauf gerichtet ist.

Vom konstitutiven Schuldanerkenntnis ist das in § 397 Abs. 2 BGB geregelte negative Schuldanerkenntnis zu unterscheiden, welches das Nichtbestehen einer Schuld zum Gegenstand hat.

F: K kauft am 1. 8. bei V einen Kühlschrank; der Kaufpreis in Höhe von 500,– DM soll am 1. 9. bezahlt werden. Weil K zu dieser Zeit nicht bezahlen kann, bittet er den V um Stundung bis zum 1.10. Der V ist einverstanden, läßt den K aber zusätzlich eine Urkunde unterschreiben, in der es heißt, „Ich, K, erkenne an, am 1. 10. dem V 500,– DM zu schulden". Auf welcher Rechtsgrundlage kann V am 1. 10. von K die Zahlung von 500,– DM verlangen?

A: V hat gegen K einen Zahlungsanspruch aus dem Schuldanerkenntnis vom 1. 9. und wegen des dahingehenden Parteiwillens auch aus dem Kaufvertrag vom 1.8.

18.

Beim konstitutiven Schuldanerkenntnis bedarf nach § 781 S. 1 BGB die Erklärung des Verpflichteten der Schriftform. – Genügt jedoch zur Begründung der Verpflichtung, deren Bestehen anerkannt wird, diese Form nicht, z. B. im Falle des § 313 BGB, so ist gemäß § 781 S. 2 BGB die erschwerte Form auch für das konstitutive Anerkenntnis zu wahren.

Der Formzwang für das konstitutive Schuldanerkenntnis entfällt unter den Voraussetzungen des § 782 BGB. – Auch für konstitutive Schuldanerkenntnisse von Kaufleuten ist gemäß § 350 HGB keine Form vorgeschrieben.

F: G hat den S ständig mit Baustoffen beliefert; dabei war vereinbart, daß jeweils zum Quartalsende abgerechnet werden soll. Bei einer solchen, im Wege eines Telefongesprächs zwischen G und S erfolgenden Abrechnung wird festgestellt, daß S dem G 10 000,– DM schuldet. Als G diese Summe von S fordert, macht S geltend, eine der in die Abrechnung eingeschlossenen Lieferungen sei mangelhaft gewesen, weshalb er nur 8 500,– DM bezahlen werde. Warum hat in diesem Falle die Mangelhaftigkeit der Lieferung keinen Einfluß auf den Zahlungsanspruch des G?

A: Der Zahlungsanspruch des G ergibt sich aus dem konstitutiven Schuldanerkenntnis des S, das gemäß § 782 BGB nicht der Schriftform bedurfte, weil es aufgrund einer Abrechnungsvereinbarung erteilt wurde. Gegenüber dem Anspruch aus diesem Schuldanerkenntnis kann S keine Gegenrechte aus dem zugrunde liegenden Schuldverhältnis geltend machen.

19.

Die Gültigkeit des konstitutiven Schuldanerkenntnisses ist nur von der wirksamen Einigung der Parteien und der Wahrung der vorgeschriebenen Form abhängig. Das Nichtbestehen des dem Anerkenntnis zugrunde liegenden Schuldverhältnisses berührt das abstrakte Schuldanerkenntnis grundsätzlich nicht. – Eine Ausnahme wird lediglich dann gemacht, wenn das anerkannte Rechtsverhältnis wegen Verstoßes gegen die §§ 134 oder 138 BGB nichtig war.

Besteht jedoch die ursprüngliche Schuldnerverpflichtung aus anderen Gründen nicht, z. B. infolge Anfechtung, so bleibt der Schuldner nicht ungeschützt: Ergibt die Auslegung des konstitutiven Schuldanerkenntnisses, daß es nur zur Erneuerung einer als bestehend vorausgesetzten Schuldnerverpflichtung abgegeben wurde, so kann der Schuldner im Falle des Nichtbestehens seiner ursprünglichen Verpflichtung sein Anerkenntnis unter den Voraussetzungen der §§ 812ff. BGB als ungerechtfertigte Bereicherung vom Gläubiger zurückverlangen. (Einzelheiten werden in Kap. X behandelt).

F: K hat mit V, dem er aus einem Kaufvertrag 5 000,– DM zu schulden glaubt, in dieser Höhe ein konstitutives Schuldanerkenntnis vereinbart. Ist dieses Anerkenntnis auch dann gültig, wenn sich herausstellt, daß K beim Abschluß des Kaufvertrages vorübergehend geschäftsunfähig war?

A: Ja; aus der Abstraktheit des konstitutiven Schuldanerkenntnisses folgt, daß seine Gültigkeit nicht von der auf fehlender Geschäftsfähigkeit beruhenden Nichtigkeit des zugrunde liegenden Schuldverhältnisses berührt wird. (K kann aber nach Bereicherungsrecht die Beseitigung des Anerkenntnisses verlangen).

20.

Gesetzlich nicht geregelt ist der Fall, daß die Beteiligten durch den Anerkenntnisvertrag kein neues abstraktes Schuldverhältnis begründen, sondern nur ein bestehendes Schuldverhältnis bestätigen wollen. In diesem Fall spricht man, im Gegensatz zum konstitutiven Anerkenntnis, von einem schuldbestärkenden, deklaratorischen Schuldanerkenntnis. – Dieses Anerkenntnis fällt nicht unter § 781 BGB; es ist formfrei gültig.

Nach herrschender Meinung enthält das deklaratorische Schuldanerkenntnis einen Verzicht des Schuldners auf alle Einwendungen aus dem bestätigten Rechtsverhältnis, die dem Schuldner bei Abgabe seiner Anerkenntniserklärung bekannt waren.

Da das deklaratorische Schuldanerkenntnis lediglich eine bestehende Verpflichtung bestärken soll, entfällt es ohne weiteres bei Nichtbestehen des anerkannten Rechtsverhältnisses.

F: B hat von dem U eine Reparatur am Dach seines Hauses ausführen lassen. Als B nach Erhalt der Rechnung nicht zahlt, ruft U den B an und fragt, ob er die Werklohnforderung bestreiten wolle. B verneint das und versichert, die Werklohnforderung sei voll berechtigt, er habe nur im Augenblick kein Bargeld. Kurze Zeit später stellt sich heraus, daß U die Reparatur mangelhaft ausgeführt hat. U ist nunmehr der Ansicht, der B könne nach dem telefonischen Anerkenntnis der Forderung keine Minderung mehr geltend machen. Ist diese Ansicht zutreffend?

A: Nein; B hat gegenüber U ein formfreies deklaratorisches Schuldanerkenntnis abgegeben. Einen Verzicht auf die von B geltend gemachte Minderung enthält dieses Anerkenntnis jedoch nicht, weil dem B zur Zeit des Schuldanerkenntnisses der Mangel noch nicht bekannt war.

21.

Neben dem konstitutiven und dem deklaratorischen Schuldanerkenntnis gibt es nach herrschender Meinung noch eine dritte Art von Anerkenntnis: Die Auslegung der Erklärungen der Beteiligten kann ergeben, daß der Erklärende mit dem Anerkenntnis keine materiellrechtlichen Folgen auslösen will.

Ein solches Anerkenntnis wird insbesondere dann angenommen, wenn ein Versicherungsnehmer, dem seine Kraftfahrzeughaftpflichtversicherung die Abgabe bindender Schuldanerkenntnisse am Unfallort untersagt hat, nach einem Unfall erklärt, ihn treffe die Alleinschuld.

Durch eine derartige Erklärung wird weder eine neue Schuld begründet noch eine bestehende Verpflichtung bestärkt; sie hat keine Auswirkungen auf die materielle Rechtslage. Dementsprechend ist sie nicht an die Form des § 781 BGB gebunden. – Die Wirkung dieses Anerkenntnisses tritt nur bei der Beweisführung im Prozeß hervor: Der Richter kann es als Beweismittel für die seinem Inhalt entsprechenden Tatsachen verwenden.

F: A und B sind mit ihren Wagen auf einer Kreuzung zusammengestoßen; an beiden Fahrzeugen entstand leichter Sachschaden. A, der sehr in Eile ist, erklärt gegenüber B vor Zeugen, er allein habe den Unfall verursacht. Nachträglich stellt sich heraus, daß den B an dem Unfall ein Mitverschulden trifft. Kann sich die Haftpflichtversicherung des A trotz dessen Erklärung am Unfallort auf das Mitverschulden des B berufen?

A: Ja; der A hat, um seinen Versicherungsschutz nicht zu verlieren, mit seiner Erklärung am Unfallort kein materiellrechtlich wirkendes Anerkenntnis abgeben wollen, so daß die Geltendmachung eines Mitverschuldens des B nicht ausgeschlossen ist. Es muß allerdings bewiesen werden, daß die Erklärung des A unzutreffend war.

Wiederholungsfragen:

1. A hat gegen B mehrere Kaufpreisforderungen. Um die Abwicklung zu vereinfachen, vereinbaren beide in schriftlicher Form, daß B „. . . die Forderungen des A in Höhe von 5 000,– DM als am 1. 8. 72 fälliges Darlehen begleichen wird". Um welche Art von Vertrag handelt es sich bei dieser Vereinbarung? (Beachten Sie die S. 200).

2. Enthalten die §§ 780, 781 BGB Anspruchsgrundlagen für Forderungen aus einem Schuldversprechen bzw. einem konstitutiven Schuldanerkenntnis?

3. Der Käufer K hat mit V einen Kaufvertrag geschlossen. Als K vorübergehend in Zahlungsschwierigkeiten gerät, gibt er gegenüber V ein deklaratorisches Schuldanerkenntnis in Höhe der Kaufpreisschuld ab. Alsbald danach stellt sich heraus, daß K von V bei Abschluß des Kaufvertrages arglistig getäuscht worden ist. Muß K, um seine Zahlungspflicht gegenüber V zu beseitigen,

   ☐ die Anfechtung des Kaufvertrages erklären,

   ☐ das deklaratorische Schuldanerkenntnis wegen Irrtums anfechten,

   ☐ das Schuldanerkenntnis als ungerechtfertigte Bereicherung von V zurückverlangen?

A 1: Da „Darlehen" in der Urkunde als Schuldgrund genannt wird, handelt es sich nicht um ein konstitutives Schuldanerkenntnis. Auch um ein deklaratorisches Anerkenntnis handelt es sich nicht, weil vorher keine Darlehensforderungen des A bestanden. Vielmehr liegt ein Vereinbarungsdarlehen gemäß § 607 Abs. 2 BGB vor.

A 2: Nein; die §§ 780, 781 BGB enthalten lediglich Legaldefinitionen und Formvorschriften. (Anspruchsgrundlage für Forderungen aus den genannten Verträgen sind die §§ 305, 241 BGB.)

A 3: K muß die Anfechtung des Kaufvertrages erklären. Damit entfällt seine Zahlungsverpflichtung aus dem Kaufvertrag; gleichzeitig entfällt das deklaratorische Schuldanerkenntnis.

22. § 779

Wenn einem Gläubiger die Durchsetzbarkeit seiner Rechte ungewiß erscheint, z. B. weil er Beweisschwierigkeiten fürchtet oder wegen der Hartnäckigkeit seines Schuldners mit langer Prozeßdauer rechnen muß, kann er es vorziehen, sich mit seinem Schuldner über das streitige Recht zu vergleichen.

§ 779 BGB bezeichnet als einen Vergleich denjenigen Vertrag, durch den die Parteien den Streit oder die Ungewißheit über ein Rechtsverhältnis im Wege beiderseitigen Nachgebens beseitigen. Als Nachgeben in diesem Sinne genügt schon das geringste Zugeständnis, z. B. eine Stundung. – Wenn dagegen eine Seite überhaupt nicht nachgibt, liegt kein Vergleich im Sinne des § 779 BGB vor. Es kann sich dann z. B. um ein Schuldanerkenntnis handeln. – Häufig wird der Vergleich als Prozeßvergleich vor Gericht geschlossen.

F: V und K streiten über die Höhe einer am 1. 8. fälligen Kaufpreisforderung des V, die sich nach Ansicht des V auf 500,– DM, nach Meinung des K auf 400,– DM beläuft. Schließlich einigen sich K und V, daß K ab 1. 9. an V zehn Monate lang 50,– DM zahlen soll. Handelt es sich dabei um einen Vergleich oder um ein Schuldanerkenntnis?

A: Es handelt sich bei der getroffenen Vereinbarung um einen Vergleich. K hat dadurch nachgegeben, daß er die höhere Forderung nicht mehr bestreitet; das Nachgeben des V ist darin zu sehen, daß er dem K Stundung und Ratenzahlung gewährt.

23.

Der Vergleich ist wegen des gegenseitigen Nachgebens der Beteiligten ein gegenseitiger Vertrag im Sinne der §§ 320ff. BGB.

Formbedürftig ist ein Vergleich nur, wenn in ihm Verpflichtungen übernommen werden, die auch sonst nur formgerecht begründet werden können, z. B. zu einer Grundstücksübereignung. – Durch einen gerichtlich protokollierten Prozeßvergleich wird jedes bürgerlichrechtliche Formerfordernis gewahrt.

Der Vergleich bewirkt, daß der streitige Teil des ursprünglichen Rechtsverhältnisses abgeändert wird. Die ursprünglichen Sicherheiten (Bürgschaften, Pfandrechte) bleiben jedoch erhalten, sofern kein entgegenstehender Parteiwille ersichtlich ist. – Soweit daneben ein unstreitiger Teil des ursprünglichen Rechtsverhältnisses fortbesteht, wird er vom Vergleich nicht betroffen.

F: B und U streiten darüber, ob eine Werklohnforderung des U gegen B sich auf 1 800,– DM oder auf 2 200,– DM beläuft. Sie schließen dann einen Vergleich, wonach B an U 2 000,– DM zahlen soll. Kurz darauf entdeckt der B einen Mangel an dem von U hergestellten Werk und mindert. U verlangt jedoch unter Hinweis auf den geschlossenen Vergleich die Zahlung von 2 000,– DM. Zu Recht?

A: Nein; der Vergleich zwischen B und U bezieht sich nur auf die streitige Höhe der Werklohnforderung. Der Werkvertrag im übrigen wurde vom Vergleich nicht betroffen. Damit bestehen auch die Gewährleistungsrechte des B fort.

24.

Da der Vergleich ein Rechtsgeschäft ist, gelten für ihn die allgemeinen Regeln über Rechtsgeschäfte, insbesondere die Vorschriften über Willensmängel. – In Abweichung hiervon enthält jedoch § 779 BGB eine Sonderregel. Danach ist zwischen dem streitigen und dem unstreitigen Teil des durch den Vergleich neugeordneten Rechtsverhältnisses zu unterscheiden, ferner zwischen einem beiderseitigen Irrtum und anderen Willensmängeln:

Der beiderseitige Irrtum über die unstreitige Vergleichsgrundlage führt zur Unwirksamkeit des Vergleichs, wenn die Beteiligten bei Kenntnis der wahren Sachlage nicht in Streit geraten wären. – Unstreitige Vergleichsgrundlage, der „als feststehend zugrunde gelegte Sachverhalt" im Sinne des § 779 BGB, sind alle Umstände, von denen die Beteiligten übereinstimmend ausgegangen sind; darunter fällt z. B. beim Streit über die Höhe der Verpflichtungen aus einem Vertrag der Umstand, daß zwischen den Beteiligten ein gültiger Vertrag besteht. – Irrtümer über die Auslegung einer Rechtsnorm oder über die künftige Entwicklung der Rechtsprechung beziehen sich nicht auf den „Sachverhalt" im Sinne des § 779 BGB.

F: A hat während eines Besuches bei B dessen Couch mit einer brennenden Zigarre beschädigt. B schließt mit der Haftpflichtversicherung V des A einen Vergleich über die Höhe der Ersatzleistung ab. Wenig später entdeckt die Versicherung, daß der zwischen ihr und A geschlossene Versicherungsvertrag unwirksam ist. Welche Rechtsfolge ergibt sich hieraus für den Vergleich zwischen B und V?

A: Der Vergleich ist gemäß § 779 BGB wegen beiderseitigen Irrtums über die unstreitige Vergleichsgrundlage, hier über den Versicherungsvertrag zwischen A und V, unwirksam.

25.

Bei einseitigen Irrtümern der Beteiligten hinsichtlich der unstreitigen Vergleichsgrundlage sowie bei den übrigen Willensmängeln, vor allem bei arglistiger Täuschung und Drohung, greifen die allgemeinen Regeln ein.

Dasselbe gilt für die Nichtigkeit wegen Gesetzes- oder Sittenwidrigkeit.

F: Welche Bedeutung hätte es in dem zur Frage 24 behandelten Sachverhalt, wenn A die V über das Bestehen eines Versicherungsvertrages arglistig getäuscht hatte, weil der Vertrag in Wirklichkeit mit seinem in derselben Stadt wohnenden Namensvetter geschlossen war und B von der Manipulation des A wußte?

A: Die V ist zur Anfechtung des Vergleiches mit B wegen arglistiger Täuschung berechtigt. Die Voraussetzung des § 123 Abs. 2 BGB ist erfüllt, weil B von der Täuschung des A wußte.

26.

Bei Willensmängeln, die sich auf den Streitstoff des Vergleiches beziehen, gilt folgendes:

Eine Irrtumsanfechtung ist ausgeschlossen. Dies folgt aus der Zweckbestimmung des Vergleiches, der Streitbeseitigung zu dienen, und gilt sowohl für einseitige wie auch für beiderseitige Irrtümer über den Streitstoff; so z. B., wenn nach einem Brandschaden die Beteiligten sich über die Ersatzleistung in einer Höhe vergleichen, die sie als schadensdeckend ansehen, sich später aber herausstellt, daß die Vergleichssumme zur vollen Beseitigung des Schadens nicht ausreicht.

Die Anfechtung aus anderen Gründen ist hinsichtlich des vom Vergleich bereinigten Streitstoffes zulässig. – Bei der Anfechtung wegen arglistiger Täuschung gilt dies jedoch nicht, wenn der Vergleich gerade der durch die Täuschung entstandenen Unklarheit abhelfen sollte.

F: U und B streiten über die Höhe einer Reparaturforderung des U. B, der weiß, daß die Forderung des U in Höhe von 180,– DM berechtigt ist, behauptet dennoch arglistig, nur in Höhe von 100,– DM verpflichtet zu sein. U hat zwar den Verdacht, daß B ihn täuscht, vergleicht sich aber dennoch mit ihm auf den Betrag von 140,– DM. Kann U den Vergleich anfechten, wenn er später feststellt, daß B ihn getäuscht hat?

A: Nein; der geschlossene Vergleich sollte gerade der Beseitigung einer von B erzeugten Ungewißheit dienen, so daß ihn U nicht wegen arglistiger Täuschung anfechten kann.

27.

Von der Unbeachtlichkeit eines Irrtums über den durch den Vergleich beseitigten Streitstoff läßt die Rechtsprechung jedoch folgende Ausnahme zu: Hat jemand nach einer Körperverletzung einen Vergleich über die Höhe der Ersatzleistungen geschlossen und in dem Vergleich auf alle künftigen Ansprüche aus der Schädigung verzichtet, so ist dem Vergleichspartner gemäß § 242 BGB die Berufung auf den Vergleich insoweit versagt, als besonders schwerwiegende und unvorhersehbare Spätfolgen des Körperschadens auftreten.

F: S hat schuldhaft einen Verkehrsunfall verursacht, bei dem der Pkw des G schwer beschädigt wurde und G eine Wirbelsäulenverletzung erlitt. G vergleicht sich mit der Haftpflichtversicherung des S dahin, daß für den Sachschaden Ersatz in Höhe von 2 000,– DM, für den Körperschaden Ersatz in Höhe von 5 000,– DM geleistet wird.

a) Nach Abschluß der Reparaturarbeiten stellt sich heraus, daß die Reparaturkosten beträchtlich höher lagen, als G und die Versicherung angenommen hatten. Kann G insoweit eine Nachforderung geltend machen?

b) Nach fünf Jahren wird G infolge der seinerzeit erlittenen Wirbelsäulenverletzung entgegen den Voraussagen der Ärzte arbeitsunfähig. Kann G insoweit eine Nachforderung geltend machen?

A: a) Nein; der Irrtum der Beteiligten bezieht sich auf die Höhe der Forderung, also auf den streitigen Stoff des Vergleiches.

b) Ja; da es sich um eine unvorhersehbare, schwerwiegende Spätfolge handelt, ist die Berufung der Versicherung auf den seinerzeitigen Vergleich gemäß § 242 BGB unzulässige Rechtsausübung.

Wiederholungsfragen:

1. Der G behauptet, S schulde ihm aus Darlehen 1 400,– DM; S hingegen ist der Ansicht, der G könne aufgrund dieses Darlehensvertrages nur 1 200,– DM von ihm verlangen. Schließlich einigen sie sich darauf, daß S ein Jahr lang monatlich 100,– DM an G zahlen soll. Handelt es sich bei dieser Vereinbarung um einen Vergleich im Sinne des § 779 BGB?

2. G und S streiten über die Höhe einer Forderung, die G gegen S aus einem Werkvertrag mit S hat und die sich nach Ansicht des G auf 8 000,– DM, nach Ansicht des S auf 7 000,– DM beläuft. Schließlich vergleichen sich G und S in einem Gespräch; S erkennt dabei mündlich an, daß er 7 500,– DM an G zu zahlen hat. Ist diese Vereinbarung formwirksam?

3. B hat sich für eine Schuld des S selbstschuldnerisch verbürgt und wird vom Gläubiger G in Anspruch genommen. Nach einem Streit über die Höhe der Bürgenschuld vergleichen sich B und G auf einen bestimmten Betrag und dessen Fälligkeit. B kommt mit der Zahlung in Verzug. Aufgrund welcher Vorschrift kann G nach einer Nachfristsetzung vom Vergleich zurücktreten?

A 1: Nein; ein Nachgeben erfolgte nur seitens des G. Der S ist von seinem Standpunkt, er schulde nur 1 200,– DM, nicht abgewichen; er ist durch die Ratenbewilligung des G sogar noch begünstigt.

A 2: Ja; gemäß § 782 BGB ist das Anerkenntnis im Vergleichswege nicht an die Form des § 781 BGB gebunden.

A 3: Da die Zahlungspflicht des B im Vergleich festgelegt ist, gelten die Vorschriften über gegenseitige Verträge. G kann demnach gemäß § 326 Abs. 1 BGB zurücktreten.

28. Zusammenfassung

a) Durch den Bürgschaftsvertrag verpflichtet sich der Bürge gegenüber dem Gläubiger, für die Erfüllung einer ____________ des Schuldners einzustehen, § ____ BGB.

Der Bürgschaftsvertrag ist ein

☐ gegenseitiger Vertrag,

☐ einseitig verpflichtender Vertrag.

Nach § 766 S. 1 BGB ist die Einhaltung der Schriftform für die ________ ____ ________ erforderlich.

b) Die Abhängigkeit der Bürgenverpflichtung vom jeweiligen Umfang der Hauptschuld bezeichnet man als die ____________ der Bürgschaft.

Wegen der Subsidiarität der Bürgschaft kann der Bürge die Einrede der Vorausklage erheben, sofern er sich nicht ________________ verbürgt hat, § 773 Abs. 1 Nr. 1 BGB.

Die Einrede der Vorausklage besteht gemäß § ____ BGB, solange der Gläubiger noch keine Zwangsvollstreckung gegen den Schuldner versucht hat.

A: a) Verbindlichkeit
765 (Inf. 1)
Der Bürgschaftsvertrag ist ein einseitig verpflichtender Vertrag.
Erklärung des Bürgen (Inf. 2)

b) Akzessorietät (Inf. 3)
selbstschuldnerisch
771 (Inf. 4 + 5)

c) Zur Verteidigung gegenüber dem Gläubiger kann der Bürge alle ____-
__________ und Einreden geltend machen, die sich aus dem Bürgschaftsverhältnis ergeben. Außerdem kann sich der Bürge auf alle Einwendungen und Einreden berufen, die dem __________ gegen den __________ zustehen, § 768 Abs. 1 S. 1 BGB.

Soweit sich der Hauptschuldner durch Ausübung eines __________ gegenüber dem Gläubiger von seiner Verpflichtung befreien könnte, kann der Bürge dies vor der Rechtsausübung durch den Hauptschuldner gegenüber dem Gläubiger im Wege der __________ geltend machen, § 770 BGB.

d) Befriedigt der Bürge den Gläubiger, so erfolgt gemäß § 774 Abs. 1 S. 1 BGB ein __________ Forderungsübergang, durch welchen die Forderung des Gläubigers gegen den Hauptschuldner auf den ______ übergeht.

Außerdem steht normalerweise dem Bürgen nach Befriedigung des Gläubigers aus dem Innenverhältnis mit dem Hauptschuldner gegenüber diesem ein __________ zu.

Sind mehrere Bürgen für eine Verbindlichkeit vorhanden, so kommt für denjenigen von ihnen, der den Gläubiger befriedigt, zusätzlich noch ein Ausgleichsanspruch gegen die anderen Mitbürgen in Betracht, weil mehrere Bürgen gemäß § _____ BGB als Gesamtschuldner haften.

A:	c) Einwendungen		
	Hauptschuldner	Gläubiger	(Inf. 7)
	Gestaltungsrechtes	Einrede	(Inf. 8)
	d) gesetzlicher	Bürgen	(Inf. 9)
	Erstattungsanspruch		(Inf. 10)
	769		(Inf. 11)

e) Kann die Verpflichtung des Bürgen gegenüber dem Gläubiger durch Zeitablauf enden?

f) Beim Kreditauftrag haftet der Auftraggeber dem ____________ für dessen Ansprüche gegen den ______________ gemäß § 778 BGB wie ein Bürge.

g) Das Schuldversprechen des § 780 BGB, bei dem die Leistungspflicht des Schuldners unabhängig von allen außerhalb der Vereinbarung bestehenden Rechtsbeziehungen zwischen den Parteien sein soll, wird als ____________ Schuldversprechen bezeichnet.

Neben ihm kann zwischen denselben Beteiligten

☐ ein kausales Verpflichtungsverhältnis bestehen,

☐ kein kausales Verpflichtungsverhältnis bestehen.

h) Das abstrakte Anerkenntnis einer bestehenden Schuld, durch das vertraglich eine neue Verpflichtung des Schuldners gegenüber dem Gläubiger begründet werden soll, wird als ________________ Schuldanerkenntnis bezeichnet.

Seine Formerfordernisse sind in den §§ __________ BGB geregelt.

Wenn die anerkannte Schuld infolge Anfechtung entfällt,

☐ entfällt auch das konstitutive Anerkenntnis,

☐ kann das konstitutive Anerkenntnis als ungerechtfertigte Bereicherung des Gläubigers zurückgefordert werden.

A: e) Ja, wenn die Bürgschaft gemäß § 777 BGB befristet war. (Inf. 12)

f) Kreditgeber Kreditnehmer (Inf. 13)

g) abstraktes (Inf. 14)
Neben dem abstrakten kann zwischen den Beteiligten ein kausales Schuldverhältnis bestehen. (Inf. 15)

h) konstitutives
781, 782 (Inf. 17 + 18)
Wenn die anerkannte Schuld infolge Anfechtung entfällt, kann das konstitutive Schuldanerkenntnis als ungerechtfertigte Bereicherung zurückgefordert werden. (Inf. 19)

i) Den Gegensatz zum konstitutiven Schuldanerkenntnis bildet das vertragliche Anerkenntnis, durch das eine bestehende Schuld nur bestätigt werden soll, evtl. unter Verzicht auf dem Schuldner bekannte Einwendungen. Ein solches Anerkenntnis wird als ______________ Schuldanerkenntnis bezeichnet.

Schließlich gibt es das Anerkenntnis, das keine materiellrechtlichen Wirkungen haben soll, sondern nur zur ____________ im Prozeß verwendet werden kann.

k) Der Vergleich erfordert gemäß § 779 BGB, daß Streit oder Ungewißheit über die Rechtsbeziehungen der Beteiligten im Wege des __________ ______________ beseitigt wird.

Der Vergleich ist im Falle eines beiderseitigen Irrtums über die unstreitige Vergleichsgrundlage ____________

l) Wann ist eine Anfechtung wegen einseitigen Irrtums beim Vergleich zulässig?

Kap. IX. Zusammenfassung

A:	i)	deklaratorisches	(Inf. 20)
		Beweisführung	(Inf. 21)
	k)	beiderseitigen Nachgebens	(Inf. 22)
		unwirksam	(Inf. 24)
	l)	Wenn sich der Irrtum nicht auf den vom Vergleich erfaßten Streitstoff bezieht.	(Inf. 25 + 26)

Zur Wissensvertiefung für den Stoff des neunten Kapitels wird empfohlen:

Esser a. a. O., §§ 87, 90 und 91,
Larenz a. a. O., §§ 64 und 65 II.

Besonders wichtig sind die Fragen

des Ausgleichs unter Mitbürgen:
hierfür wird auf BGHZ 23, 361 ff. verwiesen;

zu den einzelnen Anerkenntnisarten
wird auf Larenz a. a. O., § 65 II,

für die unzulässige Rechtsausübung beim Vergleich über unvorhersehbare Spätfolgen

auf Esser, § 91 III 2, hingewiesen.

Kapitel X

DIE UNGERECHTFERTIGTE BEREICHERUNG

Grundtatbestände

Der Einführung in die Problematik soll folgender Fall dienen: Der 17jährige S ist in Geldnot. Deshalb verkauft er sein Moped für 250,– DM an den G und übereignet es ihm; G weiß von der Minderjährigkeit des S nichts. Alsbald erfahren die Eltern des S von dem Geschäft und genehmigen es nicht. Als gesetzliche Vertreter des S verlangen sie von G die Herausgabe des Mopeds an S; die Rückgabe des Kaufpreises hingegen verweigern sie, weil der S dieses Geld zu Eigentum erworben habe. Ist die Auffassung der Eltern zutreffend?

Da der S beschränkt geschäftsfähig ist, bedurften Kaufvertrag und Übereignung des Mopeds gemäß §§ 107, 108 Abs. 1 BGB der Genehmigung durch die Eltern. Weil die Eltern die Genehmigung verweigern, hat G kein Eigentum am Moped erworben und muß es herausgeben. An dem von G gezahlten Kaufpreis hingegen konnte der S Eigentum erwerben, weil dieses Geschäft für ihn rechtlich nur vorteilhaft war, § 107 BGB. – Nach den bisherigen Überlegungen wäre der S also Eigentümer des Mopeds und des Geldes. Es muß demnach ein Schutz der Interessen des G erfolgen. Dieser Schutz wird durch die Vorschriften über die ungerechtfertigte Bereicherung nach den §§ 812ff. BGB bewirkt.

Die Regeln über die ungerechtfertigte Bereicherung stellen also die notwendige Ergänzung des Abstraktionsprinzips dar, nach welchem das Verfügungsgeschäft, hier der Eigentumserwerb am Kaufpreis, unabhängig von der Gültigkeit des Verpflichtungsgeschäftes ist, das zur Kaufpreiszahlung verpflichten soll.

Die §§ 812ff. BGB enthalten Anspruchsgrundlagen für die Rückabwicklung von Vermögensverschiebungen, denen es an einem Rechtsgrund fehlt. Die Ansprüche gehen also von dem aus, was der Empfänger (= Schuldner) unberechtigt erhalten hat, nicht dagegen von einem eventuellen Schaden des Gläubigers. – Nach einem Begriff des römischen Rechts bezeichnet man derartige Ansprüche als Kondiktionen.

Der Gesetzesaufbau unterscheidet in § 812 Abs. 1 S. 1 BGB als Fall 1 des gesetzlichen Tatbestandes den Bereicherungsanspruch wegen einer ungerechtfertigten „Leistung", die sog. Leistungskondiktion, vom Fall 2, dem Anspruch wegen einer Bereicherung „in sonstiger Weise". Letzteren bezeichnet man als Nichtleistungskondiktion, deren Hauptfall die sog. Eingriffskondiktion ist. Sie gewährt einen Ausgleich für Gewinne, die jemand auf Kosten eines anderen unberechtigt gezogen hat.

Für die Leistungskondiktion müssen nach § 812 Abs. 1 S. 1 BGB im wesentlichen drei Voraussetzungen erfüllt sein:
a) Der Schuldner muß etwas erlangt haben;
b) dies muß durch Leistung des Gläubigers
c) und ohne Rechtsgrund geschehen sein.

Bei der Nichtleistungskondiktion ist statt der unter b) genannten Voraussetzung erforderlich, daß die Bereicherung in sonstiger Weise und auf Kosten des Gläubigers erfolgt ist.

Inhaltsübersicht

1. § 812 Abs. 1 S. 1

Erste Voraussetzung jedes Bereicherungsanspruchs ist gemäß § 812 Abs. 1 S. 1 BGB, daß jemand „etwas" erlangt hat. Dieser Ausdruck bezeichnet jeden Vermögensvorteil. – Hierbei sind mehrere Arten von Vermögensvorteilen zu unterscheiden, die in den Inf. 1–3 behandelt werden:

Vermögensvorteil in diesem Sinne ist einmal der Erwerb von

a) Vermögensrechten; hierzu gehören sowohl die dinglichen Rechte, z. B. Eigentum und Pfandrecht, als auch die obligatorischen Rechte (Forderungen),
b) geschützten Rechtsstellungen, wie z. B. Besitz und Anwartschaften, und
c) rein tatsächlich vorteilhaften Positionen; eine solche ist z. B. eine der materiellen Rechtslage widersprechende Eintragung im Grundbuch, die sog. Buchposition (Einzelheiten hierzu werden im Sachenrecht behandelt).

F 1: Bitte führen Sie auf, welche Vermögensvorteile der S im Eingangsfall (S. 372) erlangt hat.

F 2: G kauft bei S einen Gebrauchtwagen für 1 500,– DM und zahlt 500,– DM an. In Höhe von 1 000,– DM gibt er gegenüber S ein konstitutives Schuldanerkenntnis ab (vgl. S. 354). Bald danach stellt sich heraus, daß es sich bei dem Wagen um ein Unfallfahrzeug handelt; deshalb ficht G den Kaufvertrag nach § 123 BGB wirksam an. Kann das konstitutive Schuldanerkenntnis Gegenstand eines Bereicherungsanspruches sein?

A 1: S hat sowohl das Eigentum als auch den Besitz an den Geldscheinen erlangt; beides sind Vermögensvorteile im Sinne des § 812 Abs. 1 S. 1 BGB.

A 2: Ja; auch das Schuldanerkenntnis als obligatorisches Recht stellt ein „etwas" im Sinne des § 812 Abs. 1 S. 1 BGB dar.

2. § 812 Abs. 2

Vermögensvorteil im Sinne des § 812 Abs. 1 S. 1 BGB ist weiterhin die Befreiung von Pflichten und Lasten, weil auch dadurch die Vermögenslage des Schuldners verbessert wird. – Gegenstand einer Leistungskondiktion kann demnach ebenso der Erlaß von Schulden wie der Verzicht auf dingliche Rechte sein.

In § 812 Abs. 2 BGB wird auch das negative Schuldanerkenntnis gemäß § 397 Abs. 2 BGB als Bereicherungsgegenstand genannt.

F: Der S hat Schulden bei G; anläßlich einer Feier erläßt ihm G diese schenkweise. Was hat der S als Bereicherungsgegenstand im Sinne des § 812 Abs. 1 S. 1 BGB erlangt, wenn G die Schenkung wegen Irrtums wirksam anficht?

A: S hat die Befreiung von seiner Schuld gegenüber G erlangt; dies bedeutet einen Vermögensvorteil im Sinne des § 812 Abs. 1 S. 1 BGB.

3.

Vermögensvorteil im Sinne des § 812 Abs. 1 S. 1 BGB ist schließlich auch die Ersparnis eigener Aufwendungen infolge der Leistung eines anderen, sofern der Schuldner anderenfalls eigene Mittel hätte einsetzen müssen. Dies trifft z. B. zu, wenn jemandem ohne gültigen Vertrag eine Arbeitsleistung erbracht wird, die er ohnehin gegen Entgelt hätte ausführen lassen müssen.

Die Ersparnis von Ausgaben kommt nicht als Bereicherungsgegenstand in Betracht, wenn sich die Vermögensmehrung bereits als Gebrauchsvorteil darstellt; so hat z. B. jemand, der ohne gültigen Vertrag einen Mietwagen benutzt, nicht die Ersparnis von Ausgaben für öffentliche Verkehrsmittel erlangt, sondern den Gebrauchsvorteil der Wagenbenutzung.

F: Der S läßt sich nach einem Sturz auf der Straße vom Arzt G eine dringend behandlungsbedürftige Platzwunde nähen. Als G Bezahlung verlangt, stellt sich heraus, daß S seit langem geisteskrank ist. Worin besteht der Vermögensvorteil des S, den er im Zusammenhang mit der ärztlichen Behandlung erlangt hat?

A: S hat durch die ärztliche Behandlung Ausgaben erspart, die einen Vermögensvorteil im Sinne des § 812 Abs. 1 S. 1 BGB darstellen.

4.

§ 812 Abs. 1 S. 1 Fall 1 BGB verlangt für die Leistungskondiktion, daß die Bereicherung des Schuldners durch die Leistung eines anderen erfolgt ist.

Leistung in diesem Sinne ist nicht jede Vermögensverschiebung, sondern nur die gewollte und zweckgerichtete Vermehrung fremden Vermögens. – Der Leistungsbegriff umfaßt somit zwei Komponenten, die der bewußten Vermögensmehrung und die der Zweckbestimmung.

F: Der Landwirt G fährt mit einer Ladung Viehfutter am Grundstück seines Nachbarn vorbei. Dabei stürzt unbemerkt ein Sack Mastfutter vom Wagen. Der Sack platzt, und das Futter wird von den Schweinen des Nachbarn aufgefressen. Hat G dem Nachbarn eine Leistung erbracht, weil dieser Ausgaben für Futter erspart hat?

A: Nein; in dem beschriebenen Vorgang liegt keine Leistung des G, weil es ihm schon am Willen fehlte, das Vermögen des Nachbarn zu mehren.

5.

Bei der Zweckbestimmung einer Leistung kommen drei Arten von Leistungszwecken in Betracht:

a) Meist bezweckt der Leistende, eine Verbindlichkeit zu erfüllen.
b) Die Leistung kann auch, ohne daß eine entsprechende Verbindlichkeit besteht, bezwecken, ein Rechtsverhältnis zu begründen, z. B. im Wege der Geschäftsführung ohne Auftrag.
c) Schließlich kann eine Leistung den Zweck verfolgen, den Empfänger unabhängig von einem Rechtsverhältnis zu einem bestimmten Verhalten zu veranlassen; z. B. kann die Zahlung des Kaufpreises aus einem formnichtigen Grundstückskaufvertrag den Zweck verfolgen, den Empfänger zur Heilung des Vertrages nach § 313 S. 2 BGB zu veranlassen.

F 1: Der Käufer G erfüllt einen Kaufvertrag, zu dessen Abschluß er durch arglistige Täuschung des Verkäufers S bestimmt worden ist; wenig später erklärt er die Anfechtung des Vertrages. Welchen Leistungszweck hat G mit seiner Leistung verfolgt?

F 2: Um den nach einem Verkehrsunfall bewußtlosen S zu verbinden, verbraucht der G sein Verbandsmaterial. Welchen Leistungszweck hat G verfolgt, wenn er davon ausging, später von S Ersatz zu erhalten?

A 1: G hat mit seiner Leistung die Erfüllung seiner Verbindlichkeit bezweckt.

A 2: Die Leistung des G verfolgte den Zweck, das Rechtsverhältnis aus Geschäftsführung ohne Auftrag mit S zu begründen.

6.

Welchen der vorgenannten Zwecke die Leistung verfolgen soll, kann vom Leistenden einseitig bestimmt werden. – Der Leistungszweck kann auch mit dem Empfänger der Leistung vereinbart sein.

In beiden Fällen gelten nach herrschender Meinung nicht die Vorschriften über Rechtsgeschäfte, so daß z. B. auch ein Minderjähriger eine Zweckbestimmung im Sinne des § 812 Abs. 1 S. 1 Fall 1 BGB wirksam treffen kann.

F: Der 17jährige G verkauft dem volljährigen S sein Radio und übergibt es ihm. Der S nimmt das Radio mit; die Eltern des G verweigern jedoch die Genehmigung des Kaufvertrages. Liegt seitens des G eine Leistung im Sinne des § 812 Abs. 1 S. 1 Fall 1 BGB vor?

A: Ja; auch der minderjährige G konnte die Zweckbestimmung der Leistung im Sinne des § 812 Abs. 1 S. 1 Fall 1 BGB vornehmen; er handelte zum Zwecke der Erfüllung seiner Verbindlichkeit, als er dem S das Radio übergab.

7.

Fehlt es bei einer gewollten Vermögensverschiebung an der zweckgerichteten Leistung, so scheiden die Vorschriften über die Leistungskondiktion aus. Es handelt sich dann bei der Vermögensverschiebung um eine Zuwendung, auf welche die Regeln über die Bereicherung „in sonstiger Weise“ Anwendung finden können. – (Der Begriff Zuwendung wird hier in anderem Sinne verwendet als in § 516 Abs. 1 BGB; vgl. oben S. 108.)

Eine Zuwendung liegt nach überwiegender Meinung auch dann vor, wenn irrtümlich ein falscher Gegenstand geliefert oder wenn irrtümlich an einen falschen Empfänger geleistet wurde.

F: Der S bestellt nach Katalog eine Waschmaschine unter einer bestimmten Typenbezeichnung. Geliefert wird ihm jedoch eine Tiefkühltruhe, die eine ganz ähnliche Typenbezeichnung hat. Handelt es sich nach überwiegender Meinung hierbei um eine Leistung oder um eine Zuwendung?

A: Da dem S irrtümlich ein falscher Gegenstand geliefert wurde, handelt es sich nach überwiegender Meinung um eine Zuwendung, die nicht nach den Regeln über die Leistungskondiktion beurteilt werden kann.

8.

Bis vor einigen Jahren wurde § 812 Abs. 1 S. 1 BGB so verstanden, daß das Tatbestandselement „auf dessen Kosten" nicht nur in den Fällen der Bereicherung „in sonstiger Weise" (die in den Inf. 21 ff. behandelt wird), sondern auch bei der Leistungskondiktion erfüllt sein müsse. Dies bedeutete, daß der Schuldner etwas „durch die Leistung eines anderen . . . auf dessen Kosten" erlangt haben mußte. – Hieraus folgerte man, daß im Rahmen der Leistungskondiktion die Vermögensminderung beim Gläubiger und die Vermögensmehrung beim Schuldner unmittelbar durch denselben Leistungsvorgang, d. h. durch unmittelbare Vermögensverschiebung, stattgefunden haben mußte. Auf diesem Wege sollten der Gläubiger und der Schuldner des Bereicherungsanspruchs bestimmt werden.

Seit der allgemeinen Anerkennung des dargestellten Leistungsbegriffs werden jedoch die Parteien der Leistungskondiktion bereits durch das Leistungsverhältnis bestimmt; hierunter versteht man das Rechtsverhältnis derjenigen Personen, zwischen denen die gewollte und zweckgerichtete Vermögensverschiebung stattgefunden hat. – Dem Tatbestandselement „auf dessen Kosten" kommt daher bei der Leistungskondiktion keine Bedeutung zu.

F: Ergibt bereits die grammatische Auslegung des § 812 Abs. 1 S. 1 BGB, daß das Tatbestandselement „auf dessen Kosten" nicht auch für die Leistungskondiktion gilt?

A: Nein; grammatisch könnten sich die Worte „auf dessen Kosten“ auch auf die Bereicherung „durch die Leistung“ beziehen. (Die Beschränkung ihrer Geltung auf die Bereicherung „in sonstiger Weise“ erfolgt im Wege teleologischer, d. h. an Sinn und Zweck der Norm orientierter Auslegung.)

Wiederholungsfragen:

1. Der S wird von seinem Arbeitgeber X verdächtigt, eine Unterschlagung begangen zu haben. Er bittet deshalb seinen Freund G um Hilfe. Dieser gibt daraufhin gegenüber X eine mündliche Ehrenerklärung für den S ab, worin er beteuert, daß dieser ein ehrlicher Mensch sei. Als sich bald darauf herausstellt, daß S die Unterschlagung wirklich begangen hat, fragt G an, ob er hinsichtlich seiner Erklärung Ansprüche aus ungerechtfertigter Bereicherung gegenüber S oder X haben könnte.

2. Wodurch unterscheidet sich die Leistung im Sinne des § 812 Abs. 1 S. 1 Fall 1 BGB von einer Zuwendung?

3. Die Zweckbestimmung einer Leistung kann darauf gerichtet sein, daß geleistet wird

   a) zur ____________ einer Verbindlichkeit,

   b) zur ____________ eines Rechtsverhältnisses,

   c) um den Empfänger zu einem ____________ ____________ zu veranlassen.

A 1: Nein; die Ehrenerklärung bedeutet keine Vermögensvermehrung für S oder X. Sie stellt deshalb kein „etwas" im Sinne des § 812 Abs. 1 S. 1 BGB dar.

A 2: Im Gegensatz zur Zuwendung erfordert die Leistung, daß eine zweckgerichtete Vermehrung fremden Vermögens erfolgt.

A 3: Erfüllung Begründung bestimmten Verhalten

9.

Die Leistungskondiktion setzt gemäß § 812 Abs. 1 S. 1 BGB weiterhin voraus, daß die Leistung ohne rechtlichen Grund erfolgt ist: Rechtsgrund (causa) in diesem Sinne ist jedes gesetzlich oder rechtsgeschäftlich begründete Rechtsverhältnis, das dem Leistungsempfänger gestattet, die Leistung zu behalten.

Demnach liegt ein Rechtsgrund gemäß § 812 Abs. 1 S. 1 BGB dann vor, wenn der mit der Leistung verfolgte Zweck erreicht wurde, also die Verbindlichkeit erfüllt, das erstrebte Rechtsverhältnis begründet oder das Empfängerverhalten herbeigeführt wurde.

F: In welchem der folgenden Fälle liegt ein Rechtsgrund für eine Leistung des S an G vor?

- ☐ Der minderjährige S übereignet dem G eine Sache; Kaufvertrag und Übereignung werden von den Eltern des S genehmigt.
- ☐ Der volljährige S überläßt dem G aufgrund eines Grundstückskaufvertrags, dem die nach § 313 BGB vorgeschriebene Form fehlt, den Besitz an einem Grundstück.
- ☐ S übergibt der G aufgrund eines formnichtigen Schenkungsversprechens einen Ring.

A: Rechtsgrund im Sinne des § 812 Abs. 1 S. 1 BGB sind der genehmigte Kaufvertrag des S und die nach § 518 Abs. 2 BGB durch Vollziehung geheilte Schenkung. Der formnichtige und nicht durch Erfüllung geheilte Grundstückskaufvertrag hingegen bildet keinen Rechtsgrund für die Leistung des S.

10.

Der Rechtsgrund für eine Leistung fehlt,

a) wenn das Rechtsgrundverhältnis nicht entstanden ist, z. B. wegen Geschäftsunfähigkeit eines Beteiligten,
b) wenn das Rechtsgrundverhältnis mit Wirkung von Anfang an (ex tunc) beseitigt wurde, z. B. durch Anfechtung, sowie
c) wenn das Rechtsgrundverhältnis bis zum Zeitpunkt der Leistung bereits erloschen ist, z. B. durch Erfüllung, oder später wegfällt, z. B. durch Bedingungseintritt.

F: Der Mieter G hat bisher dem Vermieter S den monatlichen Mietzins am 3. eines jeden Monats bar ausgehändigt. Bei einverständlicher Umstellung der Zahlungsweise auf Überweisung im Dauerauftrag zum 1. eines jeden Monats ergibt es sich, daß G die Augustmiete am 3. 8. bar zahlt, obwohl sie bereits am 1. 8. von der Bank überwiesen worden war. Warum fehlt der Zahlung des G vom 3. 8. der Rechtsgrund?

A: Rechtsgrund für die Bezahlung sollte der Mietvertrag mit S sein. Dessen Anspruch auf die Augustmiete war jedoch zur Zeit der Zahlung vom 3. 8. bereits aufgrund der Überweisung vom 1. 8. durch Erfüllung erloschen.

11. § 812 Abs. 1 S. 2

Anspruchsgrundlage für die Leistungskondiktion bei anfänglichem Fehlen des Rechtsgrundes (im Sinne der Inf. 10, Buchst. a und b) ist § 812 Abs. 1 S. 1 Fall 1 BGB.

Bei nachträglichem Wegfall des Rechtsgrundes (im Sinne der Inf. 10, Buchst. c) leitet sich der Bereicherungsanspruch aus § 812 Abs. 1 S. 2 Fall 1 BGB her.

Man bezeichnet den Bereicherungsanspruch bei anfänglichem Fehlen des Rechtsgrundes auch als condictio sine causa; sofern der Anspruch aus der Bezahlung einer nicht bestehenden Schuld entstanden ist, spricht man von der condictio indebiti. – Der Bereicherungsanspruch wegen nachträglichem Wegfall des Rechtsgrundes wird condictio ob causam finitam genannt.

F: Der Pkw des S ist gestohlen worden. Da S bei der Versicherungsgesellschaft G gegen Diebstahl versichert ist, erhält er eine Ersatzleistung in Höhe von 3 000,– DM. Bald danach wird der Pkw des S unbeschädigt aufgefunden und ihm zurückgegeben. Als die G dies erfährt, verlangt sie von S die gezahlte Versicherungssumme zurück. Kann sich die G hierbei auf § 812 Abs. 1 S. 1 Fall 1 BGB oder auf § 812 Abs. 1 S. 2 Fall 1 BGB berufen?

A: Die G muß die Rückforderung auf § 812 Abs. 1 S. 2 Fall 1 BGB stützen, weil der rechtliche Grund für ihre Zahlung an S die Vereinbarung über den Versicherungsfall war, die unter der Bedingung des endgültigen Sachverlustes stand. Mit der Wiedererlangung des Pkw ist diese Bedingung und damit der Rechtsgrund für die Zahlung nachträglich entfallen.

12. § 813 Abs. 1

Eine Erweiterung der condictio indebiti enthält § 813 Abs. 1 S. 1 BGB. Danach kann eine Leistung auch dann zurückgefordert werden, wenn dem Anspruch des Leistungsempfängers aus dem Rechtsgrundverhältnis zum Zeitpunkt der Leistung eine dauernde (peremptorische) Einrede entgegenstand. Eine solche Einrede ist z. B. die Einrede der Arglist gemäß § 242 BGB.

Dies gilt jedoch gemäß § 813 Abs. 1 S. 2 BGB nicht für die Einrede der Verjährung. Wer also nach Eintritt der Verjährung die Verjährungseinrede nicht erhebt, sondern leistet, hat keinen Bereicherungsanspruch.

F: Der S hat von dem Autovermieter G einen Wagen gemietet und nach längerem Gebrauch zurückgegeben. Bei Abrechnung der von S geleisteten Vorauszahlung bleibt eine Schuld des S in Höhe von 300,– DM offen. Auf mehrfache Mahnung des G zahlt S schließlich nach drei Jahren diese Summe. Bald danach erfährt er, daß seine Schuld gemäß § 196 Abs. 1 Nr. 6 BGB schon vorher verjährt war. Kann S von G den Betrag mit der Begründung zurückfordern, daß er ihn nicht hätte leisten müssen?

A: Nein; gemäß § 813 Abs. 1 S. 2 BGB, der auf § 222 Abs. 2 BGB verweist, kann die Zahlung von S nicht zurückgefordert werden.

13. § 814

Die Leistungskondiktion gemäß § 812 Abs. 1 S. 1 Fall 1 BGB steht dem Leistenden nicht zu, wenn er zur Erfüllung einer Verbindlichkeit geleistet hat und dabei wußte, daß er zur Leistung nicht verpflichtet war, § 814 BGB. – Die Folge des § 814 BGB wird bei Unkenntnis des Leistenden von der fehlenden Leistungspflicht selbst dann nicht ausgelöst, wenn die Unkenntnis auf grober Fahrlässigkeit beruhte.

Ferner kann gemäß § 814 BGB ein Bereicherungsanspruch auch dann nicht geltend gemacht werden, wenn die Leistung einer sittlichen Pflicht oder einer auf den Anstand zu nehmenden Rücksicht entsprach. Dies gilt z. B. bei finanzieller Unterstützung bedürftiger Verwandter, denen der Leistende gesetzlich nicht zum Unterhalt verpflichtet war.

F: Der Fußgänger S bringt den Radfahrer G dadurch zu Fall, daß er ihn zu starkem Bremsen zwingt. S nimmt an, er sei dem G zum Schadensersatz verpflichtet; weil er nicht in polizeiliche Ermittlungen verwickelt werden möchte, zahlt er dem G an Ort und Stelle 50,– DM als Schadensersatz. Später stellt sich heraus, daß dem G kein Schaden entstanden war. Kann S jetzt seine Zahlung nach § 812 Abs. 1 S. 1 Fall 1 BGB zurückfordern?

A: Ja; § 814 BGB greift nicht ein, weil S im Zeitpunkt seiner Zahlung nicht wußte, daß dem G kein Ersatzanspruch gegen ihn zusteht.

14.

Der Rechtsgrund für eine Leistung entfällt nachträglich nicht nur dann, wenn das Rechtsgrundverhältnis zum Zeitpunkt der Leistung bereits erloschen ist (vgl. Inf. 10, Buchst. c), sondern gemäß § 812 Abs. 1 S. 2 Fall 2 BGB auch dann, wenn der mit der Leistung bezweckte Erfolg nicht eingetreten ist. – Man bezeichnet diesen Bereicherungsanspruch auch als condictio ob rem oder als condictio causa data causa non secuta.
Bei der Auslegung der Vorschrift weichen Literatur und Rechtsprechung voneinander ab: Nach der in der Literatur vorherrschenden Ansicht liegt § 812 Abs. 1 S. 2 Fall 2 BGB nur vor, wenn Leistender und Leistungsempfänger sich einig waren, daß eine ohne entsprechende Verpflichtung erbrachte Leistung einem bestimmten Erfolg dienen sollte und dieser Erfolg dann nicht erreicht wird. Dies gilt z. B., wenn jemand vor Abschluß des Kaufvertrages eine Kaufpreisanzahlung leistet in der von beiden Seiten übereinstimmend gehegten Erwartung, daß danach der Kaufvertrag abgeschlossen werde und diese Erwartung sich nicht erfüllt (vgl. Inf. 5, Buchst. c). Die Erfolgsvereinbarung bedarf nicht der für die Begründung von Vertragspflichten vorgeschriebenen Form.

F: G schenkt der S ein festliches Kleid, wobei beide sich darüber verständigt haben, daß die S dieses Kleid demnächst bei der Feier anläßlich der Verlobung mit G tragen soll. Als sich die S aber bald darauf mit dem X verlobt, möchte G das Kleid gemäß § 812 Abs. 1 S. 2 Fall 2 BGB von ihr zurückverlangen. Ist dies nach der in der Literatur vorherrschenden Meinung möglich?

A: Ja; die ohne hierfür bestehende Verpflichtung von G durch Handschenkung erbrachte Leistung sollte nach zwischen G und S übereinstimmender Auffassung dem Erfolg dienen, daß die S das Kleid bei der Verlobung mit G tragen könne. Durch die Sinneswandlung der S ist dieser Erfolg unerreichbar geworden und damit der Tatbestand des § 812 Abs. 1 S. 2 Fall 2 BGB erfüllt.

15.

Nach der vorwiegend von der Rechtsprechung vertretenen Meinung liegt hingegen der Tatbestand des § 812 Abs. 1 S. 2 Fall 2 BGB auch dann vor, wenn eine Leistung zwar aufgrund einer Verpflichtung erbracht wurde, die Beteiligten aber außerdem übereinstimmen, daß mit der Leistung ein über die Erfüllung der Verpflichtung hinausreichender Erfolg erstrebt wird.

Ein solcher Fall liegt z. B. vor, wenn jemand vertragliche Werkleistungen an einem Haus zu besonders günstigem Preis erbringt und gemeinsam mit seinem Vertragspartner davon ausgeht, dieser werde ihm das Haus nach dem Tode hinterlassen.

Auch für diese Erfolgsvereinbarung bedarf es nicht der für die Begründung von Vertragspflichten vorgeschriebenen Form.

F: Der Geschäftsmann G schenkt und überträgt seiner Ehefrau S formgerecht eines der beiden ihm gehörenden Geschäfte, wobei sich die Eheleute darüber einig sind, daß die S das Geschäft aus Gründen steuerlicher Erleichterung für das Familienvermögen erhält. Als nach einiger Zeit die Ehe zwischen G und S geschieden wird, verlangt G von der S die Rückübertragung des Geschäftes nach § 812 Abs. 1 S. 2 Fall 2 BGB. Ist dieser Anspruch begründet

☐ nach Auffassung der Rechtsprechung,

☐ nach der in der Literatur vorherrschenden Meinung?

A: G und S gingen bei der Übertragung des Geschäftes auf die S davon aus, daß über die Erfüllung der Schenkungsverpflichtung hinaus eine Steuerersparnis für das Familienvermögen erreicht werden solle. Dieser Erfolg ist mit der Ehescheidung unerreichbar geworden, so daß G nach Auffassung der Rechtsprechung den Anspruch aus § 812 Abs. 1 S. 2 Fall 2 BGB erheben kann. – Nach der in der Literatur vorherrschenden Ansicht sind die Voraussetzungen dieses Anspruchs nicht erfüllt (vgl. S. 388).

16.

Nur einseitige Erwartungen der Beteiligten genügen nicht für den Anspruch aus § 812 Abs. 1 S. 2 Fall 2 BGB; sie genügen auch dann nicht, wenn sie dem anderen Teil erkennbar geworden sind, er sie sich aber nicht zu eigen gemacht hat. Dies gilt z. B., wenn der Käufer von Möbeln dem Verkäufer erzählt, daß er die Möbel wegen seiner bevorstehenden Heirat erwerbe, die Eheschließung dann aber unterbleibt. – Anderenfalls könnte der Leistende das wirtschaftliche Risiko, das er mit dem Vertrag eingeht, auf den Empfänger abwälzen.

F: Der S kauft von G formgerecht ein Hausgrundstück, um in dem Haus eine Discothek zu betreiben; der G ist am weiteren Schicksal des Hauses nicht interessiert. Nach vollständiger Erfüllung des Kaufvertrages stellt sich heraus, daß dem S die Erlaubnis zum Betrieb einer Discothek versagt wird, weil nebenan mit dem Bau eines Kinderkrankenhauses begonnen wird. Kann S jetzt nach Auffassung der Rechtsprechung (gegen Rückgabe des Hausgrundstücks) von G die Rückzahlung des Kaufpreises verlangen?

A: Nein; die Erlaubnis zum Betrieb einer Discothek wurde, da dem G das Grundstück nach der Veräußerung gleichgültig war, nur von S erwartet, so daß es an einer Erfolgsvereinbarung im Sinne des § 812 Abs. 1 S. 2 Fall 2 BGB fehlt.

17. § 815

Der Anspruch aus § 812 Abs. 1 S. 2 Fall 2 BGB ist gemäß § 815 BGB ausgeschlossen, wenn der Eintritt des mit der Leistung bezweckten Erfolges von Anfang an tatsächlich oder rechtlich unmöglich war und der Leistende dies gewußt hat.

Dasselbe gilt, wenn der Leistende den Erfolgseintritt wider Treu und Glauben verhindert hat.

F: Der Bauunternehmer S erwirbt von dem Bauern G ein Grundstück, wobei sich beide darüber verständigt haben, daß S dort eine Düngemittelfabrik erbauen will, von der sich G eine günstige Belieferung erwartet. Obwohl der S weiß, daß die Parzelle im Wasserschutzgebiet liegt und dort eine Düngemittelfabrik nicht errichtet werden darf, meint er dennoch, aufgrund seiner guten Beziehungen eine Genehmigung erhalten zu können. Als dem S die beantragte Genehmigung endgültig versagt wird, verlangt er von G die Rückzahlung des Kaufpreises gemäß § 812 Abs. 1 S. 2 Fall 2 BGB. Zu Recht? (Bei Beantwortung der Frage soll die Auffassung der Rechtsprechung zu § 812 Abs. 1 S. 2 Fall 2 BGB zugrunde gelegt werden.)

A: Nein; da die Bebauung des Grundstücks mit einer Düngemittelfabrik von Anfang an rechtlich unmöglich war und der S dies auch wußte, ist ihm gemäß § 815 die Rückforderung wegen Nichterreichens des erstrebten Erfolges versagt. Daß der S entgegen der Rechtslage eine Beseitigung der Unmöglichkeit erhoffte, ändert hieran nichts.

Wiederholungsfragen:

1. S hat von G ein Darlehen in Höhe von 1 000,– DM erhalten und gibt über diese Summe, als er nicht zurückzahlen kann, formgerecht ein abstraktes Schuldanerkenntnis ab. Kann dieses Anerkenntnis als ungerechtfertigte Bereicherung des G zurückgefordert werden, wenn sich herausstellt, daß S schon bei Abschluß des Darlehensvertrages unheilbar geisteskrank war?

2. Ein Rechtsgrund für die Leistung fehlt auch dann, wenn der Schuldner geleistet hat, obwohl ihm gegen die Forderung eine peremptorische Einrede zustand, § _____ Abs. 1 S. 1 BGB. Dies gilt nicht für die Einrede der _________________.

3. Der Bauer S verkauft ein ihm gehörendes Landarbeiterhäuschen an den Arbeiter G. Im notariellen Kaufvertrag ist festgelegt, daß G neben der Kaufpreiszahlung während der nächsten 10 Jahre einmal monatlich an einem Wochenende die Viehfütterung bei S zu übernehmen hat. Als G nach einiger Zeit diese Arbeitsleistungen einstellt, verlangt S von ihm die Rückgabe des Hausgrundstücks gemäß § 812 Abs. 1 S. 2 Fall 2 BGB. Mit Recht?

A 1: Nein; der geisteskranke S konnte kein wirksames Schuldanerkenntnis abgeben, so daß es an einem Bereicherungsgegenstand fehlt.

A 2: 813 Verjährung

A 3: Nein; die Nichterfüllung einer vertraglichen Verpflichtung kann nicht den Tatbestand des § 812 Abs. 1 S. 2 Fall 2 BGB bilden.

18. § 817 S. 1

Verstößt die Annahme der Leistung durch den Leistungsempfänger gegen ein gesetzliches Verbot oder gegen die guten Sitten, so ist in § 817 S. 1 BGB eine eigene Anspruchsgrundlage vorgesehen, aufgrund deren das Geleistete zurückverlangt werden kann. Dies gilt z. B. im Falle einfacher passiver Bestechung eines Beamten, da nur die Annahme des Geldes gegen § 331 StGB verstößt.

§ 817 S. 1 BGB greift ferner ein, wenn das Grundgeschäft nach den §§ 134 und 138 BGB nichtig ist, Bereicherungsansprüche gemäß § 812 BGB aber infolge der Ausnahmeregeln in den §§ 814 oder 815 BGB ausscheiden.

Voraussetzung für den Anspruch aus § 817 S. 1 BGB ist die Kenntnis des Leistungsempfängers von den Tatsachen, die die Gesetz- oder Sittenwidrigkeit begründen, und das Bewußtsein des Rechts- oder Sittenverstoßes.

F: Das Kind des Fabrikanten G ist von einem Unbekannten entführt worden, der es nur gegen Zahlung von 100 000,– DM freilassen will. S zahlt den geforderten Betrag; das Kind kehrt daraufhin wohlbehalten zurück. Alsbald kann die Polizei den S als Täter überführen. G fragt an, ob er das gezahlte Geld von S zurückverlangen kann, obwohl der mit der Zahlung des Lösegeldes bezweckte Erfolg, die Rückgabe des Kindes, eingetreten ist.

A: Ja; die Annahme des Geldes durch S verstößt gegen das gesetzliche Verbot in § 239a StGB. Daher kann S gemäß § 817 S. 1 BGB das Geld von G zurückverlangen.

19. § 817 S. 2

Gemäß § 817 S. 2 BGB ist jedoch eine Rückforderung des Geleisteten sowohl auf der Grundlage des § 812 Abs. 1 S. 1 Fall 1 BGB als auch auf der Grundlage des § 817 S. 1 BGB ausgeschlossen, wenn auch dem Leistenden ein Gesetzes- oder Sittenverstoß zur Last fällt. Dies trifft z. B. zu, wenn im Falle schwerer passiver Bestechung sowohl der Beamte nach § 332 StGB als auch der Leistende nach § 333 StGB rechtswidrig handeln.

Nach herrschender Meinung gilt § 817 S. 2 BGB (abweichend vom Gesetzeswortlaut) auch dann, wenn nur dem Leistenden ein Gesetzes- oder Sittenverstoß zur Last fällt.

F: Der Vorsitzende G des Fußballvereins X, der vom Abstieg bedroht ist, übergibt dem Trainer S des Vereins Y, der in derselben Klasse einen mittleren Tabellenplatz einnimmt, 5 000,– DM, damit sich die Spieler des Vereins Y beim Spiel am kommenden Samstag gegen den Verein X zurückhalten sollten. S antwortet, das werde sich machen lassen. Dennoch gewinnt am Spieltag die Mannschaft des Vereins Y gegen den Verein X mit 5 : 0 Toren. Daraufhin verlangt G von S das gezahlte Geld zurück. Mit Recht?

A: Nein; da sowohl die Hingabe als auch die Annahme von Geld zur Beeinflussung von sportlichen Wettkämpfen gegen die guten Sitten verstößt, kann G gemäß § 817 S. 2 BGB das Geld nicht von S zurückverlangen.

20.

Durch § 817 S. 2 BGB wird gleichsam strafweise demjenigen der Rechtsschutz verweigert, der sich durch sein Verhalten außerhalb der Rechtsordnung gestellt hat.

Damit ist jedoch zugleich eine Bevorzugung des Leistungsempfängers verbunden: So ist z. B. beim wucherischen Darlehen die Zinsabrede wegen Verstoßes gegen die §§ 134 und 138 BGB nichtig; das bedeutet, daß der Darlehensgeber keine Zinsen fordern kann und deshalb der Bewucherte das Kapital für die vereinbarte Laufzeit zinslos behält.

Wegen dieser ungerechtfertigten Bevorzugung des Leistungsempfängers wird in der Literatur zunehmend die Meinung vertreten, § 817 S. 2 BGB stehe einer Verpflichtung zur angemessenen Gegenleistung nicht entgegen.

F: Der Hauseigentümer S hat den Gastarbeitern A, B und C einen kleinen Kellerraum seines Hauses als Wohnung zu einem monatlichen Mietzins von 600,– DM vermietet. Als A, B und C erfahren, daß der S wegen des wucherischen Mietvertrages von ihnen keine Miete verlangen kann, stellen sie die Mietzahlung ein. S fragt an, ob er für die Zeit, in welcher A, B und C den Raum bewohnt haben, einen angemessenen Mietzins verlangen kann. Wie beurteilt sich diese Frage

a) nach der herrschenden Meinung,

b) nach Auffassung der in der Literatur vertretenen Mindermeinung?

A: a) Nach herrschender Meinung kann S wegen der von ihm erbrachten Leistung, der Raumüberlassung, aufgrund § 817 S. 2 BGB keinen Bereicherungsanspruch erheben.

b) Nach der in der Literatur vertretenen Mindermeinung wird § 817 S. 2 BGB dahin verstanden, daß ein angemessenes Entgelt für die gewährte Leistung gemäß § 812 Abs. 1 S. 1 Fall 1 BGB verlangt werden kann.

Wiederholungsfragen:

1. Auf S. 393 wurde in Frage 18 die Rückforderung erpreßten Geldes behandelt. Hätte der erpreßte Vater seinen Bereicherungsanspruch auch auf § 812 Abs. 1 S. 1 Fall 1 BGB stützen können, weil er zur Zahlung an den Erpresser nicht wirksam verpflichtet werden konnte?

2. § 817 S. 2 BGB ist anwendbar, wenn

☐ nur dem Leistenden ein Gesetzes- oder Sittenverstoß zur Last fällt,

☐ nur dem Leistungsempfänger ein Gesetzes- oder Sittenverstoß zur Last fällt,

☐ beiden Beteiligten ein Gesetzes- oder Sittenverstoß zur Last fällt.

3. A will gemeinsam mit B einen Schmugglerring organisieren. Zu diesem Zweck verspricht er dem B formgerecht im Sinne des § 780 BGB die Zahlung von 10 000,– DM in zwei Wochen. Kann A, als er nach einer Woche von dem Vorhaben Abstand nehmen will, sein Schuldversprechen von B zurückfordern?

A 1: Nein; ein Anspruch aus § 812 Abs. 1 S. 1 Fall 1 BGB würde an § 814 BGB (vgl. S. 387) scheitern. (Deshalb wird in diesem Falle § 817 S. 1 BGB wichtig.)

A 2: § 817 S. 2 BGB ist anwendbar, wenn dem Leistenden oder beiden Beteiligten ein Gesetzes- oder Sittenverstoß zur Last fällt.

A 3: Ja; zwar verfolgte A mit der Abgabe des Schuldversprechens einen gesetz- und sittenwidrigen Zweck. In § 817 S. 2 BGB wird aber ausnahmsweise die Rückforderung einer eingegangenen Verpflichtung auch in diesem Falle zugelassen.

21. § 812 Abs. 1 S. 1 Fall 2

Von der bisher behandelten Leistungskondiktion ist die ebenfalls in § 812 Abs. 1 S. 1 BGB geregelte Bereicherung „in sonstiger Weise" zu unterscheiden, die als Nichtleistungskondiktion bezeichnet wird. – Ihr Hauptfall ist die sog. Eingriffskondiktion, die im folgenden dargestellt wird:

Auch hier ist zunächst erforderlich, daß der Schuldner „etwas", d. h. einen Vermögensvorteil erlangt hat (vgl. S. 374–376). – Die Bereicherung des Schuldners erfolgt aber nicht durch eine Leistung, sondern dadurch, daß ihm aus einem fremden Rechtskreis Vorteile zufließen, die ihm nicht gebühren. Dies kann durch unterschiedliche Vorgänge geschehen:

Am häufigsten erfolgt die „Bereicherung in sonstiger Weise" durch Handlungen des Bereicherten selbst, etwa, wenn er unbefugt eine fremde Sache benutzt.

F: Der selbständige Chemiker G hat im Rahmen seiner Forschungen eine wichtige Entdeckung gemacht. S, der davon erfahren hat, tritt mit ihm in Verhandlungen über die Auswertung. Als diese Verhandlungen scheitern, beschafft sich S die Unterlagen des G ohne dessen Einverständnis. Welcher Bereicherungsanspruch steht für G in Frage?

A: S ist um den Besitz an den Unterlagen „in sonstiger Weise" bereichert, weil er sich durch eigene Handlungen einen Vermögensvorteil aus dem Rechtskreis des G verschafft hat. Demnach kommt ein Bereicherungsanspruch gemäß § 812 Abs. 1 S. 1 Fall 2 BGB in Frage.

22.

Die Bereicherung kann auch durch die Handlung eines Dritten bewirkt werden, wenn z. B. ein Passant Kühe eines Bauern auf die Wiese eines anderen Bauern treibt und sie dort weiden.

Ferner kann der Gläubiger selbst die Bereicherungshandlung vorgenommen haben, wenn sein Verhalten nicht als Leistung an den Schuldner bewertet werden kann. Dies gilt z. B., wenn durch irrtümliche Übersendung eines falschen Gegenstandes an den Vertragspartner eine Zuwendung erfolgt (vgl. S. 380).

Ebenso kann die Bereicherung des Schuldners durch ein tatsächliches Geschehen bewirkt werden: In Betracht kommen hierfür Naturvorgänge, wenn z. B. vom Regenwasser wertvoller Mutterboden auf ein Nachbargrundstück geschwemmt wird.

F: Ein starker Herbststurm hat eine dem G gehörende Holzhütte zerstört und die Bretter auf das 100 m weit entfernte Grundstück des S geweht. Kann dem G wegen der Bretter ein Bereicherungsanspruch gegen den S zustehen, weil S eine Vermögensvermehrung im Sinne des § 812 Abs. 1 S. 1 Fall 2 BGB erfahren hat?

A: Ja; der S ist durch ein Naturereignis um den Besitz am Holz „in sonstiger Weise“ bereichert.

23.

Der Schuldner muß gemäß § 812 Abs. 1 S. 1 Fall 2 BGB den Vermögensvorteil in sonstiger Weise auf Kosten des Gläubigers erlangt haben: Nach herrschender Auffassung ist dieses Erfordernis erfüllt, wenn die Vermögensmehrung unter Verletzung der rechtlich geschützten Vermögenssphäre des Gläubigers erfolgt ist. Diese umfaßt diejenigen Rechtsgüter, die dem Gläubiger zur wirtschaftlichen Verwertung zugewiesen sind. So ist z. B. das Eigentum deshalb bereicherungsrechtlich geschützt, weil es gemäß § 903 BGB dem Eigentümer zur Nutzung zusteht. – Tatbestandsmerkmal der Eingriffskondiktion ist demnach die Verletzung des vermögensrechtlichen Zuweisungsgehaltes eines fremden Rechts.

Abgekürzt wird dieser Vorgang auch als Eingriff bezeichnet. – Mit der umgangssprachlichen Bedeutung des Wortes „Eingriff“ hat die rechtstechnische Bedeutung dieses Begriffes wenig gemein, wie der auf S. 397 zur Frage 21 angeführte Sachverhalt zeigt.

F: Im X-Forst ist das Pilzesammeln allgemein gestattet. Der G kennt dort einen für Pfifferlinge besonders ertragreichen Platz, an welchem bisher außer ihm noch niemand gesammelt hat. Als G eines Tages zu diesem Platz kommt, hat der S gerade alle Pilze gepflückt. Kann der G geltend machen, daß S einen Eingriff in seine Vermögenssphäre verübt habe?

A: Nein; weil G an den Pilzen nicht mehr Rechte als auch der S hatte, griff S nicht in die geschützte Rechtssphäre des G ein.

24.

Die rechtlich geschützte Vermögenssphäre des Gläubigers umfaßt unterschiedliche Rechtsgüter (die in den Inf. 24–26 behandelt werden):

Eine Verletzung des vermögensrechtlichen Zuweisungsgehaltes liegt vor, wenn die Vermögensmehrung des Schuldners unter Verletzung absoluter Vermögensrechte des Gläubigers, z. B. seines Eigentums, erfolgt ist. – Dasselbe gilt für die Patent- und Urheberrechte des Gläubigers, so daß z. B. der nicht gestattete Abdruck (Raubdruck) als Eingriff gemäß § 812 Abs. 1 S. 1 Fall 2 BGB zu bewerten ist.

Auch der Besitz einer Sache hat vermögensrechtlichen Zuweisungsgehalt.

F: Der G ist Eigentümer eines weitab von seiner Wohnung gelegenen, seit mehreren Jahren unbebauten Ackers, an den das Haus des S angrenzt. Im Frühjahr bepflanzt S, weil der Acker nicht genutzt wird, einen Teil des Landes mit Kartoffeln. Kann sich hieraus für G, als er nach der Ernte der Kartoffeln vom Handeln des S erfährt, ein Bereicherungsanspruch ergeben?

A: Ja; S hat durch die Bepflanzung in das Eigentum des G eingegriffen und damit eine Tatbestandsvoraussetzung des § 812 Abs. 1 S. 1 Fall 2 BGB erfüllt.

25.

Nicht zur geschützten Vermögenssphäre des Gläubigers gehören seine Nichtvermögensrechte, die z. B. auf den Vorschriften über den Freiheitsschutz oder über die ärztliche Schweigepflicht beruhen. Solchen Rechten fehlt der bereicherungsrechtliche Zuweisungsgehalt, weil sie nicht die Vermögensinteressen des Einzelnen schützen sollen. Ein unter Verletzung derartiger Rechte erlangter Vermögensvorteil stammt daher nicht aus einem Eingriff im Sinne des § 812 Abs. 1 S. 1 Fall 2 BGB.

Umstritten ist der vermögensrechtliche Zuweisungsgehalt des allgemeinen Persönlichkeitsrechts. Nach herrschender Meinung weist es seinem Inhaber den Bereicherungsgewinn aus einer Verletzung zu, weil es geeignet ist, gewinnbringend verwertet zu werden; daher ist eine Eingriffskondiktion des Verletzten möglich.

F: Die Sängerin G wird von dem Fotografen S beobachtet; er macht mit dem Teleobjektiv Aufnahmen, die das Privatleben der G in ihrer Wohnung zeigen. Bald darauf taucht eines dieser Fotos zur Unterstützung einer Autoreklame in Illustrierten auf. Kann die G gegen den Fotografen einen Bereicherungsanspruch geltend machen?

A: Ja; durch die unerlaubte Herstellung des Bildes aus der Privatsphäre der G ist ihr allgemeines Persönlichkeitsrecht verletzt. Da dieses Recht von der G gewinnbringend verwertet werden könnte, liegt nach herrschender Meinung ein Eingriff im Sinne des § 812 Abs. 1 S. 1 Fall 2 BGB vor.

26.

Auch obligatorische Rechte haben nach herrschender Meinung keinen bereicherungsrechtlichen Zuweisungsgehalt. Daraus folgt, daß ein Schuldner, der sich unter Verletzung seiner schuldrechtlichen Verpflichtungen bereichert, dem Gläubiger nicht nach § 812 Abs. 1 S. 1 Fall 2 BGB herausgabepflichtig ist. – So hat der BGH im Falle unberechtigter Untervermietung einen Bereicherungsanspruch des Vermieters gegenüber dem Hauptmieter auf Herausgabe des unter Verletzung des Mietvertrages erlangten Untermietzinses abgelehnt, weil diese Nutzungen dem Vermieter durch den Mietvertrag nicht zugewiesen sind.

Die Ablehnung des Zuweisungsgehaltes obligatorischer Rechte wird auch darauf gestützt, daß in § 816 Abs. 2 für einen Einzelfall des Eingriffs in ein Forderungsrecht eine bereicherungsrechtliche Sondervorschrift geschaffen werden mußte. (Näheres dazu in Kap. XI.)

F: Der G überläßt sein Sommerhaus durch Leihvertrag seinem Freund S, der dort im Juni und Juli mit seiner Familie Urlaub machen will. Da das Haus jedoch noch Platz für mehrere Personen bietet, nimmt S ohne Wissen des G das Ehepaar X gegen Zahlung von 300,– DM mit auf. Als der G davon erfährt, verlangt er diesen Betrag von S gemäß § 812 Abs. 1 S. 1 Fall 2 BGB heraus. Mit Recht?

A: Nein; nach dem zwischen S und G geschlossenen Leihvertrag ist zwar S nur zur Benutzung, nicht auch zur Fruchtziehung berechtigt. Der Anspruch auf Einhaltung des Leihvertrages hat jedoch nach herrschender Meinung keinen bereicherungsrechtlichen Zuweisungsgehalt für den vertragswidrig gezogenen Gewinn, so daß G die Herausgabe des Geldes nicht nach § 812 Abs. 1 S. 1 Fall 2 BGB verlangen kann.

27.

Nach einer in der Literatur vertretenen Auffassung soll der Eingriff, der den Anspruch aus § 812 Abs. 1 S. 1 Fall 2 BGB begründet, nicht durch die Verletzung des vermögensrechtlichen Zuweisungsgehaltes eines Rechts gekennzeichnet sein, sondern durch die rechtswidrige Inanspruchnahme eines dem Gläubiger vorbehaltenen Rechtsgutes.

Diese Auffassung geht insofern über die herrschende Meinung hinaus, als nach ihr auch Vorteile aus Eingriffen in solche Rechte erfaßt werden, die keinen vermögensrechtlichen Zuweisungsgehalt haben. So würde in dem zu Inf. 26 erwähnten Fall der unerlaubten Untervermietung dem G nach dieser Auffassung ein Bereicherungsanspruch zustehen können, weil die Überlassung eines Teils der Mietsache an den Untermieter rechtswidrig war. – Die Gegner dieser Ansicht machen geltend, daß Rechtswidrigkeit ein Tatbestandsmerkmal des Deliktsrechts und nicht des Bereicherungsrechts sei.

F: Der Arzt S, der die berühmte Speerwerferin G behandelt hat, veröffentlicht seine Memoiren und berichtet darin ohne Wissen der G über die Behandlung ihrer am Arm erlittenen Sportverletzung. Kann die G geltend machen, S sei in sonstiger Weise ungerechtfertigt bereichert, wenn für den Tatbestand dieses Anspruchs abgestellt wird auf

a) den Verstoß gegen den vermögensrechtlichen Zuweisungsgehalt eines Rechts,

b) die Rechtswidrigkeit der Wissenspreisgabe?

A: a) Nein; S hat gegen die Regel über die ärztliche Schweigepflicht (§ 300 StGB) verstoßen. Diese Vorschrift hat keinen vermögensrechtlichen Zuweisungsgehalt, weil sie nicht die Vermögensinteressen des Patienten schützen soll.

b) Ja; die Veröffentlichung war rechtswidrig und begründet demnach eine Eingriffskondiktion.

28.

Gemäß § 812 Abs. 1 S. 1 Fall 2 BGB muß der durch den Eingriff erlangte Vermögensvorteil des Schuldners auf Kosten des Gläubigers eingetreten sein. Insoweit unterscheidet sich die Eingriffskondiktion von der Leistungskondiktion (vgl. S. 381).

Das Tatbestandselement „auf dessen Kosten“ bedeutet jedoch nicht, daß für die Bereicherung des Schuldners auf eine Vermögensminderung des Gläubigers abgestellt werden muß. – Vielmehr kommt es nur darauf an, daß die beim Schuldner eingetretene Vermögensmehrung durch Verletzung der Rechtssphäre des Gläubigers, d. h. des vermögensrechtlichen Zuweisungsgehaltes seiner Rechte, erzielt wurde.

F: In dem auf S. 401 zu Frage 25 behandelten Fall hatte der Fotograf S unter Verletzung des allgemeinen Persönlichkeitsrechts der Sängerin G Aufnahmen gemacht und für Reklamezwecke verwertet. Könnte sich S gegenüber einem Bereicherungsanspruch der G darauf berufen, er sei nicht auf Kosten der G bereichert, weil diese die fraglichen Bilder ohnehin nicht entgeltlich genutzt hätte?

A: Nein; bei der Eingriffskondiktion ist der Schuldner bereits deswegen auf Kosten des Gläubigers bereichert, weil er die Bereicherung durch Verletzung der geschützten Vermögenssphäre des Gläubigers erzielt hat. Dies ist hier der Fall.

29.

Sind Dritte in den Bereicherungsvorgang eingeschaltet, so ist das Tatbestandsmerkmal „auf dessen Kosten" in § 812 Abs. 1 S. 1 Fall 2 BGB dahin zu verstehen, daß die Vermögensmehrung beim Schuldner ohne Einbeziehung des Vermögens eines selbständigen Dritten erfolgt sein muß. Man bezeichnet dies als die Unmittelbarkeit des Bereicherungsvorgangs.

Dementsprechend scheitert ein Bereicherungsanspruch des Vermieters gegen einen Dritten, der sich unberechtigt in der Mietwohnung niedergelassen hat, daran, daß der Besitz des Eingriffsobjektes zunächst auf den Hauptmieter überging und erst von diesem an den Dritten gelangte. Es fehlt die Unmittelbarkeit der Vermögensverschiebung.

Die Beteiligung unselbständiger Dritter, wie Boten oder Stellvertreter, auf Seiten des Gläubigers oder des Schuldners berührt die Unmittelbarkeit des Eingriffserwerbs nicht.

F: G gestattet seinem volljährigen Sohn S, am Wochenende den Pkw zu benutzen, der dem G von seiner Firma zur Verfügung gestellt wurde. S fährt zu seinem Bekannten D. Da dieser als Vertreter noch einen wichtigen Kundenbesuch zu machen hat und sein eigener Wagen defekt ist, nimmt er – unbemerkt von S – den Wagen des G für diese Fahrt. Als der G davon erfährt, möchte er von D die Bereicherung herausverlangen, die dieser durch die unentgeltliche Benutzung des Fahrzeugs erlangt hat. Kann der G einen solchen Anspruch aus § 812 Abs. 1 S. 1 Fall 2 BGB herleiten?

A: Nein; da der Besitz am Wagen von G zunächst auf den S und erst von diesem auf den D überging, fehlt im Verhältnis zwischen G und D die Unmittelbarkeit der Vermögensverschiebung.

30.

Auch gemäß § 812 Abs. 1 S. 1 Fall 2 BGB muß der Schuldner die Bereicherung ohne rechtlichen Grund erlangt haben:

Rechtsgrund im Sinne der Eingriffskondiktion ist einmal (wie bei der Leistungskondiktion, vgl. S. 383) jedes Rechtsverhältnis, das dem Schuldner erlaubt, den erlangten Vorteil zu behalten.

Darüber hinaus können bei der Eingriffskondiktion auch unabhängig von einem Rechtsverhältnis einzelne Vorschriften als gesetzlicher Rechtsgrund wirken; dies gilt z. B. für § 932 BGB, der einen gesetzlichen Rechtsgrund für den Eigentumserwerb kraft guten Glaubens darstellt.

Außerdem kann auch die Einwilligung des Berechtigten in den Eingriff einen Rechtsgrund darstellen.

F: Der S möchte durch einen Projektor eine Werbeschrift an die Hauswand des Nachbargrundstücks werfen. Er fragt den ihm bekannten M, der als Mieter in diesem Haus wohnt, ob er damit einverstanden sei, und M gibt seine Einwilligung. Kann der Hauseigentümer G gegenüber S einen Anspruch aus § 812 Abs. 1 S. 1 Fall 2 BGB erheben, weil die Verwendung seines Eigentums für Werbezwecke des S einen rechtsgrundlosen Eingriff darstelle?

A: Ja; nur die Einwilligung des zur Nutzung der Außenwand Berechtigten hätte einen Rechtsgrund im Sinne des § 812 Abs. 1 S. 1 Fall 2 BGB abgeben können. Der Wohnungsmieter ist zur Einwilligung in die werbemäßige Nutzung der Außenwand nicht berechtigt.

Wiederholungsfragen:

1. Das Tatbestandselement des § 812 Abs. 1 S. 1 BGB, daß der Schuldner „etwas" erlangt haben muß, hat bei der Eingriffskondiktion

   ☐ denselben Inhalt wie bei der Leistungskondiktion,

   ☐ einen anderen Inhalt als bei der Leistungskondiktion.

2. Der G schuldet der Firma Meier monatliche Kaufpreisraten, die er im Wege der Banküberweisung begleicht. Beim Ausfüllen der Überweisung für den Monat März verschreibt sich G bei einer Ziffer der Kontonummer; der Betrag wird dem Inhaber des versehentlich genannten Kontos, der Firma Meyer, gutgeschrieben. Muß G die Rückforderung seines Geldes von der Firma Meyer auf die Vorschriften über die Leistungskondiktion oder die Vorschriften über die Eingriffskondiktion stützen?

3. A hat von B ein Taxi gekauft, das ihm in drei Wochen gegen Barzahlung übereignet werden soll. Durch Täuschung eines Angestellten des B erhält A das Taxi bereits nach zwei Tagen und nutzt es 10 Tage lang; dann holt B den Wagen zurück, weil A noch nicht gezahlt hat. Als B gegen A einen Bereicherungsanspruch wegen der gezogenen Nutzungen erhebt, beruft sich A auf den Kaufvertrag als Rechtsgrund. Warum ist diese Auffassung unzutreffend?

A 1: Das Tatbestandselement „etwas“ hat bei der Eingriffskondiktion denselben Inhalt wie bei der Leistungskondiktion.

A 2: Die irrtümliche Zahlung an den falschen Empfänger stellt nach herrschender Meinung keine Leistung, sondern eine Zuwendung dar (vgl. S. 380). Daher muß G die Rückforderung auf § 812 Abs. 1 S. 1 Fall 2 BGB stützen.

A 3: Der zwischen A und B geschlossene Kaufvertrag gibt dem A kein Recht zum Behalten der vor der Übergabe, d. h. der von B zum Zwecke der Kaufvertragserfüllung gewollten Besitzübertragung, gezogenen Nutzungen.

31. Zusammenfassung

a) Jeder Bereicherungsanspruch setzt gemäß § 812 Abs. 1 S. 1 BGB voraus, daß der Schuldner ________ erlangt hat.

b) Bereicherungsgegenstand kann jeder Vermögensvorteil des Schuldners sein, also

der ________ von Rechten und vorteilhaften Positionen,

die ________ von Pflichten und Lasten sowie

die ________ von Aufwendungen.

c) Was versteht man unter einer Leistung im Sinne des § 812 Abs. 1 S. 1 Fall 1 BGB?

d) Zweck der Leistung kann die Erfüllung einer ________ sein, ebenso die Begründung eines ________. Leistungszweck kann es auch sein, den Schuldner zu einem bestimmten Verhalten zu ________.

Kap. X. Zusammenfassung

A: a) etwas (Inf. 1)

b) Erwerb
Befreiung
Ersparnis (Inf. 2 + 3)

c) Leistung im Sinne des § 812 Abs. 1 S. 1 Fall 1 BGB ist die gewollte und zweckgerichtete Vermehrung fremden Vermögens. (Inf. 4)

d) Verbindlichkeit
Rechtsverhältnisses
veranlassen (Inf. 5)

e) Ein beschränkt Geschäftsfähiger kann ohne Mitwirkung seiner gesetzlichen Vertreter

☐ einen Leistungszweck setzen,

☐ keinen Leistungszweck setzen.

f) Der Rechtsgrund für eine Leistung fehlt von Anfang an, wenn das Rechtsgrundverhältnis nicht entstanden ist oder ______________ beseitigt wurde.

g) § 814 BGB schließt trotz anfänglichem Fehlen des Rechtsgrundes die Leistungskondiktion aus, wenn der Leistende wußte, daß er ______________

____________________________.

h) Der Rechtsgrund für die Leistung kann nachträglich wegfallen, wenn der

________________________________ nicht eintritt.

A: e) Der beschränkt Geschäftsfähige kann einen Leistungszweck ohne Mitwirkung seiner gesetzlichen Vertreter bestimmen. (Inf. 6)

f) rückwirkend (ex tunc) (Inf. 10)

g) zur Leistung nicht verpflichtet war (Inf. 13)

h) mit der Leistung erstrebte Erfolg (Inf. 14 + 15)

i) Als der in § 812 Abs. 1 S. 2 Fall 2 BGB gemeinte „Erfolg" kann nach Auffassung der Rechtsprechung bezeichnet werden

☐ die für die Leistung vereinbarte Gegenleistung,

☐ ein vom Empfänger einseitig erwartetes künftiges Ereignis,

☐ ein über die vereinbarte Leistungspflicht hinaus übereinstimmend erwartetes Ereignis.

k) § 817 S. 2 BGB verbietet die Rückforderung einer Leistung, wenn dem

______________ ein Sittenverstoß zur Last fällt.

l) Der mit der Eingriffskondiktion auszugleichende Vermögensvorteil des Schuldners kann durch Handlungen des Schuldners, des Gläubigers oder eines Dritten bewirkt worden sein, ebenso auch durch ______________.

Als Eingriff wird eine Vermögensmehrung bezeichnet, die unter Verletzung des ______________ ______________ eines fremden Rechts erzielt wurde.

A: i) Der in § 812 Abs. 1 S. 2 Fall 2 BGB gemeinte Erfolg ist nach Auffassung der Rechtsprechung ein über die vereinbarten Leistungspflichten hinaus übereinstimmend erwartetes Ereignis. (Inf. 15)

k) Leistenden (Inf. 19)

l) Naturereignisse (Inf. 21 + 22)
vermögensrechtlichen Zuweisungsgehaltes (Inf. 23)

m) Den Hauptfall einer Verletzung des vermögensrechtlichen Zuweisungsgehaltes fremder Rechte bildet der Eingriff in ____________ Vermögensrechte des Gläubigers.

n) Obligatorische Rechte des Gläubigers haben nach herrschender Meinung im Falle ihrer Verletzung

☐ einen bereicherungsrechtlichen Zuweisungsgehalt,

☐ keinen bereicherungsrechtlichen Zuweisungsgehalt.

o) Das Erfordernis der Unmittelbarkeit der Bereicherung bei der Eingriffskondiktion wird aus dem Tatbestandselement ___ ________ ________ in § 812 Abs. 1 S. 1 Fall 2 BGB hergeleitet. Unmittelbarkeit der Bereicherung liegt vor, wenn diese nicht das Vermögen eines ____________ Dritten durchlaufen hat.

p) Als Rechtsgrund für den durch Eingriff erlangten Vermögensvorteil kommt jedes Rechtsverhältnis in Frage, das dem Schuldner erlaubt, die erlangte Bereicherung zu behalten. Außerdem können bestimmte Vorschriften, wie § 932 BGB, einen ____________ Rechtsgrund für die Bereicherung bilden.

Kap. X. Zusammenfassung

A: m) absolute (Inf. 24)

n) Obligatorische Rechte haben nach herrschender Meinung keinen bereicherungsrechtlichen Zuweisungsgehalt. (Inf. 26)

o) auf dessen Kosten selbständigen (Inf. 29)

p) gesetzlichen (Inf. 30)

Zur Wissensvertiefung für den Stoff des zehnten Kapitels wird empfohlen.

Fikentscher a. a. O., §§ 98–99 IV,
Esser a. a. O., §§ 100–104,
Medicus a. a. O., §§ 27 III + 28 II.

Besonders wichtig sind die Fragen

des Leistungsbegriffs, für die auf

BGHZ 40, 272 (277/8) (Einbau auf fremdem Grundstück)

verwiesen wird.

Zur Anwendung von § 817 S. 2 BGB innerhalb und außerhalb des Bereicherungsrechts wird auf

Medicus, § 27 III 4 c, sowie auf
BGHZ 39, 87 (91) (Geschäftsführung ohne Auftrag) und
BGHZ 41, 341 (349) (Verwendungsersatz) hingewiesen.

Kapitel XI

DIE UNGERECHTFERTIGTE BEREICHERUNG

Die Leistungskondiktion bei Beteiligung Dritter und Sondertatbestände der Nichtleistungskondiktion

Besondere Probleme entstehen bei der Leistungskondiktion, wenn an der Vermögensverschiebung mehr als zwei Personen beteiligt waren. Bedient sich jemand für die Bewirkung seiner Leistung eines Dritten, z. B. einer Bank oder der Post, so fragt es sich, welche bereicherungsrechtlichen Auswirkungen diese Einbeziehung Dritter hat.

Ferner wird im elften Kapitel die Verfügung eines Nichtberechtigten als Tatbestand der Nichtleistungskondiktion gemäß § 816 BGB behandelt.

Ein weiterer Fall der Bereicherung in sonstiger Weise ergibt sich aus § 951 Abs. 1 S. 1 BGB. Diese Vorschrift verpflichtet denjenigen zum Ausgleich, der durch Zusammenbau oder Verarbeitung von Sachen ungerechtfertigte Vorteile erlangt hat. – Daneben gibt es die sog. Verwendungskondiktion, mit welcher der Ausgleich für Verwendungen erstrebt wird, die der Gläubiger auf Sachen des Schuldners gemacht hat.

Schließlich gehört die sog. Rückgriffskondiktion in die Gruppe der Nichtleistungskondiktionen. Sie greift ein, wenn jemand ohne Rechtsgrund für den Verpflichteten gehandelt hat, ohne daß die Voraussetzungen einer Leistungskondiktion erfüllt sind.

Kap. XI. Bereicherungsrecht

Inhaltsübersicht:

1.

In den Ablauf des Leistungsvorgangs sind häufig neben dem Gläubiger und dem Schuldner noch weitere Personen eingeschaltet. Diese Personen können sowohl unselbständige Dritte sein, wie Angestellte des Absenders oder Empfängers, als auch selbständige Dritte, wie die Post oder Banken.

Wird ein Dritter im Rahmen der Leistungsbewegung nur unselbständig und ohne Einbeziehung seines Vermögens tätig, insbesondere als Bote oder Stellvertreter, so ergeben sich bereicherungsrechtlich keine Besonderheiten: Leistender im Sinne des Bereicherungsrechts ist der Auftrag- oder Vollmachtgeber. – Dasselbe gilt entsprechend für die Empfängerseite.

F: A läßt dem B durch seinen Kassierer X einen Geldbetrag auszahlen. Warum kann X nicht Gläubiger der Leistungskondiktion sein, wenn sich herausstellt, daß die Zahlung an B ohne Rechtsgrund erfolgt ist?

A: X war im Rahmen der Leistungsbewegung nur unselbständig und ohne Einbeziehung seines Vermögens tätig. Gläubiger des Bereicherungsanspruchs ist daher nur sein Arbeitgeber A.

2.

Ist hingegen das Vermögen selbständiger Dritter in den Leistungsvorgang einbezogen, so wird für die Bestimmung des Bereicherungsgläubigers und des Bereicherungsschuldners die Unterscheidung zwischen Leistung und Zuwendung (vgl. S. 380) von Bedeutung:

Eine Leistung im Sinne des § 812 Abs. 1 S. 1 Fall 1 BGB wird nur von derjenigen Person erbracht, die mit der Wertbewegung einen eigenen Leistungszweck verfolgt.

Zahlt z. B. eine Bank im Auftrag des Käufers S dem Verkäufer G einen Betrag aus, so liegt in diesem Vorgang eine Leistung im Verhältnis zwischen S und G, da S den Zweck verfolgt, mit der Zahlung seine Verbindlichkeit aus dem Kaufvertrag zu erfüllen. – Ebenso liegt im Verhältnis der Bank zu S eine Leistung vor, da die Bank ihrer Verpflichtung aus dem Auftragsvertrag mit S nachkommen will. – Die Auszahlung der Bank an den G hingegen stellt eine Zuwendung dar, weil die Bank mit dieser Handlung gegenüber dem G keine eigene Zwecksetzung verfolgt.

Derjenige, der auf Anweisung handelt und im Verhältnis zum Empfänger keine eigene Leistung erbringt, wird als Leistungsmittler bezeichnet, weil er nur die Leistung des Anweisenden an den Empfänger vermittelt.

F: Der A schuldet dem B 150,– DM. Er überweist das Geld mittels einer Zahlungsanweisung seiner Sparkasse. In welcher Weise wird die Sparkasse hierbei im Verhältnis zu A und zu B tätig?

A: Gegenüber B ist die Sparkasse Leistungsmittler; sie erbringt eine Zuwendung, weil sie gegenüber B keinen eigenen Leistungszweck verfolgt. Gegenüber A ist die Sparkasse Leistender in Erfüllung des Überweisungsauftrages.

3.

Für die Frage, ob ein Verhalten als Leistung im Sinne des § 812 Abs. 1 S. 1 Fall 1 BGB oder als Zuwendung zu bewerten ist, muß nach herrschender Meinung aus Gründen des Vertrauensschutzes auf die Sicht des Leistungsempfängers abgestellt werden: Leistender und demnach Gläubiger des Bereicherungsanspruchs ist derjenige, den der Empfänger bei objektiver Betrachtungsweise als den Leistenden ansehen konnte, normalerweise also sein Geschäftspartner. – Wer dagegen aus der Sicht des Empfängers nur als Leistungsmittler erscheint, ist nicht Gläubiger der Leistungskondiktion.

Ein mittelbarer Stellvertreter tritt aus der Sicht des Empfängers als Leistender auf. Daß die wirtschaftlichen Folgen seiner Handlungen das Vermögen eines anderen treffen, ist für die Leistungskondiktion unerheblich.

F: Der in Geldnot geratene D will seine Briefmarkensammlung veräußern. Da er selbst dabei nicht in Erscheinung treten möchte, bittet er seinen Freund G, das Geschäft im eigenen Namen zu tätigen. G verkauft und veräußert die Sammlung an den S. Bald darauf ficht S den Kaufvertrag an, weil der G ihn arglistig getäuscht hat. Ist D oder G der Gläubiger des Bereicherungsanspruchs gegenüber dem S?

A: Entscheidend für die Bestimmung des Leistenden ist die Sicht des Leistungsempfängers S. Danach ist ihm im Sinne des § 812 Abs. 1 S. 1 Fall 1 BGB von G geleistet worden, weil G im eigenen Namen als mittelbarer Stellvertreter handelte.

4.

Eine Wertbewegung im Dreiecksverhältnis ergibt sich im Zahlungsverkehr, wenn der Gläubiger seinen Schuldner anweist, an einen Dritten zu zahlen, dem der Gläubiger seinerseits verpflichtet ist. – Dasselbe gilt außerhalb des Zahlungsverkehrs, wenn z. B. der S an G Waren verkauft, die dieser noch vor der Lieferung an den D weiterverkauft, und G den S anweist, die Waren unmittelbar an D auszuliefern.

Der G erfüllt mit der Auslieferung der Waren durch S seine Verpflichtung gegenüber D, er erbringt also gegenüber D eine Leistung. Zwischen D und G besteht das sog. Valutaverhältnis, in welchem die primär erstrebte Vermögensverschiebung rechnerisch erfolgt. – Der S erfüllt durch die Auslieferung seine Verpflichtung gegenüber G und erbringt diesem damit seine Leistung. Zwischen S und G besteht das sog. Deckungsverhältnis, durch welches die Leistung im Valutaverhältnis ermöglicht wird. – Die Auslieferung der Waren durch den S an D hingegen erfolgt ohne eigene Zwecksetzung, also im Wege der Zuwendung.

F: Der Südfrüchteimporteur X hat mit dem Obstgroßhändler Y einen Kaufvertrag über 500 kg Bananen zum 1. 8. abgeschlossen. Im Juli verkauft Y die Bananen an die Säuglingsnahrungsfabrik Z. Er beauftragt deshalb den X, die Früchte unmittelbar bei Z abzuliefern. – Setzen Sie bitte in die nachstehende Skizze die Begriffe „Valutaverhältnis" und „Deckungsverhältnis" ein:

X

Y Z

A: Das Valutaverhältnis besteht zwischen Y und Z, das Deckungsverhältnis zwischen X und Y.

5.

Auch beim Vertrag zugunsten Dritter nach den §§ 328 ff. BGB werden Leistungen nur im Deckungsverhältnis zwischen dem Versprechenden (= S im Sinne des Textes auf S. 418) und dem Versprechensempfänger (= G), sowie im Valutaverhältnis zwischen dem Versprechensempfänger und dem Dritten erbracht. Die Vermögensverschiebung zwischen dem Versprechenden und dem Dritten hingegen erfolgt im Wege der Zuwendung.

Zwar kann beim echten Vertrag zugunsten Dritter gemäß § 328 Abs. 1 BGB der Dritte die Leistung auch selbst vom Versprechenden fordern. Dadurch entsteht jedoch nach herrschender Meinung zwischen diesen beiden kein Leistungsverhältnis, weil der Versprechende nur mit Rücksicht auf seine Verpflichtung gegenüber dem Versprechensempfänger handelt.

F: G, der im Februar für längere Zeit ins Ausland verreist, will seiner Freundin D zu deren Geburtstag im März ein Geschenk machen. Er kauft deshalb bei dem Juwelier S ein Armband, bezahlt es und vereinbart mit S, daß die D das Armband bei ihm abholen werde. Erbringt S der D mit der Aushändigung des Armbandes eine Leistung?
(Die Beantwortung dieser und der folgenden Fragen zum Mehrpersonenverhältnis wird erleichtert, wenn Sie sich zunächst eine Skizze aufzeichnen, etwa in der Art wie auf S. 418).

A: Nein; da der S in Erfüllung seiner Verkäuferpflicht gegenüber G gehandelt hat, liegt im Verhältnis des S zur D eine Zuwendung vor.

6.

Ist bei einer Dreiecksbeziehung das Valutaverhältnis mangelhaft, z. B. infolge Anfechtung, so kann der Gläubiger (= G) den Leistungsgegenstand vom Empfänger (= D) gemäß § 812 Abs. 1 S. 1 Fall 1 BGB herausverlangen, weil der Empfänger diesen Gegenstand als Leistung des Gläubigers erhalten hat. – Unerheblich ist dabei, daß der Gläubiger vorher nicht im Besitz des Leistungsgegenstandes war, da eine Leistung auch unter Einschaltung des Vermögens Dritter bewirkt werden kann (vgl. S. 416).

Das Deckungsverhältnis wird von Mängeln des Valutaverhältnisses nicht berührt, weil es in seinen Wirksamkeitsvoraussetzungen gegenüber dem Valutaverhältnis selbständig ist.

F: G hat seinen Schuldner S angewiesen, einen dem G geschuldeten Betrag unmittelbar an D zu zahlen, dem G diese Summe seinerseits schuldet. Kurz nach der Auszahlung ficht G wegen arglistiger Täuschung seine Verpflichtung gegenüber D wirksam an, so daß sie rückwirkend entfällt. Erwarb D dennoch das von S gezahlte Geld durch eine Leistung des G?

A: Ja; die Zuwendung des S an D erfolgte zur Erfüllung des Valutaverhältnisses als Leistung des G. Die Anfechtung des G hat nur den Rechtsgrund für diese Leistung beseitigt.

7.

Ist bei einer Dreiecksbeziehung das Deckungsverhältnis mangelhaft, so kann der Schuldner eine Leistungskondiktion nur gegen seinen Geschäftspartner, den Gläubiger, richten, da er diesem eine Leistung erbracht hat. Die Bereicherung des Gläubigers besteht darin, daß für ihn im Verhältnis zum Leistungsempfänger Schuldbefreiung eingetreten ist. (Zur Schuldbefreiung als Bereicherungsgegenstand vgl. S. 375.)

F 1: Durch arglistige Täuschung des G wird der S veranlaßt, seine angeblich unechten Goldmünzen dem G weit unter Wert zu verkaufen. Auf Geheiß des G liefert S die Münzen bei D ab, der sie seinerseits von G gekauft hat. Kann für S, wenn er den Kaufvertrag wirksam angefochten hat, eine Leistungskondiktion mit dem Ziel in Frage stehen, die Münzen von D zurückzuerhalten?

F 2: Welchen Bereicherungsgegenstand hat G erlangt?

A 1: Nein; S hat dem D nur eine Zuwendung erbracht. Geleistet hat S an G, so daß er sich bereicherungsrechtlich an diesen halten muß.

A 2: G ist durch die Zuwendung des S an D von seiner Verpflichtung aus dem Kaufvertrag mit D befreit worden und deshalb um diese Befreiung von einer Verbindlichkeit bereichert.

Wiederholungsfragen:

1. A bittet seinen geschäftsgewandten Freund B, die Veräußerung eines dem A gehörenden Segelbootes zu übernehmen. Als B das Boot an D verkauft, tritt er der Einfachheit halber im eigenen Namen auf. A liefert das Boot an D aus, ohne zu erwähnen, daß er der Eigentümer ist. Wer ist hinsichtlich des Besitzes am Boot als Leistender im Sinne des § 812 Abs. 1 S. 1 Fall 1 BGB anzusehen, wenn D den Kaufvertrag wirksam anficht?

2. Bei Wertbewegungen im Dreiecksverhältnis besteht zwischen dem Gläubiger und dem Schuldner, der an den Dritten ausliefert, das sog. ________-verhältnis, zwischen dem Gläubiger und dem Dritten das sog. ____________-verhältnis.

3. S verkauft seinen Pkw an G, der ihn noch vor Lieferung an D weiterverkauft. In welchem Verhältnis ist eine Leistungskondiktion begründet, wenn sich nach Auslieferung des Pkw von S an D herausstellt, daß der Kaufvertrag zwischen S und G unwirksam ist?

A 1: Leistender ist der B, weil er im eigenen Namen auftrat und somit aus der Sicht des D, die für die Beurteilung der Leistungsbeziehung entscheidend ist, als der Leistende erschien.

A 2: Deckungs(-verhältnis)
Valuta(-verhältnis)

A 3: S hat eine Leistungskondiktion gegen G, den er von seiner Schuld gegenüber dem D befreit hat.

8.

Auch wenn bei einem mangelhaften Deckungsverhältnis die Zuwendung des Schuldners an den Dritten alle Tatbestandsvoraussetzungen der Nichtleistungskondiktion (vgl. S. 397) erfüllen würde, ist die Subsidiarität gegenüber der Leistungskondiktion zu beachten:

Soweit aus demselben Bereicherungsvorgang die Leistungskondiktion eines Gläubigers mit der Nichtleistungskondiktion eines anderen Gläubigers konkurrieren könnte, wird allgemein der Grundsatz vom Vorrang des Leistungsverhältnisses vertreten, um den Leistungsempfänger zu schützen. Er darf darauf vertrauen, daß er sich nach Empfang einer „Leistung" nur mit dem Leistenden bereicherungsrechtlich auseinanderzusetzen hat.

F: G verkauft und übereignet dem S ein Fahrrad, das er auf jederzeitigen Widerruf dem X geliehen hat. S nimmt auf Wunsch des G das vor dem Haus des X abgestellte Fahrrad an sich. Dann erweist sich, daß G zur Verkaufszeit geschäftsunfähig geworden war. Kann X jetzt das Fahrrad von S zurückverlangen, weil dieser um den Besitz in sonstiger Weise bereichert ist?

A: Nein; das Fahrrad ist dem S von G geleistet worden und kann wegen des Vorrangs der Leistungskondiktion nur von G herausverlangt werden. Eine Nichtleistungskondiktion des X wegen seines Besitzverlustes scheidet aus.

9.

Sind sowohl das Valutaverhältnis als auch das Deckungsverhältnis mangelhaft, so handelt es sich um einen sog. Doppelmangel.

Die früher herrschende Meinung, die Lehre von der sog. Einheitskondiktion, ließ in diesem Falle unmittelbar einen Bereicherungsanspruch des S gegenüber D zu. Dadurch konnte allerdings der D benachteiligt werden, weil ihm die Geltendmachung von Gegenrechten aus dem mangelhaften Valutaverhältnis, z. B. ein Zurückbehaltungsrecht, verwehrt war.

Da aber seitens des S kein eigener Leistungszweck gegenüber D verfolgt wurde, und seine Nichtleistungskondiktion subsidiär im Verhältnis zur Leistungskondiktion des G gegen D sein muß, braucht sich D bereicherungsrechtlich nur mit seinem Geschäftspartner G auseinandersetzen. – Der S kann also wegen des Mangels im Deckungsverhältnis von G im Wege der Leistungskondiktion die Abtretung des Bereicherungsanspruchs gegen D verlangen, weil G um diesen Anspruch bereichert ist. – Diese Art der bereicherungsrechtlichen Abwicklung eines Doppelmangels bezeichnet man als Doppelkondiktion.

F: S hat mit G einen Kaufvertrag über eine Schreibmaschine abgeschlossen. Noch vor der Lieferung verkauft G die Maschine an D weiter; auf Veranlassung des G liefert S die Maschine direkt an D aus. Danach stellt sich heraus, daß beide Kaufverträge wegen Geisteskrankheit des G nichtig sind. Gegen wen kann S eine Leistungskondiktion geltend machen?

A: S kann gemäß § 812 Abs. 1 S. 1 Fall 1 BGB von G im Wege der Leistungskondiktion die Abtretung des Herausgabeanspruchs verlangen, den dieser gemäß § 812 Abs. 1 S. 1 Fall 1 BGB gegen den D hat. Eine Leistungskondiktion des S gegen D steht mangels Leistung nicht in Frage.

10. § 267

Eine weitere Problematik des bereicherungsrechtlichen Ausgleichs im Mehrpersonenverhältnis entsteht im Zusammenhang mit § 267 BGB.

Leistet ein Dritter (der als Gläubiger einer Leistungskondiktion „G" genannt werden soll) gemäß § 267 BGB im eigenen Namen für den Schuldner S an dessen Gläubiger (der bereicherungsrechtlich als „D" bezeichnet werden soll), so entscheidet bei Bestehen der Schuld des S das Deckungsverhältnis zwischen S und G über den Ausgleich; bei fehlendem Deckungsverhältnis steht dem G gegen S eine Leistungskondiktion wegen der Schuldbefreiung des S zu.

Bestand keine Schuld des S gegenüber D, so kann keine Schuldbefreiung des S eintreten. Die herrschende Meinung nimmt an, der G leiste zum Zwecke der Schuldbefreiung des S an D, so daß der Leistungszweck verfehlt wird und dem G eine Leistungskondiktion gegen den D zusteht.

F: Der volljährige Student S, der in Düsseldorf an der Kunsthochschule studiert, hat bei seinem Zimmervermieter D Mietrückstände. Als sein Vater G hiervon erfährt, überweist er den ausstehenden Betrag per Post an D; auf dem Überweisungsformular vermerkt er: „In Stellvertretung meines Sohnes S, G". Inzwischen hatte S im Lotto gewonnen und die rückständige Miete selbst bezahlt. Steht dem G gegenüber D eine Leistungskondiktion gemäß § 812 Abs. 1 S. 1 Fall 1 BGB zu?

A: Nein; da G als Stellvertreter des S handelte, hat er keinen eigenen Leistungszweck gegenüber dem D verfolgt. Daher stellt die Zahlung eine Leistung des S an D dar.

11.

Besteht eine Schuld des S gegenüber dem D, hält jedoch der zahlende Dritte (= G) sich irrtümlich selbst für den Schuldner, so verfolgt er mit seiner Zahlung den eigenen Leistungszweck, seine vermeintliche Verbindlichkeit zu erfüllen. Es liegt kein Fall des § 267 BGB vor, so daß G die gezahlte Summe nur von D, nicht aber von dem wahren Schuldner S zurückverlangen kann.

Sollte der Leistende in Betracht ziehen, seine irrtümliche Leistung nachträglich als eine Leistung in Geschäftsführung für den wahren Schuldner zu bestimmen, um gegen diesen nach § 684 BGB vorgehen zu können, so handelt es sich um ein Problem der Rückgriffskondiktion, das in Inf. 30 behandelt wird.

F: Der G zahlt, weil er meint, er habe seinen Onkel beerbt, dessen Schulden bei D. Später stellt sich heraus, daß S der Alleinerbe war. G fragt an, gegen wen er eine Leistungskondiktion richten könne?

A: Da G nur dem D eine Leistung erbracht hat, kann er seine Leistungskondiktion nur gegen diesen richten.

Wiederholungsfragen:

1. A hat an B geleistet, um damit eine Schuld des C zu tilgen. Unter welcher Voraussetzung entsteht für A eine Leistungskondiktion gegen C?

2. Unter welcher Voraussetzung entsteht im vorgenannten Falle für A eine Leistungskondiktion gegen B?

3. Der Mineralwasservertrieb G schickt den neuangestellten Verkaufsfahrer D zur Auslieferung; D soll u. a. bei K einen schon bezahlten Kasten Mineralwasser an der Tür abstellen. Versehentlich stellt D jedoch den Kasten bei S ab, der von einem anderen Lieferanten ebenfalls Mineralwasser erwartet und deshalb den Kasten mit in die Wohnung nimmt. Wer ist Gläubiger eines Anspruchs aus § 812 Abs. 1 S. 1 BGB gegenüber dem S?

A 1: Eine Leistungskondiktion des A gegen C entsteht, wenn A den C von einer Schuld befreit hat und die Verpflichtung des A gegenüber C hierzu entfallen ist oder nicht entstanden war.

A 2: Eine Leistungskondiktion des A gegen B entsteht nach herrschender Meinung, wenn der Leistungszweck „Schuldbefreiung des C“ verfehlt wird, weil keine Schuld des C bestand.

A 3: Da keine Leistung an S erfolgt ist, sondern eine Zuwendung (vgl. S. 380), handelt es sich um einen Anspruch wegen Bereicherung in sonstiger Weise gemäß § 812 Abs. 1 S. 1 Fall 2 BGB. Dieser Anspruch steht dem G zu, weil D als unselbständiger Dritter in den Bereicherungsvorgang eingeschaltet war.

12. § 816 Abs. 1 S. 1

Sonderregeln wegen eines Eingriffs in die geschützte Vermögenssphäre enthält § 816 BGB:

§ 816 Abs. 1 S. 1 BGB setzt voraus, daß jemand einen Rechtsverlust erleidet, weil ein Dritter den betroffenen Gegenstand nach den Vorschriften über den Gutglaubensschutz erwirbt. In diesem Falle bilden die Vorschriften über den gutgläubigen Erwerb einen gesetzlichen Rechtsgrund für das Behalten des Erworbenen (vgl. S. 406). – Dementsprechend erfolgt gemäß § 816 Abs. 1 S. 1 BGB der Bereicherungsausgleich zwischen dem ursprünglich Berechtigten und dem Verfügenden.

ursprünglicher Berechtigter ——— § 816 Abs. 1 S. 1 ———→ nichtberechtigter Verfügender

‖

gutgläubiger Erwerber

F: V verkauft und übereignet dem E eine Bauerntruhe, die ihm der B zur Aufbewahrung übergeben hatte. Hat der gutgläubige E das Eigentum an der Truhe ohne Rechtsgrund erlangt?

A: Nein; die Vorschriften über den gutgläubigen Eigentumserwerb bilden einen gesetzlichen Rechtsgrund für den Eigentumserwerb des E.

13.

Der Anspruch aus § 816 Abs. 1 S. 1 BGB erfordert die Verfügung eines Nichtberechtigten:

Verfügung ist jedes Rechtsgeschäft, das unmittelbar ändernd auf die Rechtslage eines Gegenstandes einwirkt; eine Verfügung erfolgt also durch die Übertragung des Rechts ebenso wie durch seine Inhaltsänderung, Belastung oder Aufhebung. Den Gegensatz bilden Rechtsgeschäfte, die nur eine Verpflichtung zur Vornahme einer Rechtsänderung begründen. – Hierzu gehören auch Miete oder Pacht. Zum Teil wird allerdings bei unbefugter Vermietung oder Verpachtung fremder Sachen eine analoge Anwendung des § 816 Abs. 1 S. 1 BGB befürwortet.

Verfügender ist derjenige, der das Verfügungsgeschäft mit dem Erwerber abschließt. Nichtberechtigt ist der Verfügende, wenn er nicht Inhaber des Rechtes ist, über das er verfügt, und auch keine andere Verfügungsberechtigung vorliegt, z. B. die Einwilligung gemäß § 185 Abs. 1 BGB.

F: A will eine dem B gehörende Schreibmaschine zurückbringen, die er entliehen hatte. Da B verreist ist, gibt der A die Maschine beim Wohnungsnachbarn C ab. Dieser vermietet die Maschine seinem Untermieter, dem Studenten S, der darauf seine Examensarbeit schreibt. Kann B nach herrschender Meinung einen Bereicherungsanspruch gemäß § 816 Abs. 1 S. 1 BGB gegen C erheben?

A: Nein; die Vermietung der Maschine stellt keine Verfügung des C dar, da die Rechtslage der Maschine nicht unmittelbar verändert wird.

14.

Damit § 816 Abs. 1 S. 1 BGB eingreift, muß die Verfügung des Nichtberechtigten gegenüber dem Berechtigten wirksam sein. Dies ist in erster Linie dann der Fall, wenn ein Dritter den Gegenstand gutgläubig erwirbt und dadurch das Eigentum des ursprünglich Berechtigten erlischt.

Der gutgläubige Rechtserwerb erfolgt aufgrund der Regeln, die für Grundstücke in § 892 BGB, für bewegliche Sachen in den §§ 932 ff. BGB enthalten sind. (Die Einzelheiten hierzu werden im Sachenrecht behandelt.) – Hervorzuheben ist, daß Verfügungen über bewegliche Sachen, die dem Berechtigten gestohlen worden oder sonst abhanden gekommen sind, gemäß § 935 Abs. 1 BGB auch bei gutem Glauben des Erwerbers unwirksam sind.

F: V verkauft und veräußert an E eine Briefmarke, die er dem B gestohlen hatte; E hält ihn für den Eigentümer und bezahlt den Kaufpreis. Entsteht für B ein Anspruch aus § 816 Abs. 1 S. 1 BGB gegen den V?

A: Nein; da der E an einer gestohlenen Sache gemäß § 935 Abs. 1 S. 1 BGB kein Eigentum erwerben kann, fehlt es an einer wirksamen Verfügung des V.

15.

§ 816 Abs. 1 S. 1 BGB verpflichtet den Nichtberechtigten nach einer wirksamen entgeltlichen Verfügung zur Herausgabe des durch die Verfügung Erlangten. Die Rechtsprechung versteht hierunter die vom Verfügenden aufgrund des (gültigen) Kausalgeschäfts empfangene Gegenleistung. – Der Berechtigte, normalerweise der ursprüngliche Eigentümer einer Sache, kann die volle Herausgabe des Erlangten auch dann fordern, wenn er selbst eine solche Gegenleistung nicht hätte erzielen können. Man spricht hier, wie bei § 687 Abs. 2 BGB (vgl. S. 322), von einem Gewinnabschöpfungsanspruch.

In der Literatur wird demgegenüber mit unterschiedlichen Begründungen die Auffassung vertreten, daß der Verfügende nur bis zur Höhe des Sachwertes herausgabepflichtig ist.

F: V verkauft und übereignet dem gutgläubigen E ein Gemälde, das ihm der B für eine Ausstellung überlassen hatte. Aufgrund seiner Geschäftstüchtigkeit gelingt es dem V, für das Bild, das einen Wert von 2 000,– DM hat, den Preis von 2 700,– DM zu erzielen. Als B diesen Betrag von V herausverlangt, macht dieser geltend, B könne höchstens 2 000,– DM von ihm fordern. Trifft die Auffassung des V zu

a) nach Auffassung der Rechtsprechung,

b) nach der in der Literatur vertretenen Ansicht?

A: a) Nein; nach Auffassung der Rechtsprechung kann B den gesamten von V erzielten Erlös herausverlangen.

b) Ja; nach dieser Ansicht ist der Anspruch des B durch den Sachwert des Gemäldes begrenzt.

16.

Die Möglichkeit der Gewinnabschöpfung kann den Berechtigten veranlassen, eine (z. B. wegen § 935 BGB) unwirksame Verfügung nach § 185 Abs. 2 S. 1 BGB zu genehmigen. Damit wird die Verfügung des Nichtberechtigten wirksam im Sinne des § 816 Abs. 1 S. 1 BGB, so daß er nunmehr zur Herausgabe des Erlangten verpflichtet ist. – Die Rechtsprechung bewertet die Klage auf Herausgabe des Erlöses als Genehmigung der unwirksamen Verfügung.

Sind mehrere unwirksame Verfügungen verschiedener Personen nacheinander erfolgt, z. B. weil die gestohlene Sache mehrfach veräußert wurde, so steht es im Belieben des Berechtigten, welche der Verfügungen er genehmigt. – Ferner ist nach Ansicht des BGH die Genehmigung der unwirksamen Verfügung auch dann noch zulässig, wenn der Erwerber die Sache inzwischen verarbeitet hat; dies gilt z. B., wenn ein Dieb gestohlenen Stoff an einen Schneider veräußert, der hieraus Kleider herstellt.

F: V hat bei B ein Schmuckstück im Werte von 1 000,– DM gestohlen; er veräußert es für 400,– DM an den E, dieser für 800,– DM an den X und dieser für 1 200,– DM an einen Unbekannten, der nicht mehr ausfindig zu machen ist. Was würden Sie dem B bei dieser Sachlage raten, um das für ihn wirtschaftlich günstigste Ergebnis zu erreichen?

A: Da das Schmuckstück für den B verloren sein dürfte, kann er die wegen § 935 BGB unwirksame Verfügung des X nach § 185 Abs. 2 S. 1 BGB genehmigen und gemäß § 816 Abs. 1 S. 1 BGB von X den Erlös in Höhe von 1 200,– DM herausverlangen.

17. § 816 Abs. 1 S. 2

Wenn der Nichtberechtigte über einen Gegenstand unentgeltlich verfügt, z. B. ihn verschenkt, könnte der Berechtigte gemäß § 816 Abs. 1 S. 1 BGB nichts herausverlangen, weil der Verfügende nichts erlangt hat.

Deshalb gewährt § 816 Abs. 1 S. 2 BGB dem Berechtigten einen Anspruch gegen den Dritten, der aus der unentgeltlichen Verfügung etwas erlangt hat. Der Inhalt des Anspruchs ist auf die Herausgabe des erlangten Vorteils gerichtet, normalerweise also auf die Rückgabe des Gegenstandes selbst. – Der Anspruch aus § 816 Abs. 1 S. 2 BGB bildet die Ausnahme zu dem auf S. 423 dargestellten Grundsatz vom Vorrang des Leistungsverhältnisses, das hier zwischen dem Erwerber und dem Verfügenden besteht. Diese Ausnahme beruht darauf, daß ein unentgeltlich Erwerbender weniger schutzwürdig erscheint.

F 1: V hat sich von B ein Buch geliehen. Als ihn sein Freund E besucht und sich für das Buch interessiert, schenkt er es ihm; E hält V für den Eigentümer des Buches. Wer kann in diesem Falle den Anspruch aus § 816 Abs. 1 S. 2 BGB gegen wen erheben?

F 2: Noch bevor B die Weitergabe des Buches durch V entdeckt, schenkt der E das Buch, das er gemäß § 932 BGB gutgläubig zu Eigentum erworben hat, seiner Freundin S zum Geburtstag. Warum kann der B das Buch gemäß § 816 Abs. 1 S. 2 BGB nicht von der S herausverlangen?

A 1: Der Anspruch aus § 816 Abs. 1 S. 2 BGB steht dem B gegenüber E zu, der das Buch an B zurückübereignen muß.

A 2: Da E gemäß § 932 BGB das Eigentum am Buch erworben hat, verfügte er als Berechtigter darüber, so daß § 816 Abs. 1 S. 2 BGB nicht eingreifen kann.

18.

§ 816 Abs. 1 S. 2 BGB wird von der Rechtsprechung auch analog angewendet: Verfügt ein Nichtberechtigter zwar entgeltlich, ist jedoch die Entgeltabrede (z. B. wegen Minderjährigkeit des Erwerbers oder infolge Anfechtung) unwirksam, so ist zu unterscheiden, ob der Erwerber, der die Sachleistung empfangen hat, seine Gegenleistung bereits erbracht hat oder nicht:

Hat der Verfügende kein Entgelt erhalten, so wird dem Berechtigten gestattet, analog § 816 Abs. 1 S. 2 BGB gegen den Erwerber vorzugehen. Insoweit wird die rechtsgrundlose entgeltliche Verfügung wie eine unentgeltliche Verfügung behandelt. – Hat dagegen der Erwerber seine Gegenleistung erbracht, so ist der Verfügende gemäß § 816 Abs. 1 S. 1 BGB zur Abtretung seines Bereicherungsanspruchs auf Sachrückgabe gegen den Erwerber verpflichtet (und muß das Entgelt dem Erwerber zurückzahlen).

Im Gegensatz zur Rechtsprechung geht die in der Literatur herrschende Meinung in beiden Fällen von der Notwendigkeit einer Doppelkondiktion aus, so daß der Berechtigte vom Verfügenden nur die Abtretung seines Bereicherungsanspruchs gegen den Erwerber der Sache verlangen kann.

F: Als der B in Urlaub fährt, gibt er seine wertvollen Kakteen dem Nachbarn V zur Verwahrung. V verkauft die Pflanzen alsbald an den E, der einen Preis von 200,– DM bietet. E nimmt die Pflanzen sofort mit; als er dann nicht zahlt, stellt sich heraus, daß er wegen Trunksucht entmündigt ist. Gegen wen muß B seinen Bereicherungsanspruch richten, wenn man die Auffassung der Rechtsprechung zugrunde legt?

A: B kann, da der E die Pflanzen rechtsgrundlos erworben und kein Entgelt dafür geleistet hat, analog § 816 Abs. 1 S. 2 BGB gegen den E vorgehen.

19. § 816 Abs. 2

Gemäß § 816 Abs. 2 BGB hat bei der Leistung an einen Nichtberechtigten dieser das Empfangene herauszugeben, wenn die Leistung dem Berechtigten gegenüber wirksam ist.

Hauptanwendungsfall des § 816 Abs. 2 BGB ist die Leistung des Schuldners an den bisherigen Gläubiger in Unkenntnis einer zwischenzeitlichen Abtretung; gemäß § 407 Abs. 1 BGB muß der neue Gläubiger diese Leistung gegen sich gelten lassen. Er kann deshalb das Empfangene nach § 816 Abs. 2 BGB beim bisherigen Gläubiger kondizieren. – Ein weiterer Fall des § 816 Abs. 2 BGB ergibt sich z. B. aus § 808 Abs. 1 S. 1 BGB bei der Abhebung eines Sparguthabens durch den nichtberechtigten Besitzer des Sparbuches.

F: Der Vermieter V hat sein Miethaus am 31. 3. dem B übereignet. Der im Haus wohnende Mieter D, der von der Übereignung noch nichts erfahren hat, überweist die Aprilmiete auf das Konto des V.

a) Kann der B diese Miete von D nochmals verlangen? (Vergleichen Sie vor Ihrer Antwort § 574 BGB.)

b) Welchen Bereicherungsanspruch hat B gegen V?

A: a) Nein; der V hat zwar als Nichtberechtigter die Miete für April erhalten; diese Mietzahlung ist jedoch gemäß § 574 S. 1 BGB gegenüber B wirksam.

b) B kann sich gemäß § 816 Abs. 2 BGB an den V halten und Herausgabe der erlangten Mietzahlung fordern.

Wiederholungsfragen:

1. V hat sich vom Eigentümer B ein Fahrrad entliehen, das er für 50,– DM an den gutgläubigen E verkauft und übereignet. Das Fahrrad hatte einen Wert von 80,– DM. Kann B nach § 816 Abs. 1 S. 1 BGB von V die Zahlung von 50,– DM oder von 80,– DM verlangen?

2. E erwirbt von V eine Maschine gegen Zahlung von 5 000,– DM; die Maschine war dem V vom Eigentümer B zur Verwahrung übergeben worden. Als sich an der Maschine ein von V kaschierter Fehler herausstellt, ficht E den Kaufvertrag wegen arglistiger Täuschung an. – Kann der B, weil der Rechtsgrund für die Kaufpreiszahlung ex tunc entfallen ist, nunmehr analog § 816 Abs. 1 S. 2 BGB von E die Herausgabe der Maschine verlangen, obwohl dieser an V den Kaufpreis gezahlt hat?

3. A hat gegen B eine Werklohnforderung in Höhe von 1 000,– DM. Kurz bevor der B in Konkurs fällt, will er diese Forderung noch erfüllen; irrtümlich überweist er den Betrag an den C. Bevor der Fehler bereinigt werden kann, fällt B in Konkurs. Kann A mit Hilfe des § 185 Abs. 2 S. 1 BGB die 1 000,– DM von C verlangen?

A 1: Auch wenn der erzielte Erlös den Sachwert nicht übersteigt, muß V nach § 816 Abs. 1 S. 1 BGB nur den Erlös herausgeben. (Daneben kommen für B vertragliche oder deliktische Schadensersatzansprüche in Betracht.)

A 2: Nein; die von der Rechtsprechung bejahte analoge Anwendung des § 816 Abs. 1 S. 2 BGB ist auf den Fall beschränkt, daß der Verfügende vom Erwerber keine Gegenleistung erhalten hat.

A 3: B hat an einen Nichtberechtigten gezahlt. A kann dies nach §§ 362 Abs. 2, 185 Abs. 2 S. 1 BGB genehmigen und dann gemäß § 816 Abs. 2 BGB die 1 000,– DM von C herausverlangen.

20. § 951 Abs. 1 S. 1

Ein weiterer bereicherungsrechtlicher Anspruch ergibt sich aus § 951 Abs. 1 S. 1 BGB.

Diese Vorschrift setzt einen Eigentumsverlust oder anderen Rechtsverlust nach den §§ 946–950 BGB voraus. – Die Einzelheiten dieser Regeln werden im Sachenrecht dargestellt; zum Verständnis des Bereicherungsanspruchs nach § 951 Abs. 1 S. 1 BGB wird jedoch hier ein Überblick gegeben:

Gemäß § 946 BGB in Verbindung mit den §§ 93–95 BGB verliert der Eigentümer einer beweglichen Sache sein Eigentum, z. B. an Baumaterial, mit dem Einbau der Sache an den Grundeigentümer. – Gemäß § 947 Abs. 2 BGB in Verbindung mit § 93 BGB verliert der Eigentümer sein Eigentum an einer beweglichen Sache, wenn diese einer anderen beweglichen Sache als wesentlicher Bestandteil eingefügt wird; so geht z. B. das Eigentum am Anschlußkabel mit dem Einbau in eine Waschmaschine kraft Gesetzes auf den Eigentümer der Waschmaschine über. – Eigentumsverlust tritt nach § 948 BGB auch bei der Vermischung von Sachen ein, z. B. bei der Vermischung von Zement und Sand. – Gemäß § 950 BGB schließlich wird der Hersteller einer neuen Sache durch die Herstellung deren Eigentümer; das bedeutet, daß die Eigentümer der verwendeten Materialien ihr Eigentum verlieren.

F: Der S hat von G Felle zur Verwahrung erhalten. Ohne Einwilligung des G fertigt S aus diesen Fellen einen Pelzmantel. Welche Eigentumsänderung tritt damit ein?

A: Gemäß § 950 BGB geht das Eigentum des G an den Fellen durch die Verarbeitung unter und der S wird Eigentümer des Mantels.

21.

Zum Ausgleich für Rechtsverluste nach den §§ 946–950 BGB gewährt § 951 Abs. 1 S. 1 BGB einen Bereicherungsanspruch. – Diese Vorschrift verweist nicht nur auf die Rechtsfolgen des Bereicherungsrechts, sondern enthält eine sog. Rechtsgrundverweisung; es wird also auf den gesamten Tatbestand des § 812 Abs. 1 S. 1 BGB verwiesen.

Da es sich bei der Vermögensmehrung nach den §§ 946–950 BGB um eine Bereicherung in sonstiger Weise handelt, müssen für den Anspruch nach § 951 Abs. 1 S. 1 BGB die Voraussetzungen des § 812 Abs. 1 S. 1 Fall 2 BGB, d. h. der Nichtleistungskondiktion, voll erfüllt sein. – Anspruchsgrundlage sind daher die §§ 951 Abs. 1 S. 1, 812 Abs. 1 S. 1 Fall 2 BGB.

F: G hat sein Eigentum an zehn Zentnern Weizen durch Vermischung mit Weizen des S verloren. Als er gemäß §§ 951 Abs. 1 S. 1, 812 Abs. 1 S. 1 Fall 2 BGB von S Geldausgleich verlangt, wendet dieser ein, § 948 BGB bilde einen gesetzlichen Rechtsgrund für seinen Eigentumserwerb; daher komme ein Bereicherungsanspruch des G nicht in Betracht. Trifft diese Argumentation des S zu?

A: Nein; die §§ 946 ff. BGB enthalten zwar den gesetzlichen Rechtsgrund für einen Eigentumserwerb, nicht jedoch, wie § 951 Abs. 1 S. 1 BGB zeigt, für die damit verbundene Vermögensvermehrung. Deshalb ist ein Bereicherungsanspruch des G nicht ausgeschlossen.

22.

Die Verweisung auf den Gesamttatbestand der Nichtleistungskondiktion besagt auch, daß ein Anspruch aus §§ 951 Abs. 1 S. 1, 812 Abs. 1 S. 1 Fall 2 BGB nicht besteht, wenn der Eigentumsverlust zwar nach den §§ 946 ff. BGB erfolgte, aber aufgrund einer Leistung. Dies ergibt sich aus der Subsidiarität der Nichtleistungskondiktion gegenüber der Leistungskondiktion (vgl. S. 423).

Eine Leistung liegt z. B. dem Einbau von Sachen in ein Haus zugrunde, wenn der Einbauende auf vertraglicher Grundlage gewollt und zweckgerichtet tätig geworden ist; in diesem Falle richten sich die Beziehungen der Beteiligten nach den der Leistung zugrunde liegenden Vertragsvorschriften.

Fehlt der entsprechende Vertrag oder wird er rückwirkend beseitigt, so greifen die Regeln über die Leistungskondiktion ein, nicht aber § 951 Abs. 1 S. 1 BGB.

F: Der G beliefert den Töpfer S mit Ton, aus dem S Waren anfertigt. Das Eigentum am Ton hat sich G bis zur Bezahlung vorbehalten. Als er von S kein Geld erhält, stellt er fest, daß ihn dieser arglistig getäuscht hat. G ficht deshalb den Liefervertrag wirksam an. Kann er jetzt wegen des zu Waren verarbeiteten Tons gegen S einen Bereicherungsanspruch gemäß §§ 951 Abs. 1 S. 1, 812 Abs. 1 S. 1 Fall 2 BGB in Verbindung mit § 950 BGB erheben?

A: Nein; zwar hat G nach § 950 BGB das Eigentum am Ton infolge der Verarbeitung durch S verloren. Da jedoch G dem S eine vertragliche Leistung erbracht hat, scheidet § 951 Abs. 1 S. 1 BGB beim Wegfall des Vertrages wegen der Subsidiarität der Nichtleistungskondiktion aus. (G kann eine Leistungskondiktion geltend machen.)

23.

Die Subsidiarität der Nichtleistungskondiktion wird im Zusammenhang des § 951 Abs. 1 S. 1 BGB vor allem wichtig, wenn die eigentumsverändernde Handlung als Leistung eines Dritten zu bewerten ist.

So handelt es sich z. B. um eine Leistung des Bauunternehmers B an den Grundeigentümer E, wenn in Ausführung eines Werkvertrages des E mit B der Handwerker H auf Anweisung des B eigenes Material bei E eingebaut hat. Dies ergibt sich aus dem auf S. 417 dargestellten Grundsatz, daß zum Schutz des Empfängers das Leistungsverhältnis aus seiner Sicht zu beurteilen ist: Für E hat sein Vertragspartner B die Leistung durch den H bewirkt. – Wegen der Subsidiarität der Nichtleistungskondiktion steht dem H gegen E kein Anspruch aus §§ 951 Abs. 1 S. 1, 812 Abs. 1 S. 1 Fall 2 BGB zu.

F: Der S beauftragt den G, im Garten des S mehrere Beete für die Aussaat herzurichten. Wegen Arbeitsüberlastung beauftragt G den D als Subunternehmer mit der Ausführung. D arbeitet eine Fuhre Humusboden in den Garten des S ein. Als D von G keine Bezahlung erhält, möchte er sich gemäß §§ 951 Abs. 1 S. 1, 812 Abs. 1 S. 1 Fall 2 BGB in Verbindung mit § 946 BGB an den S halten. Mit Recht?

A: Nein; da zwischen S und G ein Leistungsverhältnis besteht und sich G aus der Sicht des S lediglich des D zur Erfüllung der Leistungspflicht bedient hat, kann für D wegen der Subsidiarität der Nichtleistungskondiktion kein Anspruch nach den §§ 951 Abs. 1 S. 1, 812 Abs. 1 S. 1 Fall 2 BGB gegeben sein.

24.

Der Vorrang des Leistungsverhältnisses gilt nach herrschender Meinung auch dann, wenn es für die Leistung an einem Rechtsgrund fehlt, da ja der Begriff der Leistung nicht das Bestehen eines Rechtsgrundes voraussetzt. Eine Leistung liegt demnach auch dann vor, wenn der Vertrag zwischen Grundeigentümer und Bauunternehmer, auf dessen Anweisung der Handwerker Einbauten vorgenommen hat, nicht besteht bzw. rückwirkend entfällt. Die bereicherungsrechtliche Rückabwicklung erfolgt stets nur in dem Verhältnis, in welchem die Leistung erbracht wurde.

Ebenso gilt nach herrschender Meinung im Falle eines Doppelmangels das Prinzip der Doppelkondiktion (vgl. S. 424): Wenn sowohl der Vertrag zwischen dem Grundeigentümer und dem Bauunternehmer als auch der Vertrag zwischen dem Bauunternehmer und dem Handwerker fehlt oder entfallen ist, kann sich der Handwerker nur im Wege der Leistungskondiktion an den Bauunternehmer halten und von diesem Abtretung des Bereicherungsanspruchs gegen den Grundeigentümer fordern.

F: Der Architekt X hat es übernommen, für Y auf dessen Grundstück ein schlüsselfertiges Haus zu errichten. X läßt die Heizkörper durch die Firma Z einbauen. Nach Abschluß des Baues stellt sich heraus, daß X seit langem geisteskrank ist. Kann sich Z, als er von X keine Bezahlung erhält, gemäß §§ 951 Abs. 1 S. 1, 812 Abs. 1 S. 1 Fall 2 BGB an Y halten? (Legen Sie für die Beantwortung die herrschende Meinung zugrunde.)

A: Nein; es handelt sich um einen Fall des Doppelmangels. Nach herrschender Meinung steht dem Z nur die Leistungskondiktion gegen X zu; sie richtet sich auf Abtretung des Bereicherungsanspruchs, den X gegen Y hat.

25.

Die vorgenannten Grundsätze gelten nach Ansicht des BGH auch, wenn der Leistende unrechtmäßig fremde Sachen verwendet, z. B. bei ihm gelagertes Material Dritter eingebaut hat. Auch hier wird der Bauherr gegen einen Bereicherungsanspruch des früheren Materialeigentümers geschützt, weil ihm sein Vertragspartner eine Leistung erbracht hat.

Wenn aber die vertraglich geschuldete Leistung durch den Einbau abhanden gekommenen Gutes erfüllt wurde, so weicht eine in der Literatur vertretene Ansicht von diesem Ergebnis ab. Sie gewährt dem früheren Eigentümer des Materials den Anspruch aus §§ 951 Abs. 1 S. 1, 812 Abs. 1 S. 1 Fall 2 BGB mit der Begründung, daß auch bei rechtsgeschäftlicher Übertragung dieses Gutes das Recht des (früheren) Eigentümers durch § 935 BGB vorrangig geschützt worden wäre; § 935 Abs. 1 BGB wird als Ausdruck einer auch im Bereicherungsrecht geltenden Wertung verstanden, welche die Ausnahme vom Vorrang des Leistungsverhältnisses rechtfertige.

F: Der G hat es vertraglich übernommen, auf dem Grundstück des S eine Garage zu errichten. Er verwendet dabei Steine, die er von D gekauft hat; D hatte die Steine bei E gestohlen. Kann ein Anspruch des E gegen S gemäß §§ 951 Abs. 1 S. 1, 812 Abs. 1 S. 1 Fall 2 BGB in Verbindung mit § 946 BGB in Frage stehen

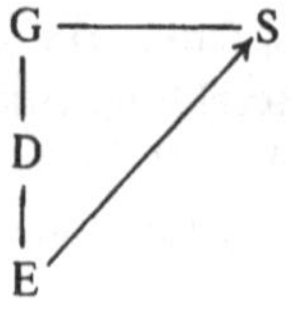

a) nach Ansicht des BGH,

b) nach einer in der Literatur vertretenen Ansicht?

A: a) Nein; nach Ansicht des BGH kann der frühere Eigentümer E nicht gegen den S nach §§ 951 Abs. 1 S. 1, 812 Abs. 1 S. 1 Fall 2 BGB vorgehen, weil ein vorrangiges Leistungsverhältnis zwischen G und S besteht.

b) Ja; nach einer in der Literatur vertretenen Ansicht kann ein Anspruch des E gegen den S aus §§ 951 Abs. 1 S. 1, 812 Abs. 1 S. 1 Fall 2 BGB in Frage kommen.

Wiederholungsfragen:

1. Der Eigentumsverlust an einer beweglichen Sache, die mit einem Grundstück als wesentlicher Bestandteil verbunden wird, tritt gemäß § ______ BGB ein.

   Gemäß § 950 BGB erwirbt der ____________ das Eigentum an einer von ihm neu gefertigten Sache.

2. Der Installateur A parkt seinen mit Heizkörpern beladenen Lieferwagen an der Baustelle des B, um mit dessen Architekten etwas zu besprechen. Der an seinem Hausbau selbst mitarbeitende B glaubt, die Heizkörper seien für ihn bestimmt. Er entlädt drei davon und baut sie fest ein; der A bemerkt das Fehlen der Heizkörper erst am nächsten Tag. Ist ein Anspruch des A gegen B gemäß §§ 951 Abs. 1 S. 1, 812 Abs. 1 S. 1 Fall 2 BGB in Verbindung mit § 946 BGB entstanden?

3. Sind bei einem Hausbau sowohl der Vertrag des Grundeigentümers mit dem Bauunternehmer als auch dessen Vertrag mit einem Handwerker, der Einbauten vornimmt, nichtig, so erfolgt die bereicherungsrechtliche Abwicklung der Ansprüche des Handwerkers nach herrschender Meinung im Wege der

   ____________________________ .

A 1: 946 Hersteller

A 2: Ja; da A dem B die Heizkörper nicht geleistet hat, entsteht für ihn ein Anspruch aus den §§ 951 Abs. 1 S. 1, 812 Abs. 1 S. 1 Fall 2 BGB.

A 3: Doppelkondiktion

26.

Ein Bereicherungsanspruch kann auch dadurch entstehen, daß jemand ohne Rechtsgrund Verwendungen auf fremde Sachen macht; dieser Anspruch wird als Verwendungskondiktion bezeichnet. – Verwendungen sind Vermögensaufwendungen, die einer Sache unmittelbar zugute kommen, d. h. sie erhalten oder verbessern.

Der Begriff der Verwendung sagt noch nichts darüber aus, ob eine Leistungs- oder eine Nichtleistungskondiktion in Betracht steht: Sofern die Zweckbestimmung fehlt, das Vermögen des Sacheigentümers zu mehren, handelt es sich bei den Verwendungen nicht um eine Leistung. Der Sacheigentümer ist in sonstiger Weise bereichert; so z. B., wenn sich jemand irrtümlich für den Eigentümer eines Grundstücks hält und daran Verbesserungsarbeiten vornimmt. Hier erfolgt der Bereicherungsausgleich nach § 812 Abs. 1 S. 1 Fall 2 BGB.

F: Welcher Bereicherungsanspruch steht für A in Betracht, wenn er aufgrund eines Vertrages, der sich als nichtig erweist, das Grundstück des B umgegraben hat?

A: Da A dem B eine Leistung erbracht hat, steht die Leistungskondiktion gemäß § 812 Abs. 1 S. 1 Fall 1 BGB in Betracht.

27.

Erleidet der Verwendende durch die Vornahme seiner Verwendung einen Rechtsverlust nach den §§ 946–950 BGB ohne daß eine Leistung vorliegt, so erfolgt der Bereicherungsausgleich gemäß §§ 951 Abs. 1 S. 1, 812 Abs. 1 S. 1 Fall 2 BGB.

Die Verwendungskondiktionen können in Konkurrenz zu den Verwendungsersatzansprüchen stehen, die ein Besitzer gemäß §§ 994 ff. BGB gegen den Eigentümer haben kann: Die Rechtsprechung vertritt hier die Auffassung vom Vorrang der §§ 994 ff. BGB, während in der Literatur die Ansicht herrscht, daß die Verwendungskondiktion neben den Ansprüchen aus dem Eigentümer-Besitzer-Verhältnis bestehen kann. (Die Einzelheiten hierzu werden im Sachenrecht behandelt.)

F: Der E hat dem G ein Hausgrundstück übereignet; G baut dem Haus ein weiteres Stockwerk auf. Als der E bald danach stirbt, entdeckt sein Erbe X, daß der E bereits z. Z. der Grundstücksveräußerung an G infolge Geisteskrankheit geschäftsunfähig war. G muß deshalb das Grundstück an X herausgeben. Kommt wegen der Baumaterialkosten ein Anspruch des G gegenüber X aus §§ 951 Abs. 1 S. 1, 812 Abs. 1 S. 1 Fall 2 BGB in Frage (wenn Sie die in der Literatur vertretene Auffassung zugrunde legen)?

A: Ja; da G mit dem Bau keine Leistung an E bewirken wollte, E aber durch den Aufbau gemäß § 946 BGB eine Eigentumsmehrung erfahren hat, steht dem G der Anspruch aus §§ 951 Abs. 1 S. 1, 812 Abs. 1 S. 1 Fall 2 BGB zu, der sich nunmehr gegen X richtet.

28.

Häufig entsteht im Rahmen der Verwendungskondiktion das Problem, daß dem Bereicherten die Verwendung gegen seinen Willen oder sogar rechtswidrig aufgedrängt wurde, z. B. wenn der Mieter entgegen dem Mietvertrag das Gebäude auf dem Mietgrundstück erweitert hat. – Man spricht in solchen Fällen von einer aufgedrängten Bereicherung.

Über die Lösung der hierbei sich ergebenden Probleme besteht wenig Einigkeit: Vom BGH wird dem Gläubiger nur die Wegnahme der Bereicherung (soweit möglich) zugestanden, so daß der Gläubiger z. B. das errichtete Gebäude abreißen dürfte. – In der Literatur wird überwiegend darauf abgestellt, inwieweit sich der Bereicherte die Verwendungen zunutze macht; insoweit soll er ausgleichspflichtig sein.

F: G hat das unbebaute Nachbargrundstück von S als Liegewiese gepachtet; er möchte das Grundstück gern käuflich erwerben. Noch während der Kaufverhandlungen mit S läßt er auf dem Grundstück ein vorgefertigtes Schwimmbecken in den Boden ein. Daraufhin bricht der S die Kaufverhandlungen ab, kündigt den Pachtvertrag fristlos und verlangt die Rückgabe des Grundstücks. G verlangt demgegenüber von S einen Ausgleich für den Einbau des Schwimmbeckens. Worauf wird ein Rechtsanwalt den G hinweisen?

A: Der Rechtsanwalt wird G darauf hinweisen, daß es sich um eine aufgedrängte Bereicherung handelt, bei der ein Ausgleich gemäß §§ 951 Abs. 1 S. 1, 812 Abs. 1 S. 1 Fall 2 BGB von der Rechtsprechung abgelehnt wird; nur eine Wegnahme des Beckens komme danach in Betracht.

29. §§ 684 S. 1, 687 Abs. 2 S. 2

Auch die sog. Rückgriffskondiktion stellt einen Fall der Bereicherung in sonstiger Weise dar: Der Anspruch entsteht im Rahmen der Geschäftsführung ohne Auftrag nach den §§ 684 S. 1 oder 687 Abs. 2 S. 2 BGB, wenn der Geschäftsführer eine Verpflichtung des Geschäftsherrn gemäß § 267 BGB erfüllt und ihn damit um die Befreiung von einer Verbindlichkeit bereichert.

Aufgrund der §§ 684 S. 1 oder 687 Abs. 2 S. 2 BGB in Verbindung mit § 812 Abs. 1 S. 1 Fall 2 BGB entsteht die Rückgriffskondiktion nur, wenn es sich um eine unberechtigte oder eine unechte Geschäftsführung ohne Auftrag gehandelt hat (vgl. S. 320 und S. 323). – Andernfalls besteht für die Schuldtilgung im Wege der berechtigten Geschäftsführung ein Rechtsgrund, so daß der Ausgleich nach § 683 BGB erfolgt.

Auch die Rückgriffskondiktion tritt als Nichtleistungskondiktion hinter eine Leistungskondiktion zurück, wenn der Leistende mit seiner Zahlung einen eigenen Leistungszweck verfolgte (vgl. S. 425).

F: Der G weiß, daß sein Nachbar S dem D ein Darlehen in monatlichen Raten zurückzahlen muß und zur Zeit nicht über Geldmittel verfügt. Um dem S kurzfristig auszuhelfen, zahlt er die Restschuld des S bei D in Höhe von 200,– DM zurück; G hält es dabei für möglich, daß der S mit dieser Hilfe nicht einverstanden ist. In der Tat mißbilligt S das Eindringen des G in seine persönlichen Belange. Kann der G von S die Erstattung des an D gezahlten Geldes verlangen?

A: Ja; G hat gegenüber S einen Anspruch nach den §§ 684 S. 1, 812 Abs. 1 S. 1 Fall 2 BGB, da er im Wege der unberechtigten Geschäftsführung den S von einer Verbindlichkeit gegenüber D befreit hat.

30.

Hat jemand geleistet, weil er sich zur Leistung verpflichtet glaubte und danach erst entdeckt, daß ein anderer die von ihm erbrachte Leistung schuldete, dann kann der Leistende entweder die irrtümlich erbrachte Leistung vom Empfänger zurückfordern (vgl. S. 426). Er kann aber auch in Betracht ziehen, seine Leistung nachträglich gemäß § 267 BGB als für den wahren Schuldner erbracht zu bestimmen, weil er sich auf diese Weise den Rückgriff gegen den Schuldner eröffnen möchte.

Von einem Teil der Literatur wird eine solche nachträgliche Fremdbestimmung der Leistung alternativ zum Anspruch gegen den Leistungsempfänger zugelassen. In diesem Falle entsteht eine Rückgriffskondiktion, wenn eine unberechtigte Geschäftsführung ohne Auftrag vorlag. – Nach anderer Ansicht ist die nachträgliche Fremdbestimmung ausgeschlossen, damit dem wahren Schuldner nicht Aufrechnungsmöglichkeiten und Verteidigungsrechte entzogen werden.

F: Der M hat bei dem Schreiner V eine Wohnung gemietet. Bald nach dem Einzug stellt er fest, daß durch ein undichtes Fenster Regenwasser eindringt. Er läßt den Schaden durch den D beheben, weil er irrtümlich annimmt, daß er nach dem Mietvertrag für Schäden dieser Art aufzukommen habe. Nachdem sich der Irrtum herausgestellt hat, verlangt M das an D gezahlte Geld von V zurück; V beruft sich darauf, die Handlung des M habe nicht in seinem Interesse gelegen, weil er derartige Reparaturen in seinem Haus selbst ausgeführt haben würde. Ist M im Recht?

A: Eine Rückforderung des an D gezahlten Geldes kommt nur nach der Auffassung in Frage, welche eine nachträgliche Fremdbestimmung der Zahlung als Leistung für den V zuläßt. Dann handelt es sich, da V als Schreiner den Schaden andernfalls selbst behoben hätte, um eine Rückgriffskondiktion gemäß §§ 547 Abs. 2, 684 S. 1, 812 Abs. 1 S. 1 Fall 2 BGB.

Wiederholungsfragen:

1. Der A läßt in der Lackiererei des G den Wagen seiner Freundin B neu spritzen, um ihr eine Geburtstagsfreude zu bereiten. A kann die Rechnung nicht bezahlen. Kann G gegenüber B eine Verwendungskondiktion geltend machen? (Legen Sie bei Beantwortung der Frage die in der Literatur herrschende Meinung über das Verhältnis der Verwendungskondiktion zum Eigentümer-Besitzer-Verhältnis zugrunde.)

2. A baut auf „seinem" Grundstück ein Haus; danach stellt sich heraus, daß X der Eigentümer des Grundstücks ist. Könnte sich A wegen des Ersatzes für die mit dem Hausbau erbrachten Verwendungen auch auf die Vorschriften über die Geschäftsführung ohne Auftrag stützen?

3. Frau G nimmt, wie sie es schon öfter getan hat, die Nachnahmesendung eines Versandhauses für ihre Nachbarin S ab. Kann sich aus der Bezahlung der Nachnahme durch die G eine Rückgriffskondiktion ergeben?

A 1: Nein; da der G die Lackierung dem A als Leistung erbracht hat, scheidet eine Verwendungskondiktion gegen die B aus.

A 2: Nein; gemäß § 687 Abs. 1 BGB entsteht in diesem Falle kein Schuldverhältnis aus Geschäftsführung ohne Auftrag (vgl. S. 300).

A 3: Nein; die Bezahlung der Sendung geschieht im Rahmen einer berechtigten Geschäftsführung ohne Auftrag (vgl. S. 317). Der Ausgleich zwischen G und S erfolgt also nach § 683 BGB, so daß die §§ 684 S. 1, 812 Abs. 1 S. 1 Fall 2 BGB nicht eingreifen können.

31. Zusammenfassung

a) Als Leistungsmittler wird derjenige bezeichnet, dessen Vermögen zwar in den Leistungsvorgang einbezogen ist, der aber auf Anweisung handelt und dabei keinen ________ ____________________ gegenüber dem Empfänger verfolgt.

b) Bei der Beteiligung Dritter am Leistungsvorgang ist für die Bestimmung des Leistenden auf die ________ ____ ____________ abzustellen.

Ist bei der Leistung im Dreiecksverhältnis das Deckungsverhältnis mangelhaft, so kann sich der Schuldner nur an den Gläubiger halten, nicht auch an den Dritten. Der Gläubiger ist bereichert um die ____________________ gegenüber dem Dritten.

c) Die Eingriffskondiktion ist im Verhältnis zu einer gegen denselben Schuldner möglichen Leistungskondiktion __________; man spricht hier auch vom Vorrang des Leistungsverhältnisses.

Kap. XI. Zusammenfassung

A:	a) eigenen Leistungszweck		(Inf. 2)
	b) Sicht des Empfängers	Schuldbefreiung	(Inf. 3 + 7)
	c) subsidiär		(Inf. 8)

d) Bei einem Rechtsverlust durch die wirksame Verfügung eines Nichtberechtigten ist zu unterscheiden, ob die Verfügung ______________ oder ______________ erfolgt ist.

Verfügung ist jedes Rechtsgeschäft, durch welches auf ein bestehendes Recht ______________ rechtsändernd eingewirkt wird.

e) Bei der wirksamen entgeltlichen Verfügung eines Nichtberechtigten entsteht für den Entreicherten nach § 816 Abs. 1 S. 1 BGB ein Anspruch auf Herausgabe des ____________ gegenüber dem ______________.

Nach einer wirksamen unentgeltlichen Verfügung erhält der Entreicherte einen Anspruch gemäß § _____ Abs. ____ S. ___ BGB gegen denjenigen, der aus der Verfügung etwas erlangt hat.

f) Im Falle einer gegenüber dem Berechtigten wirksamen Leistung an einen Nichtberechtigten ist dieser gemäß § ______ Abs. ____ BGB zur Herausgabe des Empfangenen verpflichtet.

g) Die §§ 951 Abs. 1 S. 1, 812 Abs. 1 S. 1 Fall 2 BGB gewähren einen Bereicherungsanspruch wegen eines Rechtsverlustes nach den §§ ______________ BGB.

Die Verweisung des § 951 Abs. 1 S. 1 BGB auf das Bereicherungsrecht bezieht sich auf den gesamten Tatbestand des § 812 Abs. 1 S. 1 Fall 2 BGB; es handelt sich also bei dieser Verweisung um eine ______________-______________.

A:	d) entgeltlich	unentgeltlich	(Inf. 15 + 17)
	unmittelbar		(Inf. 13)
	e) Erlangten	Verfügenden	(Inf. 15)
	816 1 2		(Inf. 17)
	f) 816 2		(Inf. 19)
	g) 946–950	Rechtsgrundverweisung	(Inf. 20 + 21)

h) Soweit ein Rechtsverlust nach den §§ 946 ff. BGB infolge von Verwendungen auf eine Sache eingetreten ist, handelt es sich bei dem Anspruch aus den §§ 951 Abs. 1 S. 1, 812 Abs. 1 S. 1 Fall 2 BGB um eine ____________ ____________.

i) Ist dem Bereicherten die Bereicherung durch Verwendungen aufgedrängt worden, so kann der Entreicherte nach Meinung des BGH

☐ vollen Ausgleich,

☐ nur geminderten Ausgleich,

☐ nur Gestattung der Wegnahme

verlangen.

k) Die Bereicherungsansprüche, die im Rahmen unechter oder unberechtiger Geschäftsführung ohne Auftrag nach den §§ 687 Abs. 2 S. 2 oder 684 S. 1 BGB in Verbindung mit § 812 Abs. 1 S. 1 Fall 2 BGB entstehen, bezeichnet man als ______________________________.

A: h) Verwendungskondiktion (Inf. 27)

i) Im Falle der durch Verwendungen aufgedrängten Bereicherung kommt nach Meinung des BGH nur die Wegnahme der Verwendungen in Betracht. (Inf. 28)

k) Rückgriffskondiktionen (Inf. 29)

Der nachstehende klausurmäßige Sachverhalt soll Ihnen Gelegenheit geben, das erworbene Wissen in einer etwas umfangreicheren Fallgestaltung anzuwenden. Ihre Antwort sollten Sie möglichst in Form einer gutachtlichen Lösung formulieren. (Ansprüche aus dem Eigentümer-Besitzer-Verhältnis und daraus entstehende Konkurrenzprobleme sollen nicht berücksichtigt werden.)

P hat von V seit mehreren Jahren ein Grundstück gepachtet. Nach dem Pachtvertrag ist es P untersagt, auf dem Grundstück zu bauen. V hatte jedoch mehrfach im Gespräch geäußert, daß er das Grundstück nach Ablauf des Pachtvertrages wohl an den P veräußern werde, da ihm die Instandhaltung zu viel Mühe bereite. In der Erwartung, später Eigentümer zu werden, ließ P durch den Bauunternehmer U auf dem Grundstück ein Einfamilienhaus errichten, das er an M vermietete. Ein Jahr nach Fertigstellung des Hauses lief der Pachtvertrag mit V ab. V hatte sich mittlerweile entschlossen, das Grundstück nicht zu veräußern.

a) Nach der Rückgabe des Grundstücks verlangt P von V Wertersatz für das Haus. V hält dem entgegen, er habe das Grundstück als Obstgarten benutzen wollen und sei an dem Haus nicht interessiert.

b) V verlangt seinerseits von P die Einnahmen heraus, die P von M aufgrund des Mietvertrages erhalten hat.

c) U, dem P noch einen Rest der Baukosten schuldet, will sich deswegen an V halten. Mit Recht?

Lösungsskizze:

a) Ein vertraglicher Anspruch des P sowie ein Anspruch aus c. i. c. scheiden aus, weil P nicht dazu berechtigt war, auf dem Grundstück ein Haus zu errichten. – Ebenso entfällt ein Anspruch aus Geschäftsführung ohne Auftrag: Zwar könnte die Errichtung des Hauses ein objektiv fremdes Geschäft darstellen, dem P fehlte jedoch der Fremdgeschäftsführungswille, da er den Bau in der Erwartung seines späteren Eigentumserwerbs vornahm. – In Betracht kommen jedoch Bereicherungsansprüche: Eine Leistungskondiktion gemäß § 812 Abs. 1 S. 1 Fall 1 BGB entfällt, da P nicht das Vermögen des V vermehren wollte, sondern davon ausging, das Haus werde seinem Vermögen zufallen. Auch ein Anspruch aus §§ 951 Abs. 1 S. 1, 812 Abs. 1 S. 1 Fall 2 BGB scheidet aus, da dieser einen Rechtsverlust nach §§ 946–950 BGB voraussetzt und nicht anzunehmen ist, daß U dem P das Material für das Haus vor dem Einbau übereignet hat. – Jedoch greift § 812 Abs. 1 S. 1 Fall 2 BGB unmittelbar ein: V hat als Bereicherungsgegenstand das Haus erlangt, das gemäß §§ 946, 94 BGB in sein Eigentum übergegangen ist (vgl. S. 437). V hat das Haus auf Kosten des P erlangt, da dieser zur Errichtung ausschließlich eigene Mittel verwendet hat. Diese Bereicherung erfolgte rechtsgrundlos, da § 946 BGB die Vermögensmehrung nicht rechtfertigt (vgl. die Antwort auf S. 439). Bezüglich des Anspruchsumfanges ist jedoch zu beachten, daß die Bereicherung dem V aufgedrängt wurde, da der Hausbau nicht seinem Willen entsprach. Nach Ansicht des BGH kommt daher nur die Wegnahme in Betracht; nach den in der Literatur vertretenen Auffassungen ist der konkrete Wert der Verwendung für den V maßgebend (vgl. S. 446).

b) Ein Anspruch auf Herausgabe der Mieteinnahmen könnte sich aus § 681 S. 2 BGB i.V. m. § 667 BGB ergeben. Zwar ist die Vermietung des Hauses als einer fremden Sache ein objektiv fremdes Geschäft; P handelte jedoch nicht mit Fremdgeschäftsführungswillen. – Anwendbar ist aber § 687 Abs. 2 S. 1 BGB i.V.m. §§ 681 S. 2, 667 BGB, da P wußte, daß er nicht zur Vermietung berechtigt war. – Daneben könnte § 816 Abs. 1 S. 1 BGB eingreifen. Dann müßte die Vermietung eine Verfügung im Sinne dieser Vorschrift sein. Dies ist nicht der Fall, weil die Vermietung ein obligatorisches Rechtsgeschäft darstellt (vgl. S. 429). – Der Anspruch des V ist jedoch nach § 812 Abs. 1 S. 1 Fall 2 BGB begründet: P hat die Mieteinnahmen rechtsgrundlos auf Kosten des V erlangt, da Einnahmen aus der Vermietung dem Eigentümer zugewiesen sind (vgl. S. 400); für P besteht kein Rechtsgrund, der das Behalten der Einnahmen gestattet.

c) Ein Anspruch des U gegen V könnte sich aus den §§ 951 Abs. 1 S. 1, 812 Abs. 1 S. 1 Fall 2 BGB ergeben: Zwar hat U das Eigentum an dem Material gemäß § 946 BGB an V verloren. Da aber der Einbau in Erfüllung einer werkvertraglichen Verpflichtung gegenüber P erfolgt ist, liegt in diesem Verhältnis eine Leistung des U vor, so daß wegen des Vorranges der Leistungskondiktion eine Eingriffskondiktion des U gegen V ausscheidet (vgl. S. 439).

Zur Wissensvertiefung für den Stoff des elften Kapitels wird empfohlen

Fikentscher a. a. O., § 99 IV und V,
Esser a. a. O., §§ 102 und 104,
Medicus a. a. O., §§ 27 II, 28 IV + V, 34 V.

Besonders wichtig sind im Rahmen des § 816 Abs. 1 BGB die Fragen

der Gewinnabschöpfung und der rechtsgrundlosen Verfügung, aus welcher der Verfügende kein Entgelt erlangt hat.
Hierfür wird auf BGHZ 29, 157 (Gewinnabschöpfung) und
47, 393 (Spielbankfall) verwiesen.

Zur Rechtsgrundverweisung in § 951 Abs. 1 S. 1 BGB wird auf
BGHZ 40, 272 (281) hingewiesen,

für die aufgedrängte Bereicherung auf BGHZ 23, 61.

Kapitel XII

DIE UNGERECHTFERTIGTE BEREICHERUNG

Inhalt und Umfang des Bereicherungsanspruchs

Für die Leistungskondiktionen und die Nichtleistungskondiktionen enthalten die §§ 818 ff. BGB gemeinsame Regeln, die Inhalt und Umfang der den Bereicherungsschuldner treffenden Verpflichtung im einzelnen bestimmen.

Das BGB unterscheidet dabei zwischen den Fällen einer normalen Haftung des Bereicherungsschuldners und der verschärften Haftung. die in den Inf. 22–26 behandelt wird.

Inhaltsübersicht:

1.

§ 818 BGB unterscheidet in Abs. 1 und 2, ob es sich um einen seiner Art nach herausgabefähigen Bereicherungsgegenstand handelt oder um einen seiner Art nach nicht herausgabefähigen Bereicherungsgegenstand, z. B. einen Gebrauchsvorteil.

Als Normalfall einer Bereicherungsschuld wird vorausgesetzt, daß der Schuldner zur Herausgabe des Bereicherungsgegenstandes in der Lage ist. (Zu den möglichen Bereicherungsgegenständen vgl. S. 374–376).

Dies ist der Fall, wenn der Bereicherungsgegenstand seiner Natur nach herausgabefähig ist und sich noch im Vermögen des Bereicherungsschuldners befindet. – Am häufigsten handelt es sich hierbei um ein vom Schuldner erworbenes Recht oder um einen erlangten Gegenstand.

Die Herausgabe erfolgt nach den jeweils geltenden Übertragungsregeln, also nach den Vorschriften für Übereignung, Übergabe oder Abtretung.

F: **Der S hat aufgrund eines Kaufvertrages mit G Eigentum und Besitz an der Kaufsache erlangt. Die Übereignung erfolgte, wie sich nachträglich herausstellt, ohne Rechtsgrund. Was muß geschehen, um den Bereicherungsanspruch des G gemäß § 812 Abs. 1 S. 1 Fall 1 BGB zu erfüllen?**

A: S muß Besitz und Eigentum an der Kaufsache nach den einschlägigen Vorschriften (§§ 854, 929ff. BGB) zurückübertragen.

2.

Ein herausgabefähiger Bereicherungsgegenstand kann auch die Befreiung von Verbindlichkeiten sein. – Dies ist der Fall, wenn eine zwischen Gläubiger und Schuldner bestehende Verbindlichkeit des Schuldners durch ein Rechtsgeschäft mit dem Gläubiger ohne Rechtsgrund beseitigt wurde, z. B. durch Erlaßvertrag nach § 397 Abs. 1 BGB. In diesem Falle erfolgt die Herausgabe der Bereicherung dadurch, daß die ursprüngliche Schuld rechtsgeschäftlich wiederhergestellt wird.

Hat dagegen der Gläubiger durch Zuwendung an einen Dritten eine Verbindlichkeit des Schuldners gegenüber dem Dritten getilgt (vgl. S. 418), so ist diese Befreiung des Schuldners im Verhältnis zum Gläubiger ihrer Natur nach nicht herausgabefähig, weil sie durch Vereinbarung zwischen Gläubiger und Schuldner nicht wiederhergestellt werden kann.

F: Der A schuldet dem B 1 000,– DM aus Darlehen. Weil beide sich angefreundet haben, sagt B eines Tages zu A, er brauche ihm das Geld nicht mehr zurückzahlen. Bald darauf verprügelt A den B, der daraufhin seine Erklärung nach § 530 BGB wirksam widerruft. Was kann B nunmehr nach den §§ 531 Abs. 2, 812 Abs. 1 S. 1 Fall 1 BGB von A verlangen?

A: B kann gemäß §§ 531 Abs. 2, 812 Abs. 1 S. 1 Fall 1 BGB von A verlangen, daß dieser die zur Neubegründung der Darlehensverpflichtung erforderlichen Erklärungen abgibt.

3.

Die Ersparnis von Aufwendungen ist nach überwiegender Meinung ein herausgabefähiger Bereicherungsgegenstand, wenn infolge einer Geldzahlung des Gläubigers dem Schuldner ein Gut zugewendet wurde, das er ohne die Leistung des Gläubigers selbst hätte erwerben müssen. Die Herausgabe erfolgt hier durch Zahlung des entsprechenden Betrages.

In allen anderen Fällen der Ersparnis von Aufwendungen, z. B. infolge von Dienstleistungen des Gläubigers (vgl. S. 376), handelt es sich um einen nicht herausgabefähigen Bereicherungsgegenstand.

F: Die Firma A hat auf dem Grundstück des B eine Baugrube ausgehoben. Dann stellt sich heraus, daß die Grube auf dem Nachbargrundstück des C hatte ausgehoben werden sollen. B hätte jedoch eine solche Grube ebenfalls ausheben lassen müssen, da auch er bauen will. Hat B einen herausgabefähigen Bereicherungsgegenstand erlangt?

A: Nein; B hat durch die Dienstleistungen der A Aufwendungen erspart, die einen nicht herausgabefähigen Bereicherungsgegenstand darstellen.

4. § 818 Abs. 1

War beim Bereicherungsschuldner zunächst ein herausgabefähiger Bereicherungsgegenstand vorhanden, der dann weggefallen ist, so tritt gemäß § 818 Abs. 1 BGB an seine Stelle das Surrogat.

Das BGB unterscheidet hierbei zwei Fälle: Herauszugeben ist als Surrogat einmal, was der Schuldner aufgrund des erlangten Rechts erworben hat; dies ist z. B. bei einer rechtsgrundlos erworbenen Forderung der eingezogene Betrag. – Zum anderen ist Surrogat des Bereicherungsgegenstandes, was der Schuldner als Ersatz für den erlangten Gegenstand erhalten hat, z. B. die Versicherungssumme wegen des Sachverlustes oder der Sachbeschädigung.

Eine vertragliche Gegenleistung, die der Schuldner im Zusammenhang mit der Veräußerung des erlangten Gegenstandes erhält, ist kein Surrogat in diesem Sinne.

F 1: Der G hat seinen Pkw dem S geschenkt und übereignet. Der D stiehlt den Wagen bei S und zerstört ihn bei einem Unfall völlig. Nachdem der D gefaßt ist und an S Schadensersatz geleistet hat, stellt sich heraus, daß der Schenkungsvertrag zwischen G und S nichtig war. Was muß S dem G gemäß §§ 812 Abs. 1 S. 1 Fall 1, 818 Abs. 1 BGB herausgeben?

F 2: Welche Vorschrift des Bereicherungsrechtes spricht dem Gläubiger die vom Schuldner aus der Weiterveräußerung einer Sache erlangte Gegenleistung als Bereicherungsgegenstand zu?

A 1: Der S muß gemäß §§ 812 Abs. 1 S. 1 Fall 1, 818 Abs. 1 BGB die von D erhaltene Schadensersatzsumme als Surrogat des Bereicherungsgegenstandes herausgeben.

A 2: Gemäß § 816 Abs. 1 S. 1 BGB kann der Gläubiger die vom Schuldner erlangte Gegenleistung herausverlangen.

5.

Neben dem Bereicherungsgegenstand oder seinem Surrogat hat der Schuldner gemäß § 818 Abs. 1 BGB die gezogenen Nutzungen herauszugeben. Nutzungen sind in § 100 BGB definiert; sind z. B. Mieteinnahmen aus einer rechtsgrundlos erlangten Sache gezogen worden, so sind diese Einnahmen Nutzungen im Sinne der §§ 100, 99 Abs. 3 BGB. – Sind die Nutzungen nur durch zusätzliche Eigenleistungen des Schuldners ermöglicht worden, z. B. der Gewinn aus einem rechtsgrundlos erlangten Geschäftslokal, so braucht ein der Eigenleistung entsprechender Teil der Nutzungen nicht herausgegeben zu werden.

Die Vorschrift des § 818 Abs. 1 BGB über die Herausgabe von Nutzungen kann in Konkurrenz zu den §§ 987, 988, 990 Abs. 1 und 993 Abs. 1 BGB stehen, welche nach Ansicht der Rechtsprechung die Nutzungsherausgabe im Eigentümer-Besitzer-Verhältnis vorrangig regeln. (Die Einzelheiten hierzu werden im Sachenrecht behandelt.)

F: G hat dem S sein Miethausgrundstück übereignet. Einige Monate später stellt sich die Nichtigkeit des zugrunde liegenden Kaufvertrages heraus. S überträgt das Eigentum am Grundstück an G zurück. Außerdem verlangt G von S die ihm entgangenen Mieteinnahmen in Höhe von 5 000,– DM; S hält dem entgegen, daß er die Wohnungen an Freunde vermietet und nur 2 500,– DM erlangt habe. Welchen Betrag kann G nach Bereicherungsrecht von S fordern?

A: Gemäß §§ 812 Abs. 1 S. 1 Fall 1, 818 Abs. 1 BGB muß S nur die tatsächlich gezogenen Nutzungen, also 2 500,– DM, herausgeben.

6. § 818 Abs. 2

§ 818 Abs. 2 BGB regelt den Fall, daß der Bereicherungsgegenstand nicht herausgabefähig ist:

Einmal kann dies infolge der Beschaffenheit des Bereicherungsgegenstandes vorliegen; so z. B. bei Gebrauchsvorteilen oder Dienstleistungen des Gläubigers an den Schuldner.

Auch bei Befreiung des Schuldners von einer Verbindlichkeit durch eine Zuwendung des Gläubigers an einen Dritten ist der Bereicherungsgegenstand nicht herausgabefähig, weil die ursprüngliche Verbindlichkeit nicht durch Vereinbarung des Schuldners mit dem Bereicherungsgläubiger wiederhergestellt werden kann (vgl. S. 458).

F: A hat von B am 1. 2. einen Pkw erworben und benutzt ihn seitdem. Nach drei Monaten stellt sich die Nichtigkeit des Kaufvertrages heraus. Inwieweit hat der Bereicherungsschuldner A einen herausgabefähigen und inwieweit hat er einen nicht herausgabefähigen Bereicherungsgegenstand erlangt?

A: Hinsichtlich der Rückübereignung und Rückgabe des Pkw (vgl. die Antwort auf S. 458), liegt ein herausgabefähiger Bereicherungsgegenstand vor. Die Gebrauchsvorteile aus zwischenzeitlicher Nutzung des Pkw stellen einen nicht herausgabefähigen Bereicherungsgegenstand dar.

7.

§ 818 Abs. 2 BGB greift auch ein, wenn der Bereicherungsgegenstand „aus anderem Grund" nicht herausgabefähig ist.

Dies gilt in erster Linie, wenn der Schuldner den Gegenstand verbraucht oder veräußert hat. – Ebenso findet die Vorschrift Anwendung, wenn der Gegenstand verarbeitet oder wirtschaftlich völlig verändert wurde.

Auch in den von § 951 Abs. 1 BGB erfaßten Fällen (vgl. S. 438) handelt es sich, wie § 951 Abs. 1 S. 2 BGB zeigt, um nicht herausgabefähige Bereicherungsgegenstände. Hier ergibt sich die Anspruchsgrundlage für den Wertersatz jedoch bereits aus §§ 951 Abs. 1 S. 1, 812 Abs. 1 S. 1 Fall 2 BGB, so daß insoweit § 818 Abs. 2 BGB nicht herangezogen werden muß.

F: S hat von G ein unbebautes Grundstück erworben; er bebaut den gesamten Komplex mit einer Fabrikanlage, bevor das Fehlen des Rechtsgrundes der Übereignung entdeckt wird. Muß S nunmehr nach Bereicherungsrecht das Grundstück an G zurückgeben?

A: Nein; in diesem Falle gilt § 818 Abs. 2 BGB. Weil S das Grundstück wirtschaftlich völlig verändert hat, ist er zur Herausgabe „aus einem anderen Grunde" außerstande.

8.

Der Bereicherungsschuldner hat in den Fällen des § 818 Abs. 2 BGB den Verkehrswert des Bereicherungsgegenstandes zu ersetzen, also z. B. für Dienstleistungen den üblichen Lohn, für Gebrauchsvorteile die übliche Miete zu zahlen. – Muß für eine Sache Wertersatz geleistet werden, so ist der Sachwert zur Zeit des Bereicherungsvorgangs maßgebend.

Ist der Schuldner infolge Veräußerung des Bereicherungsgegenstandes zum Wertersatz verpflichtet, so muß er nach § 818 Abs. 2 BGB nicht den aus der Veräußerung gezogenen Gewinn abführen. (Anders ist es dagegen nach § 816 Abs. 1 S. 1 BGB, wenn ein Nichtberechtigter über einen Gegenstand verfügt hat, vgl. S. 431).

F 1: A erwirbt von B ein Fahrrad zum Preise von 100,– DM; der Wert entspricht diesem Preis. Dem A gelingt es, das Fahrrad sogleich anschließend für 150,– DM an C weiterzuveräußern. Nunmehr ficht B den Kaufvertrag wegen arglistiger Täuschung wirksam an. Kann B von A gemäß §§ 812 Abs. 1 S. 1 Fall 1, 818 Abs. 2 BGB den Betrag von 100,– DM oder von 150,– DM herausverlangen?

F 2: Würde sich an diesem Ergebnis etwas ändern, wenn A vor dem Weiterverkauf an C das Fahrrad einen Monat lang benutzt hätte?

A 1: B kann gemäß §§ 812 Abs. 1 S. 1 Fall 1, 818 Abs. 2 BGB nur den Verkehrswert herausverlangen, also nur 100,– DM.

A 2: Ja; B könnte jetzt auch Wertersatz für den Gebrauchsvorteil verlangen, der sich nach dem üblichen Mietzins für ein Fahrrad bestimmt.

Wiederholungsfragen:

1. Welche Vorschrift ist Anspruchsgrundlage, wenn im Rahmen einer Leistungskondiktion der noch im Vermögen des Schuldners vorhandene Bereicherungsgegenstand herausverlangt wird?

   ☐ § 812 Abs. 1 S. 1 Fall 1 BGB,

   ☐ §§ 812 Abs. 1 S. 1 Fall 1, 818 Abs. 1 BGB,

   ☐ § 818 Abs. 1 BGB.

2. A hat gegenüber B ein abstraktes Schuldanerkenntnis abgegeben (vgl. S. 354), weil er sich ihm wegen eines Unfalls zum Schadensersatz verpflichtet glaubte. Als sich dann herausstellt, daß eine solche Verpflichtung des A nicht bestanden hat, möchte A gegenüber B einen Bereicherungsanspruch geltend machen. Auf welche Weise kann dieser Anspruch erfüllt werden?

3. Der Gastwirt G gestattet dem S vertraglich, einen Billardtisch in der Gaststube aufzustellen. Dadurch erhöht sich der Getränkeumsatz des G. Als sich nach einem Jahr der Vertrag zwischen G und S als nichtig erweist, verlangt S – neben der Herausgabe des Tisches – gemäß § 818 Abs. 1 BGB eine Beteiligung an den Mehreinnahmen des G aus dem Getränkeverkauf. Ist S im Recht?

A 1: Für die Herausgabe des ursprünglichen Bereicherungsgegenstandes ist § 812 Abs. 1 S. 1 Fall 1 BGB die Anspruchsgrundlage.

A 2: Zur Herausgabe des ungerechtfertigt erlangten Schuldanerkenntnisses muß B mit A einen entsprechenden Erlaßvertrag nach § 397 Abs. 1 BGB schließen.

A 3: Nein; zwar muß G Nutzungen aus dem Bereicherungsgegenstand nach § 818 Abs. 1 BGB herausgeben. Die Mehreinnahmen sind jedoch keine Nutzungen im Sinne des § 100 BGB, da sie weder Früchte noch Gebrauchsvorteile des Tisches darstellen.

9. § 818 Abs. 3

Aus § 818 Abs. 3 BGB ergibt sich, daß die Herausgabepflicht des Schuldners auf die vorhandene Bereicherung beschränkt ist. Hieraus wird der Grundsatz hergeleitet, daß das Bereicherungsrecht den Schuldner nur in Höhe des wirklich vorhandenen Vermögensvorteils verpflichtet.

Um zu ermitteln, welchen Vermögensvorteil der Schuldner wirklich hat, werden die im Zusammenhang mit dem Bereicherungsvorgang stehenden Gewinn- und Verlustposten berücksichtigt; entscheidend ist dabei die wirtschaftliche Betrachtung: Bereichert ist der Schuldner, wenn in seinem Vermögen beim Vergleich der Einzelposten ein Zuwachs verbleibt.

Auf der Verlustseite können vor allem der ersatzlose Verlust des Bereicherungsgegenstandes, Verwendungen auf den Bereicherungsgegenstand und Schäden durch ihn bedeutsam werden. (Die Einzelheiten hierzu werden in den Inf. 10–13 behandelt.)

F: S hat von G rechtsgrundlos ein Kraftfahrzeug zu Eigentum erworben, das er für einige Tage an D verleiht. Infolge grober Fahrlässigkeit des D wird der Wagen zerstört. Bedeutet dies einen Verlust der bei S vorhandenen Bereicherung im Sinne des § 818 Abs. 3 BGB?

A: Nein; S hat als Surrogat für die Sache den Ersatzanspruch gegen D erlangt, der nunmehr gemäß § 818 Abs. 1 BGB den Bereicherungsgegenstand bildet.

10.

Auch wenn der Bereicherungsgegenstand beim Schuldner nicht mehr vorhanden ist, bewirkt dies noch keinen Wegfall der Bereicherung im Sinne des § 818 Abs. 3 BGB, wenn der Schuldner mit Hilfe des Bereicherungsgegenstandes eigene Ausgaben erspart hat, z. B. weil er mit dem erhaltenen Geld Nahrungsmittel erwarb, die er ohnehin hätte erwerben müssen.

Ein völliger oder teilweiser Wegfall der Bereicherung kommt dagegen beim ersatzlosen Untergang einer Sache, bei ihrer ersatzlosen Wertminderung durch Beschädigung und bei sog. Luxusausgaben in Betracht, die der Schuldner ohne den Erwerb des Bereicherungsgegenstandes nicht gemacht hätte.

F 1: S hat von G 5 000,– DM Kaufpreiszahlung erhalten. Bevor entdeckt wird, daß diese Zahlung ohne rechtlichen Grund erfolgte, hat S das Geld in einer Bar verpraßt. Unter welcher Voraussetzung kann diese Ausgabe seine Bereicherungsschuld gegenüber G verringern?

F 2: Wie wäre es, wenn S mit dem von G erhaltenen Geld eigene Schulden beglichen hätte?

A 1: Wenn S die Ausgaben ohne die Zahlung des G nicht getätigt hätte, liegt ein Wegfall der Bereicherung gemäß § 818 Abs. 3 BGB vor.

A 2: S wäre um den Gewinnposten „Schuldbefreiung" bereichert.

11.

Der Schuldner kann auch Verwendungen auf den Bereicherungsgegenstand, z. B. Reparaturkosten, als Verlustposten von der Bereicherungsschuld abziehen.

Nach Ansicht der Rechtsprechung gilt dies für alle durch den Bereicherungserwerb adäquat verursachten Ausgaben, ohne Rücksicht auf ihre Notwendigkeit oder Nützlichkeit. – Die in der Literatur herrschende Meinung stellt hingegen darauf ab, daß die Verwendungen im Vertrauen auf die Rechtsbeständigkeit des Erwerbs gemacht wurden. Danach läßt z. B. der Bereicherungsschuldner eine Inspektion am rechtsgrundlos erworbenen Pkw im Vertrauen auf die Rechtsbeständigkeit seines Erwerbs ausführen, weil er anderenfalls den Wagen vorher zurückgegeben hätte.

Allerdings kann sich unter dem Gesichtspunkt der aufgedrängten Bereicherung (vgl. S. 446) ergeben, daß die gemachten Verwendungen nicht oder nicht voll abzugsfähig sind.

F: A hat von B eine Milchkuh erworben. Nach drei Monaten stellt sich die Nichtigkeit des Kaufvertrages heraus. Warum kann A von seiner Bereicherungsschuld die Futterkosten absetzen,

a) wenn Sie die Auffassung der Rechtsprechung zugrundelegen,

b) wenn Sie die in der Literatur herrschende Meinung zugrundelegen?

A: a) Die Futterkosten sind durch den Bereicherungserwerb adäquat verursacht.

b) A hat die Kuh im Vertrauen auf die Rechtsbeständigkeit seines Erwerbs gefüttert; andernfalls hätte er sie schon früher zurückgegeben.

12.

Auch soweit dem Schuldner beim Erwerb des Bereicherungsgegenstandes Kosten entstanden sind, z. B. für eine notarielle Beurkundung oder Maklergebühren, können diese von der Bereicherungsschuld abgezogen werden.

Hingegen vermindert das für den Erwerb des Bereicherungsgegenstandes an einen Dritten gezahlte Entgelt nicht die Bereicherungsschuld. Es ist keine „Verwendung auf die Sache", sondern wird zu ihrer Erlangung aufgebracht; die Zahlung des Entgelts ist Ursache der Bereicherung, nicht ihre Folge. – Der Schuldner bleibt insoweit auf seine vertraglichen Ansprüche gegenüber dem Veräußerer beschränkt.

F: S hat von D ein angeblich ererbtes Schmuckstück erworben und anschließend an den X veräußert; in Wahrheit hatte D den Schmuck der G gestohlen. Als die G von S den beim Verkauf an X erzielten Erlös gemäß § 816 Abs. 1 S. 1 BGB herausverlangt (vgl. S. 432), möchte S den an D gezahlten Kaufpreis von seiner Bereicherungsschuld absetzen, weil er gegenüber dem inzwischen mittellosen D vertragliche Ansprüche nicht durchsetzen kann. Zu Recht?

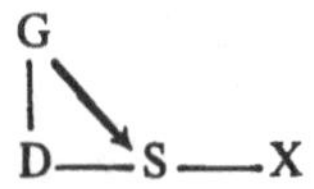

A: Nein; S kann von dem Erlös, den die G nach Genehmigung der Verfügung gemäß § 816 Abs. 1 S. 1 BGB herausverlangt, den an D gezahlten Kaufpreis nicht abziehen, weil es sich nicht um eine Verwendung auf die Sache handelt. Daß der vertragliche Ersatzanspruch des S gegen D wirtschaftlich wertlos ist, ändert hieran nichts.

13.

Schäden, die dem Schuldner durch den Bereicherungsgegenstand entstanden sind, werden von der Rechtsprechung als abzugsfähig anerkannt, wenn sie in adäquatem Zusammenhang mit dem Erwerb des Gegenstandes stehen.

Die in der Literatur herrschende Meinung stellt demgegenüber auch bei Schäden darauf ab, daß der Schuldner den Nachteil gerade deshalb erlitten hat, weil er auf die Rechtsbeständigkeit seines Erwerbs vertraute. Da Schäden meist nicht im Vertrauen auf die Beständigkeit des Rechtserwerbs entstehen, sind sie danach nur selten abzugsfähig.

F: Der G verkauft und übergibt dem 17jährigen S ein Fahrrad. Als S von G wegfährt, um den Vertrag von seinen Eltern genehmigen zu lassen, stürzt er ohne sein Verschulden und zieht sich eine Verletzung zu; es entstehen ihm Heilungskosten in Höhe von 100,– DM. Kann dieser Betrag von der Bereicherungsschuld abgesetzt werden, wenn die Genehmigung der Eltern verweigert und das unbeschädigte Fahrrad dem G zurückgegeben wird,

a) nach Ansicht der Rechtsprechung,

b) nach der in der Literatur herrschenden Meinung?

A: a) Nach Auffassung der Rechtsprechung kann S die Heilungskosten von seiner Bereicherungsschuld absetzen, da der Unfall in adäquatem Zusammenhang mit dem rechtsgrundlosen Erwerb des Fahrrades stand.

b) Da S den Schaden nicht im Vertrauen auf die Beständigkeit seines Besitzerwerbs erlitten hat, sind die Heilungskosten nicht abzugsfähig.

14. § 822

Wird der Bereicherungsgegenstand vom Schuldner unentgeltlich an einen Dritten weitergegeben, so tritt ein Wegfall der Bereicherung beim Schuldner ein.

Gemäß § 822 BGB richtet sich aber nach einer unentgeltlichen Weitergabe des Bereicherungsgegenstandes der Anspruch des Gläubigers nunmehr gegen den Dritten. – § 822 BGB gilt auch, wenn der Schuldner das Surrogat des Bereicherungsgegenstandes oder die für ihn erlangte Gegenleistung unentgeltlich an einen Dritten weitergegeben hat.

Entsprechend gilt § 822 BGB, wenn der Dritte den Bereicherungsgegenstand unentgeltlich an einen Vierten weitergegeben hat.

F: § 822 BGB weist eine gewisse Ähnlichkeit mit § 816 Abs. 1 S. 2 BGB auf.

a) Beiden Vorschriften ist gemeinsam, daß ein Dritter durch eine Verfügung ____________ etwas erlangt hat.

b) Ein Unterschied beider Vorschriften liegt darin, daß nach § 816 Abs. 1 S. 2 BGB die Verfügung von einem ________________ getroffen wurde, während sie nach § 822 BGB von einem ________ ________ ausgeht.

A: a) unentgeltlich

b) Nichtberechtigten Berechtigten

Wiederholungsfragen:

1. S hat von G ein mit einem Eigenheim bebautes Grundstück erworben. Bevor sich die Rechtsgrundlosigkeit des Erwerbs herausstellt, hat S das Haus zur Vermietung herrichten lassen. Kann er die dabei entstandenen Kosten bei der Rückgewähr des Hausgrundstücks in Abzug bringen, wenn G sich darauf beruft, daß er das Haus nicht habe vermieten wollen?

2. S hat von G preisgünstig einen Pkw mit Sonderausstattung für Körperbehinderte erworben und zur Schonung des Wagens eine Faltgarage für 500,– DM gekauft. Als sich die Rechtsgrundlosigkeit der Kfz-Übereignung herausstellt und S den Wagen zurückgeben muß, verkauft er die Garage, weil er keinen anderen passenden Wagen finanzieren kann; als Verkaufspreis vermag er nur 300,– DM zu erzielen. Kann er den Verlust von 200,– DM gegenüber G in Anrechnung bringen?

3. G hat dem S ein Fahrrad geschenkt, das ihm trotz ausreichender Sicherungsmaßnahmen von Unbekannten gestohlen wird. Wie wirkt sich dies auf den Bereicherungsanspruch des G aus, wenn nach dem Diebstahl die schon lange bestehende Geschäftsunfähigkeit des S entdeckt wird?

A 1: Nein; zwar sind die Herrichtungskosten grundsätzlich abzugsfähige Verwendungen, es greifen jedoch die Grundsätze der aufgedrängten Bereicherung ein (vgl. S. 446).

A 2: Ja; S hat einen dem Sacherwerb adäquaten Schaden erlitten, so daß er ihn nach Ansicht der Rechtsprechung absetzen darf. Dasselbe gilt nach der in der Literatur vertretenen Auffassung, weil der Schaden dadurch entstand, daß S auf die Beständigkeit des Erwerbs vertraute.

A 3: Da S den Bereicherungsgegenstand verloren hat, liegt ein Wegfall der Bereicherung im Sinne des § 818 Abs. 3 BGB vor. Der nicht realisierbare Anspruch gegen den unbekannten Dieb bleibt als Surrogat außer Ansatz, weil er wirtschaftlich keinen Wert darstellt.

15.

Eine besondere Problematik entsteht bei der Leistungskondiktion für die Berechnung der Bereicherungsschuld, wenn im Rahmen eines gegenseitigen Vertrages bereits beiderseitig Leistungen ausgetauscht worden sind, bevor der Vertrag sich dann als nichtig erweist bzw. angefochten wird:

Nach der ursprünglich hierzu vertretenen Auffassung konnte jede Seite die eigene Leistung ohne Rücksicht auf die erhaltene Gegenleistung zurückfordern; diese Auffassung wird als Zweikondiktionentheorie bezeichnet.

Nach der neueren und heute herrschenden Saldotheorie stehen die beiden Bereicherungsansprüche in innerer Verknüpfung miteinander. Dies hat zur Folge, daß bei Rückforderung einer Leistung die empfangene Gegenleistung berücksichtigt werden muß. (Die Einzelheiten hierzu werden in den Inf. 16–20 dargestellt).

F: Warum wird der Unterschied zwischen der Zweikondiktionentheorie und der Saldotheorie bei einer Eingriffskondiktion nicht erheblich?

A: Beide Theorien beziehen sich nur auf den Bereicherungsausgleich bei der Rückabwicklung gegenseitiger Verträge, so daß nur Fälle der Leistungskondiktion betroffen sind.

16.

Für die Anwendung der Saldotheorie ist zwischen dem Austausch gleichartiger und ungleichartiger Leistungen zu unterscheiden:

Sofern, wie im Normalfall, ungleichartige Leistungen ausgetauscht wurden, z. B. Ware gegen Geld, und die erbrachten Leistungen beim jeweiligen Empfänger noch vorhanden sind, besagt die Saldotheorie, daß eine Seite ihren Bereicherungsanspruch auf Rückgewähr der erbrachten Leistung nur mit der Maßgabe erheben kann, daß sie gleichzeitig die Rückgewähr der empfangenen Gegenleistung anbietet.

F: Die K hat aufgrund eines nichtigen Kaufvertrages von V einen Mantel für 300,– DM erworben und den Kaufpreis bezahlt. Welchen Inhalt haben die Bereicherungsansprüche von K und V?

A: K kann die Rückgewähr des Kaufpreises, V die Rückgewähr des Mantels verlangen; beide jedoch nur mit der Maßgabe, daß sie gleichzeitig die Rückgewähr der empfangenen Gegenleistung Zug um Zug anbieten.

17.

Können beide Beteiligte voneinander gleichartige Leistungen fordern, so wandeln sich nach der Saldotheorie die beiderseitigen Bereicherungsansprüche „per Saldo" in einen einzigen Anspruch gegen denjenigen um, in dessen Vermögen ein Überschuß vorhanden ist. Dies gilt z. B., wenn der Käufer den gezahlten Kaufpreis zurückfordern kann, der Verkäufer aber den höheren Wert, den die inzwischen weiterveräußerte Sache hatte (vgl. S. 464). – Die Frage eines Wegfalls der Bereicherung kann sich jetzt nur noch für den Anspruch auf den Überschuß stellen.

Ergibt die Saldierung keinen Überschuß im Vermögen einer Partei, so entsteht auch kein Bereicherungsanspruch.

F: K erwirbt von V für 50,– DM ein reparaturbedürftiges Moped, dessen Wert diesen Betrag ausmacht. K veräußert es für 100,– DM an den D. Als sich nunmehr herausstellt, daß der Kaufvertrag zwischen K und V nichtig ist, fragt V an, welcher Bereicherungsanspruch ihm gegen K zusteht.

A: V hätte gemäß §§ 812 Abs. 1 S. 1 Fall 1, 818 Abs. 2 BGB gegen K einen Anspruch auf Herausgabe des Wertes der Kaufsache, also auf 50,– DM gehabt. Da diesem Anspruch die Rückforderung des Kaufpreises in gleicher Höhe gegenübersteht, ergibt die Saldierung, daß V keinen Anspruch gegen K hat.

18.

Nach der Saldotheorie erfolgt eine Umwandlung der beiderseitigen Ansprüche in einen einzigen Anspruch auch dann, wenn nach dem Austausch ungleichartiger Leistungen die Sachleistung oder ihr Surrogat beim Empfänger nicht mehr vorhanden ist.

Dies gilt z. B., wenn der K von V ein Auto für 1 200,– DM erwirbt und dieses durch Zufall bei ihm zerstört wird, bevor sich die Nichtigkeit des Kaufvertrages herausstellt: K könnte von V den Kaufpreis zurückfordern, während er sich hinsichtlich der Rückgabe des Wagens auf § 818 Abs. 3 BGB berufen könnte.

Um zu verhindern, daß jemand auf diese Weise einen bei ihm entstandenen Schaden auf den Vertragspartner abwälzt, schränkt die Rechtsprechung den § 818 Abs. 3 BGB aus Billigkeitserwägungen dahin ein, daß bei der Saldierung der Wert der ersatzlos untergegangenen Sache vor ihrem Untergang der Geldforderung gegenübergestellt wird; war also im obigen Beispiel der Wagen 1 000,– DM wert, so kann K von V nur 200,– DM fordern.

F: Der K erwirbt von V für 6 000,– DM ein Pferd, das 5 000,– DM wert ist. Nach einigen Wochen wird das Tier auf der Weide vom Blitz erschlagen. Als sich nunmehr die Nichtigkeit des Kaufvertrages zwischen K und V herausstellt, fragt K, ob er von V den gezahlten Kaufpreis zurückverlangen kann.

A: Nein; da bei der Saldierung der gegenseitigen Bereicherungsansprüche für den Sachwert auf den Zeitpunkt vor dem Untergang der Sache abgestellt wird, steht dem Anspruch auf Rückgabe des Kaufpreises ein Wertersatzanspruch des V in Höhe von 5 000,– DM gegenüber. K kann somit von V nur 1 000,– DM verlangen.

19.

Auch wenn die zurückzugebende Sache nicht zerstört, sondern nur beschädigt wurde und dadurch eine Wertminderung erlitten hat, die nicht durch einen Ersatz ausgeglichen wird, ist in einschränkender Anwendung des § 818 Abs. 3 BGB zu saldieren:

Der Sacherwerber muß die beschädigte Sache zurückgeben. Außerdem wird von seiner Geldforderung gegen den Sachveräußerer die ersatzlose Wertminderung der Sache abgezogen. – Im Ergebnis wird also die geminderte Sachleistung gegen eine geminderte Geldleistung zurückgetauscht.

F: K hat von V für 1 200,– DM ein Auto erworben, das 1 000,– DM wert ist. Durch einen zufälligen Schaden mindert sich der Wert des Wagens um 500,– DM. Anschließend erweist sich der zwischen K und V geschlossene Kaufvertrag als nichtig. Welche Rückgewähransprüche entstehen zwischen K und V?

A: V kann die Rückgewähr des beschädigten Wagens verlangen. – K könnte den Kaufpreis zurückverlangen; da aber die ersatzlose Wertminderung des Wagens im Saldo zu seinen Lasten geht, kann K von V nur 700,– DM zurückfordern.

20.

Eine Grenze zieht die Saldotheorie für den rechnerischen Ausgleich, wenn der Wert der Sachleistung höher war als der dafür gezahlte Preis:

Bei ersatzlosem Sachuntergang oder ersatzloser Wertminderung kann der Sachveräußerer einen im Vermögen des Sacherwerbers rechnerisch vorhandenen Überschuß nicht herausverlangen.

Dies gilt z. B. wenn ein für 1 200,– DM gekaufter Pkw einen Wert von 2 000,– DM hatte, bevor er ersatzlos eine Wertminderung in Höhe von 1 300,– DM erlitt: Der Veräußerer kann die Rückgewähr des beschädigten Wagens im Wert von 700,– DM verlangen. Die Wertminderung von 1 300,– DM zehrt rechnerisch die Kaufpreisforderung in Höhe von 1 200,– DM auf; sie begründet aber für den Veräußerer keinen Zahlungsanspruch in Höhe von 100,– DM.

F 1: K hat von V für 1 200,– DM ein Auto erworben, das 2 000,– DM wert war, bevor es ersatzlos zerstört wurde. Welche Bereicherungsansprüche bestehen zwischen den Beteiligten, wenn sich nach dem Sachuntergang die Nichtigkeit des Kaufvertrages herausstellt?

F 2: Ändert sich das Ergebnis, wenn an dem Wagen eine ersatzlose Wertminderung in Höhe von 500,– DM eingetreten ist?

A 1: Dem Anspruch des K in Höhe von 1 200,– DM steht ein Wertverlust des V in Höhe von 2 000,– DM gegenüber. Dadurch wird der Anspruch des K per Saldo aufgezehrt; eine Forderung über 800,– DM erhält jedoch der V gegen K dadurch nicht. Demnach bestehen zwischen den Beteiligten keine Bereicherungsansprüche.

A 2: Ja; jetzt kann K gegen Rückgewähr des Wagens den um 500,– DM geminderten Kaufpreis zurückfordern.

21.

Die Saldotheorie wird nach herrschender Meinung bei der Beteiligung eines nicht voll Geschäftsfähigen und daraus folgender Vertragsunwirksamkeit nicht angewendet, weil sonst der Schutz des Nichtgeschäftsfähigen praktisch entfallen würde. – Es bleibt in diesem Falle bei der Zweikondiktionentheorie, also bei der beiderseitigen Rückgewähr der erbrachten Leistungen.

Ebenso hat die Rechtsprechung einem arglistig Getäuschten zu seinem Schutz das Recht zugebilligt, beiderseitige Leistungsrückgewähr zu verlangen. Wenn z. B. der Käufer beim Autokauf arglistig getäuscht wurde, kann er den Kaufpreis auch dann zurückfordern, wenn der Wagen bei ihm ersatzlos untergegangen ist.

F: Der 17jährige K erwirbt von V einen Plattenspieler für 800,– DM, der 600,– DM wert ist. Die Eltern des K verweigern die erforderliche Genehmigung des Kaufvertrages. Noch vor der Rückgewähr der beiderseitigen Leistungen wird der Plattenspieler ohne Verschulden des K ersatzlos zerstört. Nunmehr verlangt K von V den vollen Kaufpreis zurück, während V lediglich den Saldo von 200,– DM an K zahlen will. Ist V im Recht?

A: Nein; zum Schutz des Minderjährigen findet die Saldotheorie hier keine Anwendung. V muß also 800,– DM an K zurückgeben und kann von diesem nur die Rückgabe des zerstörten Gerätes verlangen, weil K sich im übrigen auf § 818 Abs. 3 BGB berufen kann.

Wiederholungsfragen:

1. V verkauft und übereignet dem K ein Motorboot. Welche Bereicherungsansprüche haben V und K, nachdem das Motorboot vor der Entdeckung der Nichtigkeit des Kaufvertrages ersatzlos zerstört wurde, wenn

   a) der Wert des Bootes 3 000,– DM betrug und K 4 000,– DM Kaufpreis gezahlt hat,

   b) der Wert des Bootes 3 000,– DM betrug und K 2 000,– DM Kaufpreis gezahlt hat?

2. A hat dem B ein Darlehen über 1 000,– DM gewährt. Die Zinsen in Höhe von 110,– DM hat A bereits bei der Auszahlung (von 890,– DM) von der Darlehenssumme abgezogen. Unmittelbar danach stellt sich die Nichtigkeit des Darlehensvertrages heraus. Was kann A von B verlangen?

3. In welchem der folgenden Fälle ist bei bereicherungsrechtlicher Rückabwicklung die Saldotheorie anwendbar:

   ☐ Bei einem Kaufvertrag, der wegen Beteiligung eines Minderjährigen unwirksam ist;

   ☐ beim Wegfall eines bereits beiderseitig erfüllten Kaufvertrags infolge Irrtumsanfechtung;

   ☐ beim Wegfall eines Kaufvertrags infolge Anfechtung wegen arglistiger Täuschung;

   ☐ bei Nichtigkeit des Kaufvertrages, wenn der Käufer den Kaufpreis noch nicht gezahlt hat, die Verkäuferleistung aber schon erbracht wurde?

A 1: a) K hat einen Anspruch gegen V auf Zahlung von 1 000,– DM.
b) Der V hat keinen Anspruch auf Zahlung, da der Wert der ersatzlos untergegangenen Kaufsache den Kaufpreis übersteigt.

A 2: A könnte von B 1 000,– DM verlangen, B von ihm Rückzahlung von 110,– DM. Nach Saldierung der beiderseitigen Geldforderungen hat A einen Anspruch auf Rückzahlung von 890,– DM.

A 3: Von den vorgenannten Fällen findet die Saldotheorie nur beim Wegfall des beiderseitig erfüllten Kaufvertrages wegen Irrtumsanfechtung Anwendung.

22. §§ 818 Abs. 4, 819 Abs. 1

Im Gegensatz zur bisher behandelten normalen Bereicherungshaftung trifft den Bereicherungsschuldner gemäß § 818 Abs. 4 BGB eine verschärfte Haftung von der Rechtshängigkeit des Bereicherungsanspruches an. – Die Rechtshängigkeit ist in der Zivilprozeßordnung geregelt; normalerweise wird ein Anspruch durch Zustellung der Klageschrift an den Beklagten rechtshängig (§§ 263 Abs. 1, 253 Abs. 1 ZPO).

Praktisch besonders wichtig ist es, daß dieselbe Haftungsverschärfung gemäß § 819 Abs. 1 BGB auch denjenigen trifft, der Kenntnis von der Rechtsgrundlosigkeit seines Erwerbes hat oder sie später erhält. Grob fahrlässige Unkenntnis genügt nicht. – Im Falle der Anfechtung des Grundgeschäftes ist gemäß § 142 Abs. 2 BGB die Kenntnis vom Anfechtungsgrund der Kenntnis von der Rechtsgrundlosigkeit gleichgestellt.

F: S hat den G beim Abschluß eines Kaufvertrages arglistig getäuscht; aufgrund des Kaufvertrages erwarb S von G einen Kraftwagen zum Preis von 5 000,– DM. Nach zwei Monaten entdeckt G die Täuschung und ficht den Kaufvertrag gemäß § 123 Abs. 1 BGB an. Ist S als Bereicherungsschuldner hinsichtlich der Rückgewähr des Kraftwagens der normalen oder der verschärften Haftung unterworfen?

A: S ist gemäß §§ 819 Abs. 1, 142 Abs. 2 BGB der verschärften Haftung unterworfen, weil er als Täuschender den Anfechtungsgrund bei Abschluß des Kaufvertrages kannte.

23. § 292

Verschärfte Haftung des Bereicherungsschuldners bedeutet, daß aufgrund der Verweisung in § 818 Abs. 4 BGB als allgemeine Vorschrift der § 292 BGB eingreift. Dieser wiederum verweist auf die §§ 987 ff. BGB:

Unter den Voraussetzungen des § 989 BGB ist der Schuldner demnach für eine Verminderung des Bereicherungsgegenstandes durch einen von ihm verschuldeten Schaden verantwortlich; er kann sich insoweit nicht mehr auf einen Wegfall der Bereicherung berufen. – Außerdem muß der Schuldner gemäß § 987 Abs. 2 BGB Ersatz für schuldhaft nicht gezogene Nutzungen leisten.

Verwendungen des Schuldners auf den Bereicherungsgegenstand sind gemäß §§ 994 ff. BGB praktisch nur noch abzugsfähig, wenn sie zur Sacherhaltung notwendig waren. (Die Einzelheiten dieser Problematik werden im Sachenrecht dargestellt.)

F: K hat von V eine Obstplantage gepachtet. Als er nach einiger Zeit die Nichtigkeit des Pachtvertrages entdeckt, läßt er die Früchte am Baum verfaulen, bevor er das Grundstück an V zurückgibt. Kann V von K nach Bereicherungsrecht Ersatz für diese Früchte verlangen?

A: Ja; K haftet wegen seiner Kenntnis von der Nichtigkeit des Pachtvertrages nach § 819 Abs. 1 BGB verschärft. Dies bedeutet gemäß §§ 818 Abs. 4, 292 Abs. 1, 987 Abs. 2 BGB, daß er dem V für die schuldhaft nicht gezogenen Früchte Ersatz leisten muß.

24.

Ob die Haftungsverschärfung des § 819 Abs. 1 BGB auch Minderjährige treffen kann, ist streitig:

In der Literatur wird zum Teil analog § 166 Abs. 1 BGB ausschließlich auf die Kenntnis der gesetzlichen Vertreter abgestellt. – Eine andere Meinung will demgegenüber den Rechtsgedanken des § 828 Abs. 2 BGB anwenden, so daß der Minderjährige verschärft haftet, wenn bei ihm Einsichtsfähigkeit in den Rechtsgrundmangel bejaht werden kann.

Die herrschende Meinung wendet § 166 Abs. 1 BGB bei der Leistungskondiktion, § 828 Abs. 2 BGB bei der Eingriffskondiktion analog an. – Letzteres hat auch der BGH für den Fall bejaht, daß ein Minderjähriger sich eine Flugreise erschlichen hat, die er gegen Bezahlung nicht angetreten hätte.

F: Der 17jährige K mietet von V ein Mofa; da seine Eltern mit dem Geschäft nicht einverstanden sind, gibt sich K als volljährig aus. Wie ist nach der herrschenden Meinung die Frage zu beantworten, ob der K hinsichtlich seiner Rückgabepflicht einer verschärften Bereicherungshaftung unterliegt?

A: Nach herrschender Meinung wird bei der Leistungskondiktion analog § 166 Abs. 1 BGB auf das Wissen der gesetzlichen Vertreter des K abgestellt, so daß keine verschärfte Haftung des K entsteht.

25. § 820 Abs. 1 S. 1

Verschärfte Haftung gilt gemäß § 820 Abs. 1 S. 1 BGB auch für den Anspruch aus § 812 Abs. 1 S. 2 Fall 2 BGB (vgl. S. 388), wenn bei gültigem Grundgeschäft der mit der Leistung bezweckte Erfolg von Anfang an ungewiß war und dann verfehlt wird.

Zu beachten ist aber, daß § 815 BGB den Bereicherungsanspruch ausschließt, wenn der Erfolgseintritt für den Leistenden bekanntermaßen unmöglich war (vgl. S. 391). – Hatte nur der Empfänger Kenntnis von der Unmöglichkeit des Erfolgseintritts, so haftet er bereits nach § 819 Abs. 1 BGB verschärft.

F: S hat von G bei Abschluß eines Grundstückskaufvertrages, der wegen zu niedriger Kaufpreisangabe unwirksam ist, eine Kaufpreisanzahlung erhalten in der beiderseitigen Erwartung, daß der Vertrag durch Erfüllung geheilt werde. Beiden Beteiligten war es allerdings wegen des Erfordernisses einer behördlichen Genehmigung ungewiß, ob die Heilung zustande kommen werde. Welche Bedeutung hat dies nach der von der Literatur vertretenen Auffassung zum Nichterreichen des bezweckten Erfolges (vgl. S. 388) für die Haftung des S auf Rückgabe des Geldes, wenn sich herausstellt, daß wegen Verweigerung der behördlichen Genehmigung kein Eigentumserwerb des G erfolgen kann?

A: Da der mit der Leistung des G bezweckte Erfolg, den S zur Heilung des Vertrages zu veranlassen, wegen des Erfordernisses einer behördlichen Genehmigung ungewiß war und der S dies auch wußte, haftet S gemäß § 820 Abs. 1 S. 1 BGB verschärft.

26. §§ 820 Abs. 1 S. 2, 819 Abs. 2

Ebenso greift für den Anspruch aus § 812 Abs. 1 S. 2 Fall 1 BGB (vgl. S. 385) gemäß § 820 Abs. 1 S. 2 BGB eine verschärfte Haftung ein, wenn der Wegfall des Rechtsgrundes für möglich gehalten wurde und dann eintritt. Dies gilt vor allem, wenn das Grundgeschäft durch Eintritt des Endtermins oder einer auflösenden Bedingung ex nunc entfällt.

Schließlich besteht bei dem Anspruch aus § 817 S. 1 BGB (vgl. S. 393) gemäß § 819 Abs. 2 BGB stets eine verschärfte Haftung des Schuldners.

F: S hat das Kind des G entführt und von G 10 000,– DM Lösegeld erpreßt. Als G nach Rückkehr des Kindes das Geld von S zurückfordert, macht dieser geltend, er habe den Betrag schlecht verwahrt und deshalb verloren. Greift dieser Einwand gegenüber einem Bereicherungsanspruch des G durch?

A: Nein; bei der Rückforderung des erpreßten Geldes handelt es sich um eine Kondiktion gemäß § 817 S. 1 BGB. Für diese besteht gemäß § 819 Abs. 2 BGB stets verschärfte Haftung, so daß S gemäß § 989 BGB für den verschuldeten Sachverlust ersatzpflichtig ist.

27. § 821

§ 821 BGB gewährt dem Schuldner gegenüber der Forderung auf Erfüllung einer rechtsgrundlos eingegangenen Verpflichtung, z. B. aus einem abstrakten Schuldversprechen, eine Einrede. – Diese Einrede kann auch dann noch erhoben werden, wenn der Anspruch des Schuldners gemäß § 812 Abs. 1 S. 1 Fall 1 BGB, der auf Befreiung von der rechtsgrundlos eingegangenen Verbindlichkeit zielt, nach 30 Jahren (§ 195 BGB) verjährt ist.

Erfüllt der Schuldner in Unkenntnis seiner gemäß § 821 BGB bestehenden Einredemöglichkeit die Verpflichtung, so kann er das Geleistete nach § 813 Abs. 1 S. 1 BGB zurückfordern (vgl. S. 386).

F 1: K hat von V ein Klavier erworben; der Kaufpreis ist ihm gestundet. Als dem V Zweifel an der Zahlungswilligkeit des K kommen, gibt K formgerecht ein abstraktes Schuldanerkenntnis in Höhe des Kaufpreises ab. Bald darauf wird der Kaufvertrag von V wirksam angefochten. Wie kann sich K verteidigen, wenn V ihn jetzt aus dem Schuldanerkenntnis in Anspruch nimmt?

F 2: Besteht für K die Möglichkeit, das Anerkenntnis als solches zu beseitigen?

A 1: Da das Anerkenntnis ohne Rechtsgrund abgegeben ist, kann K gegenüber dem Erfüllungsanspruch des V die Einrede aus § 821 BGB erheben.

A 2: Ja; da K das Anerkenntnis ohne rechtlichen Grund abgegeben hat, kann er es gemäß § 812 Abs. 1 S. 1 Fall 1 BGB von V kondizieren.

Wiederholungsfragen:

1. S hat von G eine Maschine erworben. Als sich die Nichtigkeit des Kaufvertrages herausstellt, verlangt G von S die Rückgewähr der Maschine; S leistet jedoch trotz mehrfacher schriftlicher Mahnungen nicht. Kurz darauf wird die Maschine bei S durch einen von ihm verschuldeten Brand zerstört. Nach welcher Vorschrift ist S der verschärften Haftung unterworfen?

2. Welche Vorschriften verpflichten den Bereicherungsschuldner zum Schadensersatz wegen eines verschuldeten Untergangs der zurückzugebenden Sache, wenn dem Schuldner der Mangel des Rechtsgrundes für seinen Erwerb bekannt ist? (Geben Sie bitte die gesamte Vorschriftenkette an, die den Umfang der Bereicherungsschuld regelt.)

3. Aus welcher Vorschrift des Bereicherungsrechts ergibt sich, daß keine verschärfte Haftung des Bereicherungsempfängers nach § 819 Abs. 1 BGB eintreten kann, wenn auch dem Leistenden bei der Leistung der Mangel des Rechtsgrundes bekannt war?

A 1: Nach § 819 Abs. 1 BGB ist S der verschärften Haftung unterworfen, weil er von G den Mangel des Rechtsgrundes erfahren hat.

A 2: Der Schadensersatzanspruch ergibt sich aus folgenden Vorschriften: § 819 Abs. 1 BGB verweist auf § 818 Abs. 4 BGB, dieser auf § 292 Abs. 1 BGB und dieser schließlich auf § 989 BGB.

A 3: In diesem Falle greift § 819 Abs. 1 BGB nicht ein, weil gemäß § 814 BGB überhaupt kein Bereicherungsanspruch entsteht (vgl. S. 387).

28. Zusammenfassung

a) Gemäß § 818 Abs. 1 BGB muß der Schuldner neben dem Bereicherungsgegenstand auch die ____________ ________ herausgeben, anstelle des Bereicherungsgegenstandes das für diesen erlangte __________.

b) Wertersatz muß der Bereicherungsschuldner gemäß § 818 Abs. 2 BGB leisten, wenn der Bereicherungsgegenstand infolge seiner Beschaffenheit oder _____ __________ ________ nicht herausgegeben werden kann.

c) Der Grundsatz, daß der Schuldner nur in Höhe des bei ihm wirklich vorhandenen Vermögensvorteils herausgabepflichtig sein soll, ist in § _____ Abs. ___ BGB enthalten. Dementsprechend können Erwerbskosten und Verwendungen auf den Bereicherungsgegenstand von der Bereicherungsschuld abgezogen werden.

Das an einen Dritten gezahlte Entgelt

☐ gehört zu den Erwerbskosten,

☐ gehört nicht zu den Erwerbskosten.

A:	a) gezogenen Nutzungen,	Surrogat	(Inf. 4 + 5)
	b) aus anderem Grund		(Inf. 6 + 7)
	c) 818 3		(Inf. 9)
	Das an einen Dritten gezahlte Entgelt gehört nicht zu den Erwerbskosten.		(Inf. 12)

d) Besteht danach beim Schuldner kein Vermögensvorteil mehr, so liegt ein ________ _____ ________________ vor.

e) Bei unentgeltlicher Weitergabe des Bereicherungsgegenstandes durch den Schuldner bestimmt sich der Anspruch des Gläubigers gegen den Dritten nach § _____ BGB.

f) Für den Bereicherungsausgleich beim Wegfall eines beiderseitig erfüllten gegenseitigen Vertrages gilt grundsätzlich die sog. ________-theorie.

g) Die Saldotheorie besagt, daß wegen der Verknüpfung von Leistung und Gegenleistung nach dem Austausch ungleichartiger Leistungen beim Zurückfordern der eigenen Leistung die Rückgewähr der Gegenleistung __________-_____ angeboten werden muß.
Dagegen wandeln sich die beiderseitigen Ansprüche in einen einzigen Anspruch um, der auf den Überschuß im Vermögen des Anspruchsgegners gerichtet ist, wenn ________________ Leistungen zurückgefordert werden.

h) Keine Anwendung findet die Saldotheorie, wenn eine arglistige Täuschung zur Anfechtung des Grundgeschäftes geführt hat oder wenn die Unwirksamkeit des Grundgeschäftes darauf beruht, daß ein _____ ________ __________ ____________ beteiligt war.

A: d) Wegfall der Bereicherung (Inf. 10)

e) 822 (Inf. 14)

f) Saldo(-theorie) (Inf. 15)

g) gleichzeitig gleichartige (Inf. 16 + 17)

h) nicht voll Geschäftsfähiger (Inf. 21)

i) Eine verschärfte Haftung nach den Grundsätzen des Eigentümer-Besitzer-Verhältnisses trifft den Bereicherungsschuldner gemäß § 818 Abs. 4 BGB von der ______________ des Bereicherungsanspruches an. Dasselbe gilt gemäß § 819 Abs. 1 BGB, wenn er den Mangel des Rechtsgrundes beim Empfang kennt oder ________ ________.

k) Für einen minderjährigen Bereicherungsschuldner wird im Rahmen des § 819 Abs. 1 BGB von der herrschenden Meinung bei der Leistungskondiktion auf die Kenntnis seiner gesetzlichen Vertreter abgestellt; bei der Eingriffskondiktion werden die Grundsätze des § _____ Abs. ___ BGB herangezogen.

l) Aus § 821 BGB ergibt sich gegenüber dem Erfüllungsanspruch aus einer rechtsgrundlos eingegangenen Verpflichtung die ________________

Kap. XII. Zusammenfassung

A:	i) Rechtshängigkeit	später erfährt	(Inf. 22)
	k) 828 2		(Inf. 24)
	l) Bereicherungseinrede		(Inf. 27)

Zur Wissensvertiefung für den Stoff des zwölften Kapitels wird empfohlen:

Fikentscher a. a. O., §§ 100 + 101,
Esser a. a. O., § 105,
Larenz a. a. O., § 70.

Besonders wichtig sind die Fragen der Saldotheorie; hierzu wird auf

BGHZ 57, 137 (146) (arglistige Täuschung)

verwiesen.

Zur Haftung des Minderjährigen wird auf

BGHZ 55, 128 (Flugreisefall)

hingewiesen. Eine ausführliche klausurmäßige Darstellung dieser wichtigen BGH-Entscheidung finden Sie in JA 1971, ZR S. 107–110.

Kapitel XIII

UNERLAUBTE HANDLUNGEN

Die Grundtatbestände der Verschuldenshaftung

Die §§ 823–853 BGB regeln das Recht der unerlaubten Handlungen (das Deliktsrecht). Die unerlaubte Handlung begründet ein gesetzliches Schuldverhältnis zwischen den Beteiligten, das die Wiedergutmachung des angerichteten Schadens zum Ziel hat. – Das deliktische Schuldverhältnis entsteht auch dann, wenn zwischen den Beteiligten schon vor der Schädigung ein anderes Schuldverhältnis bestanden hat, z. B. ein Kaufvertrag, dessen Haupt- oder Nebenpflichten durch die Schädigung ebenfalls verletzt worden sind: Der Schädiger kann wegen Verletzung des bestehenden Schuldverhältnisses und wegen unerlaubter Handlung zum Schadensersatz verpflichtet sein.

Das BGB kennt keine Generalklausel für den Schadensersatz wegen unerlaubter Handlung, sondern befolgt das sog. Enumerationsprinzip. Die diesem Prinzip entsprechenden Grundtatbestände für die Haftung des Schädigers sind in den §§ 823–826 BGB normiert.

Voraussetzung einer deliktischen Schadensersatzpflicht ist es, daß ein in den §§ 823 ff. BGB geschütztes Rechtsgut durch eine Verletzungshandlung beeinträchtigt wurde; dabei muß ein adäquat verursachter Schaden eingetreten sein. Der Schädiger muß bei der Verursachung des Schadens rechtswidrig und schuldhaft gehandelt haben. – Von dem damit statuierten Grundsatz der Verschuldenshaftung macht das BGB die Ausnahme der sog. Billigkeitshaftung nach § 829 BGB, wonach auch ein nicht verschuldensfähiger Täter ersatzpflichtig werden kann.

Den Gegensatz zur Verschuldenshaftung bildet die Gefährdungshaftung, die in Kap. XIV behandelt wird.

Kap. XIII. Unerlaubte Handlungen

Inhaltsübersicht:

1. § 823 Abs. 1

§ 823 Abs. 1 BGB führt persönlichkeitsbezogene Rechtsgüter und vermögenswerte Rechtsgüter auf, deren Verletzung eine unerlaubte Handlung darstellt.

Zum Kreis der persönlichkeitsbezogenen Rechtsgüter gehören der Körper und die Gesundheit eines Menschen:

Verletzung des Körpers ist jeder Eingriff in die äußere körperliche Unversehrtheit; hierzu gehört z. B. auch das Abschneiden der Haare. Eine Verletzung der Gesundheit erfolgt durch Störung der inneren Lebensvorgänge; dies kann auch durch seelische Erregung geschehen, z. B. durch den Schock beim Anblick eines schweren Unfalls.

Die Verletzung von Körper oder Gesundheit eines Menschen kann schon vor seiner Geburt erfolgen, z. B. bei der Schädigung des Embryos durch Röntgenstrahlen; der Ersatzanspruch entsteht jedoch erst mit der Geburt des Verletzten.

F: Der Arzt hat dem G ein Mittel gegen Magenbeschwerden verordnet. Der Apotheker S liest das Rezept falsch und verabreicht ein Medikament, das bei G zu starken Gleichgewichtsstörungen führt. Kann G gegenüber S die Verletzung eines durch § 823 Abs. 1 BGB geschützten Rechtsgutes geltend machen?

A: Ja; die Gleichgewichtsstörungen stellen eine Gesundheitsbeeinträchtigung im Sinne des § 823 Abs. 1 BGB dar.

2.

Eine gemäß § 823 Abs. 1 BGB zum Schadensersatz verpflichtende Verletzung der Freiheit liegt nach herrschender Meinung nur im Falle der Beeinträchtigung der körperlichen Bewegungsfreiheit vor. Diese kann durch unmittelbaren Zwang ebenso verletzt werden wie durch Drohung oder Nötigung. – Einen darüber hinausgehenden Schutz der Entschlußfreiheit, z. B. im wirtschaftlichen Bereich, gewährt § 823 Abs. 1 BGB nicht.

F 1: Der S nimmt am Strand dem stark sehbehinderten G die Brille weg, ohne welche G hilflos ist. Hat S die Freiheit des G im Sinne des § 823 Abs. 1 BGB verletzt?

F 2: Wie wäre der Fall zu beurteilen, wenn S dem G die Geldbörse gestohlen hätte, so daß G nicht mit dem Bus nach Hause fahren konnte?

A 1: Ja; durch die Wegnahme der Brille ist G in seiner Bewegungsfreiheit eingeschränkt, so daß eine Freiheitsverletzung im Sinne des § 823 Abs. 1 BGB vorliegt.

A 2: Da G durch den Diebstahl nicht gehindert ist, zu Fuß zu gehen, liegt keine Einschränkung seiner körperlichen Bewegungsfreiheit im Sinne des § 823 Abs. 1 BGB vor.

3.

§ 823 Abs. 1 BGB schützt als weiteres persönlichkeitsbezogenes Rechtsgut das Leben. Die Rechtsgutverletzung liegt nicht nur im Falle unmittelbarer Tötung vor, sondern auch dann, wenn der Tod infolge einer Körperverletzung eingetreten ist.

Im Fall der Tötung wird der Grundsatz, daß einem mittelbar Geschädigten kein Ersatzanspruch zusteht, nach Maßgabe des § 844 Abs. 2 BGB durchbrochen. Danach steht dem mittelbar Geschädigten, der durch den Tod Unterhaltsansprüche einbüßt, ein eigener Ersatzanspruch gemäß § 823 Abs. 1 in Verbindung mit § 844 Abs. 2 BGB zu.

F: Die Eheleute M und F sind durch Verschulden des S bei einem Verkehrsunfall getötet worden; sie hinterlassen das minderjährige Kind K. Nach welchen Vorschriften kann K von S Schadensersatz fordern?

A: Gemäß §§ 823 Abs. 1, 844 Abs. 2 S. 1 BGB muß S dem K Ersatz für die durch den Tod der Eltern entzogenen Unterhaltsansprüche leisten. (Diese bestimmen sich nach den §§ 1601 ff. BGB.)

4.

Der Tatbestand des § 823 Abs. 1 BGB ist auch erfüllt, wenn jemand das Eigentum eines anderen verletzt.

Dies geschieht einmal durch Einwirkung auf die Sache, insbesondere durch Zerstörung, Entzug oder Beschädigung; auch die Minderung der Nutzbarkeit genügt. – Ebenso kann aber die Verletzung des Eigentums auch durch Rechtsakte erfolgen, z. B. durch die unberechtigte Veräußerung an einen gutgläubigen Erwerber nach den §§ 932 ff. BGB.

F: S betreibt auf dem Nachbargrundstück des G eine Schrottverwertung. Wegen des damit verbundenen Lärms kann G tagsüber kein Fenster öffnen. Handelt es sich bei dem Verhalten des S um eine Eigentumsverletzung im Sinne des § 823 Abs. 1 BGB?

A: Ja; die Lärmbelästigung stellt eine Eigentumsverletzung im Sinne des § 823 Abs. 1 BGB dar, weil die Nutzbarkeit des Grundstücks für G gemindert ist.

5.

Über die ausdrücklich genannten Rechtsgüter hinaus schützt § 823 Abs. 1 BGB auch „sonstige Rechte". Unter dieser Sammelbezeichnung werden so unterschiedliche Rechte zusammengefaßt wie Pfandrechte und elterliche Gewalt. – Kennzeichnend für die Rechte, die als sonstige Rechte geschützt werden sollen, ist es, daß sie den in § 823 Abs. 1 BGB genannten Rechtsgütern vergleichbar sind, weil sie von jedermann beachtet werden müssen, aber auch von jedermann verletzt werden können; es muß sich also um absolute Rechte handeln. (Einzelheiten hierzu werden in den folgenden Informationen dargestellt.)

Demnach fallen Forderungen als relative Rechte nicht unter den Schutz des § 823 Abs. 1 BGB. Es liegt keine unerlaubte Handlung vor, wenn ein Dritter den Anspruch eines Käufers auf Lieferung der Sache durch Überbieten vereitelt. – Ebensowenig wird das Vermögen als Summe aller geldwerten Güter durch § 823 Abs. 1 BGB geschützt.

F: S nimmt aufgrund eines Werkvertrages mit G in dessen Haus Reparaturarbeiten vor. Dabei stößt er fahrlässig einen Behälter mit ätzender Flüssigkeit um, die den G verletzt. Als G einen Schadensersatzanspruch gemäß § 823 Abs. 1 BGB geltend macht, wendet S ein, durch seine Unachtsamkeit sei nur die werkvertragliche Forderung des G verletzt worden, zu deren Schutz § 823 Abs. 1 BGB nicht eingreife. Steht dieses Argument einem Anspruch des G aus § 823 Abs. 1 BGB entgegen?

A: Nein. Zwar werden Forderungen nicht durch § 823 Abs. 1 BGB geschützt; da jedoch durch die Handlung des S der Körper des G verletzt wurde, ist insoweit der Tatbestand der Vorschrift erfüllt.

6.

Neben dem in § 823 Abs. 1 BGB ausdrücklich geschützten Eigentum erfüllen alle übrigen dinglichen Rechte als absolute Rechte den Tatbestand eines sonstigen Rechts; hierzu zählen z. B. Pfandrechte und Dienstbarkeiten. – Auch die dingliche Anwartschaft des Käufers einer noch unter Eigentumsvorbehalt stehenden Sache wird als sonstiges Recht geschützt. (Zu den Einzelheiten der Anwartschaft wird auf das Sachenrecht verwiesen.)

Ebenso genießen Patent- und Urheberrechte als sonstige Rechte den Schutz des § 823 Abs. 1 BGB. – Dasselbe gilt für die gewerblichen Schutzrechte nach dem Warenzeichen-, dem Geschmacksmuster- und dem Gebrauchsmustergesetz.

F: S ist bei seinem Vermieter G mit der Mietzahlung im Rückstand; deshalb besteht an einer wertvollen Vase des S das Vermieterpfandrecht (vgl. S. 152) des G. Weitere Sicherheiten für die Mietzinsforderung des G sind bei S nicht vorhanden. Hat der Besucher D, der die Vase fahrlässig zerstört, ein durch § 823 Abs. 1 BGB geschütztes Rechtsgut des G verletzt?

A: Ja; D hat das Vermieterpfandrecht des G, das ein sonstiges Recht im Sinne des § 823 Abs. 1 BGB darstellt, durch Zerstörung der Vase zum Erlöschen gebracht.

7.

Auch das allgemeine Persönlichkeitsrecht wird in Anlehnung an die in § 823 Abs. 1 BGB ausdrücklich genannten Persönlichkeitsgüter und mit Rücksicht auf den Persönlichkeitsschutz nach den Art. 1 und 2 GG als sonstiges Recht im Sinne des § 823 Abs. 1 BGB bewertet.

Die Verletzung des allgemeinen Persönlichkeitsrechtes erfolgt durch Mißachtung der Persönlichkeit. Dies geschieht insbesondere durch unbefugtes Eindringen in die Privatsphäre eines anderen, z. B. mittels heimlicher Fotografie oder Tonbandaufnahme; auch die Preisgabe vertraulicher Einzelheiten aus der Privatsphäre, z. B. durch Veröffentlichung von Tagebüchern, gehört hierher. Ferner wird der Tatbestand durch die verfälschende herabsetzende Darstellung einer Person in Bild oder Schrift erfüllt; so etwa, wenn in der Zeitung von einer Fernsehansagerin gesagt wird, sie sehe aus wie eine ausgemolkene Ziege. (Die Rechtsfolgen einer Persönlichkeitsrechtsverletzung werden in Kapitel XV behandelt.)

F: Der Fotograf S hat von dem Fußballspieler G heimlich eine Aufnahme gemacht, als dieser unbekleidet den Saunaraum verließ. Hat S damit den Tatbestand des § 823 Abs. 1 BGB erfüllt?

A: Ja, weil S unbefugt in die Privatsphäre des G eingedrungen ist und damit dessen allgemeines Persönlichkeitsrecht verletzt hat.

8.

Ein sonstiges Recht im Sinne des § 823 Abs. 1 BGB ist auch die elterliche Gewalt (§§ 1626 ff. BGB); sie wird z. B. durch eine von den Eltern mißbilligte Einwirkung Dritter auf das Kind verletzt.

F: Der volljährige S nimmt die 17jährige D gegen den ihm bekannten Willen ihrer Eltern mit auf eine Urlaubsreise. Können die Eltern wegen der Kosten, die ihnen für Ausfindigmachen und Rückführung der Tochter entstehen, von S Ersatz verlangen?

A: Ja; da S in die elterliche Gewalt eingegriffen hat, wurde ein durch § 823 Abs. 1 BGB geschütztes Rechtsgut verletzt.

9.

Der Besitz als tatsächliche Sachherrschaft (§ 854 Abs. 1 BGB) ist zwar kein Recht, er wird aber nach § 823 Abs. 1 BGB wie ein sonstiges Recht geschützt. – Dies gilt nach überwiegender Meinung allerdings nur für den berechtigten Besitz, z. B. eines Mieters, nicht auch für den Besitz des Diebes am gestohlenen Gut.

Auch der mittelbare Besitzer (§ 868 BGB) genießt grundsätzlich den Schutz des § 823 Abs. 1 BGB. So kann z. B. der Verleiher eines Pkw Schadensersatz vom Dieb verlangen, der dem Entleiher den Wagen gestohlen hat; dies wird wichtig, wenn der Verleiher nicht der Eigentümer ist. – § 823 Abs. 1 BGB greift allerdings nicht gegenüber dem unmittelbaren Besitzer ein; deshalb kann z. B. der Vermieter sich gegenüber dem Mieter nicht auf § 823 Abs. 1 BGB stützen, wenn der Mieter die Mietsache veräußert.

F: In welchem der folgenden Fälle kann nach überwiegender Meinung eine Besitzverletzung zu einem Schadensersatzanspruch gemäß § 823 Abs. 1 BGB führen?

- ☐ Wenn dem Käufer eines Kraftwagens, der noch unter Eigentumsvorbehalt steht, der Wagen von einem Dieb gestohlen wird;
- ☐ wenn dem Dieb eines Kraftwagens der Wagen von einem Dritten entwendet wird;
- ☐ wenn der Entleiher eines Tonbandgerätes dieses unerlaubt weiterverleiht.

A: Ein nach § 823 Abs. 1 BGB geschützter unmittelbarer Besitz besteht nach überwiegender Meinung nur für den Käufer des Kraftwagens, der noch unter Eigentumsvorbehalt steht. Der mittelbare Besitz des Verleihers wird gegenüber dem Entleiher nicht nach § 823 Abs. 1 BGB geschützt.

10.

Auch der Gewerbebetrieb genießt, obwohl er kein „Recht" ist, den Schutz des § 823 Abs. 1 BGB wie ein sonstiges Recht. – Geschützt wird dabei die Gesamtheit der zur wirtschaftlichen Betätigung erforderlichen Güter, wie z. B. Grundstücke, Einrichtungen, Vorräte und Außenstände.

Voraussetzung für die Anwendbarkeit des § 823 Abs. 1 BGB ist ein Eingriff in den eingerichteten und ausgeübten Gewerbebetrieb. – Nach herrschender Meinung muß sich der Eingriff unmittelbar gegen den Betrieb gerichtet haben, also betriebsbezogen erfolgt sein.

Dies ist z. B. der Fall, wenn eine Produktion dadurch behindert wird, daß ein Konkurrent fälschlich behauptet, das Verfahren sei bereits für ihn patentiert. Auch wilde Streiks und Boykottmaßnahmen können den Tatbestand einer Gewerbebetriebsverletzung erfüllen. – Kein betriebsbezogener Eingriff liegt dagegen vor, wenn ein wichtiger Mitarbeiter durch einen Verkehrsunfall verletzt und deshalb die Produktion behindert wird.

F: Der D ist Zulieferer für den Polstermöbelbetrieb des G. Eine Warensendung des D an G wird unterwegs bei einem Autounfall zerstört, für den allein der Landwirt S verantwortlich ist. G muß deswegen die Produktion drosseln. Könnte ihm gegenüber S ein Schadensersatzanspruch wegen Gewerbebetriebsverletzung zustehen, wenn er noch kein Eigentum an den Waren erworben hatte?

A: Nein; die Handlung des S hat sich nicht betriebsbezogen gegen den Gewerbebetrieb des G gerichtet.

11.

Der Anspruch aus § 823 Abs. 1 BGB wegen Verletzung des Gewerbebetriebs dient nach herrschender Meinung nur der Sicherstellung eines lückenlosen Rechtsschutzes und wird deshalb subsidiär gewährt. Eine Gewerbebetriebsverletzung kann also nur zum Schadensersatz führen, wenn keine anderen deliktischen Vorschriften den Sachverhalt erfassen; so stellt z. B. die Beschädigung einer Maschine im Betrieb vorrangig eine Eigentumsverletzung dar, so daß deswegen keine Verletzung des Gewerbebetriebes geltend gemacht werden kann.

Dasselbe gilt, wenn das schädigende Verhalten als Wettbewerbsverstoß eine Ersatzpflicht auslöst. In diesem Falle greift vorrangig das Wettbewerbsrecht ein, so z. B., wenn ein Konkurrent die Marke „4711" mißbräuchlich verwendet und dadurch den Absatz des Markeninhabers beeinträchtigt.

F: Der S unterbricht bei Baggerarbeiten infolge Unachtsamkeit die einzige Stromzufuhr zur gewerblich betriebenen Brutanstalt des G. Dadurch werden 2000 dem G gehörende Bruteier unbrauchbar. Kann G einen Schadensersatzanspruch gegen S darauf stützen, daß dieser in den Gewerbebetrieb des G eingegriffen habe?

A: Nein; durch die Stromunterbrechung ist das Eigentum des G an den Eiern verletzt worden. Einen Eingriff in seinen Gewerbebetrieb kann G nicht geltend machen, weil die Gewerbebetriebsverletzung gegenüber der Eigentumsverletzung subsidiär ist.

Wiederholungsfragen:

1. A und B bemühen sich als Konkurrenten um den Abschluß eines vorteilhaften Geschäftes mit C. Daher droht A dem B, er werde das Finanzamt auf Unregelmäßigkeiten in der Steuererklärung des B hinweisen, wenn dieser die Verhandlungen mit C nicht abbreche. Liegt hierin eine Freiheitsverletzung gegenüber B im Sinne des § 823 Abs. 1 BGB?

2. Als „sonstiges Recht" im Sinne des § 823 Abs. 1 BGB wird geschützt
   - ☐ das Eigentum,
   - ☐ der berechtigte Besitz,
   - ☐ das Vermögen,
   - ☐ das allgemeine Persönlichkeitsrecht,
   - ☐ das Pfandrecht,
   - ☐ die Kaufpreisforderung des Verkäufers,
   - ☐ die Eigentumsanwartschaft des Käufers.

3. Der Eingriff in den Gewerbebetrieb löst Schadensersatzpflichten nach § 823 Abs. 1 BGB aus, wenn es sich um einen ________________ und ausgeübten Gewerbebetrieb handelt und wenn der schadenstiftende Eingriff ____________ ____________ erfolgt ist.

A 1: Nein; § 823 Abs. 1 BGB schützt nach herrschender Meinung nur die körperliche Bewegungsfreiheit, nicht auch die Entschlußfreiheit.

A 2: Als sonstige Rechte im Sinne des § 823 Abs. 1 BGB werden der berechtigte Besitz, das allgemeine Persönlichkeitsrecht, das Pfandrecht und die Eigentumsanwartschaft geschützt.

A 3: eingerichteten betriebsbezogen

12. § 823 Abs. 2 S. 1

§ 823 Abs. 2 S. 1 BGB begründet eine Schadensersatzpflicht für denjenigen, der unter Verstoß gegen ein Schutzgesetz einen Schaden verursacht: Schutzgesetz in diesem Sinne ist jede Rechtsnorm, die Rechtsgüter des Einzelnen schützt und dies auch bezweckt; dabei reicht es aus, daß der Individualgüterschutz einen Nebenzweck der Rechtsnorm darstellt. – Zu den Schutzgesetzen zählen vor allem Strafvorschriften wie die §§ 223 und 242 StGB; über § 263 StGB wird auch das Vermögen geschützt. Weitere Schutzgesetze finden sich z. B. in bau- und straßenverkehrsrechtlichen Vorschriften sowie in zahlreichen zivilrechtlichen und zivilprozessualen Normen.

Kein Schutzgesetz in diesem Sinne ist dagegen eine Vorschrift, die nur dem Schutz der Allgemeinheit dienen soll; dies gilt z. B. für Vorschriften über die richtige Preisauszeichnung von Waren.

F: Um die im Fahrradkeller abgestellten Fahrräder vor Diebstahl zu schützen, hat der Vermieter D in der Hausordnung (vgl. S. 149) bestimmt, daß nach 22.00 Uhr die Haustür verschlossen zu halten ist. Weil der S bei später abendlicher Heimkehr versäumt, die Haustür abzuschließen, wird das Fahrrad des G gestohlen. Kann G von S wegen Verletzung der Hausordnung Schadensersatz gemäß § 823 Abs. 2 BGB verlangen?

A: Nein; die Hausordnung bildet einen Teil des Mietvertrages. Sie ist damit rechtsgeschäftlicher Natur und hat nicht den Charakter eines Schutzgesetzes.

13.

Allerdings löst nicht jede Verletzung einer dem Individualgüterschutz dienenden Rechtsnorm Schadensersatzpflichten aus. Vielmehr ist weitere Voraussetzung für die Anwendbarkeit des § 823 Abs. 2 S. 1 BGB, daß der eingetretene Schaden vom Schutzzweck des betreffenden Schutzgesetzes erfaßt wird. – Dies erfordert zweierlei:

Zunächst muß die Person des Geschädigten zu dem vom Gesetz geschützten Personenkreis gehören. So schützt z.B. § 248b StGB (unbefugter Gebrauch eines Kraftfahrzeuges) nur den Berechtigten, nicht auch andere Verkehrsteilnehmer; demnach kann sich ein vom unbefugten Fahrzeugbenutzer verletzter Fußgänger nicht auf die §§ 823 Abs. 2 BGB, 248b StGB berufen.

F: G hat dem D seinen Plattenspieler geliehen. Als der mit D verfeindete S widerrechtlich in die Wohnung des D eindringt, wird der Plattenspieler des G von S zu Boden gerissen und dadurch beschädigt. Warum kann G den entstandenen Schaden von S nicht gemäß §§ 823 Abs. 2 BGB, 123 StGB (Hausfriedensbruch) ersetzt verlangen?

A: § 123 StGB schützt lediglich den Wohnungsinhaber D, nicht aber den Verleiher G. Somit kommt ein Schadensersatzanspruch des G gemäß §§ 823 Abs. 2 BGB, 123 StGB nicht in Betracht.

14.

Des weiteren ist es für die Anwendbarkeit des § 823 Abs. 2 S. 1 BGB erforderlich, daß gerade ein solcher Schaden eingetreten ist, den das Schutzgesetz verhindern wollte. – So will § 330 StGB (Verletzung von Regeln der Baukunst) Leben und Gesundheit der Menschen schützen; der durch den Einsturz eines Bauwerkes entstehende Sach- und Vermögensschaden kann dagegen nicht nach §§ 823 Abs. 2 BGB, 330 StGB geltend gemacht werden.

Sofern durch die Handlung des Schädigers auch eines der in § 823 Abs. 1 BGB genannten Rechtsgüter verletzt worden ist, tritt der Anspruch aus § 823 Abs. 2 BGB neben den Anspruch nach § 823 Abs. 1 BGB.

F: Der Autohändler S hat dem G unter der Vorspiegelung, es handele sich um ein unfallfreies Fahrzeug, einen stark unfallbeschädigten Pkw für 3000,– DM verkauft, obwohl der Wagen nur einen Wert von 800,– DM hatte. Als G dies entdeckt, erleidet er vor Ärger einen Kreislaufkollaps. Kann G gegenüber S wegen seines Gesundheitsschadens Ersatzansprüche gemäß §§ 823 Abs. 2 BGB, 263 StGB geltend machen?

A: Nein; der Schutzzweck des § 263 StGB erfaßt nur Vermögensschäden. Eine Gesundheitsverletzung kann daher nicht nach den §§ 823 Abs. 2 BGB, 263 StGB geltend gemacht werden. (Als Anspruchsgrundlage könnte vielmehr § 823 Abs. 1 BGB in Betracht kommen.)

15. § 824 Abs. 1

§ 824 Abs. 1 BGB schützt den Einzelnen vor unwahren Tatsachenbehauptungen, die objektiv geeignet sind, sein Erwerbsleben, insbesondere seine Kreditwürdigkeit, zu beeinträchtigen. – Werturteile, wie z. B. die Bezeichnung einer Ware als „billiger Schmarren", sind keine Tatsachenbehauptungen.

Subjektiv setzt § 824 Abs. 1 BGB voraus, daß der Täter die Unwahrheit der Behauptung kennt oder infolge Fahrlässigkeit nicht kennt.

Soweit die unwahren Behauptungen zugleich eine Verletzung des allgemeinen Persönlichkeitsrechts darstellen, bietet auch § 823 Abs. 1 BGB Schutz; bei vorsätzlichen Ehrverletzungen im Sinne der §§ 186 und 187 StGB greift § 823 Abs. 2 BGB ein. § 14 des Gesetzes gegen den unlauteren Wettbewerb (UWG, im Schönfelder abgedruckt unter Nr. 73) gilt, wenn die unwahre Äußerung aus Wettbewerbsgründen gemacht wurde. – § 824 Abs. 1 BGB tritt dann neben diese Ansprüche.

F: Der S erzählt wider besseres Wissen dem D unter vier Augen, daß der Unternehmer G vom Konkurs bedroht sei und sein Vermögen ins Ausland verschiebe. Ist dieses Verhalten des S geeignet, einen Schadensersatzanspruch des G gemäß § 824 Abs. 1 BGB zu begründen?

A: Ja; es handelt sich um die Behauptung einer unwahren kreditschädigenden Tatsache. § 824 Abs. 1 BGB erfordert keine öffentliche Behauptung.

16. § 826

Gemäß § 826 BGB wird derjenige ersatzpflichtig, der unter Verstoß gegen die guten Sitten einem anderen vorsätzlich Schaden zufügt. – Eine Handlung ist sittenwidrig, wenn sie gegen das Anstandsgefühl aller billig und gerecht Denkenden verstößt; insoweit wird auf die durchschnittlichen moralischen Maßstäbe zurückgegriffen. – Die Sittenwidrigkeit wird vor allem durch das vom Handelnden verfolgte Ziel und durch die von ihm eingesetzten Mittel bestimmt.

Der Vorsatz des Handelnden muß nicht das Bewußtsein der Sittenwidrigkeit enthalten, sondern nur die Umstände umfassen, aus denen sich für den objektiven Beurteiler die Sittenwidrigkeit ergibt. – Wohl aber muß der Vorsatz den eingetretenen Schaden einschließen.

§ 826 BGB ist neben den §§ 823–825 BGB anwendbar. Seine besondere Bedeutung liegt darin, daß er nicht die Verletzung eines bestimmten Rechtsgutes erfordert, sondern die Schadensersatzpflicht an die vorsätzliche sittenwidrige Handlung als solche anknüpft. Daraus ergibt sich, daß auch Vermögensschäden erfaßt werden können.

F: G macht gegen S einen Schadensersatzanspruch mit der Begründung geltend, durch eine vorsätzliche sittenwidrige Handlung des S eine Vermögenseinbuße erlitten zu haben. Außerdem sei durch diese Handlung eine Forderung, die ihm gegen D zustand, erloschen. S stellt dem entgegen, weder das Vermögen als solches noch Forderungen seien Schutzgüter des Deliktsrechts. Wird dadurch der Ersatzanspruch des G in Frage gestellt?

A: Nein; im Gegensatz zu § 823 Abs. 1 BGB ist für § 826 BGB keine spezifische Rechtsgutverletzung erforderlich; es genügt die vorsätzliche sittenwidrige Handlung als solche.

17.

Die Rechtsprechung hat aus der Generalklausel des § 826 BGB eine Reihe von Fallgruppen herausgearbeitet. – Die wichtigsten sind folgende:

Sittenwidrig ist der Mißbrauch wirtschaftlicher Machtstellung, insbesondere die sog. Knebelung, durch welche der Schuldner in völlige Abhängigkeit vom wirtschaftlich stärkeren Gläubiger gebracht wird. – Sittenwidrig sind ferner die Verleitung zum Vertragsbruch und bewußt unwahre Auskünfte. – Schließlich fällt auch das Erschleichen und die vorsätzliche Ausnutzung unrichtiger Urteile unter § 826 BGB.

Wer durch arglistige Täuschung des Partners den Abschluß eines Vertrages herbeigeführt hat, muß nicht nur die Anfechtung des Vertrages nach § 123 BGB hinnehmen, sondern wird auch für den entstandenen Schaden nach § 826 BGB ersatzpflichtig.

F: Der Geldverleiher A hat dem Elektrohändler B ein Darlehen gewährt; dabei hat er ihn durch Sicherungsabreden verpflichtet, zu jeder geschäftlichen Entscheidung seine Zustimmung einzuholen. Kann durch diese Vereinbarung der Tatbestand des § 826 BGB erfüllt sein, wenn B deswegen ein nur kurzfristig mögliches günstiges Geschäft nicht abschließen kann?

A: Ja; A hat durch die Knebelung des B seine wirtschaftliche Macht vorsätzlich mißbraucht und damit den Tatbestand des § 826 BGB erfüllt.

Wiederholungsfragen:

1. A hat in seinem Garten verbotenerweise einen Selbstschuß gelegt, durch welchen der Hund des B getötet wird. Kann sich B für einen Schadensersatzanspruch gegen A auf § 823 Abs. 2 BGB in Verbindung mit § 367 Abs. 1 Nr. 8 StGB stützen?

2. Der Tatbestand des § 824 Abs. 1 BGB erfaßt die Behauptung von
   - ☐ unwahren Tatsachen,
   - ☐ unzutreffenden Werturteilen,

   die eine kreditschädigende Wirkung haben.

3. Der S hat durch arglistige Täuschung den G zur Abgabe einer nachteiligen Willenserklärung verleitet; dadurch erleidet G einen Schaden. Ist es für die Geltendmachung des Schadens gegenüber S erforderlich, daß dieser sich gemäß § 263 StGB strafbar gemacht hat?

A 1: Nein; die Strafvorschrift will, wie die Beschränkung des Tatbestandes auf „bewohnte oder von Menschen besuchte Orte" zeigt, nur dem Schutz von Menschen dienen, nicht auch dem Schutz des Eigentums.

A 2: § 824 Abs. 1 BGB verlangt, daß unwahre Tatsachen behauptet werden.

A 3: Nein; auch wenn der Betrugstatbestand nicht erfüllt ist, kann für G ein Ersatzanspruch nach § 826 BGB begründet sein.

18.

Eine Schadensersatzpflicht nach den §§ 823 ff. BGB entsteht nur, wenn die eingetretenen Folgen adäquat kausal durch den Schädiger herbeigeführt wurden, also durch eine Handlung, die nach der Lebenserfahrung hierzu generell geeignet war.

Das bedeutet, daß eine Haftung nicht durch solche Ursachen ausgelöst werden kann, die nur aufgrund ganz besonderer, unwahrscheinlicher Umstände geeignet waren, die eingetretene Folge herbeizuführen. Inadäquat ist z. B. die Verschlimmerung von Unfallfolgen durch eine spätere Kinderlähmung des Opfers. – Im bürgerlichen Recht soll also (im Unterschied zum Strafrecht) ein Wahrscheinlichkeitsurteil den Rahmen der zumutbaren Haftung begrenzen. Dieses Wahrscheinlichkeitsurteil wird aus der Sicht eines nachträglich urteilenden, objektiven Betrachters gefällt. (Einzelheiten der Kausalitätsproblematik werden in Kap. XV behandelt.)

F: Der D wird vor seinem Haus von S mit dem Auto überfahren. Als die Ehefrau G des D ihren Mann stark blutend und bewußtlos liegen sieht, erleidet sie einen Nervenzusammenbruch. Ist diese Schädigung der G durch S adäquat verursacht?

A: Ja; daß der Anblick des blutenden und bewußtlosen Unfallopfers bei seiner Ehefrau einen Nervenzusammenbruch auslöst, ist nicht generell unwahrscheinlich.

19.

Die adäquate Kausalität ist unter zwei Gesichtspunkten erheblich:

Zunächst muß die Handlung des Täters für die unmittelbare Rechtsgutverletzung adäquat kausal sein; hier spricht man von haftungsbegründender Kausalität.

Sodann muß die Handlung auch für den aufgrund der Rechtsgutverletzung geltend gemachten Schaden adäquat kausal sein; dies bezeichnet man als haftungsausfüllende Kausalität. Um eine Frage der haftungsausfüllenden Kausalität handelt es sich z. B., wenn aufgrund einer Körperverletzung Heilungskosten entstehen.

F: S fährt den G mit seinem Pkw an und verletzt ihn. Dem G, der eine Woche arbeitsunfähig wird, entsteht ein Verdienstausfall von 200,– DM. Inwieweit ist für den Schaden des G die haftungsbegründende Kausalität, inwieweit die haftungsausfüllende Kausalität der Handlung des S zu prüfen?

A: Für die Frage, ob die Handlung des S adäquat kausal für die Körperverletzung des G war, ist die haftungsbegründende Kausalität zu prüfen, hinsichtlich des Verdienstausfalls die haftungsausfüllende Kausalität.

20.

Neben dem Erfordernis des adäquaten Kausalverlaufs verlangt die Rechtsprechung zur weiteren sachgerechten Einschränkung der Haftung für Schäden, daß auf den Schutzzweck der verletzten Norm abgestellt wird. Hierfür gelten die zum Spezialfall des § 823 Abs. 2 BGB (vgl. S. 507) ausgeführten Grundsätze: Es ist nur derjenige Schaden zu ersetzen, der innerhalb des Schutzbereichs der anspruchsbegründenden Norm liegt.

Damit wird u. a. die Ersatzpflicht für solche Schäden ausgeschlossen, die zwar eine adäquate Folge des schadenstiftenden Ereignisses darstellen, zugleich aber als Ausdruck eines allgemeinen Lebensrisikos bewertet werden müssen. So kann z. B. ein Unfallopfer, bei dem anläßlich der Unfallbehandlung ein Grund für vorzeitige Pensionierung festgestellt wird, keinen Ersatz für die infolge dieser Pensionierung erlittene Einkommensminderung verlangen.

F: A hat die Gesundheit des B verletzt. B schließt sich einem deswegen gegen A eingeleiteten Strafverfahren als Nebenkläger an; als der A freigesprochen wird, treffen den B insoweit die Prozeßkosten. Kann er für diese Kosten, die eine adäquate Folge der Gesundheitsverletzung darstellen, von A Schadensersatz nach § 823 Abs. 1 BGB verlangen? (Ein Freispruch im Strafprozeß steht dem zivilrechtlichen Ersatzanspruch nicht entgegen.)

A: Nein; die Regel des § 823 Abs. 1 BGB über den Schadensersatz wegen Gesundheitsbeschädigung umfaßt in ihrem Schutzzweck nicht die Kosten eines erfolglosen Strafprozesses.

21.

Ein Schadensersatzanspruch nach den §§ 823 ff. BGB setzt außer der Verletzung eines geschützten Rechtsgutes voraus, daß der Täter rechtswidrig gehandelt hat. – Die Rechtswidrigkeit einer Handlung kann von zwei unterschiedlichen Standpunkten her bestimmt werden:

Nach der überkommenen Lehre vom Erfolgsunrecht ist jede Verletzung eines geschützten Rechtsgutes widerrechtlich, sofern sich der Schädiger nicht ausnahmsweise auf einen Rechtfertigungsgrund berufen kann. Die Tatbestandsmäßigkeit indiziert insofern die Rechtswidrigkeit.

Nach der neueren Lehre vom Handlungsunrecht muß dagegen die Rechtswidrigkeit der tatbestandsmäßigen Handlung positiv festgestellt werden. Sie liegt vor beim Verstoß gegen eine Gebots- oder Verbotsnorm. Derartige Norm kann jede Rechtsregel sein, die jemandem ein bestimmtes Verhalten auferlegt oder verbietet; hierzu gehört auch § 276 Abs. 1 S. 2 BGB, so daß es bei Beachtung seiner Erfordernisse an der Rechtswidrigkeit fehlt.

F: S hat den G bei einer Schlägerei schwer verletzt. Was bedeutet dies für die Feststellung der Rechtswidrigkeit der Handlung des S

a) nach der Lehre vom Erfolgsunrecht,

b) nach der Lehre vom Handlungsunrecht?

A: a) Nach der Lehre vom Erfolgsunrecht wird durch die gemäß § 823 Abs. 1 BGB tatbestandsmäßige Rechtsgutverletzung deren Rechtswidrigkeit indiziert.

b) Nach der Lehre vom Handlungsunrecht ergibt sich die Rechtswidrigkeit der Handlung aus den Verletzungsverboten, z. B. der §§ 223 ff. StGB.

22.

Der Unterschied zwischen der Lehre vom Erfolgsunrecht und der Lehre vom Handlungsunrecht tritt vor allem bei Unfällen im Straßenverkehr zutage:

Der BGH vertritt – hier der Lehre vom Handlungsunrecht folgend – die Auffassung, daß jemand, der alle Verhaltensgebote der Rechtsordnung beachtet, rechtmäßig gehandelt hat, wenn dennoch eine Rechtsgutverletzung eintritt. Verkehrsrichtiges Verhalten führt zur Rechtmäßigkeit der Handlung.

Nach der Lehre vom Erfolgsunrecht ist auch in solchen Fällen die Rechtswidrigkeit der Handlung durch die Rechtsgutverletzung indiziert; sie könnte jedoch durch einen Rechtfertigungsgrund ausgeschlossen sein. Dabei wird überwiegend das verkehrsrichtige Verhalten als Rechtfertigungsgrund anerkannt.

F: Der Straßenbahnführer S hat durch mehrfaches Läuten die Abfahrt der Bahn angekündigt. Als sich niemand mehr zum Einsteigen anschickt, fährt er los. In diesem Augenblick bricht der G ein Gespräch ab, das er neben der Straßenbahn stehend geführt hatte und springt auf die fahrende Bahn. Dabei stürzt er und wird schwer verletzt. Was ergibt sich für die Beurteilung der Rechtswidrigkeit der Körperverletzung

a) aus der Lehre vom Handlungsunrecht,

b) aus der Lehre vom Erfolgsunrecht?

A: a) Nach der Lehre vom Handlungsunrecht hat sich S verkehrsrichtig verhalten; damit ist seine Handlung rechtmäßig.

b) Nach der Lehre vom Erfolgsunrecht indiziert die Körperverletzung deren Rechtswidrigkeit; es kommt also auf Rechtfertigungsgründe an.

23.

Der Lehre vom Erfolgsunrecht und der Lehre vom Handlungsunrecht ist gemeinsam, daß die Rechtswidrigkeit einer Verletzungshandlung entfällt, wenn dem Schädiger ein Rechtfertigungsgrund zur Seite steht:

Wichtige Rechtfertigungsgründe sind die Notwehr gemäß § 227 BGB, der Notstand gemäß §§ 228 und 904 BGB sowie die Selbsthilfe gemäß § 229 BGB.

Auch § 906 Abs. 2 BGB enthält einen Rechtfertigungsgrund für Eigentumsverletzungen durch Erschütterung, Geräusch, Geruch, Rauch oder Ruß, wenn sie ortsüblich und nicht durch wirtschaftlich zumutbare Maßnahmen vermeidbar sind.

F: Der Lkw-Fahrer S beschädigt beim Zurücksetzen seines Wagens die Gartenmauer des G. Nachdem S dem G im Beisein von Zeugen seine Personalien angegeben hat, verlangt G noch die Abgabe eines schriftlichen Schuldanerkenntnisses. S lehnt das ab; als er sich entfernen will, schlägt G ihn nieder. Ist die Handlung des G gerechtfertigt?

A: Nein; Notwehr gemäß § 227 BGB kommt nicht in Betracht, da kein rechtswidriger Angriff des S mehr vorlag. G ist auch nicht gemäß § 229 BGB gerechtfertigt, da keine Gefahr der Vereitelung seines Ersatzanspruches bestand.

24.

Die Einwilligung des Verletzten kann die Verletzung rechtfertigen. Voraussetzung hierfür ist nach herrschender Meinung nicht die Geschäftsfähigkeit, sondern hinreichende Einsichtsfähigkeit des Verletzten. – Auch stillschweigend kann eingewilligt werden, z. B. durch Teilnahme an gefährlichen Sportveranstaltungen.

Nach ständiger Rechtsprechung bedarf auch der kunstgerecht ausgeführte ärztliche Eingriff in die körperliche Unversehrtheit der Rechtfertigung. – Die Einwilligung des Patienten setzt seine Aufklärung über die geplanten Maßnahmen voraus, wobei aber nur auf typische Gefahren und nicht auf alle denkbaren Komplikationen hingewiesen werden muß.

Kann die Einwilligung im Notfall nicht eingeholt werden, so wirkt auch die mutmaßliche Einwilligung rechtfertigend, z. B. bei der Operation eines bewußtlosen Unfallopfers. Nach dem Grundgedanken der Geschäftsführung ohne Auftrag sind alle Handlungen gerechtfertigt, in die der Verletzte vernünftigerweise eingewilligt hätte.

F: Der A befindet sich beim Nervenarzt X in Behandlung. Weil ihm X absichtlich eine falsche Darstellung seines Krankheitsbildes gibt, willigt A ein, sich in der geschlossenen Anstalt des X unterbringen zu lassen. Ist damit die Freiheitsverletzung des A gerechtfertigt?

A: Nein; die durch Täuschung herbeigeführte Einwilligung beruht nicht auf hinreichender Aufklärung des Patienten und ist demnach ohne rechtfertigende Wirkung.

25. § 824 Abs. 2

Einen Rechtfertigungsgrund bildet auch die Wahrnehmung berechtigter Interessen: Für einen Spezialfall ist sie in § 824 Abs. 2 BGB geregelt; darüber hinaus wird sie als allgemeiner Rechtsgrundsatz aus § 193 StGB übernommen.

Dabei ist im Rahmen der Rechtfertigung zu prüfen, ob die vom Verletzer verfolgten Interessen nach der Art ihrer Wahrnehmung einen höheren Rang beanspruchen können als das verletzte Rechtsgut. So kann z. B. der Bericht über das Privatleben eines Politikers im Interesse des Gemeinwohls gerechtfertigt sein.

Die Wahrnehmung berechtigter Interessen ist besonders bei der Verletzung des allgemeinen Persönlichkeitsrechts und beim Eingriff in den eingerichteten und ausgeübten Gewerbebetrieb von Bedeutung.

F: Von dem Politiker G geht das Gerücht, er habe Bestechungsgelder angenommen. Der Reporter S installiert daraufhin heimlich im Arbeitszimmer des G eine Abhöranlage, um den Verdacht zu überprüfen. Welche Überlegungen müssen angestellt werden, um das Verhalten des S als rechtmäßig oder rechtswidrig festzustellen?

A: Entscheidend ist, ob das Interesse an der Wahrung des Gemeinwohls durch Presseinformationen, das S wahrgenommen haben könnte, einen höheren Rang beanspruchen kann als der Schutz der Privatsphäre des G. (Dies ist aufgrund des von S verwendeten Mittels zu verneinen.)

Wiederholungsfragen:

1. Der S will sich mit seinem Freund G einen Spaß erlauben und bedroht ihn maskiert mit einer Schreckschußpistole. Der schwer herzkranke G erleidet daraufhin einen Herzanfall. Könnte S einem Schadensersatzanspruch des G entgegenhalten, der Herzanfall sei dem Spaß eines Freundes nicht adäquat?

2. A nimmt an Ringermeisterschaften teil. Beim regelgerechten Kampf mit B bricht ihm dieser zwei Rippen. Welcher Rechtfertigungsgrund kann die Rechtswidrigkeit dieser Körperverletzung ausschließen?

3. Kann auch nach der Lehre vom Handlungsunrecht die Einwilligung des Verletzten bedeutsam werden?

A 1: Nein; entscheidend ist, ob der Anfall eines Herzkranken bei der Bedrohung durch einen bewaffneten Maskierten nicht generell unwahrscheinlich war. Dies ist zu bejahen.

A 2: Die mit der Teilnahme an dem gefährlichen Sportwettkampf zum Ausdruck gebrachte Einwilligung des A rechtfertigt die Körperverletzung.

A 3: Ja, sofern die Handlung wegen des Verstoßes gegen Gebots- oder Verbotsnormen rechtswidrig wäre.

26.

Die Schadensersatzpflicht nach den §§ 823 ff. BGB erfordert, daß den Täter bei seinem rechtswidrigen Verhalten ein Verschulden trifft. Damit wird ein subjektiver Vorwurf gegenüber dem Handelnden begründet. – Schuldformen sind Vorsatz und Fahrlässigkeit. Ausnahmsweise verlangt § 826 BGB stets vorsätzliches Handeln.

Vorsatz ist das Wissen und Wollen des Handlungserfolges. Dabei genügt es, daß der Erfolg bewußt in Kauf genommen wurde. – Die Fahrlässigkeit ist in § 276 Abs. 1 S. 2 BGB definiert.

Das Verschulden muß sich grundsätzlich nur auf die unmittelbare Rechtsgutverletzung beziehen, nicht auch auf deren weitere adäquate Folgen. – Lediglich bei § 826 BGB hat der Vorsatz des Täters auch den eingetretenen Schaden zu umfassen.

F: Der S sperrt bei Arbeitsschluß seinen Arbeitskollegen G aus Übermut im Lagerhaus ein. Deswegen versäumt G einen wichtigen Termin und erleidet dadurch einen Schaden von 500,– DM. Kann S den Ersatz dieses Schadens mit der Begründung verweigern, er habe nicht gewollt und nicht vorhersehen können, daß dem G ein solcher Schaden entstehen werde?

A: Nein; der Vorsatz des Täters muß sich nur auf die unmittelbare Rechtsgutverletzung, die Freiheitsverletzung des G, richten. Für den weiteren adäquaten und vom Schutzzweck der Norm erfaßten Schaden ist kein Verschulden des S erforderlich, um den Ersatzanspruch des G zu begründen.

27. § 823 Abs. 2 S. 2

Bei einer Schutzgesetzverletzung wird gemäß § 823 Abs. 2 S. 2 BGB für die Schuldform auf die Regeln des verletzten Schutzgesetzes abgestellt. Dies bedeutet, daß § 823 Abs. 2 S. 1 BGB nur eingreift, wenn die nach dem Schutzgesetz erforderliche Verschuldensform verwirklicht wurde; so kann z. B. § 170b StGB (Verletzung der Unterhaltspflicht) in Verbindung mit § 823 Abs. 2 BGB nur bei vorsätzlichem Handeln zur Schadensersatzpflicht führen. – Sofern allerdings das Schutzgesetz kein Verschulden erfordert, wie z. B. § 1 StVG (im Schönfelder abgedruckt unter Nr. 35), entsteht ein Schadensersatzanspruch gemäß § 823 Abs. 2 BGB nur, wenn das Schutzgesetz zumindest fahrlässig verletzt wurde.

Soweit ein strafrechtliches Schutzgesetz in Frage steht, gelten nach herrschender Meinung für die Beurteilung des Verschuldens die einschlägigen strafrechtlichen Regeln auch im Zusammenhang des § 823 Abs. 2 BGB; so ist z. B. ein unvermeidbarer Verbotsirrtum nach Maßgabe der Strafrechtsdogmatik als Entschuldigungsgrund zu bewerten.

F: Der S schlägt gegen Mitternacht in seinem Haus einen vermeintlichen Einbrecher nieder. In Wirklichkeit handelt es sich um den heimkehrenden Untermieter G. Der Irrtum über die tatsächlichen Voraussetzungen des Rechtfertigungsgrundes der Notwehr schließt nach Ansicht der Rechtsprechung im Strafrecht den Vorsatz und damit die Schuld bezüglich der vorsätzlichen Körperverletzung aus. Was bedeutet dies für einen Schadensersatzanspruch des G gemäß §§ 823 Abs. 2 BGB, 223 StGB?

A: Damit fehlt es auch im Rahmen des § 823 Abs. 2 BGB am Vorsatz des S. (Es kommt aber ein auf die §§ 823 Abs. 2 BGB, 230 StGB gestützter Ersatzanspruch in Frage.)

28. § 828

Der Vorwurf des Verschuldens setzt voraus, daß der Täter deliktsfähig ist.

Nicht deliktsfähig sind gemäß § 828 Abs. 1 BGB Kinder unter 7 Jahren. – Beschränkte Deliktsfähigkeit besteht gemäß § 828 Abs. 2 S. 1 BGB im Alter zwischen 7 und 18 Jahren. Dies bedeutet, daß Kinder dieses Alters für die von ihnen verursachten Schäden dann voll verantwortlich sind, wenn sie aufgrund ihrer geistigen Entwicklung die erforderliche Einsicht besitzen. Diese Einsicht besteht, wenn das Kind im Zeitpunkt der Tat erkennen kann, daß sein Tun unerlaubt oder – bei Fahrlässigkeitsdelikten – gefährlich ist, und daß es dafür einstehen muß.

F: Der 14jährige X spielt mit Pfeil und Bogen; er schießt auf eine zehn Meter entfernte Kindergruppe und trifft den Y so unglücklich, daß dieser ein Auge verliert. Kann die beschränkte Deliktsfähigkeit des X für diese Handlung bejaht werden, wenn seine Eltern ihm das Schießen auf Menschen nicht verboten hatten, weil er sich das Gerät ohne ihr Wissen angefertigt hatte?

A: Ja; die Einsicht in die Gefährlichkeit seines Tuns und die Verantwortlichkeit dafür kann bei einem Vierzehnjährigen auch dann bejaht werden, wenn er nicht hierüber belehrt worden ist.

29. § 827

Schuldhaftes Handeln setzt die Zurechnungsfähigkeit des deliktsfähigen Täters voraus. Daher ist gemäß § 827 S. 1 BGB für einen Schaden nicht verantwortlich, wer infolge Bewußtlosigkeit oder Geistesstörung nicht Herr seiner Handlungen ist.

Hat sich der Täter schuldhaft in einen Rauschzustand versetzt, z. B. durch Alkohol oder Drogen, so haftet er nach § 827 S. 2 BGB für die im Rausch verursachten Schäden wie ein fahrlässiger Täter.

Wenn sich aber der Handelnde gerade deshalb berauscht hat, um die Schädigung zu begehen, bezeichnet man dies als eine actio libera in causa. Der Täter haftet in diesem Falle wegen vorsätzlicher Schädigung.

F: Der Antialkoholiker S hat sich beim Betriebsausflug wie üblich Limonade bestellt. Aus Schabernack gießen ihm seine Tischnachbarn mehrfach kleinere Mengen Wodka ins Glas. Daraufhin wird S betrunken und zerschlägt einen Teil der Gasthauseinrichtung. Mit welcher Begründung könnte sich S gegen einen deliktischen Schadensersatzanspruch des G verteidigen?

A: Wenn S ohne sein Verschulden in den Zustand der Trunkenheit geriet, d. h. wenn er den Alkohol auch bei gehöriger Sorgfalt nicht bemerken mußte, kann er für sein Handeln gemäß § 827 BGB nicht verantwortlich gemacht werden.

30. § 829

Ist ein Täter mangels Deliktsfähigkeit oder mangels Zurechnungsfähigkeit nicht ersatzpflichtig, so normiert § 829 BGB als Ausnahme von der Verschuldenshaftung die sog. Billigkeitshaftung.

Sie greift ein, wenn den Täter im Falle seiner Delikts- oder Zurechnungsfähigkeit ein Schuldvorwurf getroffen hätte. Weitere Voraussetzung ist, daß auch vom Aufsichtspflichtigen nach § 832 BGB (der in Kap. XIV behandelt wird) kein Ersatz zu erlangen ist. – Liegen diese Voraussetzungen vor, so kann ein Ersatzanspruch unter billiger Abwägung der Interessen des Täters und des Opfers, insbesondere ihrer Vermögensverhältnisse, zugesprochen werden.

Die für die Beurteilung der Billigkeit maßgebenden Faktoren können sich auch nachträglich ergeben; dies gilt z. B., wenn dem zunächst vermögenslosen Täter später eine große Erbschaft zufällt.

F: Der 60jährige S hat sich aus Ärger betrunken und fährt mit seinem Fahrrad in volltrunkenem Zustand gegen den ordnungsmäßig geparkten Pkw des G. Es entsteht ein Lackschaden in Höhe von 300,– DM. Könnte G gegen S nach § 829 BGB vorgehen?

A: Nein; Voraussetzung des § 829 BGB ist, daß S für den Schaden nicht verantwortlich gemacht werden kann. (Gemäß § 827 S. 2 BGB ist S für den Schaden haftbar.)

Wiederholungsfragen:

1. Der S will auf seinem Gartengrundstück einen hohen Baum fällen. Er hält es für möglich, daß der Baum auch auf das Nachbargrundstück des G stürzen könnte; hierauf nimmt er aber keine Rücksicht. Als der Baum dann wirklich bei G niederstürzt und ein Gewächshaus zerstört, entsteht die Frage, ob S fahrlässig oder vorsätzlich gehandelt hat.

2. S hat schon mehrere Flaschen Bier getrunken, obwohl er weiß, daß er keinen Alkohol verträgt. Er wird betrunken und verletzt bei einer Schlägerei den Passanten G. Kann dieser seinen Ersatzanspruch auf §§ 823 Abs. 2 BGB, 223 StGB stützen?

3. Der S zieht seinen beladenen Handwagen, als er unerwartet ohnmächtig wird. Der Wagen entgleitet ihm und zerstört eine dem G gehörende Schaufensterscheibe. Wie könnte G einen Ersatzanspruch gegen S begründen?

A 1: S hat vorsätzlich gehandelt, da für den Vorsatz die bewußte Inkaufnahme des eingetretenen Erfolges genügt.

A 2: Nein; S haftet gemäß § 827 S. 2 BGB wie für fahrlässiges Handeln. Dies genügt den Voraussetzungen des § 223 StGB nicht. (S ist aus § 823 Abs. 1 BGB ersatzpflichtig geworden.)

A 3: S war beim Loslassen des Wagens bewußtlos und daher nach § 827 S. 1 BGB nicht zurechnungsfähig. Für G könnte also nur ein Anspruch nach § 829 BGB in Frage stehen.

31. Zusammenfassung

a) Die Schadensersatzpflicht nach § 823 Abs. 1 BGB setzt voraus, daß eines der dort genannten __________________ verletzt wurde.

b) Im Falle der Tötung eines Menschen wird dem mittelbar Geschädigten ein Ersatzanspruch wegen entzogenen Unterhalts durch § ______ Abs. ___ BGB zugebilligt.

c) Ein sonstiges Recht im Sinne des § 823 Abs. 1 BGB muß so beschaffen sein, daß es ebenso ausschließlichen Charakter hat wie die in dieser Vorschrift ausdrücklich genannten Rechte.

Neben Rechten schützt § 823 Abs. 1 BGB auch tatsächliche Positionen, z. B. den __________ sowie den eingerichteten und ausgeübten Gewerbebetrieb.

d) § 823 Abs. 2 BGB verlangt, daß der eingetretene Schaden vom Schutzzweck des Schutzgesetzes erfaßt wird. Dies bedeutet, daß die Person des Verletzten zu dem vom Gesetz __________________ ____________________ gehören muß, und daß der Schaden gerade in der Weise eingetreten ist, die das Schutzgesetz __________________ wollte.

A: a) Rechtsgüter (Inf. 1)

b) 844 2 (Inf. 3)

c) Besitz (Inf. 9)

d) geschützten Personenkreis verhindern (Inf. 13 und 14)

e) § 824 Abs. 1 BGB schützt vor unwahren ______________________, die geeignet sind, die Kreditwürdigkeit zu beeinträchtigen.

f) Wie ist es zu erklären, daß nach § 826 BGB auch eine Schädigung des Vermögens zum Ersatz verpflichtet?

g) Eine deliktische Ersatzpflicht entsteht nur für solche Schäden, die durch die Handlung des Schädigers ____________ kausal herbeigeführt worden sind. Dies wird aus der Sicht eines ______________ ______________, objektiven Betrachters beurteilt.

h) Ein verkehrsrichtiges Verhalten ist rechtmäßig, wenn man die Lehre vom ______________________ zugrunde legt.

i) Die Rechtswidrigkeit einer Rechtsgutverletzung entfällt, wenn zugunsten des Handelnden ein ______________________ eingreift.

A: e) Tatsachenbehauptungen (Inf. 15)

f) Der Tatbestand des § 826 BGB erfordert nur eine vorsätzliche sittenwidrige Schädigung, nicht auch die Verletzung eines der in § 823 Abs. 1 BGB genannten Rechtsgüter (Inf. 16)

g) adäquat nachträglich urteilenden (Inf. 18)

h) Handlungsrecht (Inf. 22)

i) Rechtfertigungsgrund (Inf. 23)

k) Rechtfertigungsgründe sind

☐ Notwehr,

☐ Wahrnehmung berechtigter Interessen,

☐ Irrtum über die Rechtmäßigkeit,

☐ Einwilligung des Verletzten,

☐ Bewußtlosigkeit.

l) Schuldformen im Rahmen der §§ 823 ff. BGB sind ________ und

____________ .

m) Im Zusammenhang des § 823 Abs. 2 BGB wird die Schuldform nach den Erfordernissen des verletzten ____________ bestimmt.

n) Folge der beschränkten Deliktsfähigkeit ist es, daß ein Täter zwischen dem 7. und dem 18. Lebensjahr nur dann ersatzpflichtig gemacht werden kann, wenn er die zur Erkenntnis seiner Verantwortung ________ ________ besaß, § ______ Abs. 2 S. 1 BGB.

A: k) Irrtum und Bewußtlosigkeit sind keine Rechtfertigungsgründe.			(Inf. 23–25)
l) Vorsatz	Fahrlässigkeit		(Inf. 26)
m) Schutzgesetzes			(Inf. 27)
n) erforderliche Einsicht		828	(Inf. 28)

o) Die Zurechnungsfähigkeit des Täters fehlt

☐ im Falle seiner Minderjährigkeit,

☐ im Falle seiner Entmündigung wegen Trunksucht nach § 114 BGB,

☐ im Falle seines Vollrausches.

p) Hat sich ein Täter gerade deshalb berauscht, um die schädigende Handlung zu begehen, so handelt es sich um eine ______ __________ ________ ________, die wegen vorsätzlichen Handelns ersatzpflichtig macht. Andernfalls kommt nach § ______ S. 2 BGB eine Haftung wegen fahrlässiger Schädigung in Betracht.

q) Die Billigkeitshaftung eines mangels Delikts- oder Zurechnungsfähigkeit nicht verantwortlichen Täters ist in § _____ BGB vorgesehen.

Kap. XIII. Zusammenfassung

A: o) Die Zurechnungsfähigkeit fehlt nur im Falle des Vollrausches. (Inf. 29)

p) actio libera in causa 827 (Inf. 29)

q) 829 (Inf. 30)

Zur Wissensvertiefung für den Stoff des dreizehnten Kapitels wird empfohlen:

Fikentscher a. a. O., §§ 52 u. 53, 102–106 II

Esser a. a. O., §§ 106, 107 und 109.

Besonders wichtig sind die Fragen

des allgemeinen Persönlichkeitsrechts,
für die auf Fikentscher, § 103 II 2 verwiesen wird,

sowie der Gewerbebetriebsverletzung,
für die auf Fikentscher, § 103 II 1 verwiesen wird.

Zur Problematik des Schutzzwecks der Norm wird auf
BGHZ 27, 137 (Verteidigungskosten),

zur dogmatischen Einordnung der Rechtswidrigkeit auf
BGHZ 24, 21

hingewiesen.

Kapitel XIV

UNERLAUBTE HANDLUNGEN

Die Sondertatbestände der Verschuldenshaftung und die Gefährdungshaftung

Neben den im Kap. XIII behandelten Grundtatbeständen der unerlaubten Handlung regeln die §§ 831 ff. BGB eine Reihe wichtiger Sondertatbestände. Danach ist auch derjenige ersatzpflichtig, der den Schaden zwar nicht selbst bewirkt hat, aber für den Schädiger oder die schädigende Sache verantwortlich ist.

Im zweiten Teil des Kap. XIV werden die wichtigsten Vorschriften der Gefährdungshaftung behandelt. Für sie ist kennzeichnend, daß jemand ohne Verschulden für einen Schaden haftet, der durch eine von ihm beherrschte Gefahrenquelle verursacht wurde.

Inhaltsübersicht:

1. § 831 Abs. 1 S. 1

§ 831 Abs. 1 S. 1 BGB begründet eine Haftung des Geschäftsherrn für schadenstiftende Handlungen seines Verrichtungsgehilfen.

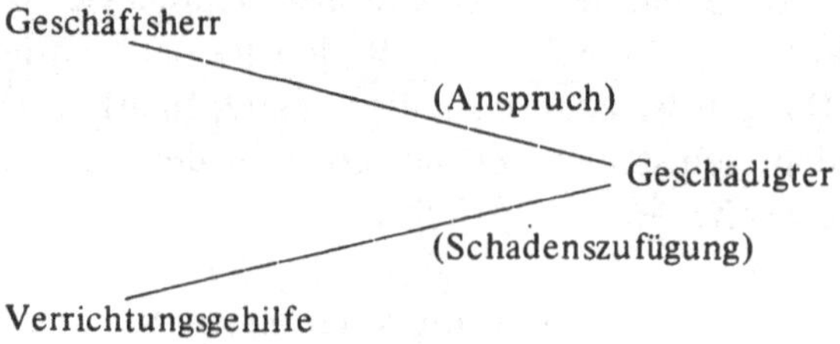

Erste Voraussetzung ist es, daß der Verrichtungsgehilfe einen Schaden verursacht hat. Dabei wird § 831 Abs. 1 S. 1 BGB in dem Sinne verstanden, daß nicht jede Schadensverursachung haftungsbegründend wirkt, sondern nur diejenige, die im Sinne der §§ 823 ff. BGB tatbestandsmäßig ist. – Außerdem muß der Verrichtungsgehilfe rechtswidrig (vgl. S. 516 ff.) gehandelt haben. – Verschulden des Verrichtungsgehilfen hingegen ist nicht erforderlich.

Neben der Haftung des Geschäftsherrn kann eine eigene Haftung des Gehilfen nach den §§ 823 ff. BGB entstehen, wenn deren Voraussetzungen erfüllt sind, der Gehilfe also auch schuldhaft gehandelt hat.

F: Als der Verrichtungsgehilfe D im Neubau des G die Wasserleitung installieren soll, vergißt er, einen Dichtungsring einzusetzen, weil er volltrunken ist. Das ausströmende Wasser beschädigt das Eigentum des G. Könnte sich der Geschäftsherr S zur Abwendung seiner Haftung aus § 831 Abs. 1 S. 1 BGB auf die fehlende Zurechnungsfähigkeit des D berufen?

A: Nein; § 831 Abs. 1 S. 1 BGB setzt keine schuldhafte Handlung des Verrichtungsgehilfen voraus, so daß die fehlende Zurechnungsfähigkeit des D den S nicht entlastet.

2.

Verrichtungsgehilfe im Sinne des § 831 Abs. 1 S. 1 BGB ist, wer eine Tätigkeit mit Wissen und Willen des Geschäftsherrn ausführt. Die Tätigkeit kann tatsächlicher oder rechtsgeschäftlicher Natur sein, wie z. B. der Abschluß von Kaufverträgen durch Ladenangestellte.

Zu einer Verrichtung bestellt ist aber nur derjenige, der von den Weisungen des Geschäftsherrn abhängig ist. – Die Weisungsabhängigkeit muß nicht für jeden einzelnen Arbeitsvorgang bestehen; es genügt, daß der Geschäftsherr auf Art und Umfang der Tätigkeit unmittelbaren Einfluß nehmen kann. Dies geschieht meist aufgrund eines Arbeitsvertrages.

Ein selbständiger Unternehmer, z. B. der Spediteur, ist kein Verrichtungsgehilfe seines Geschäftspartners, dem er mit seinem Unternehmen werkvertragliche Leistungen erbringt.

F: Der G läßt durch den Bauunternehmer S ein Wohnhaus errichten. Wegen Arbeitsüberlastung beauftragt der S mit der Herstellung der zugehörigen Garagen den Bauunternehmer D; es wird vereinbart, daß D die Garagen nach den Plänen des S zu bauen hat. Wird der D beim Garagenbau als Verrichtungsgehilfe des S tätig?

A: Nein; der mit S geschlossene Werkvertrag ergibt keine Weisungsabhängigkeit des D im Sinne des § 831 Abs. 1 S. 1 BGB, weil D als selbständiger Unternehmer tätig wird.

3.

Die Haftung des Geschäftsherrn nach § 831 Abs. 1 S. 1 BGB wird nur ausgelöst, wenn der Verrichtungsgehilfe den Schaden in Ausübung der ihm übertragenen Tätigkeit verursacht hat. Dazu ist nach herrschender Meinung ein unmittelbarer innerer Zusammenhang zwischen der aufgetragenen Verrichtung und der schädigenden Handlung erforderlich. Diese Voraussetzung ist auch dann noch erfüllt, wenn der Gehilfe seine Weisungen geringfügig verletzt oder überschritten hat.

Ist aber die Weisungsabweichung derart groß, daß nicht mehr von einer Ausführung der übertragenen Tätigkeit gesprochen werden kann, so ist ein vom Gehilfen angerichteter Schaden bei Gelegenheit der Verrichtung entstanden. Dies gilt z. B., wenn ein Zeitungsbote während der Arbeitszeit mit seinem Fahrrad zu privaten Einkäufen in einen anderen Stadtteil fährt und dort einen Passanten verletzt. – Für einen solchen Schaden kann der Geschäftsherr nicht haftbar gemacht werden; der Schädiger haftet jedoch persönlich.

F: Der Malermeister S läßt durch seinen Gesellen D im Hause des G Malerarbeiten ausführen. Liegt eine Schädigung „in Ausübung der Verrichtung" vor,

a) wenn D entgegen der Weisung des S, vorsichtig zu sein, Möbel des G mit Farbe beschmutzt,

b) wenn D in einer Arbeitspause aus dem Schreibtisch des G dessen Geldbörse entwendet?

A: Eine Schädigung in Ausübung der Verrichtung liegt nur im ersten Fall vor, während der Diebstahl „bei Gelegenheit" der Verrichtung geschah.

4. § 831 Abs. 1 S. 2

Zur Begründung der Haftung des Geschäftsherrn nach § 831 Abs. 1 S. 1 BGB wird sein Verschulden bei Auswahl, Ausstattung und Anleitung des Verrichtungsgehilfen vermutet. Dies ergibt sich aus § 831 Abs. 1 S. 2 erster Halbsatz BGB:

Danach kann der Geschäftsherr die Verschuldensvermutung durch den Entlastungsbeweis widerlegen, daß er bei Auswahl, Ausstattung und Anleitung des Gehilfen die erforderliche Sorgfalt hat walten lassen (Einzelheiten hierzu werden in Inf. 5–7 behandelt). Man spricht in diesem Zusammenhang auch davon, daß sich der Geschäftsherr „exkulpieren" kann.

Im Gegensatz zur Geschäftsherrnhaftung kommt kein Entlastungsbeweis in Betracht, wenn der Schuldner im Rahmen der Erfüllung einer Verbindlichkeit für die Schuld seines Erfüllungsgehilfen nach § 278 BGB einstehen muß. – Dasselbe gilt bei der Haftung juristischer Personen für ihre Organe gemäß §§ 31 und 89 BGB.

F: Grundsätzlich muß jemand, der einen deliktischen Schadensersatzanspruch geltend macht, eine tatbestandsmäßige, rechtswidrige und schuldhafte Handlung des Schuldners behaupten und beweisen. Inwieweit macht der Anspruch aus § 831 Abs. 1 S. 1 BGB hiervon eine Ausnahme?

A: Bei einem Anspruch aus § 831 Abs. 1 S. 1 BGB braucht das Verschulden des Geschäftsherrn vom Gläubiger nicht behauptet und bewiesen zu werden; es ist vielmehr gemäß § 831 Abs. 1 S. 2 BGB Aufgabe des Schuldners, sich zu entlasten.

5.

Bei der Auswahl der Gehilfen wird die gehörige Sorgfalt normalerweise durch die Überprüfung seiner Zeugnisse bei der Einstellung gewahrt. – Kann der Gehilfe bei seiner Tätigkeit Dritten leicht Schaden zufügen, z. B. als Kraftfahrer, können zusätzliche Erkundigungen an früheren Arbeitsplätzen erforderlich sein. Auch eine praktische Erprobung der Fähigkeiten kann geboten sein.

Es genügt jedoch zur Entlastung des Geschäftsherrn nicht, daß er nur im Zeitpunkt der Einstellung die erforderliche Sorgfalt beachtet hat: Vielmehr muß er während der gesamten Dauer des Arbeitsverhältnisses planmäßig überprüfen, ob die für die zugewiesene Arbeit erforderlichen Qualifikationen des Gehilfen bestehen.

F: In der Firma S ist der D seit mehreren Jahren angestellt; er hat in dieser Zeit eine Vielzahl unterschiedlicher Arbeiten ordentlich ausgeführt. Deshalb beauftragt ihn der S eines Tages, hilfsweise für einen erkrankten Staplerfahrer einzuspringen. Bei dieser Tätigkeit, die der D zum ersten Mal vornimmt, verletzt er infolge eines Bedienungsfehlers den Werksbesucher G. Könnte S gegenüber einem Ersatzanspruch des G nach § 831 Abs. 1 S. 1 BGB den Entlastungsbeweis mit der Begründung führen, der D habe bisher alle ihm übertragenen Arbeiten ordentlich und schadensfrei ausgeführt?

A: Nein; S hätte sich konkret von der Befähigung des D, einen Stapler zu fahren, überzeugen müssen.

6.

Die gehörige Sorgfalt des Geschäftsherrn bei der Ausstattung des Gehilfen ist gewahrt, wenn der Gehilfe ordnungsgemäß geprüftes und gewartetes Gerät erhalten hat. So darf z. B. einem Kraftfahrer nur ein durch Fachleute gewartetes Kraftfahrzeug überlassen werden.

Gehörige Sorgfalt bei der Anleitung des Gehilfen hat der Geschäftsherr beachtet, wenn er durch lückenlose und verständliche Dienstanweisungen sowie durch die Überwachung ihrer Einhaltung für einen möglichst risikofreien Arbeitsablauf gesorgt hat.

F: Die Autolackiererei S beschäftigt den griechischen Gastarbeiter D. Als eine neue Lacksorte zur Anwendung kommt, entsteht bei der Verarbeitung des Lackes ein Brand, weil D den Lack bei einer zu hohen Temperatur versprüht hat. Durch den Brand wird der von D bearbeitete Wagen des G beschädigt. Kann sich S gegenüber einem deliktischen Ersatzanspruch des G nach § 831 Abs. 1 S. 1 BGB darauf berufen, daß auf dem Lackbehälter in großer Schrift auf die leichte Entflammbarkeit des Inhalts hingewiesen wurde?

A: Nein; S hätte überprüfen müssen, ob der griechische Gastarbeiter D in der Lage war, diese Gebrauchsanweisung zu verstehen.

7. § 831 Abs. 2

Für Großbetriebe gehen Rechtsprechung und herrschende Lehre davon aus, daß es dem Inhaber nicht möglich ist, das gesamte Personal selbst auszuwählen und zu überwachen. Deshalb wird hier der sog. dezentralisierte Entlastungsbeweis zugelassen:

Danach ist der Betriebsinhaber bereits entlastet, wenn er die Kontrolle der übrigen Arbeitnehmer an sorgfältig ausgewählte und angeleitete Zwischenpersonen, z. B. Abteilungsleiter, übertragen und den organisatorischen Rahmen für deren gründliche Überwachung geschaffen hat. – Sofern allerdings der Betriebsinhaber schuldhaft gegen die Verpflichtung zur ordentlichen Organisation der Betriebsüberwachung verstoßen hat, haftet er gemäß § 823 Abs. 1 BGB ohne die Möglichkeit eines Entlastungsbeweises.

Die mit der Überwachung vertraglich beauftragten Zwischenpersonen trifft eine eigene Haftung nach § 831 Abs. 2 BGB.

F: Der Großunternehmer S läßt sein Obstgut von dem Verwalter X führen. Eines Tages zerstört der dort tätige Landarbeiter D durch falsche Anwendung eines Insektenvertilgungsmittels die Obsternte des Nachbarn G. Muß S, um den Schadensersatzanspruch des G aus § 831 Abs. 1 S. 1 BGB abzuwehren, beweisen, daß er den D mit gehöriger Sorgfalt ausgewählt, ausgestattet und angewiesen hat?

A: Nein; S hat lediglich den dezentralisierten Entlastungsbeweis zu führen. Danach muß er beweisen, daß er den X sorgfältig ausgewählt und angeleitet hat und daß eine ordentliche Betriebsorganisation zur Überwachung des X bestand.

8.

Unabhängig vom Entlastungsbeweis entfällt die Haftung des Geschäftsherrn gemäß § 831 Abs. 1 S. 2 zweiter Halbsatz BGB auch dann, wenn seine mangelnde Sorgfalt für den eingetretenen Schaden nicht ursächlich war. Dies ist der Fall, wenn der Schaden auch bei gehöriger Sorgfalt nicht hätte verhindert werden können. – Dies gilt z. B., wenn ein Buchhalter, der ohne Prüfung seiner Zeugnisse eingestellt wurde, einen Kunden schädigt, der Buchhalter aber auch bei Vorlage seiner guten Zeugnisse eingestellt worden wäre. Hier war die unterlassene Auswahlprüfung für den eingetretenen Schaden nicht ursächlich.

F: Der Bauunternehmer S hat ohne Prüfung ihrer Qualifikation Arbeiter mit der Aufstellung von Masten beauftragt; mangels fachlicher Fähigkeiten der Gehilfen fehlt den Masten die Standfestigkeit. Am nächsten Tag stürzt infolge starken Sturmes ein Mast um, wobei G eine Körperverletzung erleidet. Mit welcher Begründung kann S einem Ersatzanspruch des G nach § 831 Abs. 1 S. 1 BGB entgegentreten, wenn feststeht, daß der Sturm auch einen ordentlich gesetzten Mast umgestürzt hätte?

A: S kann gemäß § 831 Abs. 1 S. 2 zweiter Halbsatz BGB geltend machen, daß es für den Schaden des G bereits an der Ursächlichkeit des Handelns der Gehilfen fehlt, so daß es auf sein Auswahlverschulden nicht mehr ankommt.

Wiederholungsfragen:

1. Zum Verrichtunsgehilfen im Sinne des § 831 Abs. 1 S. 1 BGB ist derjenige bestellt, der bei Ausführung einer Verrichtung von den ________________ des Geschäftsherrn abhängig ist.

2. Der Transportunternehmer S hat wegen Personalmangels den D als Fahrer eingestellt, ohne sich von dessen Qualifikation zu überzeugen. Nach zwei Wochen stürzt der von D gefahrene Lkw in den Vorgarten des G. Warum kann G von S keinen Schadensersatz gemäß § 831 Abs. 1 S. 1 BGB fordern, wenn sich herausstellt, daß D vorschriftsmäßig gefahren war und der Unfall dadurch entstand, daß die rechten Reifen des Wagens in einen nicht erkennbaren, vom Regenwasser ausgewaschenen Hohlraum unter der Fahrbahn eingebrochen waren?

3. Mit welchen zwei möglichen Begründungen könnte der Geschäftsherr einen auf § 831 Abs. 1 S. 1 BGB gestützten Schadensersatzanspruch abwehren, ohne daß er den Entlastungsbeweis für ordentliche Auswahl, Ausstattung und Anleitung des Verrichtungsgehilfen führt?

   Der Geschäftsherr kann geltend machen,

   a)

   b)

A 1: Weisungen

A 2: Die Haftung des S nach § 831 Abs. 1 S. 1 BGB entfällt, weil D sich verkehrsrichtig, also rechtsmäßig verhalten hat (vgl. S. 517). Auf den Nachweis einer fehlenden Ursächlichkeit der unterlassenen Auswahlprüfung kommt es nicht an.

A 3: a) der Schaden sei nur bei Gelegenheit der Verrichtung angerichtet worden,

b) die mangelnde Sorgfalt bei Auswahl, Ausstattung und Anleitung der Gehilfen sei für den eingetretenen Schaden nicht ursächlich gewesen.

9. § 832 Abs. 1 S. 1

§ 832 Abs. 1 S. 1 BGB begründet eine Haftung des Aufsichtspflichtigen, wenn der unter seiner Aufsicht Stehende widerrechtlich einen Schaden verursacht hat.

Aufsichtsbedürftig sind gemäß § 832 Abs. 1 S. 1 BGB alle Minderjährigen (im Sinne der §§ 2 und 3 BGB) ohne Rücksicht auf ihre körperliche und geistige Entwicklung. – Aufsichtsbedürftig sind ferner Volljährige nach Maßgabe ihres Zustandes; die Aufsichtsbedürftigkeit ist unabhängig von einer eventuellen Entmündigung. So kann z. B. ein volljähriger und geistig gesunder Blinder aufsichtsbedürftig sein.

F: Der siebzehnjährige D veranstaltet mit seinem Luftgewehr Schießübungen und tötet dabei ein Huhn des Nachbarn G. Könnten die Eltern des D einem Schadensersatzanspruch des G aus § 832 Abs. 1 S. 1 BGB entgegenhalten, der D sei gemäß § 828 Abs. 2 S. 1 BGB für sein Handeln selbst verantwortlich; dementsprechend entfalle die Aufsichtspflicht der Eltern?

A: Nein; trotz eigener deliktischer Verantwortlichkeit des Minderjährigen nach § 828 Abs. 2 BGB besteht die Aufsichtspflicht und die daraus folgende Haftung gemäß § 832 Abs. 1 S. 1 BGB bis zum Eintritt der Volljährigkeit fort.

10. § 832 Abs. 2

Die Aufsichtspflicht kann gemäß § 832 Abs. 1 S. 1 BGB durch Gesetz begründet werden. So sind z.B. die Eltern nach § 1631 BGB für ihre minderjährigen Kinder aufsichtspflichtig.

Ferner kann gemäß § 832 Abs. 2 BGB die Aufsichtspflicht auch durch Vertrag begründet werden. Dies gilt z.B. für Pflegeeltern oder Kindergärtnerinnen. – Im Wege der reinen Gefälligkeit (vgl. S. 255) wird keine vertragliche Aufsichtspflicht begründet; so etwa, wenn Nachbarn für kurze Zeit die Beaufsichtigung eines Kindes übernehmen. Hier besteht die Haftung der Eltern fort.

F: Die Witwe X hat ihren 10jährigen Sohn Y für die Zeit eines Kinobesuchs zu ihrer Mutter S gebracht. Trotz strengen Verbotes der Großmutter zündet der Y beim Spielen auf dem Hof Abfälle an. Der dabei entstehende Funkenflug beschädigt die zum Trocknen aufgehängte Wäsche der G. Könnte die G von der S Schadensersatz gemäß § 832 Abs. 2 BGB verlangen?

A: Nein; zwischen der X und der S fehlt es an einem Vertrag im Sinne des § 832 Abs. 2 BGB, durch den sich die S zur Aufsicht über Y verpflichtete; es handelt sich vielmehr um eine verwandtschaftliche Gefälligkeit.

11. § 832 Abs. 1 S. 2

Wie der Geschäftsherr, so kann auch der Aufsichtspflichtige gemäß § 832 Abs. 1 S. 2 BGB einwenden, daß der eingetretene Schaden selbst bei sorgfältiger Aufsicht nicht zu vermeiden gewesen wäre. – Außerdem kann er den Entlastungsbeweis führen, daß er seiner Aufsichtspflicht voll genügt habe.

An die Erfüllung der Aufsichtspflicht werden strenge Anforderungen gestellt; ihr Umfang hängt von den Umständen des Einzelfalles ab. Zu berücksichtigen sind z.B. Alter und Intelligenz des Minderjährigen sowie die Gefährlichkeit seiner Betätigung. Gewähren Eltern ihrem Kind aus pädagogischen Gründen größere Freiheit, so entlastet sie dies nicht von der Haftung. – Wird die Beaufsichtigung durch Vertrag Dritten überlassen, so entlastet dies den Aufsichtspflichtigen nur, wenn der Dritte zur erforderlichen Aufsicht fähig ist.

F: Die 15jährigen X und Y veranstalten mit ihren Mofas auf einem öffentlichen Parkplatz Slalomfahren. Bei einem Sturz des X wird der zu seinem geparkten Wagen gehende G verletzt. Er will die Eltern des X gemäß § 832 Abs. 1 S. 1 BGB in Anspruch nehmen. Genügt es zur Entlastung der Eltern, die von dem Slalomfahren wußten, wenn sie dartun, daß sie den X eindringlich zu vorsichtigem Fahren ermahnt hatten?

A: Nein; die Eltern hätten das gefährliche Fahren auf einem öffentlichen Parkplatz mit allen Mitteln unterbinden müssen, notfalls durch Wegnehmen des Fahrzeugs.

12. §§ 836–838

Die §§ 836–838 BGB gewähren einen Ersatzanspruch wegen Personen- oder Sachschäden, die jemand durch Einsturz von Gebäuden oder durch herabfallende Gebäudeteile, z. B. Dachziegel, erlitten hat, sofern ein Bau- oder Unterhaltungsfehler hierfür ursächlich war. – Ersatzpflichtig ist gemäß § 836 Abs. 1 S. 1 und Abs. 3 BGB der Eigenbesitzer des Grundstücks (vgl. § 872 BGB). Gemäß § 838 BGB ist daneben auch derjenige haftbar, der vertraglich die Unterhaltung des Gebäudes übernommen hat, z. B. der Hausverwalter; der Mieter übernimmt im Mietvertrag normalerweise keine Gebäudeunterhaltung in diesem Sinne.

Auch hier kann die Haftung durch einen Entlastungsbeweis gemäß § 836 Abs. 1 S. 2 BGB abgewendet werden. Daß ein Gebäude durch die Bauaufsichtsbehörde abgenommen wurde, genügt für den Entlastungsbeweis noch nicht.

F: Der G besucht seine Freundin, die in einem Miethaus wohnt. Beim Weggehen löst sich der Fahrstuhl aus seiner Halterung und stürzt die letzten beiden Meter ab. Dabei wird der von G mitgeführte Plattenspieler beschädigt. Als G vor das Haus kommt, stellt er fest, daß inzwischen eine vom Dach gerutschte Schneelawine sein Auto eingebeult hat. Könnte sich G wegen der beiden Sachschäden nach § 836 Abs. 1 S. 1 BGB an den im Haus wohnenden Eigentümer S halten?

A: Nein; nur die Lösung des Aufzugs aus seiner Halterung ist Ablösung eines Gebäudeteils, so daß bei einem Bau- oder Unterhaltungsfehler ein Ersatzanspruch gemäß § 836 Abs. 1 S. 1 BGB in Betracht kommen kann. Die Dachlawine hingegen erfüllt diesen Tatbestand nicht, weil Schnee kein Teil des Gebäudes ist.

13. § 833

Die Tierhalterhaftung ergibt sich aus § 833 BGB: Tierhalter ist, wer ein Tier im eigenen Interesse in seinem Haushalt oder Wirtschaftsbetrieb nicht nur vorübergehend unterhält; es kommt nicht auf das Eigentum am Tier an. So ist z. B. Tierhalter, wer einen entlaufenen Hund aufnimmt, um ihn bei Nichtabholung zu behalten. – Die kurzfristige Überlassung des Tieres an einen anderen läßt die Haftung des Überlassenden als Tierhalter fortbestehen.

§ 833 BGB gilt für Tiere aller Art. – Das Gesetz unterscheidet jedoch in § 833 S. 2 BGB für den Entlastungsbeweis Haustiere, die schon immer vom Menschen gehalten werden, von den übrigen Tieren; diese können wild oder gezähmt sein. (§ 960 BGB regelt das Eigentum daran.)

F: Der S verreist über das Wochenende und gibt seinen Schäferhund für diese Zeit bei der Schwiegermutter X ab. Als die X mit dem Hund einen Spaziergang unternimmt, reißt sich der Hund plötzlich los und beißt den G. Kann G den S als Halter des Hundes in Anspruch nehmen?

A: Ja; der S ist trotz vorübergehender Überlassung des Hundes an die X Tierhalter im Sinne des § 833 BGB geblieben.

14.

Ein Tier, das nicht als Haustier dem Erwerbsleben oder dem Unterhalt seines Halters dient, wird als Luxustier bezeichnet. Für den Schaden, den ein solches Tier einem Menschen oder einer Sache zufügt, haftet der Tierhalter nach § 833 S. 1 BGB ohne Verschulden und ohne Entlastungsbeweis. Es handelt sich somit um einen Fall der Gefährdungshaftung.

Ein Schaden ist im Sinne des § 833 S. 1 BGB „durch das Tier" verursacht, wenn es sich seiner Natur entsprechend verhalten hat, z. B. der Hund beißt, das Pferd ausschlägt. Das Erfordernis des § 833 S. 1 BGB ist auch dann noch erfüllt, wenn das Tier durch äußeren Anlaß zu seinem Verhalten gebracht wurde, z. B. ein Pferd infolge des Straßenlärms scheut.

Dagegen wird die Haftung aus § 833 S. 1 BGB verneint, wenn das Tier ausschließlich dem menschlichen Willen gehorcht hat oder nur infolge mechanischer Wirkung Schaden stiftet, z. B. ein Hund von einem Lkw zur Seite geschleudert wird und dabei Schaden anrichtet. Hier handelt es sich nicht mehr um eine spezifische Tiergefahr.

F: Der Amateurreiter S lenkt sein Pferd absichtlich auf den Zuschauer G, der die Reitübungen des S mit abfälligen Bemerkungen begleitet hatte. G wird zu Boden geworfen und verletzt. Kann er gemäß § 833 S. 1 BGB von S Schadensersatz verlangen?

A: Nein; der von einem gelenkten Tier nach der Absicht des Lenkers verursachte Schaden ist nicht „durch ein Tier" im Sinne des § 833 S. 1 BGB entstanden. (S haftet gemäß § 823 BGB.)

15. § 834

Gemäß § 833 S. 2 BGB wird die Haftung des Tierhalters auf eine Haftung für vermutetes Verschulden gemildert, wenn der Schaden durch ein dem Erwerbsleben oder dem Unterhalt des Halters dienendes Haustier verursacht wurde. Solche Tiere sind z. B. der Hund eines Wächters oder die Milchkuh des Bauern. Man bezeichnet sie als Nutztiere.

Der Halter eines Nutztieres kann den Entlastungsbeweis führen, daß eine ordentliche Beaufsichtigung des Nutztieres stattgefunden hat, z. B. durch regelmäßige Überprüfung des Elektrozaunes einer Viehweide.

Entlasten kann sich gemäß § 834 S. 2 BGB auch der vertraglich verpflichtete Tierhüter, z. B. der Inhaber eines Tierheimes. – Gefälligkeit macht nicht zum Tierhüter im Sinne des § 834 S. 1 BGB.

F: Dem S ist von seinem Arzt aus Gesundheitsgründen das Reiten empfohlen worden; deshalb hält er sich ein eigenes Pferd. Bei einem Ausritt verletzt das Pferd den Spaziergänger G durch einen Huftritt. Könnte S einem Schadensersatzanspruch des G aus § 833 BGB entgegenhalten, er habe die erforderliche Sorgfalt beachtet?

A: Nein; das Pferd ist zwar ein Haustier, es wird aber von S zur Förderung der Gesundheit gehalten und nicht zu Erwerbs- oder Unterhaltszwecken im Sinne des § 833 S. 2 BGB. Demnach ist kein Entlastungsbeweis möglich.

Wiederholungsfragen:

1. Unter welchen zwei Gesichtspunkten ist das Schild „Eltern haften für ihre Kinder" juristisch einzuschränken?

2. S läßt seinen Altbau niederreißen, um ein neues Gebäude errichten zu können. Beim Abbruch löst sich ein Stück der oberen Hauswand und stürzt auf den Pkw des G. Kann G von S nach § 836 Abs. 1 BGB Schadensersatz verlangen?

3. A wohnt in einer Siedlung in einem Einfamilienhaus. Er hält sich einen Wachhund. Steht dem A der Entlastungsbeweis gemäß § 833 S. 2 BGB zu, wenn der Hund den am späten Abend kommenden Telegrammboten beißt?

A 1: Eltern haften gemäß § 832 Abs. 1 S. 2 BGB für einen von ihren Kindern verursachten Schaden nicht, wenn sie ihrer Aufsichtspflicht genügt haben oder wenn die fehlende Aufsicht für den eingetretenen Schaden nicht kausal war.

A 2: Nein; wenn ein Gebäude absichtlich niedergerissen wird, liegen die Tatbestandsvoraussetzungen des § 836 Abs. 1 BGB nicht vor.

A 3: Nein; der von A als Wachhund eingesetzte Hund dient nicht dem Erwerbsleben des A, so daß Gefährdungshaftung nach § 833 S. 1 BGB eingreift.

16. § 7 Abs. 1, § 8 StVG

Weitere Tatbestände der Gefährdungshaftung sind in Spezialgesetzen geregelt. – Die größte praktische Bedeutung haben die Vorschriften des Straßenverkehrsgesetzes.

Gemäß § 7 Abs. 1 StVG ist der Halter eines Kraftfahrzeuges ersatzpflichtig, wenn beim Betrieb des Fahrzeuges ein Mensch getötet oder verletzt oder eine Sache beschädigt wurde. – Halter ist derjenige, der die tatsächliche Verfügungsgewalt über das Fahrzeug hat und es für eigene Rechnung benutzt. Es ist nicht erforderlich, daß der Halter den Wagen selbst fährt oder der Eigentümer ist.

Die Gefährdungshaftung der §§ 7 ff. StVG gilt auch für Kleinkrafträder und Fahrräder mit Hilfsmotor. – Sie gilt nicht für Kraftfahrzeuge, die auf ebener Bahn nur weniger als 20 km/h fahren können, § 8 StVG.

F: S hat an seinem Pkw in einer engen Einbahnstraße eine Panne. Durch die sich bildende Autoschlange wird dem hinter ihm fahrenden G für eine halbe Stunde die Weiterfahrt unmöglich gemacht. Deshalb versäumt er einen wichtigen geschäftlichen Termin und erleidet dadurch einen Vermögensschaden. Kann G wegen dieses Schadens gegen S einen Ersatzanspruch gemäß § 7 StVG erheben?

A: Nein; Voraussetzung für die Anwendbarkeit des § 7 StVG ist die Tötung bzw. Verletzung eines Menschen oder eine Sachbeschädigung. Eine Beschränkung der Bewegungsfreiheit reicht nicht aus.

17.

Der Schaden muß gemäß § 7 Abs. 1 StVG beim Betrieb des Kraftfahrzeuges entstanden sein. Dies beruht darauf, daß die Gefährdungshaftung des StVG der spezifischen Betriebsgefahr eines Kraftfahrzeugs Rechnung tragen soll.

Dementsprechend wird das Tatbestandsmerkmal „Betrieb" von der herrschenden Meinung nicht maschinentechnisch verstanden, so daß es nicht auf laufenden Motor oder eine Bewegung des Fahrzeugs ankommt. Betrieb liegt vielmehr vor, sobald und solange das Fahrzeug Verkehrszwecken dient und dabei eine Verkehrsgefahr erzeugt, z. B. beim Be- und Entladen, beim Ein- und Aussteigen, beim Anhalten wegen Motorpanne und beim Parken am Fahrbahnrand (sog. ruhender Verkehr). Erst wenn das Fahrzeug so abgestellt ist, daß es keine Verkehrsgefahr mehr darstellt, endet der Betrieb.

Betrieb eines Kraftfahrzeuges liegt auch vor, wenn es außerhalb öffentlicher Straßen benutzt wird.

F: Der S macht mit seinem Wagen eine mehrtägige Reise. Am ersten Abend kehrt er in einem Motel ein und parkt den Wagen über Nacht in der dortigen Garage. Dauert während dieser Zeit der Betrieb des Kraftfahrzeuges an, weil das geplante Fahrtziel erst nach mehreren Tagen erreicht werden soll?

A: Nein; der Betrieb des Wagens ist mit dem ordnungsgemäßen Abstellen in der Garage beendet.

18. § 7 Abs. 2 StVG

Die Gefährdungshaftung des Fahrzeughalters ist ausgeschlossen, wenn der Schaden durch ein unabwendbares Ereignis hervorgerufen wurde; als unabwendbar gilt gemäß § 7 Abs. 2 S. 2 StVG ein Ereignis, das auch bei größter Sorgfalt nicht zu vermeiden gewesen wäre.

Auch unvorhersehbares Verhalten des Geschädigten stellt danach ein unabwendbares Ereignis dar; so z. B., wenn ein Radfahrer unvorhersehbar einen Linksbogen macht, um einem kleinen Hindernis auszuweichen, während er ordnungsgemäß von einem Pkw überholt wird.

F: Im Rahmen der Geschäftsführung ohne Auftrag wurde die Selbstaufopferung eines Kraftfahrers behandelt, der sich selbst schädigt, um einen anderen Verkehrsteilnehmer nicht zu verletzen (vgl. S. 295). Welches Tatbestandsmerkmal des § 7 StVG muß erfüllt sein, damit das Verhalten des Fahrers als Führung eines fremden Geschäfts anzusehen ist?

A: Die Selbstaufopferung kann Führung eines fremden Geschäfts sein, wenn das Verhalten des Geschonten als ein unabwendbares Ereignis im Sinne des § 7 Abs. 2 StVG zu bewerten ist. (Der Kraftfahrer hätte ein eigenes Geschäft geführt, wenn er für den ohne Selbstaufopferung eintretenden Schaden hätte verantwortlich gemacht werden können.)

19.

Das unter dem Gesichtspunkt des Haftungsausschlusses zu prüfende Ereignis darf jedoch gemäß § 7 Abs. 2 S. 1 StVG seine Ursache nicht in der Beschaffenheit des Wagens haben; solche Ereignisse gelten niemals als unabwendbar. – So ist z. B. ein Bergrutsch oder eine Lawine ein unabwendbares Ereignis im Sinne des § 7 Abs. 2 StVG, nicht aber eine Reifenpanne oder ein Bremsversagen.

Der BGH hat ein Versagen des Fahrers, z. B. eine unvorhergesehene Bewußtlosigkeit, dem Fehler in der Beschaffenheit des Wagens gleichgestellt, so daß die Haftung des Halters auch in diesem Falle nicht entfällt.

F: Der S fährt in einer Fahrzeugschlange hinter G; als G etwas abbremst, fährt ihm S auf. Es stellt sich heraus, daß S das Abbremsen des G nicht gesehen hatte, weil ihm gerade in diesem Augenblick ein Staubkorn ins Auge geflogen war. Kann S sich darauf berufen, der Unfall sei durch ein unabwendbares Ereignis verursacht worden?

A: Nein; die plötzliche Sehbehinderung des Fahrers ist einem Fehler in der Beschaffenheit des Fahrzeugs gleichzustellen, so daß es sich gemäß § 7 Abs. 2 S. 1 StVG nicht um ein unabwendbares Ereignis handelt.

20. § 8a StVG

Keine Gefährdungshaftung besteht für den Fahrzeughalter gegenüber den durch sein Kraftfahrzeug beförderten Personen, § 8a StVG. Normalerweise betrifft dies die Insassen eines Kraftfahrzeugs; die Beförderung beginnt jedoch bereits mit dem Einsteigevorgang. – Gefährdungshaftung gegenüber beförderten Personen besteht jedoch bei geschäftsmäßiger entgeltlicher Beförderung, z. B. durch ein Taxi. In diesem Falle ist die Gefährdungshaftung gemäß § 8a Abs. 2 StVG sogar unabdingbar.

Auch beim Betrieb des Kraftfahrzeugs tätigen Personen, z. B. dem angestellten Fahrer, haftet der Kraftfahrzeughalter gemäß § 8 StVG nicht nach den Grundsätzen der Gefährdungshaftung, sondern nach den allgemeinen Vorschriften des Vertrags- und Deliktsrechts.

F: Der Student S nimmt zu Semesterbeginn seinen Kommilitonen G gegen Benzinkostenbeteiligung in seinem Pkw mit zur Universitätsstadt. Während dieser Fahrt erleidet G infolge eines von S verursachten Unfalls einen Körperschaden. Kann G mit der Begründung, er habe sich an den Benzinkosten beteiligt, von S Schadensersatz nach § 7 StVG verlangen?

A: Nein; gemäß § 8a StVG besteht die Gefährdungshaftung nach § 7 StVG nur bei geschäftsmäßiger entgeltlicher Beförderung. Eine Benzinkostenbeteiligung für einmaliges Mitfahren begründet zwar eine entgeltliche, aber keine geschäftsmäßige Beförderung.

21. § 7 Abs. 3 StVG

Bei Fahrten ohne Wissen und Willen des Fahrzeughalters (sog. Schwarzfahrten), trifft den Halter die Gefährdungshaftung gemäß § 7 Abs. 3 S. 1 StVG nur, wenn er die Schwarzfahrt durch sein Verschulden ermöglicht oder erleichtert hat, z. B. weil der Wagen nicht verschlossen war.

Für den unbefugten Benutzer hingegen besteht Gefährdungshaftung, weil er nach § 7 Abs. 3 S. 1 StVG anstelle des Halters haftet. – Der BGH bewertet auch Mitfahrer bei Schwarzfahrten als Benutzer und unterwirft sie damit der Gefährdungshaftung.

Normale Gefährdungshaftung besteht für den Kraftfahrzeughalter gemäß § 7 Abs. 3 S. 2 StVG bei Schwarzfahrten der für den Betrieb des Kraftfahrzeugs Angestellten sowie bei Schwarzfahrten solcher Personen, denen der Wagen überlassen worden war, z. B. zur Reparatur.

F: Der Fuhrunternehmer A beschäftigt den X als Fahrer für seinen Lkw. Auf dem Rückweg von einem Transport benutzt X den Lkw, um seine Freundin in der Nachbarstadt zu besuchen. Auf dem Weg dorthin verursacht X einen Unfall, bei dem B geschädigt wird. Kann sich A gegenüber dem Ersatzanspruch des B darauf berufen, ihn treffe an der unerlaubten Fahrt des X kein Verschulden, weil er den X zu dieser Zeit nicht habe überwachen können?

A: Nein; X war zum Betrieb des benutzten Wagens angestellt, so daß den A für die Zeit der Schwarzfahrt gemäß § 7 Abs. 3 S. 2 StVG die volle Gefährdungshaftung trifft.

22. §§ 10–12 StVG

Die Ersatzpflicht des Kraftfahrzeughalters aufgrund seiner Gefährdungshaftung ist bei Tötung und Körperverletzung gemäß §§ 10 Abs. 1 und 11 StVG auf bestimmte Schadensposten beschränkt; Schmerzensgeld (das in Kap. XV behandelt ist) wird nach dem StVG nicht gewährt. – Außerdem gilt gemäß § 12 StVG in allen Fällen der Gefährdungshaftung eine Summenbeschränkung.

Hat der Geschädigte einen höheren Schaden erlitten, als ihm nach dem StVG ersetzt wird, so bleiben gemäß § 16 StVG seine eventuellen Ansprüche nach den §§ 823 ff. BGB oder aufgrund einer Vertragsverletzung unberührt. – Dasselbe gilt in den Fällen, in denen nach dem StVG die Gefährdungshaftung ausgeschlossen ist, z. B. gegenüber Insassen.

F: Der S gerät mit seinem Lkw ins Schleudern und beschädigt das Haus des G. Es entsteht ein Sachschaden von 73 000,– DM. Kann G diesen Betrag von S gemäß § 7 StVG ersetzt verlangen?

A: Nein; S haftet nach §§ 7, 12 Abs. 1 Nr. 2 StVG für die Sachbeschädigung nur bis zur Höhe von 50 000,– DM. (Weitergehende Forderungen des G könnten nur aus allgemeinem Deliktsrecht hergeleitet werden.)

23.

Gemäß § 1 Pflichtversicherungsgesetz (PflVG; im Schönfelder unter Nr. 63 abgedruckt) muß der Halter des Kraftfahrzeuges eine Haftpflichtversicherung zur Deckung der durch das Fahrzeug verursachten Schäden abschließen. – § 3 Nr. 1 und 2 PflVG gestatten dem Geschädigten, seinen Ersatzanspruch auch unmittelbar gegen den Haftpflichtversicherer zu richten.

Hat jemand durch ein Kraftfahrzeug Schaden erlitten, dessen Halter ohne Versicherungsschutz war, so kann der Geschädigte gemäß § 12 Abs. 1 Nr. 2 PflVG seinen Ersatzanspruch gegen einen nach § 13 PflVG von allen Haftpflichtversicherern gebildeten Entschädigungsfond richten. Er hat unter dem Namen „Verkehrsopferhilfe e. V." seinen Sitz in Hamburg. – Dieser Fond tritt gemäß § 12 Abs. 1 Nr. 1 PflVG auch ein, wenn der Halter des schädigenden Kraftfahrzeugs nicht ermittelt werden kann, z. B. wegen Unfallflucht. Allerdings werden in diesem Falle gemäß § 12 Abs. 2 S. 2 PflVG Sachschäden am Fahrzeug des Verletzten nicht ersetzt.

F: Der S hat mit seinem Motorrad den G angefahren und verletzt. Als G sich später wegen der Ersatzleistung an S wendet, erhält er von S keine Antwort. Was ist in dieser Situation für G der einfachste Weg, seinen Ersatzanspruch geltend zu machen?

A: G kann gemäß § 3 Nr. 1 PflVG seinen Ersatzanspruch unmittelbar gegen die Haftpflichtversicherung des S richten. (Deren Anschrift ist anhand des polizeilichen Kennzeichens bei der Zulassungsstelle zu erfahren.)

24. § 18 StVG

Neben dem Kraftfahrzeughalter haftet auch der Fahrer des Kraftfahrzeugs dem Geschädigten in den Fällen des § 7 Abs. 1 StVG auf Schadensersatz, § 18 Abs. 1 S. 1 StVG.

Allerdings besteht für den Fahrer gemäß § 18 Abs. 1 S. 2 StVG Verschuldenshaftung. Fahrlässig handelt z. B., wer aufkommende Müdigkeit nicht beachtet. – Kein Verschulden liegt bei Reflexhandlungen vor, weil sie auch bei gehöriger Sorgfalt nicht zu vermeiden sind; so z. B. das Wegreißen des Wagens bei drohendem Zusammenstoß. – Nach herrschender Meinung wird das Verschulden des Fahrers vermutet, so daß er sich im Prozeß entlasten muß.

Durch die Haftung nach § 18 Abs. 1 StVG werden gemäß § 18 Abs. 2 StVG Ansprüche gegen den Fahrer aus unerlaubter Handlung oder Vertragsverletzung nicht ausgeschlossen.

F: Dem X ist die Fahrerlaubnis wegen Trunkenheit am Steuer entzogen worden. Um seine Geschäfte dennoch abwickeln zu können, läßt er sich in seinem Wagen von seinem Freund S fahren. Obwohl der Wagen ordentlich gewartet war, kommt es schon bald nach Beginn der ersten Fahrt infolge eines Defektes der Bremsleitung zu einem Unfall, bei dem der G verletzt wird. Kann G von S Schadensersatz gemäß § 18 Abs. 1 StVG verlangen?

A: Nein; der Ersatzanspruch des G gegen S würde gemäß § 18 Abs. 1 S. 2 StVG voraussetzen, daß den S am Fehler des Wagens ein Verschulden traf. Dies kann hier nicht angenommen werden. (Dem G haftet nur der X als Fahrzeughalter.)

Wiederholungsfragen:

1. Der S hat abends seinen Pkw im Vorgarten seines Hauses geparkt. Weil S die Handbremse nicht ordentlich angezogen hat, setzt sich der Wagen in Bewegung und beschädigt das gegenüber geparkte Auto des G. Besteht ein Ersatzanspruch des G gegen S aufgrund § 7 StVG?

2. S hat die Anhalterin G aus Gefälligkeit in seinem Wagen mitgenommen. Um ihr seine Fahrkünste zu zeigen, fährt S waghalsig. Dadurch kommt es zu einem Unfall, bei dem die G leicht verletzt wird. Kann die G eine Schadensersatzforderung gegen S auf § 7 StVG stützen?

3. Der S kommt mit dem eigenen Wagen zur Arbeit; die Autoschlüssel legt er in die Schublade seines Arbeitstisches. Als S wegen einer längeren Besprechung abwesend ist, nimmt sein Arbeitskollege D, der als Kraftfahrer angestellt ist, unbemerkt die Schlüssel, um mit dem Wagen des S eine Besorgung in der Stadt zu erledigen. Dabei verursacht er einen Unfall, durch den der G geschädigt wird. Warum kommt es für die Haftung des S nach § 7 StVG darauf an, ob er die Schwarzfahrt des D durch sein Verschulden ermöglicht hat?

A 1: Ja; es handelt sich um einen Schaden beim Betrieb des Kraftfahrzeugs, weil durch die mangelnde Sicherung der Bremse eine spezifische Verkehrsgefahr erhalten blieb.

A 2: Nein; gemäß § 8a StVG stehen der G keine Ansprüche aus § 7 StVG zu.

A 3: Gemäß § 7 Abs. 3 S. 1 StVG kommt es auf das Verschulden des S an, weil D kein zum Betrieb des Kraftfahrzeugs des S Angestellter im Sinne des § 7 Abs. 3 S. 2 StVG ist.

25.

Ähnlich wie die Haftung des Kraftfahrzeughalters ist die Haftung des Eisenbahnunternehmers ausgestaltet. – Gesetzliche Grundlage der Gefährdungshaftung für Personenschäden ist das Reichshaftpflichtgesetz (RHG, im Schönfelder abgedruckt unter Nr. 33); für Sachschäden gilt das Sachhaftpflichtgesetz (im Schönfelder abgedruckt unter Nr. 33a).

Eisenbahnen im Sinne dieser Gesetze sind nach der von der Rechtsprechung aufgestellten Definition alle Schienenfahrzeuge, die dem Verkehr dienen; hierunter fallen auch Straßenbahnen, Untergrundbahnen und Seilschwebebahnen. Es kommt nicht darauf an, ob die Bahn von einem Privatunternehmer oder der öffentlichen Hand betrieben wird.

Die Gefährdungshaftung trifft den Eisenbahnunternehmer, wenn der Schaden beim Betrieb der Bahn entstanden ist, § 1 RHG. Beim Betrieb der Bahn ist z. B. eine Schädigung auch dann noch entstanden, wenn sie durch aus dem Fenster der Bahn geworfene Gegenstände verursacht wurde.

F: Der S betreibt auf Jahrmärkten eine Achterbahn, deren Betrieb auf festem Gleis verläuft. Als der G bei Benutzung der Bahn verletzt wird, fragt er an, ob er nach § 1 RHG von S Schadensersatz verlangen kann.

A: Nein; eine Achterbahn dient nicht dem Verkehr, sondern der Unterhaltung.

26.

Ausgeschlossen ist die Haftung für Personenschäden gemäß § 1 RHG, wenn der Schaden durch höhere Gewalt verursacht ist: Höhere Gewalt ist nach der Definition der Rechtsprechung ein von außerhalb des Bahnbetriebes einwirkendes, außergewöhnliches und auch bei größter Sorgfalt unvermeidliches Ereignis, z. B. eine unvorhersehbare Lawine. – Menschliches Verhalten wird unter diesen Voraussetzungen nur dann als höhere Gewalt bezeichnet, wenn es von einem nicht beim Betrieb der Bahn Beschäftigten ausgeht.

Eigenes Verschulden des Verletzten, z. B. Nichtfesthalten beim Stehen in der Straßenbahn, würde nach dem Wortlaut des § 1 RHG den Ersatzanspruch ausschließen. Die Rechtsprechung versteht jedoch die Vorschrift dahin, daß – wie nach § 254 Abs. 1 BGB – der Anteil der Mitverursachung und des Mitverschuldens entscheidet, inwieweit der Anspruch des Geschädigten gemindert wird.

F: Während der Fahrt wird unvorhersehbar der Straßenbahnführer X ohnmächtig. Die Bahn verunglückt deshalb auf abschüssiger Strecke; dabei erleidet der Fahrgast G Verletzungen. Kann sich die Straßenbahngesellschaft gegenüber einem Ersatzanspruch des G aus § 1 RHG darauf berufen, die Ohnmacht des X sei als höhere Gewalt zu bewerten?

A: Nein; X war beim Betrieb der Bahn tätig, so daß von ihm ausgehende Folgen nicht als höhere Gewalt im Sinne des § 1 RHG zu bewerten sind.

27.

Auch für Sachschäden ist nach § 2 Sachhaftpflichtgesetz die Haftung im Falle höherer Gewalt ausgeschlossen.

Sind jedoch die Sachschäden durch Bahnen verursacht worden, die auf öffentlicher Straße fahren, so ist die Haftung bereits ausgeschlossen, wenn der Schaden durch ein unabwendbares Ereignis verursacht wurde, also (wie nach § 7 Abs. 2 S. 2 StVG; vgl. S. 553) auch bei größter Sorgfalt nicht zu vermeiden war. – Der Unterschied zur höheren Gewalt besteht darin, daß das Ereignis nicht von außerhalb eingewirkt haben und nicht außergewöhnlich sein muß.

Nicht unabwendbar sind gemäß § 2 Sachhaftpflichtgesetz Ereignisse, die auf einem Fehler in der Beschaffenheit des Fahrzeugs oder einem Versagen der Bahneinrichtungen beruhen.

F: Während einer sommerlichen Bahnfahrt nimmt der X bei geöffnetem Fenster eine Flasche aus seinem ordentlich im Netz verstauten Koffer. Dabei fällt ihm die Flasche aus dem Fenster und trifft den an einem Bahnübergang wartenden Pkw des G. Es entsteht Sachschaden. Kommt es, wenn Gründe für einen Haftungsausschluß der Bahn geprüft werden sollen, darauf an, ob es sich um ein unabwendbares Ereignis oder um einen Fall höherer Gewalt gehandelt hat?

A: Nur höhere Gewalt könnte die Haftung der Bahn ausschließen. Das Kreuzen einer Straße am Bahnübergang bedeutet nicht, daß die Eisenbahn im Sinne des § 2 Sachhaftpflichtgesetzes den Verkehrsraum einer öffentlichen Straße befährt und deshalb bereits ein unabwendbares Ereignis die Haftung ausschließen kann.

28.

Gefährdungshaftung besteht gemäß § 1a Abs. 1 S. 1 RHG auch für Personen- und Sachschäden, die auf die Wirkungen von Elektrizität oder Gas zurückgehen, z. B. durch Explosion entstehen. – Ebenso besteht Gefährdungshaftung für Schäden, die durch Anlagen entstanden sind, welche Elektrizität oder Gas weiterleiten, z. B. durch umstürzende Leitungsmasten. In diesem Falle kann sich jedoch der Betriebsinhaber gemäß § 1a Abs. 1 S. 2 und 3 RHG dadurch entlasten, daß er den ordnungsmäßigen Zustand der Anlage nachweist.

Auch im Falle höherer Gewalt ist nach § 1a Abs. 3 Nr. 3 RHG die Gefährdungshaftung ausgeschlossen, sofern nicht der Schaden durch herabfallende Leitungsdrähte verursacht wurde.

Gefährdungshaftung ist ferner für Schäden vorgesehen, die bei der Erzeugung und Ausnutzung von Kernenergie entstehen; es gelten die §§ 25 ff. Atomgesetz (abgedruckt im Sartorius unter Nr. 835).

F: Die elektrische Leitung überspannt die Scheune des X. Als Y diese Scheune durch Brandstiftung zerstört, schmilzt der Leitungsdraht und verletzt im Herabfallen den G. Kommt es für die Haftung des Elektrizitätswerkes gegenüber G aus § 1a RHG darauf an, ob der Draht noch unter Strom stand oder nicht?

A: Nein, weil gemäß § 1 a Abs. 3 nr. 3 RHG allein das Herabfallen des Drahtes die Gefährdungshaftung begründet.

29.

§ 22 Abs. 2 S. 1 Wasserhaushaltsgesetz (WHG, im Sartorius abgedruckt unter Nr. 845) sieht eine in der Höhe unbegrenzte Gefährdungshaftung für den Fall vor, daß aus einer Anlage, die zur Herstellung, Verarbeitung, Lagerung oder zum Transport wassergefährdender Stoffe bestimmt ist, solche Stoffe in das Wasser gelangen und dadurch ein Schaden entsteht. Dies gilt z. B., wenn Heizöl aus einem schadhaften Tank austritt und das Trinkwasser verunreinigt.

Höhere Gewalt schließt gemäß § 22 Abs. 2 S. 2 WHG die Ersatzpflicht aus.

F: Das Tankfahrzeug des S ist infolge zu schnellen Fahrens mit einer Ladung Natronlauge gegen die Hofmauer der Brauerei G geprallt und umgestürzt; die ausfließende Flüssigkeit gelangt auch in den Brunnen, aus dem die Brauerei versorgt wird. Dadurch entsteht der G ein Sachschaden in Höhe von 100 000,– DM. Kann sich S gegenüber einem Ersatzanspruch der G darauf berufen, daß seine Ersatzpflicht gemäß § 12 StVG (vgl. S. 557) auf 50 000,– DM beschränkt ist?

A: Nein; S haftet der G auch nach § 22 Abs. 2 WHG, weil der Schaden durch ein zum Transport von wassergefährdenden Stoffen bestimmtes Fahrzeug verursacht wurde. Für diese Haftung besteht keine Summenbeschränkung.

Wiederholungsfragen:

1. Der Skiläufer G ist bei der Benutzung des Schleppliftes durch das herabfallende Zugseil verletzt worden. Kann er sich für seinen Ersatzanspruch gegenüber dem Liftunternehmen auf § 1 RHG stützen?

2. Bei starkem Frost klemmt die Weiche der Straßenbahn; deshalb ereignet sich ein Unfall, durch den der G verletzt wird. Könnte sich der Straßenbahnunternehmer gegenüber einem Ersatzanspruch des G nach § 1 RHG darauf berufen, daß starker Frost einen Fall höherer Gewalt darstellt?

3. Der S betreibt eine Autoreparaturwerkstatt. Infolge eines Dammbruches wird die Werkstatt überschwemmt; dabei gelangt ordnungsgemäß gelagertes Schmieröl in das Flußwasser und verunreinigt es. Ist der S nach § 22 Abs. 2 WHG für den entstandenen Schaden haftbar?

A 1: Nein; ein Schlepplift ist keine Eisenbahn im Sinne des § 1 RHG, weil kein schienengebundenes Fahrzeug vorhanden ist.

A 2: Nein; wenn die Folgen von Naturereignissen durch Vorsorge abwendbar sind, liegt keine höhere Gewalt im Sinne des § 1 RHG vor.

A 3: Nein; die Verunreinigung des Flußwassers ist hier durch höhere Gewalt verursacht worden, so daß keine Haftung des S entsteht.

29. Zusammenfassung

a) Gemäß § 831 Abs. 1 S. 1 BGB haftet der Geschäftsherr für die tatbestandsmäßige und rechtswidrige Schädigung Dritter durch seinen ______________ ________.

b) Kennzeichnend für einen Verrichtungsgehilfen ist es, daß er gegenüber dem Geschäftsherrn ____________________ ist und daß er den Schaden in Ausübung der ihm übertragenen Tätigkeit verursacht hat. Dagegen haftet der Geschäftsherr nicht nach § 831 Abs. 1 S. 1 BGB, wenn der Verrichtungsgehilfe den Schaden nur _______ ___________________ der Verrichtung gestiftet hat.

c) Der Geschäftsherr kann sich hinsichtlich Auswahl, Ausstattung und Anleitung des Verrichtungsgehilfen nach § _______ Abs. ___ S. ___ BGB entlasten.

Wenn sich der Geschäftsherr in einem Großbetrieb für Aufsichtspersonen entlasten kann, die ihrerseits für den Handelnden verantwortlich sind, so bezeichnet man dies als einen ______________________ Entlastungsbeweis.

d) Außerdem kann der Geschäftsherr gegenüber einem Anspruch aus § 831 Abs. 1 S. 1 BGB geltend machen, daß seine mangelnde Sorgfalt für den eingetretenen Schaden ________ _________________ war.

Kap. XIV. Zusammenfassung

A:	a) Verrichtungsgehilfen	(Inf. 1)
	b) weisungsabhängig	(Inf. 2)
	bei Gelegenheit	(Inf. 3)
	c) 831 1 2	(Inf. 4)
	dezentralisierten	(Inf. 7)
	d) nicht ursächlich	(Inf. 8)

e) Die Haftung des Aufsichtspflichtigen für einen Schaden, den der Aufsichtsbedürftige widerrechtlich verursacht hat, ergibt sich aus § ______ Abs. 1 BGB. Die Aufsichtspflicht kann durch Gesetz oder durch ______________ begründet werden.

f) Die Ersatzpflicht für Schäden, die beim Einsturz von Gebäuden oder durch herabfallende Gebäudeteile entstehen, regeln die §§ ____________ BGB.

g) Die Tierhalterhaftung gemäß § 833 BGB ist Gefährdungshaftung, wenn der Schaden durch ein sog. ______________ verursacht wurde. Ein Entlastungsbeweis nach § 833 S. 2 BGB ist dagegen zulässig, wenn es sich um ein ______________ handelte.

h) § 7 StVG begründet eine Gefährdungshaftung für den ____________ eines Kraftfahrzeugs, sofern der Schaden beim ______________ des Kraftfahrzeugs entstanden ist.
Verschuldenshaftung besteht daneben gemäß § 18 Abs. 1 StVG für den ______________ des Fahrzeugs.

A:	e) 832	Vertrag		(Inf. 9 und 10)
	f) 836–838			(Inf. 12)
	g) Luxustier	Nutztier		(Inf. 14 und 15)
	h) Halter	Betrieb	Fahrer	(Inf. 16, 17 und 24)

i) Die Haftung des Fahrzeughalters ist ausgeschlossen, wenn der Schaden durch ein ____________ ____________ herbeigeführt wurde; dies ergibt sich aus § 7 Abs. ___ StVG.

Ferner entfällt nach § 8a StVG die Gefährdungshaftung gegenüber Insassen des Fahrzeugs, sofern die Beförderung nicht ____________ und ____________ erfolgte.

k) Für Schwarzfahrten haftet der Fahrzeughalter grundsätzlich nur, wenn er sie durch sein Verschulden ermöglicht hat.

Volle Gefährdungshaftung für Schäden aufgrund einer Schwarzfahrt besteht aber, wenn sie von Personen ausgeführt wurde, denen das Fahrzeug überlassen war, § ___ Abs. ___ StVG.

l) Die Notwendigkeit einer Haftpflichtversicherung ergibt sich für den ____________ aus § 1 Pflichtversicherungsgesetz.

m) Der Gefährdungshaftung unterliegt auch der Eisenbahnunternehmer. Für Personenschäden ergibt sich dies aus § ___ RHG, für Sachschäden gilt das ____________.

A:	i) unabwendbares Ereignis	2	(Inf. 18 und 19)
	entgeltlich	geschäftsmäßig	(Inf. 20)
	k) 7 3		(Inf. 21)
	l) Kraftfahrzeughalter		(Inf. 23)
	m) 1 Sachhaftpflichtgesetz		(Inf. 25)

n) Die Gefährdungshaftung des Eisenbahnunternehmers wird beim Eingreifen höherer Gewalt ausgeschlossen. Höhere Gewalt liegt vor, wenn ein Ereignis von außerhalb auf den Betrieb eingewirkt hat, das __________ ist und auch durch größte Sorgfalt nicht abwendbar war.

Menschliches Verhalten kann nur dann höhere Gewalt darstellen, wenn es von einem nicht beim __________ ____ ______ Beschäftigten ausgeht.

o) Gefährdungshaftung besteht auch für die Inhaber von Elektrizitäts- und Gasanlagen gemäß § ______ RHG.

p) Im Falle der Gewässerverunreinigung durch Anlagen zur Herstellung, Verarbeitung, Lagerung und Fortbewegung wassergefährdender Stoffe besteht Gefährdungshaftung gemäß § ____ Abs. ___ WHG.

Kap. XIV. Zusammenfassung

A:	n) außergewöhnlich	Betrieb der Bahn	(Inf. 26)
	o) 1 a		(Inf. 28)
	p) 22 2		(Inf. 29)

Zur Wissensvertiefung für den Stoff des vierzehnten Kapitels wird empfohlen:

Fikentscher a. a. O., §§ 107 und 109,

Esser a. a. O., §§ 110 und 114–116.

Besonders wichtig sind die Fragen

des dezentralisierten Entlastungsbeweises,
für die auf BGHZ 4, 1 verwiesen wird,

und der Kraftfahrzeughalterhaftung,
für die auf Geigel, Der Haftpflichtprozeß, 15. Aufl., 1972, § 25 (S. 634 ff.), hingewiesen wird.

Kapitel XV

UNERLAUBTE HANDLUNGEN

Spezialprobleme der Kausalität, der Ersatzleistung und der Haftung

Im folgenden Kapitel werden zunächst einige Probleme des allgemeinen Schadensrechts dargestellt, die im Bereich der deliktischen Schadensersatzpflicht von besonderer Bedeutung sind. – Sodann werden Einzelheiten der Schadenszufügung, der Ersatzleistung und des Schutzes vor Rechtsgutverletzungen behandelt.

Inhaltsübersicht:

1.

Der zur Begründung der deliktischen Ersatzpflicht erforderliche adäquate Kausalzusammenhang zwischen einer Handlung des Schädigers und dem eingetretenen Schaden (vgl. S. 513) kann auch dann noch bestehen, wenn ein Dritter aus eigenem Entschluß in den Handlungsablauf eingreift, z. B. ein Unfallopfer von einem Passanten versorgt wird und dadurch weiteren Schaden erleidet. – Daß zur Handlung des Schädigers noch weitere Ursachen hinzutreten mußten, um den jetzigen Schadensumfang herbeizuführen, vermag die Haftung des Schädigers nicht zu mindern. (Anders ist es dagegen, soweit Mitverschulden des Geschädigten im Sinne des § 254 BGB vorliegt.)

Die Haftung des Schädigers für den von einem Dritten verursachten weiteren Schaden entfällt erst, wenn dieser Schaden der Handlung des Schädigers inadäquat ist, z. B. der das Unfallopfer behandelnde Arzt einen völlig unvorhersehbaren Fehler begeht.

F: Der Pkw-Fahrer S ist bei Nebel infolge zu geringen Sicherheitsabstandes seinem Vordermann aufgefahren und verursacht dadurch einen Verkehrsstau. G hält am Ende des Staus ordnungsgemäß an; aus Unachtsamkeit fährt der D ihm auf. Ist der am Pkw des G entstandene Schaden durch das Verhalten des S adäquat verursacht?

A: Ja; das Auffahren auf in der Fahrbahn haltende Fahrzeuge ist nicht generell unwahrscheinlich. Die Adäquanz wird durch Nachlässigkeit des Dritten beim Bremsen nicht beseitigt.

2.

Ist der Schaden durch eine Handlung des Schädigers herbeigeführt worden, wäre aber ohne diese Handlung derselbe Schaden wenig später aufgrund eines anderen Ereignisses ebenfalls eingetreten, so entsteht die Frage, ob dieser Umstand die Haftung des Schädigers ausschließt oder mindert. Man spricht hier vom Problem der hypothetischen Kausalität (oder der Reserveursache). – Reserveursachen werden in unterschiedlichem Umfang berücksichtigt:

Gemäß § 844 Abs. 2 BGB (vgl. S. 496) wird für den Schadensersatzanspruch der Angehörigen auf die mutmaßliche Lebensdauer des getöteten Ernährers abgestellt. Wenn also der bei einem Unfall Getötete demnächst an einer unheilbaren Krankheit gestorben wäre, mindert sich der Ersatzanspruch entsprechend.

Ebenso wird nach herrschender Meinung bei der Ermittlung des mittelbaren Schadens eine Reserveursache berücksichtigt. Dies gilt z. B., wenn ein Geschädigter wegen unfallbedingter Erwerbsminderung vom Schädiger eine Rente erhält, er aber später aus anderen Gründen erwerbsunfähig wird; jetzt ist der Schädiger nicht mehr ersatzpflichtig.

F: Der D ist von S bei einem Verkehrsunfall getötet worden. D hinterläßt einen 16jährigen Sohn G, der von S Ersatz wegen des Unterhalts verlangt, der ihm durch den Tod seines Vaters entzogen wurde. Kann sich S gegenüber G darauf beruhen, daß D mit G zerstritten war und G von seinem Vater ohnehin nichts erhalten hätte?

A: Nein; § 844 Abs. 2 S. 1 BGB stellt nur auf die mutmaßliche Lebensdauer des Unterhaltsverpflichteten ab, nicht auch darauf, ob er wirklich geleistet hätte.

3.

Handelt es sich um einen unmittelbaren Schaden, so wird von der herrschenden Meinung die Berücksichtigung einer Reserveursache abgelehnt. So bleibt für die Tötung als solche der Täter auch dann verantwortlich, wenn das Opfer alsbald aus anderem Grund verstorben wäre.

Bei Sachschäden nimmt jedoch der BGH einen bereits geminderten Sachwert an, wenn im Zeitpunkt der Schädigung eine Schadensanlage bestand, d. h. das zweite Schadensereignis mit Sicherheit bevorstand und seine Ursache innerhalb der geschädigten Sache hatte. So ist z. B. ein geminderter Sachwert anzunehmen, wenn ein todkranker Hund vom Auto überfahren wurde.

F: Der Arzt S hat den Patienten G ohne dessen Einwilligung am Nasenbein operiert; infolge eines Fehlers bei der Operation wird der G stark sehbehindert und deshalb erwerbsunfähig. Kann sich S gegenüber einem Ersatzanspruch des G wegen der Heilungskosten darauf berufen, daß dieser auch ohne die Operation demnächst erblindet wäre?

A: Nein; für den unmittelbaren Schaden aus der Körper- und Gesundheitsverletzung bleibt G ohne Rücksicht auf spätere Ereignisse verantwortlich. (Sein Argument kann nur für den mittelbaren Schaden aufgrund der Erwerbsunfähigkeit erheblich werden.)

4.

Das gesetzlich nicht generell geregelte Problem der Vorteilsausgleichung entsteht, wenn der Geschädigte im Zusammenhang mit der anspruchsbegründenden Rechtsgüterverletzung auch Vorteile hat, z. B. eine Unfallversicherungssumme ausgezahlt erhält.

Anrechenbar und damit anspruchsmindernd sind nach ständiger Rechtsprechung alle dem Schadensereignis adäquaten Vorteile, deren Berücksichtigung dem Geschädigten zumutbar ist. Es darf jedoch keine unbillige Entlastung des Schädigers eintreten.

Bejaht wird die Anrechenbarkeit z. B. für Vorteile aus Handlungen, zu denen der Geschädigte gemäß § 254 Abs. 2 BGB im Rahmen der Schadensminderung verpflichtet war, sowie für die Einsparung von Kosten der häuslichen Verpflegung während eines Krankenhausaufenthalts. – Verneint wird die Anrechenbarkeit u. a. für Vorteile aufgrund eigener Leistungen des Geschädigten, etwa an eine Krankenversicherung, sowie für Spenden Dritter.

F: S hat den Pkw des G bei einem Verkehrsunfall beschädigt. Für die Dauer der Reparatur benutzt G einen Mietwagen derselben Klasse. Als er dessen Kosten von S ersetzt verlangt, macht dieser geltend, G habe während der Mietzeit Aufwendungen für den eigenen Wagen erspart, die von der Ersatzforderung abgezogen werden müßten. Ist die Auffassung des S zutreffend?

A: Ja; die Ersparnis von Ausgaben für den eigenen Wagen während der Reparaturzeit ist im Wege der Vorteilsausgleichung in Abzug zu bringen.

5.

Ein Sonderproblem der Vorteilsausgleichung entsteht, wenn nach Zerstörung einer gebrauchten Sache der Schaden nicht im Wege der Naturalrestitution ersetzt werden kann, weil eine derartige Sache nicht erhältlich ist oder nicht hergestellt werden kann: Gemäß § 251 Abs. 1 BGB ist dem Geschädigten in solchen Fällen der Wiederbeschaffungswert (= Einkaufspreis; im Unterschied zum Zeitwert = Verkaufspreis) zu ersetzen.

Wenn demnach der Geschädigte als Ersatz für die zerstörte Sache nur eine neue Sache erhalten bzw. erwerben kann, wird nach ständiger Rechtsprechung ein Abzug „Neu für Alt" vorgenommen. Er beläuft sich auf den Betrag, um den die zerstörte Sache im Zeitpunkt ihres Untergangs an Wert gegenüber ihrem Neuzustand verloren hatte.

Auch hier gilt jedoch die Grenze der Unzumutbarkeit. – Kein Abzug erfolgt z.B., wenn ein erst wenige Tage alter Pkw zerstört wurde oder wenn der Geschädigte nicht über die Mittel verfügt, den Geldersatz des Schädigers zur Neuanschaffung einer gleichwertigen Sache aufzustocken.

F: S hat die zehn Jahre alte Gartenlaube seines Nachbarn G durch Brandstiftung zerstört. Die Neuerrichtung kostete 2500,– DM, die G von S fordert. Mit Recht?

A: Nein; da G nicht mittellos ist, wird ein Abzug in Höhe des Wertzuwachses vorgenommen, den G durch die Neuerrichtung erlangt hat.

6.

Für eine Rechtsgutverletzung kann nicht nur ein aktives Tun, sondern auch ein Unterlassen des Täters adäquat kausal sein, weil dieses unter bestimmten Voraussetzungen dem Tun gleichgeachtet wird. – Soweit allerdings ein Erfolg bereits durch Tun herbeigeführt wurde, kommt es für die Rechtsgutverletzung auf ein anschließendes Unterlassen nicht mehr an; wenn z. B. ein Patient stirbt, weil ihm Gift injiziert wurde, erfolgte die Rechtsgutverletzung nur durch Tun und nicht auch durch das Unterlassen einer Behandlung mit Gegengift.

Ein Tatbestand der §§ 823 ff. BGB kann durch Unterlassen nur von demjenigen erfüllt werden, der eine Rechtspflicht zur Erfolgsabwendung hatte und dessen Tätigwerden den eingetretenen Erfolg mit an Sicherheit grenzender Wahrscheinlichkeit abgewendet hätte. – Erforderlich ist eine bestimmte Rechtspflicht zur Erfolgsabwendung. Die allgemeine Hilfeleistungspflicht gemäß § 330c StGB genügt diesem Erfordernis nicht.

F: S ist in der chemischen Fabrik des G am Verpackungsfließband beschäftigt. Um sich einen freien Tag zu verschaffen, legt er Glassplitter auf das laufende Band, so daß es für längere Zeit zum Stillstand kommt. Als G von S Schadensersatz nach § 823 Abs. 1 BGB verlangt, beruft sich der Rechtsanwalt des S darauf, den S treffe keine Rechtspflicht, Fremdkörper vom Fließband zu entfernen. Schließt dieses Argument eine Schadensersatzpflicht des S nach § 823 Abs. 1 BGB aus?

A: Nein; der Schaden ist durch ein Tun des S entstanden und nicht durch eine Unterlassung. Demnach kommt es auf eine Rechtspflicht zur Erfolgsabwendung nicht an.

7.

Die Rechtspflicht zur Erfolgsabwendung entsteht aus der sog. Garantenstellung. – Diese kann sich aus Gesetz, aus Pflichtübernahme, aus vorangegangenem Tun oder aus enger Lebensbeziehung ergeben. (Die Einzelheiten werden in den Inf. 7 und 8 erläutert.):

Aus Gesetz ergeben sich Rechtspflichten zur Erfolgsabwendung vor allem aufgrund familienrechtlicher Vorschriften; dies gilt z. B. für die Unterstützungspflicht zwischen Ehegatten gemäß § 1353 Abs. 1 BGB, wonach ein Ehegatte das Eigentum des anderen schützen muß.

Durch Übernahme von Obhutspflichten wird die Rechtspflicht zur Erfolgsabwendung z. B. für Bademeister oder Kinderpflegerinnen begründet. – Die Garantenstellung ergibt sich hierbei nicht aus dem Vertragsschluß als solchem, sondern aus der tatsächlichen Pflichtübernahme, so daß die Erfolgsabwendungspflicht auch im Falle eines nichtigen Vertrages bestehen kann.

F: Vor einer längeren Reise hat G dem S einen wertvollen Pelzmantel zur Verwahrung gegeben. Bald danach entdeckt S, daß er von G arglistig getäuscht wurde und ficht den Verwahrungsvertrag wirksam an. Deshalb unterläßt er nunmehr Pflegemaßnahmen für den Mantel, so daß dieser Schäden davonträgt. Kann er sich gegenüber einem deliktischen Schadensersatzanspruch des G darauf berufen, daß für ihn mangels eines gültigen Verwahrungsvertrags keine Rechtspflicht zur Erfolgsabwendung bestanden habe?

A: Nein; da S die mit der Verwahrung verbundenen Obhutspflichten tatsächlich übernommen hatte, besteht seine Erfolgsabwendungspflicht beim Wegfall des Verwahrungsvertrages fort.

8.

Aus vorangegangenem Tun trifft denjenigen die Rechtspflicht zur Erfolgsabwendung, der eine Gefahrenlage geschaffen hat. Er muß dann gefährdete Dritte vor Schäden bewahren, z. B. indem er die wegen schlechter Befestigung vom Lkw herabgestürzte Ladung durch Warnzeichen erkennbar macht. – Die Rechtspflicht aus vorangegangenem Tun entsteht nach herrschender Meinung auch, wenn dieses Tun als solches nicht rechtswidrig war, sich aber daraus schädigende Folgen für Dritte ergeben können; so z. B., wenn jemand infolge einer Panne auf der Fahrbahn anhalten muß.

Eine Pflicht zur Erfolgsabwendung ergibt sich auch aus enger Lebensbeziehung. Diese liegt vor, wenn Personen in einem solchen Vertrauensverhältnis zueinander stehen, daß sich jeder darauf verlassen kann, der andere werde Schäden von ihm abwenden, z. B. unter Verlobten.

F: S kommt mit seinem Pkw ins Schleudern und beschädigt dadurch den Weidezaun des B. Er heftet einen Zettel mit seiner Anschrift an den Zaun und fährt weiter. Einige Zeit danach gelangen die Kühe des D durch die von S verursachte Lücke im Zaun auf die Straße. Als G vorbeifährt, prallt er mit einer Kuh zusammen.

a) Kann G von S wegen unterlassener Sicherung der Zaunlücke Schadensersatz verlangen?

b) Kann D von S wegen unterlassener Sicherung der Zaunlücke Schadensersatz für die getötete Kuh verlangen?

A: a) Ja; da S durch das Zerstören des Zaunes eine Gefahrenlage geschaffen hatte, bestand für ihn die Rechtspflicht, ein Ausbrechen der Kühe zu verhindern.

b) Nein; D kann von S wegen der Zerstörung des Zaunes Schadensersatz fordern, wobei die Tötung der Kuh eine adäquate Folge dieser Eigentumsverletzung darstellt.

Wiederholungsfragen:

1. Der Bauunternehmer S baut einen Straßentunnel. Infolge mangelhafter Abstützung stürzt bei den Baggerarbeiten das benachbarte Haus des G ein. Als G von S Schadensersatz fordert, macht S geltend, das Haus des G wäre nach den verbindlichen Plänen für die Stadtsanierung demnächst ohnehin abgerissen worden. Welche Bedeutung kommt diesem Argument nach Auffassung des BGH gegenüber einem Schadensersatzanspruch des G aus § 823 Abs. 1 BGB zu?

2. A hat den Vater des 16jährigen B fahrlässig getötet. Gegenüber dem Ersatzanspruch des B nach §§ 823 Abs. 1, 844 Abs. 2 BGB macht A geltend, B müsse sich als Alleinerbe nach seinem Vater anrechnen lassen, daß er durch den vorzeitigen Tod die Nutzungen aus dem hinterlassenen Vermögen früher erlangt habe. Ist die Auffassung des A zutreffend?

3. S kommt als Passant zu einer Unfallstelle; der G ist an der Armschlagader verletzt worden. S könnte den Arm abbinden; stattdessen eilt er, den Krankenwagen herbeizurufen. G kann gerettet werden; durch den starken Blutverlust erleidet er aber eine dauernde Gesundheitsschädigung. Kann er deswegen von S Schadensersatz gemäß § 823 Abs. 1 BGB verlangen?

A 1: Unter Zugrundelegung der Auffassung des BGH hatte das Haus, dessen Abbruch mit Sicherheit bevorstand, nur einen entsprechend geminderten Sachwert.

A 2: Ja; die Möglichkeit vorzeitiger Nutzung eines Nachlasses stellt einen anrechenbaren Vorteil gegenüber dem Anspruch aus §§ 823 Abs. 1, 844 Abs. 2 BGB dar.

A 3: Nein; S hatte keine Garantenstellung und damit keine Erfolgsabwendungspflicht hinsichtlich des Gesundheitsschadens.

9.

Einen Sonderfall der Rechtspflicht aus vorangegangenem Tun bildet die sog. Verkehrssicherungspflicht, deren Einzelheiten in den Inf. 9–12 erläutert werden:

Die Verkehrssicherungspflicht trifft einmal denjenigen, der ein Grundstück dem Verkehr eröffnet hat, z. B. durch einen Laden. – Der für die Verkehrseröffnung Verantwortliche, normalerweise der Eigentümer, muß alle Maßnahmen treffen, um Teilnehmer am Verkehr vor Schaden zu bewahren.

F: S betreibt im Keller seines Hauses ein Lokal. Als der G den Keller besucht, um ein Bier zu trinken, kommt er infolge der defekten Treppenbeleuchtung zu Fall und beschädigt seine Armbanduhr. Gegenüber dem Ersatzanspruch des G beruft sich S darauf, daß an der Treppe ein großes Schild zur Vorsicht auffordere. Kann er damit seine deliktische Ersatzpflicht abwenden?

A: Nein; das zur Vorsicht mahnende Schild ist für den Fall mangelnder Beleuchtung keine geeignete Maßnahme, die durch Verkehrseröffnung begründete Verkehrssicherungspflicht zu erfüllen.

10.

Ferner trifft die Verkehrssicherungspflicht denjenigen, der eine Gefahrenquelle beherrscht; so z. B., wenn jemand Natronlauge in einer Bierflasche in der Speisekammer verwahrt und einen dort arbeitenden Handwerker nicht auf den gefährlichen Inhalt hinweist. – Dies gilt auch für Grundstücke, die nicht dem Verkehr eröffnet sind, z. B. für schlecht abgesperrte Baugruben.

Die Verkehrssicherungspflicht besteht ebenso hinsichtlich der Sicherung von Kraftfahrzeugen gegen Mißbrauch.

F: Der S veranstaltet mit seinem Luftgewehr im Garten Schießübungen. Als er zum Telefon gerufen wird, läßt er das Gewehr im Garten zurück, obwohl er sieht, daß Kinder in der Nähe spielen. Eines der Kinder verletzt bald darauf seinen Spielkameraden G mit dem Gewehr. Ist S für den Schaden des G nach § 823 Abs. 1 BGB ersatzpflichtig?

A: Ja; S hat durch die ungenügende Sicherung des Gewehres seine Verkehrssicherungspflicht verletzt.

11.

Die Erfüllung der Verkehrssicherungspflicht kann einem Dritten übertragen werden, z. B. dem Hausverwalter. Dadurch wandelt sich die Verkehrssicherungspflicht in eine Überwachungspflicht.

Der Verkehrssicherungspflichtige muß dann durch geeignete organisatorische Maßnahmen gewährleisten, daß die Verkehrssicherung wirklich vorgenommen wird. – Bei Übertragung der Verkehrssicherung an darauf spezialisierte Unternehmen wird die Überwachungspflicht normalerweise als erfüllt angesehen.

Die Verletzung der Überwachungspflicht macht nach § 823 Abs. 1 BGB haftbar. – Daneben kann eine Verantwortlichkeit gemäß § 831 Abs. 1 BGB begründet sein, zu deren Ausschluß jedoch der Entlastungsbeweis gemäß § 831 Abs. 1 S. 2 BGB geführt werden kann (vgl. S. 537).

F: Der S hat im Herbst den Pensionär D beauftragt, bei Schneefall den zum Grundstück des S gehörenden Bürgersteig zu räumen. Als D den ersten Schneefall verschläft, stürzt G auf dem nicht gesäuberten Bürgersteig und verletzt sich. Kann er von S Schadensersatz verlangen?

A: Ja; die Verkehrssicherungspflicht des S für sein Grundstück hat sich mit der Beauftragung des D in eine Überwachungspflicht umgewandelt. Dieser Pflicht ist der S nicht nachgekommen, weil er die Arbeitsaufnahme durch D hätte kontrollieren müssen.

12.

Wer vertraglich die Erfüllung der Verkehrssicherungspflicht eines anderen übernimmt, begründet damit nach ständiger Rechtsprechung für sich eine eigene Verkehrssicherungspflicht, die neben der Überwachungspflicht des ursprünglich Verpflichteten besteht. Dies folgt daraus, daß der ursprünglich Verpflichtete auf die Wahrnehmung der Verkehrssicherung durch den Übernehmer vertraut und deshalb eine Gefahrenlage entsteht. So haftet z. B. ein Bauleiter wegen Verletzung einer eigenen Verkehrssicherungspflicht, wenn er die Verkehrssicherungspflicht des Grundstückseigentümers übernommen hat und es auf der Baustelle an der nötigen Aufsicht fehlen läßt.

F: Pflege und Wartung der Rolltreppe im Warenhaus D ist vertraglich dem Ingenieurbüro S übertragen. Infolge eines Wartungsfehlers kommt der G bei Benutzung der Rolltreppe zu Schaden. Kann er von S Schadensersatz aus § 823 Abs. 1 BGB verlangen?

A: Ja; S hat durch den Wartungsvertrag mit D dessen Verkehrssicherungspflicht für die Rolltreppe übernommen. Wegen Verletzung dieser Pflicht kann S von G nach § 823 Abs. 1 BGB in Anspruch genommen werden.

13.

Eine Verkehrssicherungspflicht besteht auch für den Warenproduzenten. Dies bedeutet, daß er nach § 823 Abs. 1 BGB für einen durch seine Produkte hervorgerufenen Schaden ersatzpflichtig gemacht werden kann.

Die deliktische Produzentenhaftung ist deshalb wichtig, weil der Geschädigte vertragliche Ansprüche meist nur gegenüber dem Verkäufer hat. Die Ansprüche auf Gewährleistung oder aus positiver Vertragsverletzung versagen aber, wenn die Zusicherung sich nicht auf die Mangelfolgeschäden erstreckte oder den Verkäufer an dem Mangelfolgeschaden kein Verschulden traf (vgl. S. 66). – In der Literatur vertretene Auffassungen, die dem Endabnehmer einen vertraglich oder quasivertraglich begründeten Anspruch gegen den Hersteller zubilligen wollen, sind von der Rechtsprechung nicht übernommen worden.

F: Die Hausfrau G erwirbt vom Händler D einen Haartrockner. Infolge einer im Herstellerwerk S nachlässig befestigten Abdeckung wird die G beim Gebrauch des Gerätes vom Ventilator verletzt.

a) Haftet S der G auf vertraglicher Grundlage?

b) Unter welcher Voraussetzung haftet D der G für den durch die Körperverletzung entstandenen Schaden aus positiver Vertragsverletzung?

A: a) Nein; da zwischen S und G kein Vertrag besteht.

b) Eine Haftung des D für den Mangelfolgeschaden kommt aus positiver Vertragsverletzung in Betracht, wenn D den Fehler bei gebotener Sorgfalt hätte erkennen können.

14.

Die Verkehrssicherungspflicht des Warenproduzenten bezieht sich einmal auf die Vermeidung von Konstruktionsfehlern, die alle Produkte einer Serie betreffen. Zum anderen erfaßt die Verkehrssicherungspflicht die Vermeidung von Fabrikationsfehlern (oder Kontrollfehlern), die einzelne Produkte betreffen, und von Instruktionsfehlern, die z. B. durch Druckfehler in der Anleitung entstehen.

Verneint wird von der herrschenden Meinung eine Verkehrssicherungspflicht zur Vermeidung von Fehlern bei den vor der Konstruktion liegenden Entwicklungsarbeiten, sog. Forschungsfehlern (oder Entwicklungsfehlern), die trotz Beachtung der neuesten wissenschaftlichen und technischen Erkenntnisse eingetreten sind, z. B. bei der Entwicklung eines neuen Medikamentes.

F: Um welche Art von Fehler handelt es sich,

a) wenn X ein Rostschutzmittel herstellt, ohne auf dessen Feuergefährlichkeit hinzuweisen?

b) wenn bei einem Kraftfahrzeugtyp des Herstellers Y die Bremsleitungen so verlegt sind, daß bei starker Motorerhitzung die Bremsleistung nachläßt?

c) wenn infolge mangelnder Sauberkeit in der pharmazeutischen Fabrik Z Schmutzteile in Ampullen mit Impfstoff gelangen?

A: Im ersten Fall handelt es sich um einen Instruktionsfehler, im zweiten Fall um einen Konstruktionsfehler, im dritten Fall um einen Fabrikationsfehler.

15.

Der Warenproduzent kann seine Verkehrssicherungspflicht auf geeignete verantwortliche Mitarbeiter übertragen. Er haftet dann ohne Exkulpationsmöglichkeit für deren Überwachung (vgl. S. 584).

Hat der Warenproduzent seine Verkehrssicherungspflicht nicht übertragen, sondern ist der Fehler von einem Verrichtungsgehilfen des Produzenten verursacht worden, so kann sich der Produzent gemäß § 831 Abs. 1 S. 2 BGB entlasten, insbesondere durch den dezentralisierten Entlastungsbeweis (vgl. S. 540). – Daneben besteht die eigene Verkehrssicherungspflicht des Produzenten weiter, aus deren Verletzung er gemäß § 823 Abs. 1 BGB haftet.

F: S stellt in seiner Fabrik Fallschirme für Sportzwecke her. Die Endkontrolle der Fallschirme obliegt der Arbeiterin D. Weil die D bei einem Schirm eine schadhafte Nahtstelle übersehen hat, geht G, der diesen Fallschirm gekauft hat, zu rasch nieder und erleidet schwere Verletzungen. Als er den S auf Schadensersatz in Anspruch nimmt, führt dieser für die D den Entlastungsbeweis nach § 831 Abs. 1 S. 2 BGB. Ist damit jeder deliktische Anspruch des G gegen S ausgeschlossen?

A: Nein; der Entlastungsbeweis steht nur dem Anspruch des G aus § 831 Abs. 1 S. 1 BGB entgegen. Die Haftung des S nach § 823 Abs. 1 BGB wegen Verletzung der Verkehrssicherungspflicht durch mangelhafte Produktprüfung wird nach herrschender Meinung davon nicht berührt.

16.

Die deliktische Haftung des Warenproduzenten wegen Verletzung der Verkehrssicherungspflicht setzt Verschulden voraus. – Hieran fehlt es, wenn ein sog. unvermeidbarer Fehler vorliegt, z. B. ein bisher noch nicht bekanntes Materialverhalten eintrat oder unvorhersehbar eine Kontrollmaschine versagte. Im übrigen fehlt es am Verschulden, wenn die Grundsätze sorgfältiger Organisation und der neueste Stand von Technik und Wissenschaft beachtet wurden. – Ein Verschulden liegt aber vor, wenn nach späterer Entdeckung eines Fehlers das Produkt nicht aus dem Vertrieb zurückgerufen wird.

Für den Beweis des Verschuldens gilt nach der Rechtsprechung – in Abweichung von der normalen Beweislast – folgende Regel: Sofern der Geschädigte beweist, daß er durch das Produkt bei dessen bestimmungsgemäßer Verwendung geschädigt wurde, muß der Produzent beweisen, daß ihn an dem Fehler kein Verschulden trifft.

F: Der Geflügelzüchter G läßt seine Hühner mit einem Serum des Herstellers S gegen die Hühnerpest impfen. Kurze Zeit später geht die Mehrzahl der Hühner an Hühnerpest ein. G führt dies auf eine fehlerhafte Zusammensetzung des Impfstoffes zurück. Welchen Beweis muß G führen, um einen deliktischen Schadensersatzanspruch gegen S zu begründen?

A: G muß beweisen, daß der Schaden durch das Serum und nicht etwa durch eine verspätete Impfung oder andere Ursachen entstanden ist. (Dann muß S beweisen, daß ihn an dem Fehler des Serums kein Verschulden trifft.)

Wiederholungsfragen:

1. Um welche Art Fehler handelt es sich im Zusammenhang mit einer Produzentenhaftung bei dem in der Frage auf S. 586 beschriebenen Fall?

2. In der S-AG, die kosmetische Artikel herstellt, untersteht die Überwachung der Mischanlage dem Betriebsleiter D. Durch Unaufmerksamkeit des D wird einer Creme zu starke Reinigungsessenz zugesetzt; als der Fehler entdeckt wird, ist die Serie bereits ausgeliefert. Die G erwirbt eine Dose und erleidet durch Benutzung der Creme bleibende Hautverfärbungen im Gesicht. Welche deliktischen Schadensersatzansprüche stehen der G zu?

3. G hat bei dem Autohändler D einen neuen Pkw des Herstellers S erworben. Bei der Heimfahrt vom Händler versagt die Bremsanlage; bei dem dadurch entstehenden Unfall brennt der Wagen völlig aus. G will von S Schadensersatz wegen eines Fabrikationsfehlers am Wagen verlangen. Wieso wird die zur Durchsetzung des Anspruchs erforderliche Beweisführung durch die völlige Zerstörung des Wagens erschwert?

A 1: Es handelt sich um einen Fabrikationsfehler, weil ein Einzelprodukt fehlerhaft war.

A 2: Die G kann aufgrund des Fabrikationsfehlers gemäß § 823 Abs. 1 BGB gegen D wegen Verletzung der ihm übertragenen Verkehrssicherungspflicht vorgehen. Sie kann im Falle einer Verletzung der Überwachungspflicht auch die S in Anspruch nehmen.

A 3: G muß beweisen, daß der Schaden durch einen Fehler im Bremssystem entstanden ist. Dies wird nach dem Brand besonders schwierig sein.

17. § 847 Abs. 1

Gemäß § 253 BGB kann Geldersatz für Nichtvermögensschäden nur in gesetzlich normierten Fällen gefordert werden. Einen dieser Fälle regelt § 847 Abs. 1 S. 1 BGB: Er gewährt bei Verletzungen von Körper, Gesundheit oder Freiheit durch eine unerlaubte Handlung im Sinne der §§ 823 ff. BGB dem Verletzten eine Geldentschädigung für den erlittenen Nichtvermögensschaden. Man bezeichnet diese Entschädigung als Schmerzensgeld.

Das Schmerzensgeld ist nach Billigkeit zu bemessen. Hierfür haben sich in der Rechtsprechung Erfahrungswerte herausgebildet, die vor allem auf Heftigkeit und Dauer der erlittenen Schmerzen sowie auf das Ausmaß des Schädigerverschuldens abstellen.

F 1: G wird von S schwer verletzt. Zum Ausgleich für die erlittenen Schmerzen verlangt er von S gemäß §§ 823 Abs. 1, 847 Abs. 1 BGB, daß S ihm sein Wochenendhaus im Gebirge für einen Monat unentgeltlich zur Verfügung stellt. Mit Recht?

F 2: Kann wegen der Körperverletzung bei einem Verkehrsunfall auf der Grundlage des StVG Schmerzensgeld gefordert werden?

A 1: Nein; wegen des Nichtvermögensschadens der erlittenen Schmerzen kann G gemäß §§ 823 Abs. 1 S. 1, 847 Abs. 1 S. 1 BGB nur eine billige Entschädigung in Geld verlangen, aber keine andere Leistung.

A 2: Nein; Schmerzensgeld setzt einen Tatbestand der §§ 823 ff. BGB voraus; § 11 StVG schließt kein Schmerzensgeld ein.

18. § 847 analog

Das allgemeine Persönlichkeitsrecht (vgl. S. 500) wird in § 847 BGB nicht genannt: Da Geldersatz für Nichtvermögensschäden gemäß § 253 BGB nur in gesetzlich normierten Fällen gewährt werden kann, bedurfte es der Analogie zu § 847 BGB, um auch wegen Verletzung des allgemeinen Persönlichkeitsrechts dem Geschädigten ein Schmerzensgeld zuzubilligen. Diese Analogie hat der BGH in mehreren Entscheidungen gezogen, sofern eine schwerwiegende Beeinträchtigung des allgemeinen Persönlichkeitsrechts erfolgt war und dem Verletzten nur durch eine Geldentschädigung die erforderliche Genugtuung verschafft werden konnte. – In der Literatur wird diese Rechtsprechung zum Teil heftig bekämpft.

F: Der Journalist S bezeichnet in einem Artikel die Kammersängerin G als eine gackernde Henne. Kann die G deswegen von S eine Geldentschädigung verlangen?

A: Ja; S hat durch seine Veröffentlichung das allgemeine Persönlichkeitsrecht der G schwerwiegend verletzt. Deshalb kann die G nach Ansicht des BGH analog § 847 BGB Schmerzensgeld fordern.

19. § 830

§ 830 Abs. 1 S. 1 BGB macht jeden Mittäter für den vollen Schaden haftbar, wenn die unerlaubte Handlung gemeinschaftlich begangen wurde, also im bewußten und gewollten Zusammenwirken. Es kommt nicht darauf an, in welchem Ausmaß der einzelne Mittäter hierzu beigetragen hat. – Nach § 830 Abs. 2 BGB werden Anstifter und Gehilfen einem Mittäter gleichgestellt.

Sofern mehrere einen Schaden ohne bewußtes Zusammenwirken verursacht haben, handelt es sich um sog. Nebentäter; so z.B., wenn zwei einander entgegenkommende Kraftfahrer zwischen sich einen Motorradfahrer zu Fall bringen. Hier ist jeder Täter nur für den von ihm verursachten Erfolg verantwortlich, der allerdings den gesamten Schaden ausmachen kann (vgl. S. 573).

F: X unternimmt einen Einbruch in die Villa des G, um wertvolle Gemälde zu stehlen. S will ihn dabei unterstützen und wacht, während X im Hause ist, auf der Straße. Er erhält dafür 10% der Beute. Nach Aufdeckung des Sachverhalts will G den S auf vollen Schadensersatz in Anspruch nehmen. Kann sich S darauf berufen, daß sein Tatbeitrag und Beuteanteil wesentlich geringer waren als Tatbeitrag und Beuteanteil des X?

A: Nein; S war an der Tat als Gehilfe beteiligt und haftet gemäß § 830 Abs. 2 BGB wie ein Mittäter, d. h. auf vollen Schadensersatz.

20.

§ 830 Abs. 1 S. 2 BGB läßt neben den Mittätern auch einen Beteiligten auf vollen Schadensersatz haften: Beteiligter ist, wer mit anderen an einem gefährlichen Tun mitgewirkt hat, ohne daß ihm oder einem anderen die Verursachung des dabei eingetretenen Schadens nachgewiesen werden kann, so daß er nicht als Mittäter oder Gehilfe in Anspruch genommen werden kann.

Es genügt also für die Ersatzpflicht als Beteiligter, daß jemand neben anderen eine rechtswidrige Handlung vorgenommen hat, aus der der Schaden hätte entstanden sein können. Dies ist z. B. der Fall, wenn bei einer Treibjagd mehrere Jäger in ungesichertes Gebiet schossen und dort ein Passant verletzt wurde, ohne daß festgestellt werden kann, welcher Jäger ihn getroffen hat. Auch Teilnehmer an rechtswidrigen Ausschreitungen anläßlich einer Demonstration haften als Beteiligte auf Ersatz des gesamten Schadens.

F: A, B, C und D haben während eines Fußballspiels Bierdosen auf das Spielfeld geworfen. Dabei wurde der Spieler G von einer Dose verletzt. Von den Dosenwerfern wird nur der A gefaßt, die übrigen entkommen unerkannt. Scheitert ein Ersatzanspruch des G gegen A daran, daß G nicht beweisen kann, gerade von der durch A geworfenen Dose verletzt worden zu sein?

A: Nein; gemäß § 830 Abs. 1 S. 2 BGB besteht volle Haftung des A auch dann, wenn die Kausalität seines Handelns für den Schaden nicht bewiesen werden kann.

21.

Die Haftung aus § 830 Abs. 1 S. 2 BGB entfällt für den Beteiligten, wenn er nachweisen kann, daß sein Handeln für den entstandenen Schaden nicht ursächlich war, z. B., wenn einer der im Beispiel zu Inf. 20 genannten Jäger zur Unfallzeit keine Munition mehr hatte. – Auf diese Weise wird das Beweisrisiko vom Geschädigten auf den Beteiligten abgewälzt.

Ferner scheidet eine Haftung als Beteiligter für denjenigen aus, der rechtmäßig gehandelt hat, z. B. bei einer Schlägerei in Notwehr war.

Schließlich findet § 830 Abs. 1 S. 2 BGB nach herrschender Meinung keine Anwendung, wenn der Geschädigte den eingetretenen Schaden möglicherweise selbst verursacht hat; man spricht hier von potentieller Selbstschädigung. Sie liegt z. B. vor, wenn der Geschädigte zusammen mit anderen Personen Knallkörper in ein Feuer geworfen hat und dabei durch eine Explosion verletzt wurde.

F: Bei Außenarbeiten an einem Hochhaus sind der A und mehrere andere Arbeiter beschäftigt. Der unten vorübergehende Zulieferer X wird durch eine herabfallende Schraube verletzt. Es kann nicht festgestellt werden, welchem Arbeiter diese Schraube entfallen war. Kann A für den Schaden des X in Anspruch genommen werden, wenn er beweisen kann, daß er zur Unfallzeit in seinem Arbeitskorb lag, weil er ohnmächtig war?

A: Nein; § 830 Abs. 1 S. 2 BGB setzt voraus, daß das Verhalten des Beteiligten schuldhaft gewesen sein kann. Dies trifft für den ohnmächtigen A nach § 827 S. 1 BGB nicht zu.

22. §§ 840 Abs. 1, 426 Abs. 2

Sind dem Geschädigten mehrere Personen aus unerlaubter Handlung ersatzpflichtig, so haften diese gemäß § 840 Abs. 1 BGB als Gesamtschuldner nach Maßgabe der §§ 421 ff. BGB. Die Beziehungen der Ersatzpflichtigen zum Geschädigten bezeichnet man als das Außenverhältnis der Gesamtschuldner.

Vom Außenverhältnis gegenüber dem Geschädigten ist zu unterscheiden, in welchem Umfang mehrere Gesamtschuldner im Verhältnis zueinander den Schaden zu tragen haben. Man bezeichnet dies als das Innenverhältnis. – Hat ein Gesamtschuldner an den Gläubiger mehr gezahlt, als seinem Anteil im Innenverhältnis entspricht, so kann er von den anderen Gesamtschuldnern nach § 426 Abs. 2 S. 1 BGB einen Ausgleich verlangen.

F: Gilt die gesamtschuldnerische Haftung des § 840 Abs. 1 BGB nur für Mittäter, Anstifter und Gehilfen im Sinne des § 830 BGB oder auch für Nebentäter?

A: Da § 840 Abs. 1 BGB die gesamtschuldnerische Haftung nicht auf die Fälle des § 830 BGB beschränkt, sondern jede unerlaubte Handlung genügt, haften auch Nebentäter als Gesamtschuldner.

23. § 840 Abs. 2

Das Innenverhältnis der Gesamtschuldner und die Höhe der daraus herzuleitenden Ausgleichspflicht beruht entweder auf vertraglicher Vereinbarung oder auf einer ausdrücklichen gesetzlichen Regelung.

Eine solche gesetzliche Regelung enthält z. B. § 840 Abs. 2 BGB. Danach hat im Innenverhältnis zum ebenfalls haftenden Geschäftsherrn der Verrichtungsgehilfe den Schaden allein zu tragen, wenn sein Verhalten den vollen Tatbestand einer unerlaubten Handlung erfüllt hat.

Eine Abweichung von dieser Regel kann sich aufgrund der im Arbeitsrecht entwickelten Grundsätze über die sog. schadensgeneigte Tätigkeit ergeben, wonach bei Arbeiten, die eine hohe Wahrscheinlichkeit der Schädigung Dritter einschließen, der Arbeitgeber den Arbeitnehmer im Innenverhältnis nicht in Anspruch nehmen darf, wenn diesem nur leichte Fahrlässigkeit unterlaufen ist. Für die Einzelheiten wird auf die Darstellungen zum Arbeitsrecht verwiesen.

F: Der Verrichtungsgehilfe D des S hat durch nachlässige Arbeit am Hause des G diesem einen Schaden von 500,– DM zugefügt. Als G daraufhin den S nach § 831 Abs. 1 S. 1 BGB in Anspruch nimmt, lehnt dieser eine Zahlung ab, weil D gemäß § 840 Abs. 2 BGB den Schaden allein zu tragen habe. Ist diese Begründung geeignet, die Zahlungspflicht des S gegenüber G zu beseitigen?

A: Nein; die alleinige Haftung des D gemäß § 840 Abs. 2 BGB besteht lediglich im Innenverhältnis zwischen D und S. Im Außenverhältnis gegenüber G bleibt der S voll ersatzpflichtig.

24. §§ 17, 18 Abs. 3 StVG

Eine weitere gesetzliche Regelung für das Innenverhältnis der Gesamtschuldner enthält § 17 Abs. 1 S. 1 StVG für den Fall, daß mehrere Kraftfahrzeughalter an einem Unfall beteiligt und deshalb ersatzpflichtig sind. Danach bemißt sich die Quote ihrer Beteiligung im Innenverhältnis nach der Größe des jeweiligen Kausalbeitrages für den Schaden.

Dasselbe Prinzip gilt gemäß § 17 Abs. 2 StVG auch im Verhältnis mehrerer Personen, die aufgrund anderer Tatbestände der Gefährdungshaftung ersatzpflichtig sind. – Ebenso gilt dieser Grundsatz gemäß § 18 Abs. 3 StVG für die Fahrer der beteiligten Kraftfahrzeuge. – Die §§ 9b RHG und 8 Sachhaftpflichtgesetz enthalten dieselbe Regelung für die Haftung des Eisenbahnunternehmers.

F: Der X überholt bei Regenwetter auf enger Straße den G. Wegen eines entgegenkommenden Fahrzeugs zieht X nach rechts, als er auf der Höhe des G ist; dabei stößt er mit dem Pkw des G zusammen. Der hinter G fahrende Y kann nicht mehr rechtzeitig abbremsen und drückt den Wagen des G die Böschung hinunter, so daß Totalschaden entsteht.

a) Kann G sowohl den X als auch den Y auf vollen Schadensersatz in Anspruch nehmen?

b) Wonach bestimmt sich der Ausgleich im Innenverhältnis zwischen X und Y?

A: a) Ja; X und Y haften als Nebentäter dem G gemäß § 840 Abs. 1 BGB als Gesamtschuldner.

b) Gemäß § 17 Abs. 1 S. 1 StVG kommt es für das Innenverhältnis zwischen X und Y auf die Größe des jeweiligen Kausalbeitrages an. Hier wird der Anteil des X größer zu bemessen sein als der Anteil des Y.

25.

Die Rechtsprechung wendet das in § 254 BGB niedergelegte Prinzip, wonach im Verhältnis zwischen Schädiger und Geschädigtem auf den Anteil der Verursachung und des Verschuldens am entstandenen Schaden abzustellen ist, auch als gesetzliches Ausgleichsprinzip für das Innenverhältnis zwischen mehreren Schädigern an. Danach trifft z. B. im Innenverhältnis einen vorsätzlich handelnden Täter ein höherer Anteil als den fahrlässig handelnden Mitverantwortlichen.

Fehlt es an einer vertraglichen oder gesetzlichen Regelung des Innenverhältnisses, so bestimmt sich der Anteil des einzelnen Gesamtschuldners gemäß § 426 Abs. 1 S. 1 BGB nach Kopfteilen.

F: A geht mit seinem Hund spazieren; B hetzt das Tier auf den C. Kann A, der den Schaden des C ersetzt hat, von B mehr als die Hälfte des gezahlten Betrages verlangen?

A: Ja; in Anwendung des in § 254 BGB niedergelegten Prinzips ist der Kausalbeitrag und das Verschulden des B am eingetretenen Schaden höher zu bewerten als der Anteil des A aus der Tierhalterhaftung.

Wiederholungsfragen:

1. G hat seinen Pkw immer liebevoll gepflegt und poliert. Infolge einer Unachtsamkeit des S wird der Lack stark zerkratzt. Kann G (neben den Reparaturkosten) wegen seines Ärgers über die Lackschäden von S ein Schmerzensgeld fordern?

2. A hat mit seinem Kraftwagen den G überfahren und anschließend Unfallflucht begangen; G bleibt auf der Straße liegen und wird deshalb von den Wagen des B und des C überfahren. Danach kann nur noch sein Tod festgestellt werden, der Todeszeitpunkt bleibt ungewiß. Welche Bedeutung hat diese Sachlage für einen Ersatzanspruch der Hinterbliebenen des G gegen C?

3. A, B und C haben den G durch Schläge verletzt. C erfüllt den Ersatzanspruch des G. Er möchte jetzt von A und B Ausgleich verlangen. Auf welche Anspruchsgrundlage kann C seines Ausgleichsanspruch aus übergegangenem Recht gegen A und B stützen, wenn er je ein Drittel des gezahlten Betrages verlangen will?

A 1: G könnte nur Schmerzensgeld fordern, wenn der Tatbestand einer Gesundheitsverletzung erfüllt wäre. Wegen der Eigentumsverletzung steht ihm gemäß § 847 Abs. 1 BGB kein Schmerzensgeldanspruch zu.

A 2: Gemäß § 830 Abs. 1 S. 2 BGB ist C (neben A und B) wegen des Todes voll ersatzpflichtig, da er nicht beweisen kann, daß G bereits tot war, als er ihn überfahren hat.

A 3: C kann gemäß § 426 Abs. 2 in Verbindung mit §§ 823, 840 Abs. 1, 426 Abs. 1 BGB Ausgleich verlangen.

26. §§ 852 Abs. 1 BGB, 14 StVG

Ansprüche aus unerlaubter Handlung verjähren gemäß § 852 Abs. 1 BGB in drei Jahren nach Kenntniserlangung vom Schaden und von der Person des Ersatzpflichtigen. – Nach Auffassung der Rechtsprechung beginnt die Verjährung sogar schon, wenn der Geschädigte den Ersatzpflichtigen nicht kennt, ihn aber mühelos hätte feststellen können.

Kenntnis des Schadens erfordert nicht die Kenntnis vom vollen Ausmaß des Schadens. Bei nicht voraussehbaren Spätfolgen eines Unfalls beginnt jedoch die Verjährung erst mit dem Auftreten der Folgen. – Für Hemmung und Unterbrechung der Verjährung gelten die allgemeinen Vorschriften der §§ 202 ff. BGB.

Gemäß § 14 Abs. 1 StVG verjähren Ansprüche aufgrund des StVG in zwei Jahren. – Abweichend von den allgemeinen Regeln des BGB wird nach § 14 Abs. 2 StVG die Verjährung durch Verhandlungen über die Ersatzpflicht gehemmt.

F: Im Dezember 1966 wird der Fußgänger G von S mit dem Fahrrad angefahren und verletzt. Nach langwierigen ergebnislosen Verhandlungen erhebt G am 1. März 1970 Klage gegen S. Vor Gericht beruft sich S auf Verjährung. Dem hält G entgegen, die Verjährung sei aufgrund der schwebenden Verhandlungen gehemmt gewesen. Zu Recht?

A: Nein, da § 14 StVG bei der Schädigung durch ein Fahrrad nicht eingreift. Nach den allgemeinen Regeln der §§ 202 ff. BGB sind Verhandlungen nicht geeignet, die Verjährung zu hemmen; im Zeitpunkt der Klageerhebung war der Anspruch des G gemäß § 852 Abs. 1 BGB verjährt.

27.

Dem Schutz der Rechtsgüter, deren Verletzung eine unerlaubte Handlung darstellt, dient nicht nur die Schadensersatzpflicht. Vielmehr hat die Rechtsprechung einen vorbeugenden Schutz für solche Rechtsgüter entwickelt. Dieser Rechtsschutz lehnt sich an den Schutz der absoluten Rechte in direkter und analoger Anwendung des § 1004 BGB an. (Einzelheiten werden im Sachenrecht behandelt.)

Bei drohender Verletzung eines gegen deliktische Schädigung geschützten Rechtsgutes wird analog §§ 1004, 823 BGB unabhängig vom Verschulden eine vorbeugende Unterlassungsklage zugelassen. Dies gilt z. B., wenn ein Eingriff in den eingerichteten und ausgeübten Gewerbebetrieb droht.

Sofern nach einer Rechtsgutverletzung weitere Verletzungen drohen, also Wiederholungsgefahr besteht, wird ebenfalls die Unterlassungsklage gewährt.

F: Der Sportler G weiß, daß der Journalist S Material zusammenstellt, um das Privatleben des G der Öffentlichkeit bekanntzumachen. Als G von S verlangt, hiervon Abstand zu nehmen, beruft sich S darauf, daß seine Arbeiten erst im Vorbereitungsstadium stünden und er noch nicht wisse, welchen genauen Inhalt seine Publikation haben werde. Kann G schon jetzt gegen S gerichtlich vorgehen?

A: Ja; da S nicht bestreitet, Material über das Privatleben des G veröffentlichen zu wollen, ist das allgemeine Persönlichkeitsrecht des G von Verletzung bedroht. Analog §§ 1004, 823 BGB kann G deswegen vorbeugende Unterlassungsklage erheben.

28.

Wird ein gegen deliktische Eingriffe geschütztes Rechtsgut verletzt, so gewährt die Rechtsprechung bei Fortdauer der Verletzung analog §§ 1004, 823 BGB einen vom Verschulden des Täters unabhängigen Beseitigungsanspruch. Wird z. B. die Ehre eines Menschen widerrechtlich durch Behauptungen beeinträchtigt, so hat die Beseitigung der Störung durch Widerruf zu erfolgen. – Schadensersatz kann dagegen nur verlangt werden, wenn auch Verschulden des Täters vorliegt.

Für die Abwehr von Presseveröffentlichungen bestehen Sondervorschriften in den Pressegesetzen der Länder.

F: Der Lebensmittelgroßhändler G erfährt, daß der S im Kundenkreis des G erzählt, G verkaufe verdorbene Ware. Kann G, weil diese Behauptung unzutreffend ist, analog §§ 1004, 823 BGB von S fordern,

a) daß sich S deswegen bei ihm in aller Form entschuldigt,

b) daß ihn S für den durch die Behauptungen ausgelösten Umsatzrückgang entschädigt?

A: a) Nein; dem G steht wegen einer fortdauernden Gefährdung seines Gewerbebetriebes analog §§ 1004, 823 BGB gegen S ein Widerrufsanspruch zu. Dieser Anspruch ist aber nicht auf eine Entschuldigung gerichtet.

b) Nein; Schadensersatz kann G nur nach Maßgabe der §§ 823 ff. BGB verlangen, nicht analog §§ 1004, 823 BGB.

Wiederholungsfragen:

1. Dem G wurde eine Münzsammlung gestohlen. Nach vier Jahren kann S als der Täter überführt werden. Als G ihn auf Schadensersatz in Anspruch nehmen will, beruft sich S darauf, daß seit der Tat mehr als drei Jahre vergangen seien. Wird dadurch die Geltendmachung des Ersatzanspruchs gehindert?

2. Die Eltern der minderjährigen X erfahren, daß der volljährige S alle Vorbereitungen getroffen hat, um gegen den Willen ihrer Eltern in einigen Tagen mit der X zu verreisen. Mit welcher Begründung können die Eltern von S Unterlassung der gemeinsamen Reise verlangen?

3. Können die Eltern der X von S im Wege des Beseitigungsanspruchs die Rückgängigmachung der Hotelreservierungen verlangen?

A 1: Nein; nach § 852 Abs. 1 BGB setzt die Verjährung voraus, daß der Geschädigte die Person des Ersatzpflichtigen kennt. Dies war bis zur Überführung des S nicht der Fall. Demnach ist der Anspruch des G noch nicht verjährt.

A 2: Von S droht ein Eingriff in die nach § 823 Abs. 1 BGB als sonstiges Recht geschützte elterliche Gewalt. Deshalb können die Eltern analog §§ 823, 1004 BGB von S Unterlassung verlangen.

A 3: Nein; der Beseitigungsanspruch setzt die Verletzung eines geschützten Rechtsgutes voraus. Eine erst drohende Verletzung genügt nicht.

29. Zusammenfassung

a) Ein adäquater Kausalverlauf wird durch das gewollte Eingreifen Dritter

- ☐ unterbrochen,
- ☐ niemals unterbrochen,
- ☐ nur unterbrochen, wenn dadurch eine inadäquate Ursachenkette in Gang gesetzt wird.

b) Wann wird die hypothetische Kausalität nach herrschender Meinung berücksichtigt?

- ☐ Beim Schaden des mittelbar Geschädigten gemäß § 844 Abs. 2 BGB,
- ☐ beim mittelbaren Schaden des unmittelbar Geschädigten,
- ☐ beim unmittelbaren Schaden.

A: a) Ein Kausalverlauf wird durch gewolltes Handeln Dritter nur unterbrochen, wenn Dritte eine inadäquate Ursachenkette in Gang setzen. (Inf. 1)

b) Hypothetische Kausalität wird nach herrschender Meinung beim Schaden des mittelbar Geschädigten und beim mittelbaren Schaden berücksichtigt. (Inf. 2)

c) Was bedeutet es nach der Auffassung des BGH für den Umfang der Schadensersatzpflicht, wenn unabhängig von dem zum Schaden führenden Ereignis eine andere Ursache den eingetretenen Sachschaden demnächst ebenfalls mit Sicherheit herbeigeführt hätte und diese andere Ursache ihren Entstehungsgrund innerhalb der beschädigten Sache hatte?

d) Der Vorteilsausgleichung unterliegen Vorteile des Geschädigten im Zusammenhang mit einer Rechtsgüterverletzung, die dem Schadensereignis ______ ______ sind und deren Berücksichtigung dem Geschädigten zuzumuten ist.

Kann der Ersatz wegen Zerstörung einer gebrauchten Sache nur durch Leistung oder Beschaffung einer neuen Sache erfolgen, so ist als Vorteilsausgleichung ein Abzug „______ ______ ______" berechtigt.

A: c) Nach der Auffassung des BGH bedeuten die genannten Umstände, daß der Wert der beschädigten Sache im Zeitpunkt der Schädigung bereits gemindert war. (Inf. 3)

d) adäquat Neu für Alt (Inf. 4)

e) Ein Unterlassen genügt zur Erfüllung eines Tatbestandes der §§ 823 ff. BGB nur dann, wenn der Unterlassende aufgrund einer Garantenstellung eine Rechtspflicht zur ______________________ hatte.
Die Garantenstellung kann auf Gesetz, erfolgter Pflichtübernahme, ______ ____________ __________ oder enger Lebensbeziehung beruhen.

f) Die Pflicht zur Gefahrenabwehr, die denjenigen trifft, der ein Grundstück dem Verkehr zugänglich macht, bezeichnet man als ________________.
Sie gilt auch für die Sicherung gefährlicher Gegenstände.

g) Wird die Erfüllung der Verkehrssicherungspflicht einem Dritten übertragen, so bleibt der ursprünglich Verpflichtete verantwortlich für die __________ des Dritten.
Für den Übernehmer der fremden Verkehrssicherungspflicht entsteht

☐ eine eigene Verkehrssicherungspflicht,

☐ keine eigene Verkehrssicherungspflicht.

A: e) Erfolgsabwendung (Inf. 6)

vorangegangenem Tun (Inf. 7)

f) Verkehrssicherungspflicht (Inf. 9)

g) Überwachung (Inf. 11)

Für den Übernehmer entsteht eine eigene Verkehrssicherungspflicht (Inf. 12)

h) Die deliktische Haftung des Warenproduzenten wegen Verletzung der Verkehrssicherungspflicht kann ausgelöst werden durch einen Konstruktionsfehler, einen ____________ oder einen Instruktionsfehler.

Der Warenproduzent haftet nicht, wenn der Fehler praktisch ________ war.

i) Schmerzensgeld ist die billige Geldentschädigung wegen eines ________ schadens.

Bei Verletzung des allgemeinen Persönlichkeitsrechts kann Schmerzensgeld nach Auffassung der Rechtsprechung analog § ______ BGB gewährt werden.

k) Anstifter und Gehilfen haften wie Mittäter gemäß § ______ Abs. ______ BGB. Nach § 830 Abs. 1 S. 2 BGB haftet wie ein Mittäter auch ein Beteiligter, der an einem gefährlichen Tun mitgewirkt hat, ohne daß ihm die ____________ seines Handelns für den eingetretenen Schaden bewiesen werden kann.

l) Gegenüber dem deliktisch Geschädigten haften die Ersatzpflichtigen als Gesamtschuldner nach § ______ Abs. 1 BGB. – Im Innenverhältnis haften die Gesamtschuldner gemäß § ______ Abs. 1 BGB nach Kopfteilen, sofern nicht andere Anteile vertraglich oder gesetzlich bestimmt sind.

A:	h) Fabrikationsfehler		unvermeidbar	(Inf. 14 und 16)
	i) Nichtvermögens(schadens)			(Inf. 17)
	847			(Inf. 18)
	k) 830	2	Ursächlichkeit	(Inf. 19 und 20)
	l) 840		426	(Inf. 22 und 25)

m) Die Verjährungsfrist für Ansprüche aus unerlaubter Handlung beträgt gemäß § 852 Abs. 1 BGB ______ Jahre. Ansprüche aufgrund des StVG verjähren in zwei Jahren gemäß § ______ StVG.

n) Wird ein gegen deliktische Schädigung geschütztes Rechtsgut von einer Verletzung bedroht, so kann eine ____________ ____________________ erhoben werden.
Nach der Verletzung eines solchen Rechtsgutes entsteht für den Geschädigten ein vom Verschulden des Täters unabhängiger Beseitigungsanspruch analog §§ ______, ______ BGB.

A: m) drei 14 (Inf. 26)

n) vorbeugende Unterlassungsklage (Inf. 27)

1004, 823 (Inf. 28)

Der nachstehende klausurmäßige Sachverhalt soll Ihnen Gelegenheit geben, das erworbene Wissen in einer etwas schwierigeren Fallgestaltung anzuwenden. Ihre Antwort sollten Sie möglichst in einer gutachtlichen Lösung formulieren:

Der Bauunternehmer A hat es übernommen, die Mineralwasserabfüllanlage des X umzubauen. Neben anderen Arbeitnehmern des A sind auch der volljährige B und der 15jährige C an dieser Baustelle tätig. Im Rahmen der Bauarbeiten wird es erforderlich, eine dem X vom Hersteller mietweise überlassene Flaschenreinigungsmaschine an eine 200 m entfernte Stelle des Betriebsgeländes zu transportieren. B und C nehmen sich dies morgens als erste Arbeit vor. Nachdem die Maschine auf der Ladefläche eines dem A gehörenden Lkw aufgestellt ist und dort auf Anweisung des B von C festgehalten werden soll, übernimmt B das Steuer; er besitzt zwar den Führerschein Kl. 2, hat aber seit Jahren keinen Lkw mehr gefahren. Er will im 1. Gang über das Werkgelände fahren, X sieht dabei zu. Infolge ruchartigen Gasgebens kann C die Maschine nicht mehr halten, sie stürzt vom Wagen. Dadurch entsteht bei X ein Produktionsausfall, der einen Schaden von 50 000,– DM zur Folge hat.

Welche Ersatzansprüche hat X gegen A, B und C? – A beruft sich darauf, daß die Aufsicht an der Baustelle X dem sehr pflichtbewußten Bauführer D übertragen war, der am fraglichen Tag wegen einer Erkrankung seines Kindes erst eine Stunde später zur Arbeit kam. Auch B und C seien immer sehr ordentlich gewesen.

Lösungsskizze:

a) Vertragliche Ansprüche des X gegen A könnten sich aus positiver Vertragsverletzung des Werkvertrages ergeben. Hierbei hat A für das Verschulden von B und C gemäß § 278 BGB einzustehen; ob dem C gemäß §§ 276 Abs. 1 S. 3, 828 Abs. 2 S. 1 BGB Verschulden vorgeworfen werden kann, ist fraglich. – Ein Anspruch des X gegen A nach § 7 StVG scheitert an § 8a Abs. 1 S. 2 StVG, weil die beschädigte Sache befördert wurde. – Der Anspruch aus § 831 Abs. 1 BGB knüpft an die Besitzverletzung an; der Besitz des X an der Maschine kann bejaht werden. B und C handelten trotz Abwesenheit des D in Ausführung ihrer Verrichtung. Das Verhalten des B ist nicht gerechtfertigt, weil er sich nicht verkehrsrichtig verhalten hat. Dem A dürfte jedoch der dezentralisierte Entlastungsbeweis gelingen, weil die Baustellenleitung dem D übertragen war. – Es könnte jedoch eine Haftung des A gemäß § 823 Abs. 1 BGB in Betracht stehen, wenn mangelnde Organisation im Betriebe des A die Ursache dafür war, daß die Abwesenheit des D von der Baustelle nicht festgestellt und für andere Aufsicht gesorgt werden konnte.

b) Ein Anspruch des X gegen B nach § 18 Abs. 1 StVG scheidet aus, weil die Voraussetzungen des § 7 StVG nicht erfüllt sind. – B haftet dem X gemäß § 823 Abs. 1 BGB wegen Besitzverletzung.

c) Ein Anspruch des X gegen C käme ebenfalls wegen Besitzverletzung in Betracht. Der Kausalbeitrag des C besteht darin, daß er es nach dem Aufladen unterlassen hat, die Maschine sachgemäß zu befestigen; da C jedoch auf Anweisung des B handelte, hatte er keine Garantenstellung inne.

(A und B haften dem X als Gesamtschuldner. – Sofern A dem X nach § 823 Abs. 1 BGB haftet, greift im Innenverhältnis gegenüber B der § 840 Abs. 2 BGB nicht ein.)

Zur Wissensvertiefung für den Stoff des fünfzehnten Kapitels wird empfohlen:

Fikentscher a. a. O., §§ 51, 108, 113 und 114,

Esser a. a. O., §§ 112 und 113.

Besonders wichtig sind die Fragen

der hypothetischen Kausalität, für die auf
Fikentscher, § 55 IV,
Medicus, § 31 V, und
BGHZ 20, 275 verwiesen wird.

Zu den Fragen der Produzentenhaftung wird ein guter Überblick bei
Fikentscher, § 103 IV,
Palandt, § 823, Anm. 16 und in
BGHZ 51, 91 gegeben.

Zum Schmerzensgeld wegen Verletzung des allgemeinen Persönlichkeitsrechts wird auf BGHZ 26, 349 und
BGHZ 39, 124

hingewiesen.

Kolibri 360 GmbH
Ferdinand-Jühlke-Straße 7
99095 Erfurt, Deutschland
produktsicherheit@kolibri360.de